W9-AGP-688

Cinema for French Conversation

Le cinéma en cours de français

3rd edition

Cinema for French Conversation

Le cinéma en cours de français

3rd edition

Anne-Christine Rice
Tufts University

focus Publishing
R. Pullins Company
PO Box 369
Newburyport, MA 01950
www.pullins.com

Focus Publishing
❧ Foreign Language Cinema Series ❧

Animation for Russian Conversation
Ciak… si parla italiano (Cinema for Italian Conversation)
Cinéphile: French Language and Culture through Film
Cinema for French Conversation, 3/e
Cinema for German Conversation
Cinema for Portuguese Conversation
Cinema for Russian Conversation, Volume One
Cinema for Russian Conversation, Volume Two
Cinema for Spanish Conversation, 2/e

Arbeitsbuch zu German Culture through Film (*in German*)
German Culture through Film (*in English*)

Apprentissage du cinema Français: French Cinema (*in French*)
French Cinema: The Student's Book (*in English*)

ISBN: 978-1-58510-268-6
ISBN 10: 1-58510-268-7

11 10 9 8 7 6 5 4 3 2

This book is published by Focus Publishing, R. Pullins & Company, Inc., PO Box 369, Newburyport MA 01950.

Printed in Canada.

1208TC

TABLE DES MATIERES

PREFACE

La première édition de *Cinema for French Conversation* offrait une vision différente et nouvelle de l'enseignement du français. Le but de la méthode était d'utiliser le film comme tremplin pour amener les étudiants à s'exprimer et les ouvrir à la culture française. La deuxième édition complétait la première en proposant des lectures qui enrichissaient l'étude des films. La troisième édition est dans la même veine. Elle est basée sur les recommandations des nombreux collègues qui utilisent la méthode afin d'être au plus près des besoins des étudiants et des attentes de leurs professeurs.

Ce qui est nouveau dans la 3e édition:

- ⚜ 4 nouveaux films:
  - ⚜ *Inch'Allah dimanche* de Yamina Benguigui
  - ⚜ *Ressources humaines* de Laurent Cantet
  - ⚜ *L'esquive* d'Abdellatif Kechiche
  - ⚜ *8 femmes* de François Ozon.
- ⚜ Une iconographie riche et variée afin de mieux appréhender les éléments culturels des films.
- ⚜ De nouvelles rubriques:
  - ⚜ **Le contexte** – Pour certains films, réflexion sur la période, la vie quotidienne, les habitudes, les façons de penser.
  - ⚜ **Vocabulaire** – Des notes sur l'orthographe, la prononciation, l'origine des mots, les faux amis, des exemples pour les expressions difficiles à utiliser.
  - ⚜ **A savoir avant de visionner le film** – Durée et genre du film, public, scénario, budget, tournage, renseignements divers qui aident les étudiants à comprendre et apprécier le film.
  - ⚜ **Analyse d'une scène** – Ecoute et observation, importance de cette scène dans l'histoire, trois exercices de langue (vocabulaire et grammaire), comparaison avec d'autres scènes, sketch.
  - ⚜ **Le coin du cinéphile** – Etude basée sur trois ou quatre des rubriques suivantes:
    - • Comparaison entre la première et la dernière scène
    - • Mise en scène: décors, costumes, accessoires, couleurs, jeu des acteurs, éclairage, musique
    - • Genre du film
    - • Point de vue
    - • Sous-titres
  - ⚜ **Affinez votre esprit critique** – Activités destinées à encourager les étudiants à penser de façon critique, par exemple:
    - • Comparaison du titre français et du titre américain
    - • Comparaison de l'affiche française et de l'affiche américaine
    - • Parallèle avec les Etats-Unis
    - • Modernité de l'histoire
    - • Titres d'articles de journaux
    - • Succès public / critique
    - • Les critiques
  - ⚜ **Art** – Observation et analyse de peintures en lien avec le film.

- ✣ **Lectures** – Réactualisation des lectures pour certains films:
  - Nouveaux extraits littéraires tirés des œuvres d'Aragon (poèmes), Beaumarchais (*Le mariage de Figaro*), Marivaux (*Le jeu de l'amour et du hasard*), Molière (*Le bourgeois gentilhomme*), Pagnol (*Les marchands de gloire*)
  - De nombreux articles de presse

Tout en restant fidèle au succès des éditions précédentes, *Cinema for French Conversation, 3rd ed.* offre aux professeurs une plus grande variété qui accentue l'originalité de la méthode et répond aux besoins et aux goûts des étudiants.

Acknowledgments

I would like to express my gratitude to the many individuals who were helpful at critical points in the development of this book, including: Thomas Sertillanges for his generosity and his enthusiasm in opening his rich collection on *Cyrano de Bergerac*, Tom Block for his computer wisdom, Michael Melford for valued advice, Bella Goldstein-Belbéoch and Andrée Anglard for their willingness to share painful memories of the war, and André Lafargue for his photographs of Saint-Pierre-et-Miquelon. I am also quite grateful to Robert Poignant, my grandfather Pierre Legendre, Renée Bernis and Jean Ménochet for their insights on life in the 1920s and 1930s, and to Gabriel Houdebine, Bernadette Gaillard, Philippe Séjourné, Lucienne Miège and Joseph Séchet for their memories as youths during World War II.

I would like to recognize my wonderful students at Tufts University whose spontaneous and candid participation in class discussions helped shape the book. Special mention should be given to Emese Soos of the Department of Romance Languages, whose quiet support and flexibility have allowed me to teach and write at the same time.

The whole team at Focus Publishing deserves heartfelt thanks. Ron Pullins has believed in me and my ideas from the start. His openness and intuition have shaped Focus into the kind of forward-thinking publisher that authors want to write for. I also feel quite lucky to work with a professional and dynamic support team. Cindy Zawalich, Kathleen Brophy, Linda Robertson and Véronique Hyde have done a wonderful job editing and producing the book.

Finally, I would like to thank my family for their support and confidence. I am particularly grateful to my parents for proofreading the manuscript and offering suggestions, to my husband Terry for his patience and his unfailing moral support, and my daughters Caroline and Aliénor for their understanding and their enthusiasm.

VOCABULAIRE DU CINEMA

"le septième art": *le cinéma*

Les films:
un film: *a movie*
une comédie: *a comedy*
un drame: *a drama*
un (film) policier: *a detective movie*
un film d'aventures: *an adventure film*
un film de cape et d'épée: *a cloak-and-dagger film*
un film d'action: *an action movie*
un film à suspense: *a thriller*
un film d'épouvante: *a horror movie*
un western: *a Western*
un film de science fiction: *a science fiction movie*
un documentaire: *a documentary*
un dessin animé: *a cartoon*
un film muet: *a silent film*
un film à succès: *a box office hit*
un échec: *a flop*

L'équipe:
un(e) réalisateur (-trice): *a director*
un metteur en scène: *a director*
un(e) producteur (-trice): *a producer*
un(e) scénariste: *a screenwriter*
un distributeur: *a distributor*
tourner un film: *to shoot a film*
produire un film: *to produce a film*
un scénario: *a screenplay*

Les acteurs:
un(e) acteur (-trice): *an actor / actress*
une vedette: *a star*
un rôle: *a role*
un rôle principal: *a starring role*
un second rôle: *a supporting actor*
un personnage: *a character*
un héros: *a hero*
une héroïne: *a heroine*

La technique:
la caméra: *the camera*
un zoom: *a zoom lens*
une scène: *a scene*
un gros plan: *a close-up*

un plan d'ensemble: *a long shot*
un travelling: *a tracking shot*
un costume: *a costume*
le maquillage: *make-up*
les accessoires: *props*
une bobine: *a reel*
le son: *the sound*
le bruitage: *the sound effects*
la voix off: *the voice over*
une musique de film: *a score*
une bande sonore: *a soundtrack*
les effets spéciaux: *special effects*
le générique: *the credits*
le montage: *editing*
les sous-titres: *the subtitles*
doubler: *to dub*
en version originale = en v.o.: *in the original language*
la bande-annonce: *the trailer*

Le cinéma:
un cinéma: *a movie theater*
aller au cinéma: *to go to the movies*
passer un film: *to show a movie*
l'écran: *the screen*
un siège: *a seat*
regarder un film: *to watch a movie*
un cinéphile: *a movie buff*

Les festivals de cinéma:
la première: *the opening night*
une récompense: *an award*
un(e) nominé(e): *a nominee*

La vidéo:
un magasin de location vidéo: *a video store*
une cassette vidéo: *a video (cassette)*
un DVD: *a DVD*
louer: *to rent*
rapporter: *to return*
un magnétoscope: *a VCR*
un lecteur DVD: *a DVD player*
une télécommande: *a remote control*
réembobiner: *to rewind*
accélérer: *to fast-forward*

Le Festival de Cannes: Il a lieu tous les ans en mai depuis 1939. Le prix principal est la Palme d'or.

Les César: L'Académie des arts et techniques du cinéma décerne les César chaque année depuis 1976 . Cette distinction est comparable, en France, aux Oscars américains. Le nom de ce prix vient du sculpteur César qui a réalisé les statuettes remises aux vainqueurs (c'est la raison pour laquelle le mot ne se met jamais au pluriel).

Le Prix Lumière: Ce prix est décerné par 200 correspondants de la presse étrangère. Les frères Lumière étaient des pionniers du cinéma à la fin du XIXe siècle.

Le Prix Méliès: Il est décerné par le Syndicat français de la critique de cinéma et récompense le meilleur film français de l'année. Georges Méliès était un cinéaste au début du siècle.

Le Prix Louis-Delluc: Ce prix (décerné tous les ans depuis 1937) couronne le meilleur film français de l'année. Louis Delluc (1890-1924) était un cinéaste et est considéré comme le fondateur de la critique cinématographique.

L'Académie Nationale du Cinéma a été créée en 1982 et compte 40 membres (tous des personnalités du cinéma) qui décernent leur prix chaque année.

COMMENT EXPRIMER VOTRE OPINION?

je pense que : *I think that*
je crois que : *I believe that*
je trouve que : *I find that*
j'estime que : *I consider that*
je suppose que : *I suppose that*
il me semble que : *it seems to me that*

j'aime : *I like*
j'adore : *I love*
je déteste : *I hate*
je préfère : *I prefer*
cela m'est égal : *I don't mind*

à mon avis : *in my opinion*
je suis d'avis que : *I am of the opinion that*
je suis du même avis que : *I am of the same opinion as*

je partage l'opinion de : *I agree with*
je partage le point de vue de (quelqu'un) : *I share
      (someone)'s point of view*
je suis d'accord avec : *I agree with*
je ne suis pas d'accord avec : *I disagree with*
j'ai changé d'avis : *I changed my mind*

en ce qui me concerne : *as far as I am concerned*
j'ai l'impression que : *I am under the impression that*
j'ai dans l'idée que : *I have an idea that*
je suis persuadé(e) que : *I am convinced that*
je suis convaincu(e) que : *I am convinced that*
je doute que : *I doubt whether*
je mets en doute : *I question*
cela me fait penser à : *this reminds me of*
cela me rappelle : *this reminds me of*

CARTE DE FRANCE

Inch' Allah dimanche

1974 - A savoir

Valéry Giscard d'Estaing (droite modérée) est élu président.
Jacques Chirac est premier ministre.

Quelques réformes importantes:

- la majorité passe de 21 à 18 ans
- légalisation de l'IVG (avortement)
- suspension de l'immigration de travailleurs non-européens
- création d'un secrétariat d'Etat à la condition féminine

Présentation du film

1974 – Zouina quitte l'Algérie avec ses trois enfants pour rejoindre son mari qui vit en France depuis 10 ans. Dans une culture étrangère où elle vit en recluse, Zouina doit faire face à un mari méfiant, une belle-mère tyrannique et méprisante et des voisins racistes. Pourtant, elle est forte, courageuse et déterminée et attend le dimanche pour braver les interdits.

Carte d'identité du réalisateur

Yamina Benguigui est née en 1957, en France, de parents algériens.

Son père est arrivé en France en 1950. Il n'était pas ouvrier mais militant politique et réfugié. Ses activités l'ont mené en prison et il a ensuite été assigné à résidence à Saint-Quentin pendant la guerre d'Algérie. Il travaillait dans la restauration, était musicien, et donnait des cours d'arabe et de solfège à ses enfants. Il a toujours rêvé de rentrer en Algérie mais ne l'a jamais fait.

La mère de Yamina est venue en même temps que son mari, en laissant derrière elle sa mère effondrée. Elle était berbère, donc n'a jamais eu à porter le voile et elle pouvait sortir. C'était une femme rebelle mais attachée aux traditions. Elle a vécu longtemps avec son mari, puis a divorcé.

Yamina Benguigui est la première femme française d'origine algérienne à réaliser un long métrage. Dans un métier où les femmes sont peu représentées et où les femmes arabes sont très rares, son travail a été remarqué et applaudi. Elle a néanmoins été obligée de rompre ses liens avec son père pour pouvoir réaliser son film. Il est finalement revenu vers elle après l'accueil très chaleureux que le film a reçu. Yamina est l'auteur de documentaires remarquables, entre autres *Femmes d'Islam* (1994), *Mémoires d'immigrés – L'héritage maghrébin* (1997), et *Le plafond de verre, les défricheurs* (2006). Elle est aussi écrivain et a reçu le Prix de la Paix en 2003 pour son œuvre littéraire.

Yamina Benguigui a écrit le rôle de Zouina en pensant à Fejria Deliba. Elle avait le talent et l'expérience nécessaires au rôle.

Rabbia Mokeddem et Fejria Deliba

Carte d'identité des acteurs

Fejria Deliba a commencé sa carrière par le théâtre et a joué des rôles classiques. Son premier rôle au cinéma était pour *La bande des quatre* en 1988. Elle a ensuite eu de beaux rôles dans *Marie-Line* (2000) et *Inch' Allah dimanche* (2001). Elle a aussi joué dans des courts-métrages et des films pour la télévision.

Zinedine Soualem était mime et acteur de théâtre avant d'avoir de nombreux seconds rôles au cinéma. On l'a notamment vu dans *La haine* (1995), *Un air de famille* (1996), *Mademoiselle* (2000), *Inch' Allah dimanche* (2001), *L'auberge espagnole* (2001), et *La maison du bonheur* (2005).

Rabbia Mokeddem n'est pas une actrice professionnelle mais est très crédible dans le rôle de la belle-mère. **Amina Annabi** est avant tout une chanteuse et compositrice appréciée et elle a joué dans quelques films. **Mathilde Seigner** est aimée pour sa franchise et son naturel. Elle peut être fière de sa filmographie dont on retient *Vénus Beauté Institut* (1999), *Harry, un ami qui vous veut du bien* (2000), *Une hirondelle a fait le printemps* (2001) et *Palais royal!* (2005). Enfin **Jalil Lespert**, d'origine franco-kabyle, a eu des rôles magnifiques depuis sa révélation dans *Ressources humaines* en 2000. Il a joué dans *Pas sur la bouche* (2003), *Le promeneur du Champ de Mars* (2005) et *Le petit lieutenant* (2005).

L'heure de gloire

Inch' Allah dimanche a remporté deux prix au Festival International du Cinéma au Féminin: meilleur film et meilleure actrice et Yamina Benguigui a reçu l'étoile d'or au Festival International du Film de Marrakech. Enfin le film a été distingué au Festival International du Film de Toronto: la réalisatrice a reçu le prix de la critique internationale pour sa sensibilité, son humour et sa capacité à traiter des conditions de vie des femmes du tiers-monde, du racisme au quotidien et des tensions entre les cultures.

PREPARATION

1 Vocabulaire

Vocabulaire utile avant de voir le film:

Les noms

les années 70: *the 70s**
une loi: *a law*
la main d'oeuvre: *the workforce / workers*
le mari: *the husband*
la belle-mère: *the mother-in-law*
une camionnette: *a van*
le/la voisin(e): *the neighbor*
l'épicerie: *the grocery store*
un billet de 10 francs: *a 10 francs bill*

le chauffeur de bus: *the bus driver*
la liberté: *freedom*
la radio: *the radio*
une émission de radio: *a radio program*
une usine: *a factory*
du maquillage: *makeup*
un aspirateur: *a vacuum cleaner*
un cimetière: *a cemetery*

> * **Attention!** On ne dit jamais "les 70s".

Les verbes

obéir à qq'un: *to obey s.o.*
surveiller qq'un: *to keep an eye on s.o.*
frapper qq'un: *to hit s.o.*
être frappé(e) par qqch: *to be struck by sth*
humilier qq'un: *to humiliate s.o.*
mépriser qq'un: *to look down on s.o.*
permettre / autoriser: *to allow* *
avoir le droit de faire qqch: *to have the right to do sth*
sortir: *to go out*
rejeter qq'un: *to cast s.o. out*
avoir peur de: *to be afraid of*

sourire à qq'un: *to smile to s.o.*
souffrir de qqch: *to suffer from sth*
manquer à qq'un: *to be missed by s.o.* **
braver: *to defy*
porter plainte contre qq'un: *to press charges against s.o.*
se perdre: *to get lost*

> * **Attention:** Permettre à qq'un de faire qqch: Il permet à Zouina d'aller à l'épicerie. Autoriser qq'un à faire qqch: Il autorise Zouina à aller à l'épicerie.
> ** Ex: Zouina manque à sa mère *(her mother misses Zouina)*. L'Algérie manque à Zouina *(Zouina misses Algeria)*.

Les adjectifs

algérien(ne): *Algerian*
étranger (-ère) : *foreign*
déraciné(e): *uprooted*
musulman(e): *Muslim*
isolé(e): *isolated*
malheureux (-se): *unhappy*
angoissé(e): *anxious, worried sick*
injuste: *unfair*
dominateur (-rice) / autoritaire: *domineering*
intransigeant(e): *uncompromising*

possessif (-ve): *possessive*
maladroit(e): *awkward*
méfiant(e): *suspicious*
hostile: *hostile*
interdit(e): *forbidden*
révélateur (-trice): *telling, revealing*
divorcé(e): *divorced*
célibataire: *single*
veuf (-ve): *widowed*

Traduisez!

1. In the 70s a law allowed the Algerian workers to have their families come.

2. Zouina is anxious because her mother-in-law keeps an eye on her, her husband hits her and she misses her mother.

3. She has two neighbors: one is divorced and works at the makeup factory, and the other is suspicious and presses charges against her.

4. Since she does not have the right to go out she feels isolated and uprooted but she listens to the radio and she smiles to the bus driver.

2 Repères culturels

1. Les personnages du film viennent d'Algérie. Pour comprendre leurs origines, faites des recherches et répondez aux questions suivantes:

    a. Quel était le statut de l'Algérie de 1830 à 1962?
    b. Que s'est-il passé en 1954?
    c. L'Algérie a-t-elle obtenu son indépendance facilement?
    d. Qui vivait en Algérie, en plus des 8 millions d'Algériens?

2. Le film se passe à Saint-Quentin, en Picardie. Situez la ville et la région sur une carte de France.

Campagne près de Saint-Quentin

A savoir : L'histoire de l'immigration

En France: La France accueille des immigrés depuis le début du XIXe siècle mais la première grande vague d'immigration date du début du XXe siècle, avec l'arrivée des Belges et des Italiens. Pendant les années 30, ce sont les Polonais et les Espagnols qui s'installent en France. La deuxième guerre mondiale a un impact considérable sur l'économie du pays. Il faut reconstruire. La France encourage alors une très forte immigration, surtout des hommes d'Afrique du nord, d'Espagne et du Portugal. La crise économique des années 70 met un terme à cette immigration de masse. Depuis, les nouveaux arrivants viennent dans le cadre du regroupement familial ou sont des demandeurs d'asile. La France doit aussi faire face au problème de l'immigration clandestine.

En Picardie: La Picardie est une région qui attire les immigrés depuis longtemps, car ils y trouvaient du travail dans les mines, l'industrie textile et l'agriculture. Beaucoup d'Italiens et de Polonais sont arrivés dans les années 20 et 30, et ont été suivis par des Maghrébins et des Portugais après la guerre.

3. Observez les documents suivants (tous tirés de l'*Atlas de l'immigration* du 10 janvier 2005) sur l'immigration et répondez aux questions.

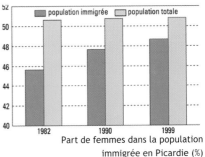

Pays de naissance	Nombre d'immigrés
Portugal	15 222
Maroc	13 726
Algérie	8 902
Pologne	4 975
Belgique	4 066
Italie	3 948
Espagne	3 574
Turquie	3 162
Allemagne	2 064
Tunisie	1 784

10 pays principalement représentés en Picardie

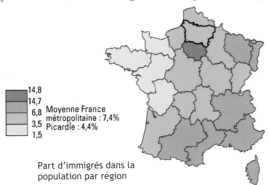

Part d'immigrés dans la population par région

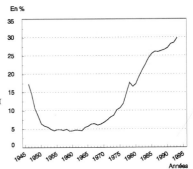

Part de femmes dans la population immigrée en Picardie (%)

a. Que remarquez-vous sur la carte de France? Quelles sont les régions avec la plus forte concentration d'immigrés?
b. Quels sont les pays les plus représentés en Picardie?
c. Qu'est-ce que le dernier tableau nous montre? Pourquoi y a-t-il plus de femmes maintenant? Qu'est-ce que cela change à long terme pour la société française?

4. En 1974, le gouvernement français a voté une loi appelée "le regroupement familial". A qui s'adressait cette loi? A quoi servait-elle?

5. Un des personnages du film est une femme divorcée. Observez le graphique ci-contre et répondez aux questions:
a. Que s'est-il passé de 1945 à 1955?
b. Que remarquez-vous de 1955 à la fin des années 60?
c. Que s'est-il passé à partir des années 70? A votre avis, comment peut-on expliquer ce phénomène?

Indicateur conjonturel de divortialité

6. Les personnages vont célébrer l'aïd, une grande fête musulmane. Quelles sont les traditions associées à cette fête?

7. Dans le film les personnages écoutent à la radio ("France-Inter") une émission qui s'appelle "Le jeu des mille francs", présentée par Lucien Jeunesse. Créée en 1958, l'émission existe toujours. Faites quelques recherches: Quel est le but du jeu? Qui sont les candidats? L'émission a-t-elle toujours du succès?

3 Le contexte

Dans le film Zouina quitte l'Algérie pour aller s'installer dans une petite ville du nord de la France. Elle est accompagnée de ses trois enfants et de sa belle-mère autoritaire. Essayez de vous mettre à sa place.

1. Qu'est-ce qui va la frapper en arrivant?
2. Comment va-t-elle être reçue par son mari?
3. En quoi sa vie va-t-elle être différente? Qu'est-ce qu'elle va regretter? Qu'est-ce qui va lui manquer? De quoi va-t-elle souffrir?
4. Parlera-t-elle bien français? Saura-t-elle lire et écrire?
5. Pourra-t-elle sortir librement, aller faire ses courses et aller chercher ses enfants à l'école?
6. Qu'est-ce qui pourra l'aider à s'adapter?
7. Pensez maintenant aux conditions de vie des femmes françaises à l'époque. Etait-il facile d'être divorcée ou mère célibataire? L'avortement a été légalisé cette année-là. Etait-ce pour autant bien accepté par la société?

4 Bande-annonce[1]

Regardez la bande-annonce plusieurs fois et répondez aux questions suivantes:

1. Qu'apprend-on sur Zouina en lisant l'écran?
2. Décrivez les activités de Zouina sur la bande-annonce.
3. Que voit-on de la ville et de la campagne?
4. Qu'est-ce que la musique évoque? Comment peut-on la décrire?
5. Observez les autres personnages. Pouvez-vous deviner qui ils sont?

5 A savoir avant de visionner le film

❧ Durée: 1h38
❧ Genre: Biographie / Tragi-comédie
❧ Public: Adultes et adolescents (PG-13)
❧ Notes:

Inch' Allah dimanche est en partie autobiographique. Yamina Benguigui a basé son histoire sur les souvenirs de sa mère, sur les siens (pour le point de vue des enfants), et sur ceux des nombreuses femmes qu'elle a rencontrées pour son documentaire Mémoires d'immigrés en 1997.

Le film contient quelques scènes de violence conjugale. C'est une chronique, parfois tendue, parfois drôle, souvent émouvante, de la vie quotidienne d'une famille immigrée en 1974.

Le film est en arabe (puisque les personnages sont algériens) et en français.

---

1   Disponible sur le DVD.

PREMIERE APPROCHE

1 L'histoire

Les personnages:

Zouina	Fejria Deliba
Ahmed (son mari)	Zinedine Soualem
Ali, Amina, Rachid (ses enfants)	
Aïcha (sa belle-mère)	Rabia Mokeddem
M. and Mme Donze (les voisins)	Roger Dumas et France Darry
Mademoiselle Briat (la voisine)	Mathilde Seigner
Mme Manant (la veuve de colonel)	Marie-France Pisier
Le chauffeur de bus	Jalil Lespert
Malika (l'autre Algérienne)	Amina Annabi

1. Comment Zouina est-elle traitée par sa belle-mère? Qui commande? Qui domine?

2. Observez les retrouvailles à la gare de Saint-Quentin. Qu'est-ce qui vous frappe?

3. A quoi la camionnette fait-elle penser?

4. Pourquoi Ahmed insiste-t-il pour que son ami reste pour le café?

5. Comment chaque personne réagit-elle en arrivant dans la maison? Que font Ahmed, Zouina, la belle-mère et les enfants?

6. Pourquoi a-t-on envie de rire quand on voit les Donze pour la première fois?

7. Comment comprend-on rapidement que Zouina ne va pas se laisser faire?

8. Qu'est-ce qu'Ahmed fait pour ses enfants? Pensez-vous que c'est un bon père?

9. Pourquoi les enfants rentrent-ils seuls de l'école? Pourquoi Zouina ne va-t-elle pas les chercher?

10. Qu'est-ce que la conversation entre les enfants et leur grand-mère révèle et nous apprend?

11. Pourquoi Zouina se met-elle dans une telle furie contre Mme Donze?

12. Pour quelles raisons Mme Donze porte-t-elle plainte? Qu'est-ce qui choque la belle-mère au contraire? De quoi est-ce révélateur?

13. Pourquoi Ahmed frappe-t-il sa femme? Quelle raison donne-t-il?

14. Qu'est-ce que Nicole comprend en rendant visite à Zouina? Qu'est-ce qu'elle va avoir envie de faire pour Zouina?

15. Qu'apprend-on sur la femme que Zouina rencontre au cimetière?

16. Zouina est angoissée en rentrant chez elle, de peur que son mari ne découvre qu'elle est sortie. Comment les spectateurs ressentent-ils cette angoisse? Que fait la caméra pour renforcer cette impression?

17. Qu'est-ce que le billet de 10 francs représente pour Zouina?

18. Comment est-elle traitée à l'épicerie? Etait-il prévu qu'elle achète de la viande? Comprend-elle qu'elle achète à crédit?

19. Qu'est-ce que l'incident impliquant l'aspirateur révèle sur Zouina?

20. Comment voit-on que la belle-mère a une faille? Son caractère épouvantable peut-il s'expliquer?

21. Qu'est-ce que Zouina découvre grâce à Nicole et la radio?

22. Que ressentiez-vous pendant la scène où Ahmed déchire les pages du livre et détruit le maquillage?

23. Comment voit-on dès le début que Malika est très différente de Zouina? Pourquoi la chasse-t-elle?

24. Qu'est-ce qui rend la scène qui suit (quand Zouina crie et frappe à la porte) dramatique?

25. Pourquoi choisit-elle de prendre le bus alors que Mme Manant et le taxi l'attendent?

26. A votre avis, que s'est-il passé entre les personnages avant l'arrivée du bus? Pourquoi Ahmed change-t-il d'attitude?

2 Analyse d'une photo

1. Où Zouina et Rachid sont-ils?

2. Pourquoi Zouina sourit-elle?

3. Que tient-elle, à part son fils et son sac à main? De quoi est-ce révélateur?

4. Comment peut-on décrire les couleurs dans cette scène?

3 Analyse de citations

Analysez les citations suivantes en les replaçant dans leur contexte:

1. Madame Donze: "Mais qu'est-ce qu'elle fait avec son chaudron?"

2. Nicole: "C'est quoi votre petit nom?" "Zouina" "Hum, ça sent le sud, hein!"

3. Ahmed: "On a les papiers en règle."

4. Zouina: "Demain, c'est moi. Je vous emmène à l'école."

1 Vocabulaire

Enrichissez votre vocabulaire !

L'immigration

émigrer: *to emigrate*
un(e) émigrant(e): *an emigrant*
un(e) réfugié(e) (politique): *a (political) refugee*
demander l'asile politique: *to seek political asylum*
s'expatrier: *to leave one's country*
un(e) expatrié(e): *an expatriate*
s'exiler: *to go into exile*
immigrer: *to immigrate*
une vague d'immigrants: *a wave of immigrants*
l'immigration clandestine: *illegal immigration*
un passager clandestin: *a stowaway*
un clandestin: *an illegal worker*

un(e) immigré(e) de la deuxième génération:
    a second-generation immigrant
une langue étrangère: *a foreign language*
un passeport: *a passport*
un visa: *a visa*
un permis de séjour / une carte
    de séjour: *a residence permit*
un(e) résident(e) permanent(e):
    a permanent resident
une seconde patrie: *an adoptive country*
prendre la nationalité française: *to become a*
    French citizen

L'intégration

s'habituer à qqch: *to get used to sth*
s'adapter: *to adapt to*
être bien/mal accueilli(e): *to be well/badly*
    received

une politique d'intégration des immigrés:
    a policy favoring the integration of
    immigrants
bien intégré(e): *well-assimilated*

Jouez avec les mots!

A. Vocabulaire du film

Faites une phrase avec chacun des mots suivants. Votre phrase doit
avoir un lien avec le film.

1. humilier qq'un
2. l'épicerie
3. une émission de radio
4. souffrir de qqch
5. être frappé par qqch
6. se perdre
7. musulman(e)
8. veuve

B. Remplacez les tirets par le vocabulaire de la liste. Tous les mots doivent
être utilisés. Attention à les accorder et à conjuguer les verbes quand
cela est nécessaire.

s'adapter	bien accueilli	passagers clandestins
passeport	permis de séjour	prendre la nationalité française
bien intégré	une seconde patrie	demander l'asile politique

1. On a trouvé 10 _____ sur un bateau reliant l'Afrique et
   l'Espagne.
2. Les immigrés italiens sont _____ car ils sont en France
   depuis longtemps.
3. Avant d'embarquer Zouina a montré son _____ au policier.

4. Zouina n'est pas _____ par les Donze. Heureusement, Nicole va l'aider à _____.

5. Les enfants de Zouina _____ quand ils auront 18 ans.

6. Beaucoup d'étrangers en situation irrégulière rêvent d'obtenir _____.

7. Comme il est persécuté dans son pays il _____ à la France.

8. Cela prendra du temps mais on peut espérer que la France deviendra _____ pour Zouina.

2 Réflexion - Essais

1. Que pensez-vous d'Ahmed? Est-il foncièrement méchant? Qu'est-ce qu'il essaie de faire? La vie est-elle facile pour lui? Pourquoi ne veut-il pas que Zouina ait des contacts avec l'extérieur?

2. Le jardin est source de conflits. Que représente-t-il pour les Français? Comment les Algériens l'utilisent-ils?

3. Quel rôle la radio joue-t-elle?

4. Analysez le rôle des personnages secondaires. Qu'est-ce que les Donze, Nicole, Mme Manant, le chauffeur de bus et Malika apportent à l'histoire et/ou à Zouina?

5. Qu'est-ce qui et qui est-ce qui l'aide à surmonter les difficultés liées à l'immigration et à s'adapter?

6. De quelle façon Zouina évolue-t-elle? Qu'est-ce qu'elle a découvert, appris et compris à la fin?

7. Pourquoi la réalisatrice a-t-elle choisi de faire mourir le mari de Mme Manant en Algérie? Elle aurait pu être veuve pour une autre raison. Qu'est-ce que le lien avec la guerre d'Algérie apporte au film?

8. Imaginez la famille dans 5, 10 ans.

9. La loi adoptée en 1974 semblait juste à l'époque: il était normal que les Algériens qui travaillaient en France depuis longtemps puissent faire venir leur famille. Qui n'avait pas été pris en considération? Pour qui cette loi a-t-elle souvent été très dure?

10. Est-ce un film féministe? Qui est la pire personne? Comment les femmes, les mères, la petite fille (Amina) et la jeune fille (la fille de Malika) sont-elles traitées?

11. Finalement, qui rejette Zouina le plus: son nouveau pays ou sa propre culture?

3 Analyse d'une scène: le maquillage
(1:13:10 à 1:16:40 après le début)

> ### Vocabulaire spécifique à cette scène
> un sac en plastique *(a plastic bag)* • la farine *(flour)* • risqué(e) *(risky)* • être conscient(e) de qqch *(to be aware of sth)* • être en tête-à-tête *(to be alone together)* • se maquiller *(to put makeup on)* • du rouge à lèvres *(lipstick)* • du parfum *(perfume)*

A. Ecoutez

1. Qu'est-ce qui montre que Nicole a compris certaines choses, mais pas tout, sur la situation dans laquelle Zouina se trouve?

2. Qu'est-ce que Nicole essaie de faire en disant qu'elle ne veut plus avoir de mari ou de belle-mère? Est-ce qu'elle est consciente que Zouina n'a pas les mêmes choix?

3. Nicole veut prêter un livre à Zouina, mais elle en a oublié le titre. C'est sans doute *Le deuxième sexe* de Simone de Beauvoir. Faites quelques recherches: de quoi ce livre parle-t-il?

4. Il nous semble évident que Zouina ne peut pas se joindre aux amies divorcées de Nicole. Pourquoi Nicole n'en est-elle pas consciente?

B. Observez

1. Comment chaque femme est-elle habillée?

2. Zouina ne parle pas beaucoup mais ses expressions sont faciles à lire sur son visage. Quelle est sa première réaction en découvrant le maquillage? Que ressent-elle ensuite en "jouant" avec les produits?

3. Qu'est-ce que Zouina a sur les mains quand elle ouvre le maquillage? De quoi est-ce révélateur?

4. Comment la caméra filme-t-elle le moment où Zouina cache le sac?

C. Cette scène dans l'histoire

1. Qu'est-ce qui fait que cette scène est unique?

2. Pourquoi est-elle importante pour Zouina?

3. Qu'est-ce que Nicole découvre?

4. Quelles vont être les conséquences de la scène?

D. Langue

1. Tout

   Complétez les phrases avec la forme correcte de "tout".

   a. Zouina est _____ contente de parler à Nicole car elle n'en a pas l'occasion _____ les jours.

   b. Zouina ne sait pas quelle couleur elle préfère. Elle les aime _____.

   c. Comme elle est divorcée, Nicole essaie de faire _____ ce qui l'amuse.

   d. Elle est _____ étonnée que Zouina ne puisse pas sortir avec ses amies.

e. Zouina fait _____ ce qu'elle peut pour être une bonne mère.

f. Comme elle ne pouvait pas garder les rouges à lèvres, elle les a _____ jetés.

2. **Conjonction ou préposition?**

Reliez les deux phrases en choisissant la conjonction ou la préposition donnée entre parenthèses. Faire les changements nécessaires. Attention aux verbes!

a. Nicole a apporté le maquillage. Zouina est contente.
    (pour / pour que)

b. Elle peut se reposer. Sa belle-mère n'est pas là
    (à condition de / à condition que)

c. Elle sent le parfum. Elle range la bouteille.
    (avant de / avant que)

d. Elle cache le sac. Elle a peur d'être battue.
    (de peur de / de peur que)

e. Les deux amies peuvent parler. La belle-mère ne les entend pas.
    (sans / sans que)

f. Zouina ne pourra jamais mettre le maquillage. Elle est seule.
    (à moins de / à moins que)

3. **Hypothèses**

Formulez des hypothèses sur l'histoire en conjuguant les verbes suivants. Faites bien attention à la concordance des temps !

a. Si Zouina _____ (ne pas quitter) l'Algérie, elle aurait pu fêter l'Aïd avec sa famille.

b. Si Ahmed avait l'esprit plus ouvert, il _____ (laisser) sa femme sortir.

c. Si les Donze soignent bien leur jardin ils _____ (gagner) le premier prix.

d. Si la belle-mère _____ (traiter) mieux Zouina, elle serait plus gentille avec elle.

e. Si Zouina et Mme Donze étaient amies, elles _____ (pouvoir) écouter la radio ensemble.

f. Si les enfants _____ (aller) chez Mme Manant, ils pourront jouer dans le jardin.

g. Si Nicolas n'était pas venu, Zouina _____ (ne pas savoir) le nom de la famille algérienne.

h. Si elle revoit le chauffeur de bus, elle lui _____ (sourire).

E. **Comparaison avec une autre scène**

Comparez cette scène avec les deux autres visites chez Zouina: la première visite de Nicole (33:20) et la visite de Mme Manant (1:02:35).

Quelle est la différence frappante entre la scène du maquillage et les deux autres? Quelle attitude Zouina a-t-elle? Est-elle à l'aise? Peut-elle dire la vérité?

F. **Sketch**

Imaginez que la belle-mère soit entrée quand Zouina et Nicole regardaient le maquillage. Comment aurait-elle réagi? Qu'aurait-elle dit? Quelle attitude Nicole aurait-elle eue en comprenant que son cadeau allait causer des problèmes à Zouina?

LE COIN DU CINEPHILE

1 Première / dernière scène

Vous allez comparer la première et la dernière scène. Comment Zouina et la belle-mère sont-elles présentées? Qu'est-ce qui annonce le drame? Dans quelle situation les deux femmes sont-elles à la fin? Comment le comportement et le regard de Zouina ont-ils changé?

2 La lumière

Comparez la lumière dans le port d'Alger, celle dans les rues de Saint-Quentin, et celle dans la maison de Zouina.

3 Le comique

Le film traite d'un sujet difficile, mais n'hésite pas à inclure des moments comiques qui dédramatisent et détendent l'atmophère. Quels sont les personnages qui apportent un élément comique? Pouvez-vous pensez à certaines scènes qui sont drôles?

4 Sous-titres

Les dialogues suivants sont extraits de la scène du cimetière. Zouina rencontre Mme Manant. Comparez le texte français et les sous-titres, et répondez aux questions.

1. Il ne faut plus verser de larmes. Cela fait de la peine aux défunts.	*No more tears. It hurts the dead.*
2. Bonjour! Je vous présente Simca.	*Hello! This is Simca.*
3. Ecoutez Madame. Je suis perdue.	*Madame, please. I am lost.*
4. Avec les enfants je cherche la famille Bouira. La famille Bouira de l'Algérie.	*We are looking for the Bouiras. Bouira, from Algeria.*
5. Je vois, l'Algérie. Vous aussi, alors?	*I see... Algeria. So, you too?*
6. Est-ce que je peux prendre le chien?	*Can I play with the dog?*
7. Mais bien sûr!	*Yes, of course!*
8. [...] Il s'est fait écraser.	*[...] The dog was hit.*

a.   1ère réplique: Comment Mme Manant s'exprime-t-elle? Les sous-titres sont-ils du même registre de langue?

b.   4ème réplique: Comment "Avec les enfants" est-il traduit? Cette différence est-elle gênante?

c.   4ème réplique: Remarquez-vous une faute de grammaire dans la 2ème phrase? Est-ce qu'on l'a toujours en anglais?

d.   6ème réplique: Montrez que l'anglais interprète le français.

e.   8ème réplique: La phrase anglaise est au passif. Quelle structure a-t-on en français?

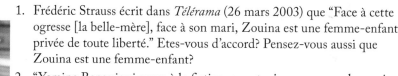

AFFINEZ VOTRE ESPRIT CRITIQUE

1 Titre

Pourquoi le film s'appelle-t-il *Inch' Allah dimanche* ("Dimanche, si Dieu le veut")? A quoi cela fait-il référence?

2 La fin

La fin est-elle plausible? Certains aspects sont-ils trop optimistes? Qu'est-ce que la réalisatrice cherche à faire avec cette fin "conte de fée"?

3 Modernité de l'histoire

Cette histoire vous semble-t-elle toujours d'actualité?

4 Les critiques

1. Frédéric Strauss écrit dans *Télérama* (26 mars 2003) que "Face à cette ogresse [la belle-mère], face à son mari, Zouina est une femme-enfant privée de toute liberté." Etes-vous d'accord? Pensez-vous aussi que Zouina est une femme-enfant?

2. "Yamina Benguigui passe à la fiction, avec toujours au cœur le souci de marier travail de mémoire et esprit de réconciliation." C'est ce que conclut Michel Guilloux dans un article de *L'Humanité* (5 décembre 2001). Pouvez-vous expliquer ce qu'il veut dire par le "travail de mémoire" accompli par la réalisatrice, et citer des exemples de son "esprit de réconciliation"?

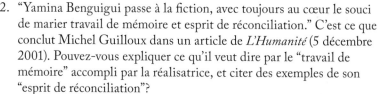

POUR ALLER PLUS LOIN

1 Parallèles avec d'autres films

1. **Autobiographie:** *Inch' Allah dimanche* et *Au revoir les enfants* sont des films en partie autobiographiques. Les réalisateurs ont écrit une histoire basée sur leurs souvenirs. Qu'est-ce que ces deux autobiographies ont en commun? En quoi sont-elles différentes?

2. **Femmes:** Plusieurs films font le portrait de femmes qui se battent: Zouina (*Inch' Allah dimanche*), Jeannette (*Marius et Jeannette*), Mme La (*La veuve de Saint-Pierre*), Pauline de Théus (*Le hussard sur le toit*), et Irène de Courtil (*La vie et rien d'autre*). Contre qui et quoi se battent-elles? Qu'espèrent-elles? Réussissent-elles à obtenir ce qu'elles veulent?

3. **Intégration:** Dans *Inch' Allah dimanche* et dans *Jean de Florette* on voit deux familles arriver et s'installer dans une ville où elles ne connaissent personne. Comment les deux familles sont-elles accueillies? Les voisins, les gens de la ville ou du village les aident-elles à s'intégrer?

2 Les personnages secondaires

On ne sait pas grand-chose des personnages secondaires, de leur vie, de leur passé. Choisissez deux personnages dans la liste suivante et écrivez (en inventant) l'histoire de chacun. D'où viennent-ils? Qu'ont-ils vécu avant qu'on ne les rencontre dans le film?

Mme Donze	M. Donze	Nicole
Mme Manant	le chauffeur de bus	Malika

3 Lectures

1. Article : "Les immigrés, éternels manœuvres"

L'article suivant, de Sylvia Zappi, est paru dans *Le Monde* du 2 juin 2002. Lisez-le avec attention et répondez aux questions qui suivent.

Usine du Creusot (Saône-et-Loire).

L'image de l'OS[†] algérien de Flins,[‡] si longtemps révélatrice de la place des immigrés en France, n'a pas vieilli. Amenés de leur pays d'origine par des patrons en mal[1] de main-d'œuvre, les immigrés ont été embauchés[2] à des postes peu qualifiés. Trente ans après, toutes les études montrent que l'*"ascenseur social"* n'a fonctionné ni pour les immigrés ni pour leurs enfants.

Depuis les "trente glorieuses", les salariés immigrés n'ont pas connu de trajectoire professionnelle ascendante et qualifiante comparable à celle de leurs collègues français. Le dernier recensement[3] de l'Insee[4] montre ainsi que deux immigrés sur trois occupent aujourd'hui des postes d'ouvriers ou d'employés. Ils sont plus souvent ouvriers lorsqu'il s'agit des hommes (53 % contre 40 % de l'ensemble des hommes actifs) et plus présents chez les employés pour la main-d'oeuvre féminine. Lorsqu'on étudie la population étrangère (immigrés n'ayant pas acquis la nationalité française), les ouvriers y sont largement majoritaires: ils représentent 48 % de la population active étrangère alors que[5] les ouvriers français ne représentent qu'un quart de la population active française.

Les carrières sont marquées par les mêmes différences. Une étude sur le parcours professionnel[6] des immigrés, menée par l'Institut national d'études démographiques (Ined), a ainsi révélé que, après vingt à vingt-cinq ans de carrière, près de 75 % des travailleurs immigrés sont toujours ouvriers, dont plus du tiers[7] sans qualification, alors que pour le groupe de référence (les hommes nés en France) la proportion d'ouvriers tombe à 30 %. [...]

Peu qualifiés, en bas de l'échelle salariale, les immigrés sont aussi plus souvent embauchés avec des contrats précaires. Hors fonction publique,[8] un emploi temporaire sur dix est pourvu par un immigré : cette tendance touche particulièrement les femmes immigrées et les personnes originaires du Maghreb et de Turquie. [...]

L'emploi immigré est aussi marqué par un surchômage. Depuis dix ans, le nombre de chômeurs immigrés a augmenté d'un tiers (contre

1   who needed
2   were hired
3   census
4   Institut national de la statistique et des études économiques
5   whereas
6   career path
7   over a third
8   apart from the civil service

---

†   Ouvrier spécialisé
‡   Petite ville de la région parisienne connue pour sa très grande usine d'automobiles

18 % pour le nombre total de chômeurs). Le taux[9] de chômage atteint 22 % de la population active immigrée, soit 9 points de plus que le taux de chômage moyen. Une surreprésentation due en partie à la structure de leur qualification et à leur présence massive dans les secteurs touchés par les restructurations (industries sidérurgiques et métallurgiques).[10] *"Aujourd'hui, les professions occupées par les salariés étrangers sont éloignées des secteurs porteurs,[11] ce qui risque de les marginaliser davantage"*,[12] soulignait la direction de l'animation de la recherche, des études et des statistiques (Dares) du ministère de l'emploi en novembre 2000.

Cette situation défavorable sur le marché de l'emploi frappe également la seconde génération. Alors que la position subalterne des immigrés ne devrait pas, en théorie, se reporter sur leurs enfants, nés et scolarisés en France et bénéficiant des mêmes dispositifs[13] que les enfants dont les parents sont français d'origine, on remarque que la promotion sociale d'une génération sur l'autre n'est pas intervenue.[14] *"Une part importante des immigrés arrivés sur le marché du travail est venue gonfler[15] les effectifs des chômeurs*, remarque *Insee Première* de juillet 2001 qui souligne que le diplôme et le niveau d'études *"protègent peu les immigrés"*.

Ainsi, à l'exploitation des parents a succédé l'exclusion de leurs enfants du marché du travail. *"Pour cette seconde génération, le problème n'est pas tant[16] d'éviter les postes les moins bien payés et les plus éprouvants,[17] mais bien d'accéder, dans de bonnes conditions, à l'emploi"*, insiste Patrick Simon, chercheur à l'Ined.

9   rate
10 iron and steel industries
11 growing
12 even more
13 *here*: structures
14 did not happen
15 inflate
16 is not so much to
17 exhausting, testing

1. Quelle est l'idée générale de l'article?
2. Dans quels domaines les hommes et les femmes immigrés travaillent-ils le plus?
3. Quel est le pourcentage d'immigrés qui ont commencé leur carrière comme ouvriers et qui ne le sont plus 25 ans plus tard?
4. Pourquoi y a-t-il beaucoup plus de chômeurs parmi les immigrés?
5. Quel problème la deuxième génération a-t-elle?

A savoir: Les Trente glorieuses

Période d'une trentaine d'années (1945-1973) de forte expansion économique.
Caractéristiques de la période:
- Forte croissance
- Plein emploi
- Mise en place de la société de consommation et de loisirs

Le choc pétrolier de 1973 met fin aux Trente glorieuses.

2. Débat: "La France doit-elle choisir ses immigrés ?"

Anne Vidalie et Boris Thiolay, de *L'Express*, ont organisé un débat
(publié le 17 janvier 2005) en posant cette question aux six personnes
dont les témoignages suivent. Chacune ayant une expérience
professionnelle et personnelle différente, les avis divergent. Comparez-
les et répondez aux questions.

Confronté à une pénurie[1] de main-d'oeuvre qualifiée, notre pays
va-t-il réorienter radicalement sa politique migratoire ? Trente ans après
la loi encadrant l'entrée des travailleurs étrangers, des voix s'élèvent pour
réclamer,[2] à l'instar de[3] nos voisins européens, une adaptation des textes
aux besoins économiques de l'heure. Un chantier[4] délicat, voire[5] explosif,
dont les critères de sélection ne constituent pas la moindre des difficultés.

Malgré ses 2,45 millions de chômeurs, la France manque de bras
et de cerveaux. Au dernier pointage[6] de l'Agence nationale pour l'emploi,
237 000 postes restaient désespérément vacants à la fin de l'an dernier.
Wanted: maçons, électriciens du bâtiment, routiers,[7] cuisiniers, serveurs,
infirmières et sages-femmes.[8] Côté cols blancs, à l'heure où les gros
bataillons[9] des baby-boomers commencent à partir à la retraite,[10] notre
système éducatif ne produit pas assez de diplômés. [...]

Dominique de Villepin, ministre de l'Intérieur, pense détenir[11] la
solution : et si l'on embauchait des travailleurs étrangers pour faire d'une
pierre trois coups[12] - boucher les trous[13] sur le marché de l'emploi, remplir
le réservoir national de compétences et donner un coup de jeune à une
population vieillissante ? Mais attention : loin d'ouvrir toutes grandes ses
frontières, la France choisirait les postulants[14] en fonction[15] de ses besoins.
Même avec ce bémol,[16] c'est toute la politique migratoire française qui s'en
trouverait bouleversée. Etroitement encadrée[17] depuis 1974, l'immigration
légale de travail se fait désormais au compte-gouttes.[18] Les entrées de
salariés munis d'un contrat de travail supérieur à un an sont tombées de 20
000, en 1992, à 6 500, en 2003.

Immigration "choisie" ou "sélective", l'idée n'est pas vraiment neuve.
L'Organisation des nations unies l'avait dégainée[19] la première voilà cinq
ans.[20] [...] En novembre 2002, le Commissariat général du plan y allait de
sa propre analyse. Conclusion : 20 000 migrants supplémentaires seraient
nécessaires chaque année afin d'assurer le renouvellement des générations.
[...] Dans un rapport publié fin octobre 2003, le Conseil économique et
social recommandait, à son tour, d' "ouvrir davantage nos frontières" à une
"immigration contrôlée et maîtrisée" et préconisait[21] de faire entrer 10 000
étrangers de plus chaque année.

Alors que[22] la Commission européenne planche[23] sur le sujet,
quelques-uns de nos voisins ont pris une longueur d'avance[24] dans la
course aux talents. A commencer par le Royaume-Uni,[25] qui organise
des Salons[26] de recrutement hors de ses frontières pour dénicher[27] les
informaticiens,[28] cadres[29] financiers et experts en biotechnologie qui lui
font défaut.[30] Depuis l'entrée en vigueur de sa nouvelle législation sur
l'immigration, le 1er janvier dernier, l'Allemagne fait les yeux doux,[31] elle
aussi, aux travailleurs étrangers qualifiés.

En France, on en est encore loin. Politiquement brûlant et
socialement explosif, le sujet divise. Et la controverse ne fait que débuter.

Par Anne Vidalie et Boris Thiolay

1 shortage
2 to ask for
3 following the example of
4 *here*: a reform
5 even
6 check
7 long-distance truck drivers
8 midwives
9 *here*: crowds
10 to retire
11 to have
12 to kill three birds with one
   stone
13 fill the gaps
14 applicants
15 depending on
16 *here*: limitation
17 controlled
18 sparingly
19 disclosed
20 five years ago
21 recommended
22 while
23 is working on
24 are ahead
25 the UK
26 fairs
27 to find
28 computer scientists
29 executives
30 that they are missing
31 *here*: is courting

Christian Baffy
Président de la Fédération française du bâtiment[1]

Le bâtiment recrute chaque année entre 80 000 et 100 000 personnes. 60 000 d'entre elles sont issues de la formation en alternance.[2] Restent[3] de 20 000 à 40 000 postes que nous avons du mal à pourvoir.[4] Avec près de 2,5 millions de chômeurs en France, nous disposons, nous semble-t-il, d'un vivier[5] suffisant pour combler ces lacunes.[6] Nous y travaillons à travers une large palette[7] d'actions destinées à faciliter le retour à l'emploi, à mettre en relation chômeurs et entreprises, à féminiser un secteur encore très masculin, à développer de nouvelles voies de formation[8] et à rattraper notre déficit d'image en améliorant les conditions de travail et de rémunération. Malgré nos efforts, des difficultés de recrutement persistent dans des départements comme la Mayenne et la Vendée, où le taux de chômage est très faible. En Haute-Savoie et en Alsace, la main-d'œuvre qualifiée est aspirée[9] par les pays frontaliers.[10] [...]

[...] Nous serions favorables à l'ouverture de nos frontières, avant l'échéance prévue du 1er mai 2006, aux salariés qualifiés des pays qui viennent de rejoindre l'Europe. A une double condition: que toutes les autres solutions aient été envisagées[11] dans le bassin d'emploi concerné et que cette immigration très ciblée[12] soit placée sous la supervision exclusive des directions départementales de l'emploi.

Malek Boutih
Secrétaire national du Parti socialiste, chargé des questions de société

La France va devoir faire appel à[13] une main-d'œuvre étrangère, c'est certain. Il est donc nécessaire non seulement de chiffrer[14] nos besoins économiques, mais d'organiser l'arrivée de ces nouveaux immigrés. Ceci implique de pouvoir les loger, les former[15] et éduquer leurs enfants. [...] Je pense qu'il faut totalement refondre[16] notre politique en la matière. Comment? Diversifions les conditions d'entrée des migrants en fonction de la nature de leur séjour. On pourrait attribuer à ceux qui viennent s'établir durablement l'équivalent de la carte verte aux Etats-Unis: un titre renouvelable,[17] à condition que la personne et sa famille respectent les lois françaises et les valeurs républicaines.[18] Aux étudiants on pourrait délivrer un permis de séjour de cinq ans, assorti[19] d'une autorisation de travail, sans que ceci ouvre automatiquement droit à une présence plus longue. Enfin, pour toute une catégorie de commerçants et de travailleurs saisonniers, on peut imaginer un droit au séjour temporaire - six mois par an - reconductible[20] d'une année sur l'autre. Tous les travailleurs migrants n'ont pas vocation à[21] s'installer définitivement. Avec ce système, maîtrisé et reposant sur[22] un numerus clausus[23] modulable, il serait possible d'adapter les flux migratoires à la réalité du moment.

1 the building industry
2 school course combined with work experience
3 are left
4 that we have a hard time filling
5 *here*: stock
6 to fill in this gap
7 a wide variety
8 training
9 is sucked out
10 neighboring countries
11 considered
12 targeted
13 *here*: need
14 to figure out
15 to train them
16 rethink, overhaul
17 renewable
18 of the French republic
19 accompanied with
20 renewable
21 don't intend to
22 based on
23 restricted intake

Dominique de Villepin
Ministre de l'Intérieur

[…] Pour ce qui est[1] du "choix" de ces nouveaux immigrés, l'application de quotas par nationalité n'est ni réaliste ni conforme à[2] nos principes républicains et à nos traditions. En revanche, les critères d'âge, de capacités professionnelles, de connaissance de la langue, tout comme[3] le respect des valeurs de notre société, sont légitimes et nécessaires. Ainsi, la loi de 2003 sur l'immigration prévoit que désormais, pour obtenir une carte de résident de dix ans, il faut démontrer que l'on est intégré dans notre société.

L'ouverture à une immigration de travail doit s'accompagner d'une lutte[4] renforcée contre le travail clandestin[5] et les trafiquants de main-d'œuvre. Il faut briser[6] le cercle vicieux qui permet à des étrangers en situation irrégulière[7] de se maintenir en France en travaillant au noir,[8] puisque c'est à la fois une forme d'exploitation inadmissible de l'être humain et un facteur de persistance d'un taux de chômage élevé. […] La lutte contre les arrivées de clandestins contribue à nous donner à nouveau[9] les moyens[10] de choisir les formes d'immigration dont nous avons besoin. Nous pouvons de la sorte réaffirmer les capacités d'ouverture et d'accueil de la France, ce qui n'implique pas nécessairement un déracinement pour le nouvel arrivant ni une installation définitive sur notre sol.

Catherine de Wenden
Directrice de recherche au Centre d'études et de recherches internationales, spécialiste des migrations internationales

L'Union européenne est la première région d'immigration du monde, avec environ 1,4 million d'entrées légales par an. Pourtant, elle reste crispée[11] sur la fermeture de ses frontières géographiques, érigée en instrument essentiel de la politique d'immigration. Or[12] cette obsession sécuritaire alimente[13] l'immigration clandestine, contre laquelle on prétend lutter, avec son lot de drames humains. […]

Nous sommes dans une impasse.[14] Notre population vieillit; nous manquons de main-d'œuvre; nous n'avons pas réussi à enrayer[15] l'immigration clandestine, qui nourrit le discours de l'extrême droite. Chaque année, 80 % des demandes de droit d'asile sont déboutées.[16] C'est un système à produire des sans-papiers![17]

En catimini,[18] nos voisins européens mettent en place des dispositifs qui rompent[19] avec la fermeture des frontières : depuis le 1er janvier, l'Allemagne pratique l'immigration sélective, comme le faisaient déjà l'Irlande et le Royaume-Uni; l'Espagne et l'Italie ont conclu des accords bilatéraux avec des pays d'émigration comme le Maroc, la Tunisie et l'Albanie.

En envisageant[20] à son tour d'autoriser une immigration "choisie", le gouvernement français brise un tabou.[21] C'est une façon d'amorcer,[22] sans le dire ouvertement, la réouverture des frontières. Tant mieux. Mais la France doit renouer[23] avec l'immigration, pas seulement sélectionner les migrants dont elle a besoin pour satisfaire le marché du travail. Et ne pas empêcher ceux qui le souhaitent de s'installer et de faire venir leur famille. Une telle politique serait bénéfique au développement, via les transferts de fonds et de savoir-faire, et l'émancipation de la femme.

1 when it comes to
2 true to
3 as much as
4 fight
5 illegal
6 break
7 in France illegally
8 illegally
9 again
10 the means to
11 tense
12 yet
13 feeds
14 we're stuck
15 to curb
16 are dismissed
17 undocumented (illegal) immigrants
18 quietly
19 put an end to
20 considering
21 is confronting a taboo
22 to begin
23 resume

Odile Beillouin
Secrétaire nationale de la CFDT,[1]
chargée des droits de l'homme et de l'immigration

[...] La question de l'immigration ne doit pas être traitée seulement à travers le prisme de nos besoins. De quel droit irions-nous piller[2] la matière grise[3] des pays en développement ? En revanche, nous n'éviterons pas les mouvements de population provoqués par la mondialisation,[4] pour des raisons économiques ou humanitaires. Nous devons permettre aux migrants de venir, puis de rentrer chez eux après quelques années ou de s'installer. Nombreux sont ceux qui désirent retourner dans leur pays, après avoir acquis une expérience professionnelle ou s'être constitué un pécule.[5]

Michel Gevrey
Ancien membre du Conseil économique et social, auteur du rapport *Les Défis de l'immigration future*

[...] Pourquoi ne pas proposer à des travailleurs étrangers une possibilité d'installation durable - éventuellement[6] limitée dans le temps - et calquée[7] sur les besoins économiques et sociaux de notre société ? On peut mettre en place une "immigration contractualisée":[8] le nouvel arrivant se voit garantir une certaine durée de séjour. En contrepartie, il se doit d'adhérer aux lois françaises et aux valeurs républicaines. Ce système pourrait déjà s'appliquer aux milliers de personnes en situation irrégulière qui participent à la vie économique et qui bénéficient de certains droits[9] sociaux. [...] En les régularisant et en obligeant leurs employeurs à les déclarer, on créerait plus d'apport[10] économique que de dépenses.[11] Et on mettrait en lumière[12] l'utilité pour le pays d'une immigration contrôlée et clairement définie.

1 a large union
2 plunder
3 the gray matter
4 globalization
5 nest egg
6 possibly
7 modeled on
8 with a contract
9 rights
10 contribution
11 expenses
12 bring to light

1. Pourquoi est-ce étrange que certains postes soient vacants?

2. Qu'est-ce que Dominique de Villepin propose?

3. Que font le Royaume-Uni et l'Allemagne?

4. Quel est le point de vue de Christian Baffy? Qui pourrait venir travailler en France? A quelles conditions?

5. Malek Boutih fait trois propositions. Expliquez-les.

6. Comment les immigrés doivent-ils être choisis d'après Dominique de Villepin?

7. Pourquoi est-il capital de lutter contre le travail clandestin d'après lui?

8. Quel lien y a-t-il entre l'immigration clandestine et l'extrême-droite d'après Catherine de Wenden?

9. Quelle est son opinion sur l'immigration?

10. Qu'est-ce qui choque Odile Beillouin? Que veulent faire les migrants d'après elle?

11. Quelle solution Michel Gevrey propose-t-il? Pourquoi est-ce une bonne idée d'après lui?

Jean de Florette

Présentation du film

Provence, années 20. Jean s'installe avec sa femme et sa fille Manon dans une ferme dont il vient d'hériter. Il veut y faire un élevage de lapins et cultiver des légumes. C'est sans compter sur la convoitise de ses voisins, le Papet et Ugolin, qui ont bouché la précieuse source de Jean avant son arrivée...

Carte d'identité du réalisateur

Claude Berri (né en 1934) est à la fois réalisateur, producteur et acteur. Il a commencé par de petits rôles au cinéma, puis a réalisé des courts-métrages. La consécration est venue avec *Le vieil homme et l'enfant* en 1966. Depuis, il a reçu de nombreux prix, en particulier pour *Tchao Pantin* (1983), *Jean de Florette* et *Manon des sources* (1986), *Uranus* (1990), *Germinal* (1993), et *Lucie Aubrac* (1997). En 2007 il a aussi réalisé *Ensemble, c'est tout*.

Carte d'identité des acteurs

Yves Montand (1921-1991) a commencé comme chanteur avec l'aide d'Edith Piaf. C'est *Le salaire de la peur* (1953) qui a lancé sa carrière au cinéma. Il a ensuite été remarqué dans *Let's make love* (1960) (où il avait Marilyn Monroe comme partenaire), *Z* (1969), *César et Rosalie* (1972), *Garçon!* (1983), et enfin *Jean de Florette* (1986) et *Manon des sources* (1986) qui ont couronné sa carrière.

Daniel Auteuil (né en 1950) a d'abord été un acteur comique. C'est *Jean de Florette* et *Manon des sources* qui l'ont fait changer de registre, et il est alors devenu très demandé par les plus grands réalisateurs. Il sait être grave, comique, subtil, poignant, pudique, et surtout humain. Il a fait des prestations remarquées dans *Un cœur en hiver* (1992), *La Reine Margot* (1994), *Le Huitième jour* (1996), *Lucie Aubrac* (1997), *La fille sur le pont* (1999), *La veuve de Saint-Pierre* (2000), *Le placard* (2001), et *La doublure* (2006).

Gérard Depardieu (né en 1948) est l'un des plus grands acteurs français de tous les temps. Energique, travailleur, généreux, excessif, il est capable de tout jouer. Il s'est imposé en 1974 dans *Les valseuses*, puis nombre de ses films ont été de très grands succès: *Le dernier métro* (1980), *Le retour de Martin Guerre* (1982), *Danton* (1983), *Camille Claudel* (1988), *Cyrano de Bergerac* (1990), *Le Colonel Chabert* (1994), *Astérix et Obélix contre César* (1999), *Bon voyage* (2002), *Les temps qui changent* (2004). Il a été nommé 14 fois aux César et a reçu la Palme d'Or à Cannes pour *Cyrano de Bergerac*.

L'heure de gloire

Jean de Florette a été récompensé aux César (meilleur acteur pour Daniel Auteuil, nomination pour le César du meilleur réalisateur, du meilleur film, du meilleur scénario, de la meilleure musique) et l'Académie Nationale du Cinéma lui a décerné le prix du meilleur film. Il a aussi été nommé aux Golden Globes comme meilleur film étranger.

1 Vocabulaire

Vocabulaire utile avant de voir le film:

Les noms

un œillet: *a carnation**
un verger: *an orchard*
une source: *a spring*
un(e) paysan (-ne): *a farmer*
un(e) héritier (-ère): *an heir*
un bossu: *a hunchback*
un nouveau-venu: *a newcomer*
une cucurbitacée: *a type of gourd***
une récolte: *a crop*
une sécheresse: *a drought*

un orage: *a thunderstorm*
une colline: *a hill*
un mulet: *a mule*
un puits: *a well*
un notaire: *a notary*
l'intrigue: *the plot*

> * LE SAVIEZ-VOUS? Au XIIIe siècle un œillet est un petit œil, une petite ouverture, une petite tache ronde. Au XVe siècle c'est une sorte de fleur.
>
> ** Cucurbita: nom latin de la courge (squash).

Les verbes

hériter qqch de qq'un: *to inherit sth from s.o.*
boucher une source: *to block a spring*
faire pousser qqch: *to grow sth**
élever des lapins: *to breed rabbits*
faire peur à qq'un: *to frighten s.o.*
avoir peur de qq'un: *to be afraid of s.o.*
avoir des soucis: *to worry*
louer: *to rent*
se moquer de qq'un: *to make fun of s.o.*

avoir pitié de qq'un: *to pity s.o.***
s'enrichir: *to grow rich*
creuser: *to dig*
pleurer: *to cry†*
pleuvoir: *to rain†*
se taire: *to keep quiet*

> * COMPAREZ: Jean <u>fait pousser</u> des légumes. Les légumes <u>poussent</u>.
>
> ** Ex: On a pitié de Jean. On a pitié de lui.
>
> † Ne confondez pas ces deux verbes quand vous les conjuguez! Il pleure ≠ il pleut.

Les adjectifs

sec (sèche): *dry*
pluvieux (-euse): *rainy*
fertile: *fertile*
travailleur (-euse): *hard-working*
confiant(e): *confident*
obstiné(e): *stubborn*
fier (-ère): *proud*
calculateur (-trice): *calculating*
riche: *rich*

cupide: *greedy*
implacable: *unrelenting*
coupable: *guilty*
sensible: *sensitive*
rusé(e): *shrewd*
bête: *stupid*
influençable: *susceptible to influence*
émouvant(e): *moving*
passionnant(e): *gripping (story)*

Traduisez!

1. Who is the newcomer? He is a hard-working and confident hunchback.
2. I know how to grow rich: I will grow carnations and I will breed rabbits.
3. We haven't had a single thunderstorm since June. If only we had a spring and a large well!
4. The old man is calculating and greedy, and the young one is stupid but sensitive.

2 Repères culturels

1. Le film est basé sur un roman de Marcel Pagnol. Qui était Pagnol? Pourquoi était-il connu? Qu'est-ce que *L'eau des collines*?

2. Le film se passe en Provence. Pouvez-vous répondre aux questions suivantes sur la Provence?
   a. Où se situe-t-elle?
   b. Quelles en sont les villes principales?
   c. Comment est le climat?
   d. Quelles sont les principales cultures?
   e. Pouvez-vous nommer d'autres écrivains célèbres de Provence?

3. Cherchez la définition exacte (pas la traduction) du mot "source" dans le dictionnaire.

4. Les villageois dans le film jouent à la pétanque. Quel est ce jeu? Où et comment est-il joué?

5. Jean de Florette est bossu. Comment les bossus étaient-ils considérés à l'époque? Comment la société les traitait-elle?

3 Le contexte

Réfléchissez au lieu et à l'époque pour mieux comprendre l'histoire et les personnages du film. A votre avis, en 1920, en Provence…

1. Les gens faisaient-ils des études ? Etait-ce nécessaire ?

2. Les villageois sortaient-ils souvent de leur village ? Dans quelles circonstances ?

3. Les gens avaient-ils des voitures ? Comment se déplaçaient-ils?

4. Quel était l'état des routes ?

5. Les maisons étaient-elles confortables ? Avaient-elles l'eau, l'électricité ?

6. Les gens mangeaient-ils comme aujourd'hui ? Qu'est-ce qui était différent ?

7. Comment étaient-ils habillés ? Avaient-ils beaucoup de vêtements ?

8. Comment communiquaient-ils avec leurs proches (famille et amis) qui n'habitaient pas dans le même village ?

9. Avaient-ils une vie sociale ? A quels moments de la journée les gens se parlaient-ils ? Dans quelles circonstances s'amusaient-ils ?

10. La messe du dimanche était-elle importante ? Pour quelles raisons ?

Marché des primeurs et terrasse de café.
Cabannes (Bouches-du-Rhône), 1929

4 Bande-annonce

1. Ecoutez les premières notes de musique. Quelle impression donnent-elles ?
2. Qui voit-on sur la toute première image ? Que font-ils ?
3. Que voit-on de la campagne ?
4. Quel temps fait-il dans ces extraits ?
5. Que comprend-on sur les personnages ? Qui sont-ils ? Que font-ils ? Qui sont les bons et les méchants ?
6. Quel est le ton général de la bande-annonce ?

Massif de la Sainte-Baume

5 A savoir avant de visionner le film

❖ Durée: 2h00
❖ Genre: Drame (ne vous attendez pas à une histoire où tout se termine bien!)
❖ Public: PG
❖ Tournage: Le film a été tourné dans de nombreux lieux différents, notamment dans le Massif de la Sainte-Baume (montagne des Bouches-du-Rhône et du Var) pour les collines et à Mirabeau (dans le Vaucluse) pour les scènes de village.
❖ Note: L'intrigue est complexe et intéressante mais l'histoire se développe lentement et le film est assez long. Il faut être patient! Vous trouverez peut-être que le Papet et Ugolin sont plus difficiles à comprendre que les autres personnages. Ils ont en effet un accent provençal assez marqué. Si vous aimez ce film, vous pouvez regarder *Manon des sources* pour savoir ce qui se passe 10 ans plus tard.

Mirabeau, place et fontaine

PREMIERE APPROCHE

1 L'histoire

Les personnages:

César Soubeyran, le Papet	Yves Montand
Ugolin	Daniel Auteuil
Jean Cadoret, Jean de Florette	Gérard Depardieu
Aimée	Elisabeth Depardieu
Manon	

1. Est-ce qu'Ugolin reste chez le Papet pour discuter quand il le retrouve au début du film? Pourquoi?
2. Comparez la maison du Papet et celle d'Ugolin. Où Ugolin vivra-t-il quand le Papet sera mort?
3. Quel projet professionnel le Papet a-t-il pour Ugolin?
4. Est-ce qu'Ugolin veut dire son idée au Papet?
5. Comment le Papet réagit-il en voyant les œillets d'Ugolin? Qu'est-ce qui le fait changer d'avis?

6. Quel est le premier projet du Papet et d'Ugolin pour obtenir l'eau nécessaire à la culture des œillets? Leur projet réussit-il? Que se passe-t-il?

7. Qui hérite de cette maison?

8. A votre avis, quels sont (et quels ont été) les sentiments du Papet pour Florette? Sont-ils restés en contact? Cette liaison le rend-il plus ou moins sympathique à nos yeux?

9. Quelle est la définition du bonheur d'après Jean?

10. Jean dit qu'il veut "cultiver l'authentique"? Qu'est-ce qu'il veut dire? Est-ce qu'Ugolin comprend?

11. Pourquoi le Papet et Ugolin ne veulent pas dire au village que Jean est le fils de Florette? Est-ce que la famille Soubeyran est aimée au village? Pourquoi à votre avis?

12. Quel est le grand projet de Jean?

13. Pourquoi Aimée n'aime-t-elle pas Ugolin?

14. Comment Jean et sa famille sont-ils traités au village?

15. Qui est la dame italienne? Que fait-elle avec Manon? La revoit-on après?

16. Quelle est la personnalité de Manon?

17. Comment vont les projets de Jean au début?

18. Que pressent-on quand le Papet dit: "S'il pleut le jour de l'Ascension, tout s'en va en perdition"?

19. Comment le Papet réagit-il quand il voit la première récolte de Jean?

20. Pourquoi Jean commence-t-il à boire?

21. Quelles sont les hésitations d'Ugolin à propos du mulet? A-t-il envie de le louer à Jean? Quelle est l'opinion du Papet?

22. Comment Aimée réagit-elle quand Jean annonce son projet de construire un puits?

23. Comment Jean meurt-il?

24. Pourquoi Ugolin pleure-t-il?

25. Qui Manon regarde-t-elle avec insistance à la mort de son père?

26. Qu'est-ce que Manon observe à la fin? Pourquoi part-elle en criant et en pleurant? Qu'a-t-elle compris?

27. A la fin, le Papet baptise Ugolin "Roi des œillets". Pensez-vous qu'Ugolin va réussir dans sa culture d'œillets?

28. Combien de temps se passe-t-il entre le début et la fin du film?

2 Analyse d'une photo

1. Où et à quel moment cette scène se passe-t-elle? Que demande Jean?
2. Comparez leur habillement.
3. Comment la scène est-elle éclairée?
4. Quelles expressions lisez-vous sur leur visage? Ont-ils l'air d'être amis?
5. Observez bien la position de leurs corps. Se tiennent-ils de la même façon? Qu'est-ce que cela révèle?

3 Analyse de citations

Analysez les citations suivantes en les replaçant dans leur contexte:

1. Le Papet: "Qui aurait cru que Florette ferait un petit bossu?"
2. Ugolin: "Tu m'as demandé de devenir son ami, alors petit à petit, à force de boire le vin blanc et de l'appeler M. Jean, eh bien, il est devenu mon ami."
3. Un villageois: "Ça n'a jamais rien rapporté de s'occuper des affaires des autres."

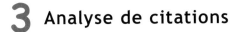

APPROFONDISSEMENT

1 Vocabulaire

Enrichissez votre vocabulaire !

L'agriculture

une ferme: *a farm*
un fermier: *a farmer*
un(e) paysan(e): *a peasant*
un champ: *a field*
labourer: *to plow*
une charrue: *a plow*
un tracteur: *a tractor*
une graine: *a seed*

planter: *to plant*
un engrais: *a fertilizer*
le foin: *hay*
la paille: *straw*
la moisson: *the harvest*
la terre: *the soil*
une grange: *a barn*
les mauvaises herbes: *weeds*

L'eau

arroser: *to water*
la pluie: *rain*
une averse: *a shower*
irriguer: *to irrigate*
un arrosoir: *a watering can*
une inondation: *a flood*
inonder: *to flood*
humide: *damp*
mouillé(e): *wet*
la mer: *the sea*

un océan: *an ocean*
un lac: *a lake*
un étang: *a pond*
une rivière: *a river*
un ruisseau: *a brook*
un torrent: *a mountain stream*
une cascade: *a waterfall*

Le saviez-vous? En latin il y avait deux mots pour "eau":

1. aqua: eau, considérée comme élément (ex. en français moderne: eau, aquarelle, aqueduc, aquarium)
2. unda: eau en mouvement (ex. en français moderne: onde, micro-ondes, inondation)

Jouez avec les mots!

A. Trouvez l'intrus

1. puits	source	charrue	ruisseau
2. mouillé	engrais	récolte	faire pousser
3. Marius	Ugolin	Fanny	César
4. cupide	héritier	calculateur	implacable
5. orage	pleuvoir	sécheresse	averse
6. tracteur	champ	labourer	cascade
7. bossu	verger	ferme	champ
8. Lyon	Marseille	Aix	Avignon

B. Complétez la phrase en choisissant l'expression qui convient.

1. Quand on n'a plus d'argent, on a
   a. des soucis   b. une intrigue   c. un verger

2. J'ai adoré ce film! Je l'ai trouvé
   a. confiant   b. rusé   c. passionnant

3. Pour cultiver des œillets, il faut de l'eau et
   a. une grange   b. une bonne terre   c. un verger

4. Je suis sûre que cet enfant réussira. Il est tellement
   a. émouvant   b. travailleur   c. influençable

5. Le ciel est très gris. Nous allons bientôt avoir
   a. une averse   b. une cascade   c. une inondation

6. Pour s'occuper des papiers d'héritage, on a besoin
   a. d'un héritier   b. d'un coupable   c. d'un notaire

7. Pour construire un puits, il faut
   a. pleurer   b. creuser   c. labourer

8. Connaissez-vous cet homme? Non, c'est
   a. un nouveau-venu   b. un héritier   c. une cucurbitacée

A savoir

Les "coucourdes" de Jean étaient en polystyrène et étaient peintes!

2 Réflexion - Essais

1. Ecrivez un paragraphe sur chacun des personnages principaux: Jean, Aimée, Le Papet et Ugolin. Posez-vous les questions suivantes:
   • Quels sont leurs qualités et leurs défauts?
   • Sont-ils 100% bons ou 100% mauvais?
   • Eprouvez-vous de la sympathie ou de l'antipathie pour eux?
   • Votre opinion sur chacun d'eux a-t-elle évolué pendant le film?

   Vous pouvez utiliser le vocabulaire suivant:

   enthousiaste • cupide • traître • patient(e) • bête • naïf (naïve) •sensible • influençable • intelligent(e) • obstiné(e) • implacable • crédule • trop idéaliste • autoritaire • encourageant(e) • perfide • pas réaliste • compatissant(e) • impitoyable • bon cœur • cynique • travailleur(-euse) • trop confiant • vulnérable

2. Quelles sont les motivations du Papet et d'Ugolin?

3. Qui est le pire? Le Papet ou Ugolin? Justifiez votre réponse.

4. Analysez l'attitude des villageois. Que font-ils quand on les voit? De quoi parlent-ils? Quels sont leurs principes? Ont-ils l'esprit ouvert au modernisme?

5. Qu'est-ce qui oppose Jean au village en général?

6. Qui est responsable de la mort de Jean ?

7. Pourquoi est-ce important que Jean soit bossu? A quel point l'histoire aurait-elle été différente s'il n'avait pas eu cette bosse?

8. Donnez des exemples qui montrent que le Papet est fier d'être un Soubeyran, et que la famille est très importante pour lui.

9. Pourquoi l'histoire est-elle si passionnante? (Pensez aux thèmes, à l'intrigue, et aux personnages)

10. Le film accorde une grande place aux paysages et à la nature. Que voit-on de la Provence? Qu'entend-on? Quel rôle la nature joue-t-elle dans l'histoire?

3 Analyse d'une scène: les hommes au café (19:13 à 21:42 après le début)

> ## Vocabulaire spécifique à cette scène
>
> l'héritage *(inheritance)* • s'énerver *(to get worked up)* • éclairé *(lit)* • un figuier *(a fig tree)* • avoir droit à qqch *(to be entitled to sth)* • pas grand-chose *(not much)*

A. Ecoutez

1. Qu'est-ce que les hommes viennent de faire ?

2. Que font-ils maintenant ? Quel est le sujet de leur conversation ?

3. Pourquoi Ugolin ne connaît-il pas Florette ?

4. Pourquoi Anglade pense-t-il que l'héritage a de la valeur ? Les autres sont-ils d'accord ?

5. Quels arguments les hommes avancent-ils pour prouver l'existence de la source ? Que répond le Papet ? Pourquoi s'énerve-t-il à la fin ?

6. Ugolin est-il convaincant ?

B. Observez

1. Décrivez l'intérieur du café.

2. Comment cette scène est-elle éclairée ? D'où la lumière vient-elle ?

3. Comment les hommes sont-ils habillés ?

4. Quelle expression lit-on sur le visage du Papet quand Anglade parle de Florette ?

5. Qu'est-ce qu'Anglade a l'air de penser quand il dit " Tu crois que ça peut se perdre, une source comme celle-là ? " Sait-il que le Papet ment ?

6. Qu'est-ce que le visage du Papet indique quand l'homme au bar parle du figuier ?

7. Qui le Papet regarde-t-il à la fin de la scène ? Pourquoi ?

Café et fontaine de Mirabeau - Lieu de tournage de la scène du café.

C. **Cette scène dans l'histoire**

1. Qui est le personnage central dans cette scène ?
2. Qu'est-ce que cette scène nous apprend ?
   - Qu'est-ce que les villageois savent ?
   - Comment le Papet se comporte-t-il ?
   - L'opinion d'Ugolin est-elle importante ?

D. **Langue**

1. **Synonymes**

   Ecoutez attentivement les dialogues de l'extrait et trouvez les synonymes des expressions suivantes (entre parenthèses) :

   a. " _____ (donc) tu dois avoir droit à quelque chose "
   b. " Je suis _____ (rentré) un an après "
   c. " Elle hérite de _____ " (presque rien)
   d. " Je ne suis pas _____ " (d'accord)
   e. " Oui, mais c'est un _____ (lieu) que la pluie ne veut pas connaître "
   f. " Tu _____ (étais sûrement) bien petit alors "
   g. " C'était _____ (certainement) après un orage "

2. **L'expression du temps**

   Dans ce passage il y a beaucoup d'adverbes et d'expressions de temps:

   > avant • quand • aujourd'hui • puis • un an après • jamais •
   > encore • l'année dernière • il y a 30 ans

   Remplissez les blancs avec l'une de ces expressions :

   a. _____ Manon a vu les deux hommes déboucher la source, elle est partie en courant.
   b. Le Papet habitait déjà dans cette maison _____.
   c. Au début Ugolin n'aimait pas Jean mais _____ c'est son ami.
   d. _____ Ugolin était au service militaire.
   e. Manon n'oubliera _____ son père.
   f. Est-ce que Pique-Bouffigue est _____ vivant ? Non, il vient de mourir.
   g. Quand Jean s'est installé dans les collines il ne savait pas qu' _____ il souffrirait de la sécheresse.
   h. _____ de rentrer chez lui Ugolin a acheté des œillets.
   i. Le Papet a réfléchi, _____ il a aidé Ugolin à boucher la source.

3. **L'argumentation**

   Les personnages expliquent leurs points de vue de façon très argumentée. Pour cela, ils utilisent des expressions :

   > de cause (parce que, puisque) • de conséquence (alors, par conséquent) • de but
   > (pour) • de concession (mais, même si, pourtant)

   Remplissez les blancs avec l'une de ces expressions :

   a. Jean a acheté des outils _____ cultiver la terre.
   b. _____ Florette est morte, Jean hérite de la ferme.
   c. Il ne pleut jamais, _____ les légumes ne poussent pas.
   d. Manon n'aime pas Ugolin _____ il est laid.

e. Jean va construire un puits _____ Aimée n'est pas d'accord.

f. Ugolin n'est pas cultivé, _____ il ne comprend pas ce que Jean lui raconte.

g. Florette était belle, _____ elle a donné naissance à un petit bossu.

h. Le Papet est intelligent, _____ il est froid et calculateur.

E. Comparaison avec d'autres scènes

Comparez cette scène avec les trois autres ayant aussi lieu au café :

1. " les pois chiches " (de 51:19 à 52:24)
   a. De qui les villageois parlent-ils ?
   b. Quel est le ton général de la scène ?

2. " le mulet " (de 1:23:11 à 1:24:41)
   a. De quoi les villageois parlent-ils ?
   b. Pourquoi le Papet et Ugolin ne sont-ils pas d'accord ?

3. " la source " (de 1:36:34 à 1:37:13)
   a. Qui est absent de cette scène ?
   b. Qu'est-ce que les villageois ne comprennent pas ?

F. Sketch

Imaginez que cette scène ait été interrompue par l'arrivée de Jean de Florette. Il se présente, et vante les intérêts de la campagne, de la maison et de ses projets. Ecrivez et jouez le dialogue. N'oubliez pas qu'en se présentant il va mentionner sa mère. Comment le Papet va-t-il réagir ? Quelle attitude les villageois vont-ils adopter ?

LE COIN DU CINEPHILE

1 Première / dernière scène

A quel moment de la journée se passent-elles? Pourquoi? Comment la première scène introduit-elle les lieux? Quels personnages voit-on dans la première et la dernière scène? Qu'est-ce qui a changé entre les deux? Quelles expressions lit-on sur le visage des personnages à la fin?

2 Le point du vue

Où se situe-t-on en tant que spectateur? Voit-on les événements à travers un personnage de l'histoire, ou reste-t-on en dehors, comme un arbitre?

3 La musique

Elle est composée d'après *La force du destin* de Verdi. Qu'en pensez-vous? Vous plaît-elle? Trouvez-vous que le film aurait pu s'appeler *La force du destin*? Quel était le destin de Jean et de sa famille?

4 Sous-titres

Comparez ce dialogue entre Jean et Ugolin et les sous-titres en anglais, puis répondez aux questions:

1. Vous vous demandez, cher voisin, pourquoi je suis venu m'installer ici.	*You're wondering why I decided to settle here.*
2. Ah ça oui, je me le demande!	*Yes I'm wondering!*
3. Eh bien parce que j'en suis arrivé à la conclusion irréfutable que le seul bonheur possible c'est d'être un homme de la Nature.	*It's because I've decided that my happiness lies in returning to nature.*
4. Je suis venu ici pour cultiver l'authentique.	*I'm here to cultivate the authentic!*
5. "lotantique"?	*the "othentic"?*
6. Oui, je veux manger les légumes de mon jardin, recueillir l'huile de mes oliviers, gober les œufs de mes poules, m'enivrer du vin de ma vigne.	*Yes, I want to eat vegetables from my garden, collect oil from my olive trees and eggs from my hens, and drink wine from my vineyard.*

a.   1ère réplique: Pourquoi "cher voisin" n'est-il pas traduit?

b.   3ème réplique: Comparez "j'en suis arrivé à la conclusion irréfutable" et "I've decided". Pourquoi est-ce si court en anglais? Est-ce le même registre de langue?

c.   3ème réplique: Comparez "le seul bonheur possible" et "my happiness."

d.   4ème réplique: "cultiver" et "cultivate" ont-ils le même sens?

e.   5ème réplique: Que pensez-vous du mot "othentic"? Est-ce bien choisi?

f.   6ème réplique: Comparez les verbes "recueillir", "gober" et "s'enivrer" à leur traduction ("collect" et "drink"). Lesquels sont courants? Lesquels sont poétiques?

AFFINEZ VOTRE ESPRIT CRITIQUE

1 Titres d'articles

"La gloire de Marcel"
Le Nouvel Observateur,
22 août 1986

"A la recherche du thym perdu"
Revue du Cinéma, **septembre 1986**

"L'opéra Pagnol"
Les Cahiers du Cinéma, **septembre 1986**

Vous voyez ci-dessus les titres de trois articles de journaux. Réfléchissez et répondez aux questions suivantes:

1. A quel livre de Pagnol "La gloire de Marcel" fait-il référence?

2. Que veut dire le journaliste avec ce titre?

3. "A la recherche du thym perdu" fait référence à un livre de Marcel Proust. Lequel?

4. Que cherche à faire le journaliste en associant "thym" et "temps"?

5. Pourquoi *Les Cahiers du Cinéma* parlent-ils d'"Opéra Pagnol"? Qu'est-ce que cela veut dire?

2 Parallèle avec les Etats-Unis

Jean de Florette se passe à la campagne dans les années 20. Est-ce que cette histoire est purement française, ou aurait-elle pu se passer aux Etats-Unis? Imaginez une ferme dans une région rurale des Etats-Unis à la même époque. Elaborez votre réponse en réfléchissant aux aspects suivants:

- Le problème de l'eau se serait-il posé de la même façon aux Etats-Unis? Pourrait-on imaginer autre chose comme objet de convoitise?
- La cupidité du Papet serait-elle la même ailleurs?
- Il est primordial pour les Soubeyran de préserver la famille. Est-ce typiquement français?
- Jean symbolise la naïveté du citadin qui a fait des études et qui ne connaît rien à la campagne. Est-ce que c'est la même chose aux Etats-Unis?
- Qu'en est-il de la méfiance vis-à-vis de l'étranger? Est-ce que des villageois américains auraient mieux accueilli Jean?

3 Les critiques

1. "Ce qui m'a intéressé dans *Jean de Florette*, c'est la progression, l'alternance entre l'eau et le feu, l'opposition entre l'eau et la sécheresse, jusqu'à la fin tragique". (Claude Berri dans un article des *Cahiers du Cinéma* de février 1986). Sous quelles formes l'eau et le feu apparaissent-ils dans le film?

2. Dans une interview accordée aux *Cahiers du Cinéma* (avril 1989), Auteuil parle de son rôle dans *Jean de Florette* et dit: "C'était un rôle à la fois comique et émouvant". Donnez des exemples de scènes comiques et de scènes émouvantes dans le film.

POUR ALLER PLUS LOIN

1 Parallèles avec d'autres films

1. **La Provence:** Quatre films se passent en Provence (*Jean de Florette, Manon des sources, Le hussard sur le toit* et *Marius et Jeannette*). Est-elle filmée de la même façon? Quels aspects de la Provence voit-on?

2. **L'alcoolisme:** Comparez l'alcoolisme de Jean dans *Jean de Florette* à celui de Neel dans *La veuve de Saint-Pierre*. Pourquoi ces personnages boivent-ils et quelles sont les conséquences de leurs excès?

3. **Accueil des étrangers:** Dans *Inch' Allah dimanche* et dans *Jean de Florette* on voit deux familles arriver et s'installer dans une ville où elles ne connaissent personne. Comment les deux familles sont-elles accueillies? Les voisins, les gens de la ville ou du village les aident-ils à s'intégrer?

Paysage de Provence

2 Les bossus

Les bossus ne sont pas nombreux au cinéma, pourtant certains sont célèbres. Faites quelques recherches sur Quasimodo, le bossu de *Notre-Dame de Paris* (roman de Victor Hugo dont il existe plusieurs adaptations au cinéma), et sur Lagardère, le héros du roman de Paul Féval (*Le bossu*), adapté en 1959 par André Hunebelle et en 1999 par Philippe de Broca. Comparez les trois bossus.

3 Lectures

Le passage suivant est extrait de *Jean de Florette*. Après avoir présenté les personnages importants du village, Marcel Pagnol fait le portrait du Papet, César Soubeyran, et de sa maison.

César Soubeyran approchait de la soixantaine. Ses cheveux, rudes et drus,[1] étaient d'un blanc jaunâtre strié[2] de quelques fils roux; de noires pattes d'araignées sortaient de ses narines[3] pour s'accrocher à l'épaisse moustache grise, et ses paroles sifflotaient entre des incisives verdâtres[4] que l'arthrite avait allongées.

Il était encore robuste, mais souvent martyrisé par "les douleurs",[5] c'est-à-dire par un rhumatisme qui chauffait cruellement sa jambe droite; il soutenait[6] alors sa marche en s'appuyant[7] sur une canne[8] à poignée recourbée, et se livrait aux travaux des champs à quatre pattes,[9] ou assis sur un petit escabeau.[10]

Comme Philoxène, mais depuis plus longtemps, il avait sa part de gloire militaire. À la suite d'une violente querelle[11] de famille — et peut-être aussi, disait-on, à cause d'un chagrin d'amour[12] — , il s'était engagé[13] dans les zouaves, et il avait fait la dernière campagne d'Afrique, dans l'extrême Sud. Deux fois blessé, il en était revenu, vers 1882, avec une pension, et la médaille militaire, dont le glorieux ruban ornait son veston[14] des dimanches.

Il avait été beau jadis,[15] et ses yeux—restés noirs et profonds—avaient tourné la tête à bien des filles du village, et même d'ailleurs…Maintenant, on l'appelait le Papet.

Le Papet, d'ordinaire, c'est le grand-père: Or,[16] César Soubeyran ne s'était jamais marié, mais il devait ce titre au fait qu'il était le plus vieux survivant de la famille, en somme un pater familias,[17] détenteur[18] du nom et de l'autorité souveraine.

Il habitait la grande vieille maison des Soubeyran, au plus haut des Bastides, près de l'aire[19] éventée qui dominait le village.

C'était un mas[20] à longue façade, séparé de la route des collines par un terre-plein[21] que soutenait un mur de pierres bâties, et qu'on appelait "le jardin", parce qu'une bordure[22] de lavande conduisait[23] de la route à la porte. Les volets,[24] selon la tradition de la famille, étaient repeints en bleu clair chaque année. De plus, la réputation bourgeoise des Soubeyran était solidement établie sur le fait qu'au lieu de déjeuner dans la cuisine, comme tout le monde, ils avaient toujours pris leurs repas dans une pièce spéciale, la "salle à manger", où l'on pouvait admirer une petite cheminée citadine[25] qui ne tirait[26] pas très bien, mais qui était en marbre véritable.

1   thick and rough
2   streaked with
3   nostrils
4   greenish front teeth
5   pains
6   supported
7   leaning on
8   a walking stick with a curved handle
9   worked in the fields on his hands and knees
10   stool
11   family feud
12   unhappy love affair
13   he had joined
14   jacket
15   long ago
16   and yet
17   patriarch (Latin expression)
18   keeper of
19   windy area
20   typical house in Provence
21   platform
22   border
23   led
24   shutters
25   city style
26   didn't draw very well

Le Papet y vivait tout seul, avec une vieille servante sourde[27] et muette, et de plus têtue[28] comme un âne rouge: elle feignait[29] de n'avoir pas compris les ordres qui ne lui plaisaient pas, et n'en faisait qu'à sa tête.[30] Il la supportait[31] à cause de ses talents de cuisinière et de son grand courage au travail. Surtout, il n'y avait pas à craindre qu'elle écoutât aux portes, ni qu'elle fît des commérages.[32]

27 deaf and mute
28 as stubborn as a mule
29 pretended
30 and did things her own way
31 put up with her
32 gossip

1. Qu'est-ce que ce passage nous apprend sur le Papet (son âge, son physique, son état de santé, sa situation familiale)?
2. Qu'a-t-il fait dans sa jeunesse?
3. Qu'est-ce qui est mentionné sur ses amours? Pourquoi est-ce important de mentionner ces deux détails dès le début?
4. Comment sait-on que la maison du Papet est plus belle et plus riche que les autres?
5. Pourquoi le Papet apprécie-t-il le fait que sa servante soit sourde et muette? Est-ce un indice sur la personnalité du Papet?

L'extrait suivant se situe après la mort de Pique-Bouffigue. Le Papet et Ugolin vont sur ses terres pour boucher la source.

Ils montèrent aux Romarins en silence, sous le couvert des pinèdes.[1]

Le jour se levait, un peu hésitant, dans une aurore[2] sans couleur, dont le silence n'était troublé que par le "tchic" discret des grives.[3]

Le Papet alla se cacher en haut de la petite barre, juste au-dessus de la source, derrière un rocher touffu.[4] De là, il pouvait surveiller[5] le paysage et diriger le travail.

Ugolin coupa d'abord tous les rejetons[6] du figuier, puis s'attaqua aux racines[7] de la souche. Ce fut très long, car pour éviter le bruit, il ne lançait[8] pas le pic: il l'enfonçait,[9] en appuyant sur le manche[10] avec son pied, et s'en servait[11] ensuite comme d'un levier;[12] puis il évacuait[13] la terre ameublie[14] avec la truelle[15]… [Description du travail d'Ugolin]

Il suait[16] à grosses gouttes, non seulement à cause de ses efforts physiques, mais surtout parce qu'il craignait d'être surpris; le tas de déblais[17] aurait rempli[18] deux brouettes,[19] et il eût infailliblement[20] attiré l'attention d'un passant.[21] Bien sûr, il ne venait jamais personne dans ce vallon:[22] mais c'est justement dans ces moments-là qu'arrive le seul promeneur de l'année.

De temps à autre, la voix du Papet murmurait:

"Vas-y, Galinette…Il n'y a personne, mais dépêche-toi.

—J'en fais tant que[23] je peux. Mais c'est les racines. Il y en a toute une tignasse[24] autour des grosses."

À travers la boue,[25] qui étouffait[26] heureusement le bruit, il poussait et tirait la lame[27] du couteau-scie[28]…

Enfin, vers midi, après avoir rejeté[29] sur les déblais une dizaine de morceaux de racines, il tira sur la dernière carotte:[30] elle résista longuement; au fond[31] de ce trou, il ne pouvait pas utiliser toute sa force…Alors, il y attacha une corde,[32] consolida le nœud[33] avec du fil[34] de fer, remonta sur le

1 covered by the pine trees
2 dawn
3 thrushes
4 with thick vegetation
5 keep an eye on
6 shoots of the fig tree
7 the roots of the stump
8 he didn't throw the pick
9 he pushed it in
10 the handle
11 used it
12 a lever
13 removed
14 loosened
15 trowel
16 he was sweating profusely
17 dirt
18 would have filled
19 wheelbarrows
20 inevitably
21 a passer-by
22 valley
23 as much as
24 clumps of roots
25 mud
26 muffled
27 the blade
28 serrated knife
29 thrown
30 *here*: blockage
31 at the bottom
32 a rope
33 the knot
34 wire

bord,[35] et tira par grandes secousses.[36] À la troisième, la racine vint, et un jet d'eau encore invisible fusa[37] sous la boue, qui se mit à danser.

Ugolin s'affola:[38] si le petit puits[39] se remplissait[40] trop vite, comment pourrait-il trouver le trou[41] rond, pour y enfoncer[42] le bouchon? À voix basse, il appela: "Papet! Viens vite! L'eau va me gagner!"[43] Sans mot dire, le Papet descendit: mais avant qu'il ne fût arrivé, le niveau[44] cessa de monter. Ugolin vit un petit tourbillon[45] à mi-hauteur[46] contre la paroi[47] croulante du puits; c'était par là qu'elle s'en allait.

"Cocagne[48] dit le Papet. C'est la petite rigole[49] souterraine du vieux Camoins…L'eau doit sortir en bas, là où il y a les roseaux[50]…

—S'il passe quelqu'un, et qu'il voie cette inondation nous sommes foutus![51] gémit[52] Ugolin.

—Pleure pas, Galinette. Espère un peu: on va voir le trou…Il est dans la roche, juste devant toi!"

L'eau devenait plus claire, et ils distinguèrent[53] le jet. Ugolin, appuyant ses paumes[54] sur les bords du puits, se laissa descendre doucement.

"Ô Bonne Mère! Elle est glacée…Je sens plus mes pieds…"

Parce qu'elle avait débouché[55] la rigole souterraine, l'eau s'écoulait[56] maintenant plus vite qu'elle n'arrivait, et le niveau baissait lentement.

Il plongea son bras jusqu'au coude,[57] et dit:

"Ça y est…J'y suis…Je touche le trou. Je crois que la petite bonde[58] ira bien…C'était cette racine qui le bouchait…Il y en a encore un morceau dedans…"

Le Papet lui fit[59] passer le bouchon. Il fut forcé de s'accroupir[60] pour le pousser dans le trou.

"Oyayaïe! C'est terrible comme les fesses[61] c'est plus sensible[62] que les pieds. Mais ça va être difficile de frapper[63] sur le bouchon, à cause de l'eau…

—Tiens-le en place, dit le Papet. Elle va baisser. Mais d'abord, remplis la cruche,[64] que[65] je prépare le mortier."[66]

A bout de bras,[67] il la lui fit passer: Ugolin la lui rendit pleine.

Au bout[68] d'une minute, l'eau était descendue juste au-dessous du bouchon de bois, qui était entouré[69] d'une couronne de petits jets. Au troisième coup de marteau,[70] ils disparurent.

Le Papet gâchait[71] déjà le sable et le ciment avec du gravier. Ils tassèrent[72] ce béton au fond du trou, jusqu'au-dessus de la bonde.

"N'en mettons pas trop! dit Ugolin: Oublions pas que c'est moi qu'il faudra que je la débouche, cette source!"

Le Papet remonta sur la barre, pour reprendre sa faction.[73] Cependant,[74] Ugolin rejetait les déblais dans le petit puits, couche[75] par couche, et il les tassait en dansant comme pour fouler[76] le raisin dans la tine. Soudain, la figure[77] du Papet se pencha[78] au bord de la barre, et chuchota.[79]

"Bouge plus! J'ai entendu du bruit…

—Où?

—Dans la maison…"

Ils écoutèrent: un long silence, puis quelque chose grinça[80] dans le grenier.

"C'est pas le fantôme de Pique-Bouffigue, dit Ugolin en riant. C'est les rats…J'en ai vu courir sur le toit, hier au soir. Ils sont gros comme des lapins."

35 the edge
36 and gave it several strong tugs
37 gushed forth
38 panicked
39 well
40 filled
41 the round hole
42 to stick in the plug
43 is coming up too fast
44 level
45 eddy
46 half-way up
47 the crumbling side
48 *here*: wonderful!
49 underground channel
50 reeds
51 screwed
52 moaned
53 they could see the stream of water
54 palms
55 unplugged
56 flowed out
57 elbow
58 plug
59 gave him
60 to squat
61 the bottom
62 sensitive
63 to hit
64 fill the pitcher
65 so that
66 mortar
67 at arm's length
68 after
69 surrounded
70 hammer
71 was mixing
72 they packed this concrete down
73 to resume his watch
74 meanwhile
75 layer
76 to press the grapes in the vat
77 the face
78 leaned over
79 whispered
80 creaked

Ils écoutèrent encore un moment. La façade était morte, tous volets fermés. Le silence était si profond qu'ils entendirent un appel de perdrix[81] qui venait d'aussi loin que le vent. Enfin le Papet chuchota:

"Tu peux y aller."

[Description du travail des deux hommes: ils rebouchent le trou et cachent l'endroit pour ne pas attirer l'attention]

Après avoir lié[82] en fagots[83] les racines du figuier puis les roseaux, ils rassemblèrent[84] les outils.[85]

"On va manger à la colline? demanda Ugolin.

—C'est pas la peine.[86] Allons chez toi. On fermera les volets,[87] et après, on fera la sieste!"

Ils redescendirent à Massacan: le Papet marchait en éclaireur,[88] devant Ugolin chargé des outils.[89]

Portes et fenêtres closes, ils mangèrent sous la lampe, longuement, et sans mot dire. Le fagot de racines se consumait[90] dans l'âtre.[91] De temps à autre, ils échangeaient des clins[92] d'yeux, et de petits éclats[93] de sourires, comme pour célébrer la réussite d'une bonne farce.[94]

81 partridges
82 tied up
83 bundles
84 gathered
85 tools
85 let's not bother
87 shutters
88 leading the way
89 tools
90 was burning
91 hearth
92 winks
93 and flashed each other a smile
94 prank

1. A quel moment de la journée les deux hommes commencent-ils le travail? Pourquoi?

2. Comment se partagent-ils le travail?

3. Quelles précautions Ugolin prend-il?

4. Pourquoi est-ce difficile de dégager la source?

5. Que craint Ugolin?

6. Pourquoi le puits ne se remplit-il pas vite, une fois la source dégagée? Qu'avait construit le vieux Camoins (le père de Pique-Bouffigue)?

7. Qu'entendent-ils venant de la maison? Savent-ils ce qui a réellement fait ce bruit?

8. Ont-ils la conscience tranquille? Comment le sait-on?

Manon des sources

Présentation du film

Dix ans ont passé depuis la mort de Jean de Florette. Manon a 18 ans et s'occupe de ses chèvres dans les collines. L'heure est arrivée de se venger contre le Papet, Ugolin et le village tout entier...

Carte d'identité du réalisateur

Claude Berri (né en 1934) est à la fois réalisateur, producteur et acteur. Il a commencé par de petits rôles au cinéma, puis a réalisé des courts-métrages. La consécration est venue avec *Le vieil homme et l'enfant* en 1966. Depuis, il a reçu de nombreux prix, en particulier pour *Tchao Pantin* (1983), *Jean de Florette* et *Manon des sources* (1986), *Uranus* (1990), *Germinal* (1993), et *Lucie Aubrac* (1997). En 2007 il a aussi réalisé *Ensemble, c'est tout*.

Carte d'identité des acteurs

Yves Montand (1921-1991) a commencé comme chanteur avec l'aide d'Edith Piaf. C'est *Le salaire de la peur* (1953) qui a lancé sa carrière au cinéma. Il a ensuite été remarqué dans *Let's make love* (1960) (où il avait Marilyn Monroe comme partenaire), *Z* (1969), *César et Rosalie* (1972), *Garçon!* (1983), et enfin *Jean de Florette* (1986) et *Manon des sources* (1986) qui ont couronné sa carrière.

Yves Montand et Daniel Auteuil
pendant le tournage

Daniel Auteuil (né en 1950) a d'abord été un acteur comique. C'est *Jean de Florette* et *Manon des sources* qui l'ont fait changer de registre. C'est alors devenu un acteur très demandé par les plus grands réalisateurs. Il sait être grave, comique, subtil, poignant, pudique, et surtout humain. Il a fait des prestations remarquées dans *Un cœur en hiver* (1992), *La Reine Margot* (1994), *Le Huitième jour* (1996), *Lucie Aubrac* (1997), *La fille sur le pont* (1999), *La veuve de Saint-Pierre* (2000), *Le placard* (2001) et *La doublure* (2006).

Emmanuelle Béart (née en 1965) est aujourd'hui l'une des actrices les plus demandées. Sa beauté et son talent en ont fait une star internationale. Après *Manon des sources* (son premier grand succès), elle a eu de très beaux rôles dans *La belle noiseuse* (1991), *Un cœur en hiver* (1992), *Nelly et M. Arnaud* (1995) et *Les destinées sentimentales* (2000). Plus récemment on l'a vue dans *8 femmes* (2002), *Les égarés* (2002) et *Les témoins* (2007).

L'heure de gloire

Manon des sources a reçu les mêmes récompenses que *Jean de Florette* avec, en plus, le César de la meilleure actrice dans un second rôle pour Emmanuelle Béart.

Paysage de Provence

A savoir

Pour être crédible dans ce rôle, Emmanuelle Béart s'est installée dans les collines plusieurs semaines avant le début du tournage. Elle y a appris à s'occuper des chèvres, à les traire, à les faire marcher en groupe, à les reconnaître. Elle vivait seule (avec ses chèvres et son chien), marchait pieds-nus et grimpait aux arbres pour vivre comme Manon.

1 Vocabulaire

Vocabulaire utile avant de voir le film (revoyez aussi le vocabulaire de *Jean de Florette*):

Les noms

un(e) berger (-ère): *a shepherd(ess)*
une chèvre: *a goat*
un(e) instituteur (-trice): *a school teacher**
un canif: *a pocket knife*
un piège: *a trap*
une grive: *a thrush*
un lièvre: *a hare*
un(e) villageois(e): *a villager*
le maire: *the mayor*
une fontaine: *a fountain***
le curé: *the priest****
une prière: *a prayer*

la cour de l'école: *the schoolyard*
la mariée: *the bride*
le marié: *the groom*
un chapelet: *a rosary*
un peigne: *a comb*
la vérité: *the truth*
une punition: *a punishment*

> * **LE SAVIEZ-VOUS?** Un instituteur enseigne en maternelle et en primaire (3-11 ans). Il enseigne toutes les matières alors qu'un professeur est spécialisé dans une seule matière et enseigne au collège, au lycée et à l'université.
>
> ** **FONTAINE:** A l'origine, mot utilisé à l'église dans le sens d' "eau du baptême, et endroit où l'on baptise".
>
> *** Du latin *cura*: soin, souci (voir l'anglais "to care").

Les verbes

rapporter (de l'argent): *to bring in (money)*
arroser: *to water*
mettre le feu à qqch: *to set fire to sth*
chasser: *to hunt*
couler (eau): *to run (water)*
rendre hommage à qq'un: *to pay homage to s.o.*
en vouloir à qq'un: *to bear s.o. a grudge**
coudre: *to sew*
aller à la messe: *to go to mass*

épouser qq'un: *to marry s.o.*
se marier avec qq'un: *to marry s.o.*
se suicider: *to commit suicide*
se pendre: *to hang oneself*
révéler: *to reveal*
avoir honte de qqch: *to be ashamed of sth*
pardonner qqch à qq'un: *to forgive s.o. for sth*

> * Ex: Manon en veut à Ugolin. Elle lui en veut.

Les adjectifs

cultivé(e): *educated*
humilié(e): *humiliated*

enceinte: *pregnant*
aveugle: *blind*

Traduisez!

1. The villagers would go to mass if the fountain stopped running.
2. If you reveal the truth I will never forgive you.
3. He was so ashamed and he had been so humiliated that he committed suicide.
4. The bride is an educated shepherdess and the groom is a schoolteacher.

2 Repères culturels

1. Bernard est le nouvel instituteur. Quelles sont les fonctions d'un instituteur? Quelle est la différence avec un professeur?
2. Les villageois organisent une procession. Qu'est-ce que c'est? A quoi ça sert?
3. Dans *Manon des sources*, le village est divisé entre les croyants et les anti-cléricaux. Qu'est-ce que l'anticléricalisme?

Revoir aussi les recherches faites pour l'étude de *Jean de Florette*.

3 Le contexte

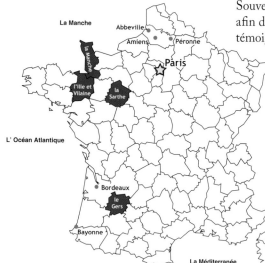

Souvenez-vous des recherches que vous avez faites pour *Jean de Florette*, afin de comprendre les années 1920. Vous allez maintenant lire le témoignage de quatre personnes qui se souviennent bien des années 1930:

- ⚜ Robert Poignant, né en 1913 à Paris
- ⚜ Pierre Legendre, né en 1915 à La Flèche (dans la Sarthe)
- ⚜ Renée Bernis, née en 1920 à Saint Lary Jégun (dans le Gers)
- ⚜ Jean Ménochet, né en 1921 à Chatillon en Vendelais (dans l'Ille et Vilaine)

Ces personnes ont confié leurs souvenirs en répondant aux questions suivantes:

1. Les jeunes faisaient-ils plus d'études dans les années 30 que dans les années 20?

Jean Ménochet: Je pense que oui. J'ai fait mes études secondaires à partir de 1933, mais cela restait encore très peu répandu pour ceux qui habitaient à la campagne car il fallait être interne, souvent loin de chez soi.

Renée Bernis: A 12½ ans j'ai quitté l'école primaire de Jégun après avoir obtenu le certificat d'études primaires pour aider mes parents à la terre. J'ai beaucoup pleuré lorsque j'ai quitté l'école. J'aurais voulu continuer mes études mais mes parents n'avaient pas les moyens de payer. J'étais fille unique et ils voulaient me garder pour travailler avec eux.

Pierre Legendre: Oui, petit à petit, il y avait davantage de jeunes faisant des études plus longues, mais les jeunes de la classe ouvrière quittaient l'école le plus tôt possible pour apporter un peu d'argent à la maison. Ils apprenaient des métiers de l'artisanat ou travaillaient dans les commerces, nombreux à cette époque.

Robert Poignant: En 1930 j'allais chaque jour par le train à Péronne, préparer le baccalauréat au collège. J'étais le seul adolescent de cette commune à continuer mes études secondaires. Je retrouvais dans le train deux autres camarades venant d'autres communes. Cela montre que la poursuite des études après le certificat était peu fréquente.

Sortie des élèves du lycée Saint-Louis. Paris, 1934

2. **Les maisons étaient-elles mieux équipées? (eau, électricité, appareils ménagers, etc.)**

Renée Bernis: Les maisons à la campagne n'étaient pas équipées. Il n'y avait ni eau, ni électricité. C'était très dur. La cuisine se faisait sur une cuisinière qui chauffait au bois. Bien sûr en ville depuis les années 30 il y avait l'électricité et l'eau courante. La vie y était beaucoup plus agréable.

Jean Ménochet: Oui, surtout dans les villes, mais je n'ai connu l'électricité chez mes parents qu'en 1930. Avant cette date, la famille se plaçait autour de la table éclairée par une lampe à pétrole. La cheminée servait de chauffage et procurait l'eau chaude pour la toilette, la vaisselle, etc. La nourriture était conservée dans un garde-manger placé dans un endroit frais.

Robert Poignant: Il n'y avait pas d'eau courante dans les maisons. On s'alimentait en eau potable avec l'eau des puits à force de coups de manivelle pour remonter les seaux. Beaucoup de maisons, dont la nôtre, possédaient une citerne où l'on recueillait l'eau de pluie des toits.

Nous nous éclairions avec une lampe à pétrole, et pour gagner nos chambres nous utilisions les lampes Pigeon dont je possède plusieurs exemplaires comme antiquités. J'ai vu arriver l'électricité dans le village, donc à la maison, vers 1925. Quel progrès!

Pierre Legendre: Les progrès étaient très lents et les Français n'ont pas été égaux dans le confort avant les années 1960, la guerre 1939-45 ayant tout arrêté. Il est facile de se souvenir de l'éclairage, même pour un enfant. J'ai connu la lampe à pétrole: 1921-22, je suis précis, c'était pour apprendre mes premières leçons. J'allais me coucher à l'étage avec un bougeoir. Les parents ne se sont jamais inquiétés si nous allions provoquer un incendie. Puis est venu l'éclairage au gaz, c'était un progrès. Il était fixé au mur et en hauteur. Est venue ensuite l'électricité, la "fée électricité" pour l'éclairage mais pas le chauffage.

Les maisons bourgeoises étaient belles et en bon état mais difficiles à chauffer. Chez les ouvriers, seule la cuisinière était allumée, les chambres n'étaient pas chauffées. A la campagne, feu de cheminée dans une unique grande pièce.

A la Flèche, seul le centre-ville était pourvu d'installations souterraines amenant l'eau chez l'habitant. Toutes les maisons avaient un puits avec pompe. Est venue ensuite la borne-fontaine. Les gens du quartier se rencontraient et bavardaient à la fontaine. Nous allions aux toilettes au fond du jardin, dans le froid et la nuit, avec une lampe tempête. Horrible. Je n'ai vu les premières chasse d'eau qu'en 1936 à mon arrivée à la caserne Mortier à Paris et dans les hôpitaux.

3. **La vie quotidienne était-elle différente d'une manière ou d'une autre? Vous rappelez-vous de quelque chose qui a changé ou facilité la vie dans les années 30?**

Pierre Legendre: Les mentalités, le style de vie, étaient inchangés, les mêmes qu'en 1920. Il y avait des progrès discrets, invisibles, inconnus du peuple. Les journaux étaient totalement différents de nos médias. Les croyants respectaient et étaient toujours soumis à leur religion, sans remettre en question quoi que ce soit.

Jean Ménochet: Les bicyclettes se sont répandues et ont apporté un moyen idéal pour se déplacer. Mon père en a acheté une en 1934 pouvant changer 6 vitesses! Un luxe!!!

Renée Bernis: Les jeunes de 15 à 20 ans qui vivaient à la campagne ont été heureux lorsque l'électrification s'est répandue, ainsi que l'eau courante, donc possibilité de se moderniser. Puis, après les dures années de la guerre, l'arrivée des voitures. Ainsi nous pouvions aller au cinéma en ville et enfin sortir de nos campagnes.

Robert Poignant: Mon père avait une voiture automobile à deux places. Peu de gens en possédaient, peut-être le maire du village et le curé. Je n'en suis pas sûr.

4.   Où les gens allaient-ils pour sortir et se détendre? Quelle vie sociale avaient-ils?

Renée Bernis: Pour se distraire l'hiver les paysans se retrouvaient le soir pour jouer aux cartes, manger des gâteaux et quelquefois danser au son d'un accordéon. Au village il y avait de temps en temps des bals et des fêtes foraines.

Jean Ménochet: Dans ma famille, pas question de voyager. Les gens se contentaient de rendre visite aux parents et grands-parents. Les relations entre voisins étaient plus conviviales, et des jeux les réunissaient souvent (cartes, boules, dominos, palets et même… théâtre). Autrement nous allions nous promener en famille le dimanche après-midi.

Pour les habitants de la commune, chaque année avait lieu une fête populaire. Un manège de chevaux de bois s'installait sur la place. Une course en sacs était organisée pour les enfants, et pour les adultes aussi. Un stand de jeu de massacre avait également beaucoup de succès. La fête se terminait le soir par un bal populaire sur la place.

Robert Poignant: Mon père, comme le curé du village, était un passionné de radio. Il avait fabriqué un poste à galène, puis ensuite un poste avec des lampes et d'autres éléments dont j'ai oublié le nom. Le son "sortait" d'un pavillon où j'ai entendu pour la première fois ce poème d'Alfred de Vigny: "La mort du loup". Quelle émotion! Le diffuseur national venait de la Tour Eiffel.

Enfants, nous pratiquions des jeux pour beaucoup peu pratiqués aujourd'hui. La plupart des hommes allaient le dimanche au café pour faire des parties de cartes. Une troupe de théâtre itinérante venait périodiquement donner des représentations dans une salle du café principal. Il y avait aussi le rémouleur qui venait une fois par an sur la place du village rétamer casseroles, pots en métal, poëles. Son passage était annoncé aux divers coins du village par les tambours du garde-champêtre. Pour nous, les gosses, c'était un vrai spectacle.

Mes loisirs étaient la bicyclette, la natation (mais il n'existait pas de piscine, même à Péronne). Nous nagions dans l'étang. Je jouais aussi aux échecs avec quelques personnes du village et évidemment, je lisais beaucoup.

On allait en famille passer des soirées chez des amis. On faisait la veillée. On racontait les potins de la commune, on commentait les événements. On jouait aux cartes, aux dames. Les hommes fumaient. Les femmes, quelquefois, tricotaient devant une bonne flambée dans la cheminée. On buvait une boisson chaude.

Pierre Legendre: Dans nos régions la bourgeoisie recevait pour le thé. D'autre part, c'était les concerts, les conférences, la messe du dimanche, les bals de société. Pour les classes moyennes, des salles de fêtes convenables pour des bals bien tenus. Pour les paysans, les assemblées de village, à dates régulières chaque année, créées depuis plusieurs siècles. Il faut ajouter les veillées d'hiver, plusieurs fois par semaine, de maison en maison, avec la famille, les voisins, les amis, avant la messe de minuit, à la St-Sylvestre, pour la dégustation de la galette des rois, la chandeleur (2 février) avec crêpes et beignets.

Je vais avoir de la difficulté à vous convaincre que la vie, dans les lieux publics, les magasins, sur les trottoirs, dans la rue, les jardins, était animée.

Les circonstances pour se distraire et s'amuser étaient:

❧ Le phonographe
❧ Le cinéma muet: un film par semaine le samedi soir, dimanche après-midi et soir.
❧ Le cinéma parlant: il était au point en 1930. J'en ai bien profité de 1930 à 1936 et pendant mon service militaire, quelquefois plusieurs fois par semaine.
❧ Bal: samedi soir, dimanche après-midi et soir.
❧ Des conférences intéressantes: monuments historiques, modes de vie et paysages africains, vie des esquimaux, etc.
❧ Beaucoup de théâtre: des troupes professionnelles et beaucoup d'amateurs
❧ Les cavalcades, défilés de chars, fête des fleurs, fête des reines, fêtes de quartiers
❧ Dans les cafés: jeux de cartes, billard, dominos
❧ Les grands cirques: bourgeois, ouvriers, tous allaient au cirque.

Salle de cinéma "Belleville-Pathé". Paris, 1931-32

5. Comment les gens sortaient-ils de leur village?

Pierre Legendre: L'état des routes était mauvais jusque vers 1930. Elles étaient faites de sable et de cailloux, étaient poussiéreuses, et ne restaient pas correctes très longtemps. Les riches se promenaient avec leur automobile, les paysans avec leurs chevaux et leur cariole. J'ai acheté ma bicyclette 450.00 francs en 1931. Prendre le train était une véritable expédition. Sont venus rapidement les autocars pour les excursions.

6. Quel impact la crise de 29 a-t-elle eu? Les gens autour de vous en parlaient-ils? Ont-ils été affectés?

Jean Ménochet: Je n'ai pas de souvenir particulier de cette crise de 1929. Je pense que peu de gens à la campagne en ont été affectés.

Robert Poignant: L'impact de la crise de 1929 ne se faisait guère sentir à la campagne car les activités se concentraient autour des travaux agricoles. J'ai personnellement été victime du chômage pendant un an après avoir obtenu mon baccalauréat. Je voulais devenir instituteur comme mon père mais il n'y avait pas de places disponibles.

Pierre Legendre: A douze ans environ je lisais le journal quotidiennement, comme un adulte. Trop jeune pour remarquer l'amorce de ce désastre, je n'ai pas été marqué par cette nouvelle. L'Amérique était à dix jours de paquebot, elle nous paraissait très lointaine.

Tandem avec petite remorque.
Le Sables-d'Olonne (Vendée), 1937

7. Quel impact les congés payés ont-ils eu? Votre famille partait-elle en vacances avant 1936? Partiez-vous en vacances après 36?

Renée Bernis: Non, mes parents ne partaient pas en congé. Moi j'allais un peu l'été à Bayonne ou à Bordeaux parce qu'il y avait de la famille. Les congés payés votés en 36, quelle bonne chose! Bien sûr les ouvriers qui travaillaient dans les usines partaient en vacances.

Pierre Legendre: Dès 1930, j'avais cinq jours de vacances par an. Mineur, il n'était pas question de partir seul en voyage.

A la maison je faisais du jardinage ou de la peinture sur une porte ou un mur. C'était normal et tout naturel. En 1936 je suis entré en caserne pour être libéré en 1938. Rappelé aux armées en mars 1939, je n'ai pas bénéficié de congés payés. Démobilisé en septembre 1940, pas de congés avant 1946.

Robert Poignant: Les congés payés concernaient principalement les employés et les ouvriers d'usine, en ville. A la campagne on n'en sentait pas tellement les effets, sauf dans les quelques usines qui pouvaient exister, comme la caoutchouterie de Roisel.

Jean Ménochet: Les congés payés en 1936 ont apporté un énorme changement de vie. Je me souviens de trains entiers de Parisiens qui venaient découvrir la mer. A la maison mes parents recevaient mes oncles et tantes qui vivaient à Paris et étaient ravis de ces vacances. En 1936 ma famille et moi habitions au bord de la mer. Nous ne partions pas ailleurs.

8. A quel point la vie quotidienne était-elle différente en ville et à la campagne?

Jean Ménochet: A la campagne les gens commençaient à avoir un équipement acceptable, à savoir eau courante et électricité à la cuisine… mais toujours pas de salle de bains! Les femmes étaient presque toujours habillées en noir.

En ville, quelques habitants seulement avaient un poste de TSF. Quelques autres (dans les cafés surtout) avaient un téléphone mural. Les femmes portaient des robes colorées. Et la nourriture était déjà bien plus variée en ville qu'à la campagne.

Robert Poignant: La vie quotidienne, à la campagne, était rythmée par les activités agricoles et les petits commerces. En ville, c'était différent. Les loisirs étaient offerts, notamment le cinéma, le théâtre, les activités sportives avec les clubs de football, de gymnastique, les bibliothèques, les moyens de transport variés, tout au moins dans les villes les plus importantes comme Amiens, Abbeville. Le chemin de fer permettait de se rendre à la mer aux beaux jours. Il y avait déjà des colonies de vacances d'été où les enfants d'âge scolaire pouvaient passer un mois avec l'aide financière d'associations pour les familles disposant de revenus modestes. Il y avait des conservatoires ou écoles de musique.

9. La messe du dimanche était-elle importante?

Pierre Legendre: Manquer la messe = faute grave = péché mortel = enfer! Un pratiquant régulier ne se posait pas de question, il fallait aller à la messe. Si une famille voyageait le dimanche, elle cherchait à "attraper" une messe (c'était le terme employé) en traversant une ville ou un village. Si ce n'était pas possible, sa conscience n'était pas en paix jusqu'à la confession suivante.

10. Qu'est-ce que les jeunes de 15-20 ans espéraient? De quoi rêvaient-ils?

Pierre Legendre: Une certitude: pas d'inquiétude, pas d'angoisse pour l'avenir d'un jeune. Les couches de la société restaient très cloisonnées, il n'y avait pas la course au diplôme que nous connaissons aujourd'hui. Les enfants de parents de professions libérales suivaient leurs traces s'ils en était capables. Sinon, les parents les aidaient à faire autre chose, à acheter un commerce, à prendre un portefeuille d'agent d'assurance, etc. Les fils d'artisans faisaient souvent la même chose que leur père, ils avaient l'espoir d'hériter de la boutique. Certains, bien sûr, ont étudié dans les grandes écoles. Toute la ville le savait, c'était un événement. Pour les filles, avec le certificat d'études primaires, le brevet, on pouvait être employée de bureau. Chez les employés et ouvriers, des parents sérieux, économes, voulaient avoir des enfants "mieux qu'eux" et ils arrivaient à les faire étudier mais c'était très dur pour le budget. Ils étaient instituteurs, ou dans les P et T, employés au service des impôts, dans les banques, et toujours formés sur leur lieu de travail. Beaucoup d'orphelins de guerre ont réussi dans ces métiers.

Robert Poignant: Ils rêvaient des filles, évidemment, pensaient à trouver un emploi, faisaient du sport, envisageaient avec un enthousiasme modéré le service militaire obligatoire qui les éloignait de leurs amis et amies, de leurs parents, de leurs loisirs.

Jean Ménochet: A cette époque, les jeunes pensaient aussi à leur avenir, mais ayant fait moins d'études, ils ne rêvaient pas à de grandes situations. Beaucoup travaillaient avec les parents et pensaient prendre la suite. En fait, on vivait tout simplement. Aucun ne pensait alors à une future guerre!

4 Bande-annonce

1. Qu'est-ce que le narrateur dit sur *Jean de Florette* ? Qu'est-ce que cela implique pour *Manon des sources* ? Quels passages ont été choisis comme illustration ?

2. Quel personnage fait la transition entre *Jean de Florette* et *Manon des sources* ?

3. Où Manon se trouve-t-elle quand on la voit dans ces extraits ? Sa vie semble-t-elle avoir beaucoup changé depuis 10 ans ?

4. Quelles sont les différentes activités des villageois ?

5. Est-ce qu'on connaît tous les personnages ?

6. Est-ce qu'on entend les acteurs parler ?

7. Quel(s) personnage(s) est/sont associé(s) aux mots suivants, et que fait/font-il(s) quand le mot est prononcé ?

	Personnage(s)	Actions
good		
evil		
romance		
revenge		

Grotte du Plantier ou "Grotte de Manon".
Pagnol, puis Berri y ont tourné les scènes
de la grotte.

5 A savoir avant de visionner le film

❧ Durée: 2h

❧ Genre: Drame

❧ Public: PG

❧ Note: Les événements se succèdent plus rapidement dans *Manon des sources* que dans *Jean de Florette*, mais ce n'est pas un film d'action! Pour apprécier le film à sa juste valeur il faut non seulement écouter les dialogues mais aussi bien observer le jeu des acteurs, les paysages, les couleurs, et faire attention à la bande-son (musique et bruits de fond).

PREMIÈRE APPROCHE

1 L'histoire

Les personnages:

César Soubeyran, le Papet	Yves Montand
Ugolin	Daniel Auteuil
Manon	Emmanuelle Béart
Bernard, l'instituteur	Hippolyte Girardot
Aimée	Elisabeth Depardieu

1. Pourquoi le Papet veut-il qu'Ugolin se marie?
2. En quoi l'instituteur est-il différent des gens du village?
3. Décrivez les activités de Manon.
4. Pourquoi Manon ne veut-elle pas aller vivre avec sa mère?
5. Comment Ugolin réagit-il quand il entend l'instituteur raconter qu'il a rêvé de Manon?
6. Que pensez-vous de l'amour d'Ugolin? En quoi est-il différent de l'amour de l'instituteur?
7. Pourquoi Ugolin ne veut-il pas dire au Papet qui il aime?
8. Que dit le Papet sur Manon après l'avoir vue? A qui ressemble-t-elle?
9. Quelle est la technique de séduction que le Papet explique à Ugolin?
10. Qu'est-ce que Manon apprend dans la colline sur la responsabilité des villageois? Comment réagit-elle?
11. Pourquoi Manon met-elle le feu aux œillets d'Ugolin? Réussit-elle? Que se passe-t-il?
12. Comment Manon découvre-t-elle l'origine de la source du village? Que fait-elle alors?
13. Quelle est la réaction des villageois quand l'eau ne coule plus?
14. Que fait Ugolin pour arroser ses œillets?

15. Qui vient pour les aider? Est-ce que ça marche? Pourquoi? Comment les villageois se comportent-ils?

16. De quoi le curé parle-t-il pendant la messe ?

17. Pourquoi Manon assiste-t-elle? Est-ce dans son habitude? Quelles réactions provoque-t-elle?

18. Quelles sont les conclusions du Papet après la messe sur la possibilité pour Ugolin d'épouser Manon?

19. Que se passe-t-il dans la cour de l'école?

20. Pourquoi Ugolin se suicide-t-il? Qu'est-ce qui l'a tué?

21. Qu'est-ce que Manon et l'instituteur partagent?

22. Que croient les villageois quand l'eau revient?

23. Est-ce que tout le monde est content?

24. Que fait le Papet le jour du mariage de Manon? Que se passe-t-il quand il la voit en mariée?

25. Qu'est-ce que Delphine nous apprend?

26. Pourquoi Delphine n'a-t-elle rien dit plus tôt?

27. Pourquoi le Papet sait-il qu'il va mourir? De quoi meurt-il?

28. Quels sont les deux objets que le Papet a en main sur son lit de mort?

A savoir

Pour les besoins du film, 15.000 pieds d'œillets ont été commandés à un horticulteur, et ont été replantés.

2 Analyse d'une photo

1. Où et à quel moment cette scène se passe-t-elle?

2. Que propose l'instituteur?

3. Le Papet et Ugolin ont-ils l'air intéressé? Pourquoi?

4. Comment les trois personnages sont-ils habillés? Est-ce que ce sont leurs vêtements habituels?

3 Analyse de citations

Analysez les citations suivantes en les replaçant dans leur contexte:

1. Un villageois (au début): "Et les morts, ça rapporte les morts?"
   Ugolin: "C'est pas mal les morts, c'est pas mauvais, ça rapporte bien."

2. Ugolin: "Tu ne crois pas que ça ferait un mélange terrible tout le regret du mal que je t'ai fait, et tout le plaisir du bien que je veux te faire?"

3. Le Papet (en parlant de la source de Jean): "Faites bien attention. Si vous saviez qu'il y en avait une, et que vous ne l'avez pas dit au bossu, alors c'est vous qui êtes responsables de sa mort."

APPROFONDISSEMENT

1 Vocabulaire

Enrichissez votre vocabulaire !

Chapelle des Pénitents,
Les Baux de Provence

La religion

religieux(euse): *religious*
croire en Dieu: *to believe in God*
le christianisme:
    un(e) chrétien(ne): *a Christian*
    un(e) catholique: *a Catholic*
    un(e) protestant(e): *a Protestant*
le judaïsme:
    un(e) juif(-ve): *a Jew*
    juif (-ve): *Jewish*
    hébreu (fém.: hébraïque): *Hebrew*
l'Islam:
    un(e) musulman(e): *a Muslim*
    le Coran: *Koran*
les religieux:
    un prêtre: *a priest*
    un moine: *a monk*
    une religieuse: *a nun*
    un évêque: *a bishop*
les lieux de culte:
    un temple: *a temple*
    une église: *a church*
    une cathédrale: *a cathedral**
    un couvent: *a convent*
le service religieux:
    aller à l'église: *to go to church*
    prier: *to pray*
    communier: *to receive communion*

le paradis: *paradise*
le Ciel: *Heaven*
l'Enfer: *Hell*

la Pâque juive: *Passover*
le Nouvel An juif: *Rosh Hashana*

la Mecque: *Mecca*

le pape: *the pope*
un pasteur: *a minister*
un rabbin: *a rabbi*
un(e) intégriste: *a fundamentalist*

une abbaye: *an abbey***
une synagogue: *a synagogue*
une mosquée: *a mosque*

l'autel: *the altar*
la croix: *the cross*

* Prononciation: [catédral]
** Prononciation: [a-bay-i]

Le vengeance

se venger: *to have one's revenge*
venger qq'un: *to avenge s.o.*
un crime qui crie vengeance: *a crime that cries for vengeance*
prendre sa revanche sur qq'un: *to get even with s.o.**

les représailles: *retaliation*
en représailles de qqch: *as a reprisal for sth*
rendre la pareille à qq'un: *to give s.o. tit for tat*
régler son compte à qq'un: *to settle s.o.'s hash*

* Ex: Manon prend sa revanche sur les villageois en bouchant leur source.

Jouez avec les mots!

A. Mots-croisés:

Horizontalement:

2. Sanction
4. Père de Manon; Etre suprême
6. Lieu de culte; Mots adressés à Dieu
7. Contraire du paradis
9. Mettre fin à ses jours
10. Au-dessus des prêtres
12. Revanche
13. Prix décerné à Daniel Auteuil; Ne voit pas
14. Personne qui dirige une ville
15. Prêtre; Paradis
16. Lieu de culte
18. Obtient sa revanche
19. Chrétien, mais pas catholique
20. Avoir la foi
21. Oiseau
22. Instrument pour attraper des animaux
23. Gagner (de l'argent); Service religieux

Verticalement:

A. Un symbole du christianisme
C. Objet ayant appartenu à Florette; Animaux dont s'occupe Manon; Chef de l'Eglise catholique
E. Opposé au clergé; Objet que le Papet tient en mourant
G. Se marier avec
H. Fleurs cultivées par Ugolin
I. Occupation de Manon
J. Type de religieux; Prénom d'Auteuil dans le film
L. Instrument de musique de Jean et Manon
M. Qui a fait des études
N. Femme qui attend un enfant
O. Table pour célébrer la messe
P. Curé
R. Travail des couturières; Lieu où les enfants jouent à l'école; Pas citadins
T. Dit un secret; Le meurtre en est un
U. Extrêmiste religieux
W. Porte une robe blanche pour le grand jour

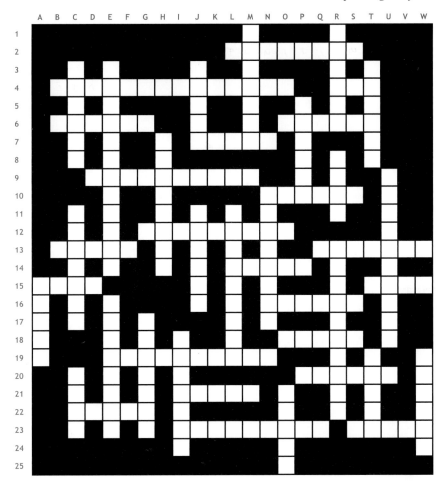

B. **Reliez les mots qui vont ensemble:**

_____	1.	épouser	a.	curé
_____	2.	abbaye	b.	source
_____	3.	instituteur	c.	bergère
_____	4.	prêtre	d.	couvent
_____	5.	fontaine	e.	vengeance
_____	6.	piège	f.	arroser
_____	7.	coupable	g.	se marier
_____	8.	chèvres	h.	lièvre
_____	9.	couler	i.	responsable
_____	10.	représailles	j.	professeur

2 Réflexion - Essais

1. Comment Manon fait-elle son entrée dans le film? Où se trouve-t-elle? Voit-on tout de suite son visage?

2. Quels sont les changements auxquels on assiste pendant le film dans la personnalité d'Ugolin?

3. Finalement, comment Manon se venge-t-elle d'Ugolin, du Papet, et des villageois?

4. A votre avis, pourquoi Manon n'a-t-elle pas dénoncé le Papet et Ugolin plus tôt?

5. Après les révélations de la fin, que pensez-vous du Papet? Votre opinion a-t-elle changé?

6. Que pensez-vous de la punition que le Papet reçoit à la fin du film? Est-elle juste, ou la trouvez-vous trop cruelle? Trouvez-vous que justice est faite? Etes-vous pleinement satisfait?

7. Trouvez-vous que c'est une bonne idée de sa part d'écrire la lettre à Manon et de tout lui révéler, ou pensez-vous qu'il aurait mieux valu ne rien dire, et son secret serait mort avec lui?

8. A votre avis, comment Manon va-t-elle réagir en recevant la lettre? Que va-t-elle faire? Pensez-vous qu'elle va pardonner? Que va-t-elle faire de la fortune dont elle hérite?

9. Le maire, le curé et l'instituteur sont des figures importantes dans le village. Pourquoi?

10. Quelle place la religion a-t-elle dans *Manon des sources*? Quel rôle joue-t-elle?

11. Montrez comment l'eau est associée à la vie dans *Manon des sources*.

12. Imaginez que le Papet ait reçu la lettre de Florette en Afrique. A votre avis, qu'aurait-il fait? En quoi sa vie aurait-elle été différente?

3 Analyse d'une scène : la cour de l'école
(1:09:34 à 1:12:15 après le début)

Vocabulaire spécifique à cette scène

se retourner contre qq'un *(to turn against s.o.)* • rendre un service à qq'un *(to do s.o. a favor)* • prendre la parole *(ici: to speak)* • tutoyer *(to address s.o. as "tu")* • vouvoyer *(to address s.o. as "vous")* • un procureur *(a prosecutor)* • un avocat *(a lawyer)* • un témoin *(a witness)*

A. Écoutez

1. Qu'est-ce que l'instituteur demande ? Qu'est-ce qu'il pense ?
2. Cette question met-elle tout le monde à l'aise ?
3. Comment les villageois commencent-ils à se retourner contre le Papet et Ugolin ?
4. Qu'est-ce qu'Anglade (le villageois âgé) demande à Manon de faire ? Pourquoi lui demande-t-il de rendre ce service ?
5. Accepte-t-elle ? Pourquoi ?
6. Qu'est-ce qui provoque la colère de Manon ? Est-ce la demande d'Anglade ?
7. Qu'est-ce qu'on entend quand Ugolin prend la parole ?
8. Qu'est-ce que Manon révèle?
9. Qui tutoie Manon ? Qui la vouvoie ? Est-ce que cela vous surprend ?
10. Le Papet se défend-il bien?
11. Que pensez-vous de l'attitude d'Ugolin ?

B. Observez

1. Qui l'instituteur a-t-il invité ? Y a-t-il des hommes et des femmes ? Pourquoi ? La présence de Manon est-elle surprenante?
2. Qu'est-ce qu'il y a sur les tables ?
3. L'instituteur est-il habillé comme les autres hommes ?
4. Où les acteurs sont-ils placés ? Sont-ils tous du même côté des tables ? Qui est séparé ?
5. Quel personnage est au centre ? Pourquoi lui ?
6. Où Manon se trouve-t-elle au début ? Fait-elle vraiment partie de la scène ?
7. Qui l'instituteur regarde-t-il en face quand il parle du crime ?
8. Regardez bien les visages du Papet et d'Ugolin quand l'instituteur dit " le discours s'adressait à quelqu'un ". Ont-ils la même réaction ?
9. Comment Manon réagit-elle quand Anglade dit " Si tu veux, tu peux nous rendre l'eau ". Que doit-elle penser à ce moment-là ? Montre-t-elle ses émotions?
10. Comment Manon accuse-t-elle le Papet et Ugolin? Les nomme-t-elle? Pourquoi?
11. Qu'est-ce que le visage de Manon exprimait au début de la scène? Et à la fin, en quoi a-t-il changé ?

12. Peut-on dire que c'est une scène de jugement ? Qui sont les accusés ? Qui est le juge ? Qui est le procureur ? Qui est l'avocat ? Qui sont les témoins ?

C. Cette scène dans l'histoire

1. Cette scène est-elle importante pour les spectateurs ? Apprend-on des choses que l'on ne savait pas déjà ?

2. Pourquoi est-ce une scène-clé pour

   a. le Papet et Ugolin ?
   b. Manon ?
   c. l'instituteur ?
   d. les villageois ?

D. Langue

1. **Pronoms**

   Dans cette scène les acteurs utilisent de nombreux pronoms personnels pour s'exprimer. Remplissez les blancs avec des pronoms directs, indirects, toniques, y ou en.

   a. Le curé sait la vérité mais il ne peut pas _____ parler.
   b. Les villageois sont intéressés par l'histoire de Manon, alors ils _____ écoutent.
   c. Quand ils sont arrivés au village il _____ a semblé que les gens n'étaient pas accueillants.
   d. L'instituteur ne sait pas la vérité mais Manon, _____, la sait.
   e. Combien y a-t-il de sources sur cette terre ? Il y _____ a deux.
   f. Ugolin veut savoir ce que Manon _____ reproche.
   g. Anglade pense que Manon peut rendre l'eau aux gens, alors il lui demande de prier pour _____.
   h. Comme le Papet et Ugolin ont volé l'eau de Jean, Dieu _____ a punis.
   i. Manon ne savait pas où la source se trouvait, elle _____ a découverte en perdant une chèvre.
   j. Quand Delphine a parlé au Papet, elle _____ a dit la vérité.
   k. Le curé ne parle pas du crime clairement mais il _____ fait allusion.
   l. Vous avez vu *Manon des sources*. Qu'est-ce que vous _____ pensez?

> ### A savoir
>
> Yves Montand était en train de filmer cette scène quand il a appris le décès de sa femme, Simone Signoret. Il est parti trois jours, est revenu, et a repris le tournage...

2. **Verbes suivis de à/de**

Dans les dialogues on remarque plusieurs verbes et expressions verbales suivis de à/de :

faire allusion à	penser de	parler de	reprocher à
s'adresser à	avoir l'air de	parler à	

Remplissez les blancs en conjuguant un de ces verbes (attention aux articles contractés !) :

a. Les paroles du curé _____ criminels.
b. Qu'est-ce que vous _____ cette actrice ?
c. Ugolin _____ Manon pour lui dire son amour.
d. Manon _____ villageois de ne pas avoir aidé son père.
e. L'instituteur _____ rêve qu'il a fait.
f. Manon _____ être innocente.
g. Les villageois savent que le curé _____ Soubeyran.

3. **Hypothèses**

Formulez des hypothèses sur l'histoire en conjuguant les verbes suivants. Faites bien attention à la concordance des temps !

a. Si Manon _____ (aller) à la procession, l'eau reviendra.
b. Si quelqu'un était coupable, nous le _____ (savoir).
c. Si le Papet et Ugolin n'avaient pas bouché la source, Jean _____ (pouvoir) réussir.
d. Si tu _____ (vouloir), tu peux nous aider.
e. Si Manon rencontre l'instituteur dans la colline, elle n'_____ (avoir) pas peur.
f. Si le Papet _____ (recevoir) la lettre, il aurait épousé Florette.
g. Si Jean avait de l'eau, ses légumes _____ (pousser) sans problème.
h. Si Ugolin _____ (se marier), la fortune des Soubeyran restera intacte.
i. Si l'eau ne revient pas demain, il _____ (falloir) aller en chercher avec le mulet.
j. Si Manon n'avait pas perdu sa chèvre, elle _____ (ne pas découvrir) la grotte.

E. **Comparaison avec d'autres scènes**

Comparez cette scène avec :

1. une scène de *Jean de Florette* : les hommes au café (de 19:13 à 21:42 après le début)

    a. Quels sont les personnages en commun dans les deux scènes ? Lesquels sont différents?
    b. Quelle attitude le Papet a-t-il dans les deux scènes ? Est-il à l'aise ?
    c. Peut-on dire que la scène de *Manon des sources* répond à celle de *Jean de Florette* ?

Eglise de Vaugines, lieu de rencontre
entre le Papet et Delphine.

2. les révélations de Delphine (de 1:36:05 à 1:41:39 après le début)

   a. Qu'est-ce que le Papet apprend dans chaque scène ? Par qui les révélations arrivent-elles?

   b. Dans quel contexte les personnages se trouvent-ils ? Pensez aux lieux, à l'heure du jour, aux témoins.

   c. Quel est le ton général de chaque scène ?

F. Sketch

Imaginez que cette scène se soit déroulée autrement. Voici quelques pistes pour changer le scénario :

   ❧   Le Papet avoue tout devant tout le monde et demande à Manon de lui pardonner

   ❧   Certains villageois prennent le parti du Papet, d'autres défendent Manon

   ❧   Un des personnages fait une révélation inconnue de tous (et des spectateurs)

Ecrivez le dialogue et jouez-le avec vos camarades.

LE COIN DU CINEPHILE

1 Comparez la première et la dernière scène

Comparez la première et la dernière scène. Quels lieux sont présentés au tout début? Etaient-ils les mêmes au début de *Jean de Florette*? Pourquoi a-t-on un gros plan de la fontaine du village? Manon apparaît-elle dans la première scène? Pourquoi? A quel moment de la journée le film se termine-t-il? Pourquoi? Qu'est-ce qui a changé entre le début et la fin du film?

2 Sous-titres

Voici un extrait de la lettre qu'Ugolin laisse au Papet. Comparez le texte français et les sous-titres en anglais, puis répondez aux questions:

1. Papet, je m'en vais parce que j'en peux plus.	*Papet, I'm leaving because I can't go on.*
2. C'est pas pour les œillets, tant pis s'ils crèvent. C'est à cause de mon amour.	*It's not the carnations. It's because of my love.*
3. J'ai compris qu'elle ne me voudra jamais.	*I realize she'll never want me.*
4. Je m'en doutais parce que mon ruban d'amour m'a fait un abcès qui me brûle.	*I suspected it because her ribbon burned my flesh.*
5. Et puis quand je lui ai dit devant tout le monde que je veux la marier, tout lui donner, elle m'a craché dessus en paroles.	*And when I told her in public I want to marry her, she spat at me in a fury.*
6. En plus, elle s'est réfugiée vers l'instituteur.	*What's more, she fled towards the teacher.*

a. 1ère réplique: La phrase française est-elle correcte? Que manque-t-il? Cette erreur existe-t-elle dans la phrase en anglais? Pourquoi?

b. 2ème réplique: "tant pis s'ils crèvent" n'est pas traduit. Cette omission est-elle gênante pour la bonne compréhension des sentiments d'Ugolin?

c. 4ème réplique: Les mots "her ribbon" rendent-ils avec exactitude "mon ruban d'amour"?

d. 5ème réplique: La phrase "je veux la marier" est-elle correcte? Que doit-on dire? Retrouve-t-on cette erreur en anglais? Pourquoi?

e. 5ème réplique: "tout lui donner" n'est pas traduit. Est-ce dommage?

f. 5ème réplique: Les phrases "elle m'a craché dessus en paroles" et "she spat at me in a fury" ont-elles le même sens?

g. 6ème réplique: Les verbes "se réfugier" et "to flee" ont-ils le même sens? L'un est-il plus profond que l'autre?

3 Le film de patrimoine

Les années 80 et 90 ont vu apparaître en France (et dans d'autres pays européens) un nouveau type de film, le film de patrimoine (appelé "heritage film" en Angleterre). Ces films font penser à la "tradition de qualité" des années 40 et 50. On a d'ailleurs parlé de "nouvelle qualité française" en faisant référence aux films de patrimoine.

Les années 80 ont été marquées, au début, par l'élection de François Mitterrand. C'était la première fois depuis la guerre que la France avait un président socialiste. Cette victoire de la gauche faisait penser au gouvernement de Front Populaire des années 30, et a entraîné enthousiasme et nostalgie. Mitterrand et son ministre de la culture, Jack Lang, ont décidé d'encourager et de soutenir financièrement un cinéma populaire de qualité. Leur but était à la fois de faire revenir les gens dans les salles, de rivaliser avec Hollywood, d'augmenter la part de films français sur le marché (le film de patrimoine doit être exportable), de renforcer la fierté nationale et d'éduquer les spectateurs. Il fallait que les films soient facilement reconnus comme étant très français. Les films de patrimoine se basent donc sur des œuvres littéraires, des périodes de l'Histoire, des héros, des lieux. Ils mettent en valeur de grandes stars, et bénéficient de très gros budgets. Les décors et les costumes sont soignés, la reconstitution est minutieuse et se veut authentique.

Les films de patrimoine ne sont pas toujours bien vus par la critique, et pourtant beaucoup sont de gros succès en France et à l'étranger. A votre avis, pourquoi les spectateurs aiment-ils tant les films de patrimoine?

AFFINEZ VOTRE ESPRIT CRITIQUE

1 Titre

Comparez le titre français à sa traduction en anglais. Pourquoi "sources" est-il au pluriel et "spring" au singulier? Le mot "source" n'a qu'un sens en français. Est-ce le cas du mot "spring" en anglais? Le titre anglais peut-il prêter à confusion?

2 Comparaison d'affiches

Vous allez comparer l'affiche réalisée pour le *Manon des sources* tourné en 1952 par Pagnol, et celle du film de Berri. Pour trouver les affiches, allez sur www.affichescinema.com, cliquez sur "Voir les affiches", puis sur "M", puis sur "Manon des sources" et sur "Manon des sources (M. Pagnol)". Vous pouvez agrandir et imprimer les affiches pour faciliter votre travail.[1]

1. Quelles couleurs dominent dans chaque affiche?
2. Quels lieux et quels personnages voit-on?
3. Comment chaque affiche est-elle structurée? Remarquez-vous des lignes, des formes?
4. Quelle est l'humeur générale des affiches? A-t-on la même impression en les regardant? Peut-on deviner qu'il s'agit du même film?

3 Les critiques

1. Dans *Le Monde* du 20 novembre 1986, Danièle Heymann parle de Daniel Auteuil et dit que "son Ugolin (...) entre (...) dans la grande galerie universelle des coupables innocents". Qu'est-ce qu'elle veut dire? Comment peut-on être un "coupable innocent"?
2. Etes-vous d'accord avec Joël Magny, quand il affirme (*Les Cahiers du Cinéma*, janvier 1987) que "les meilleures scènes du film de Berri" sont "celles qui reposent sur le texte". Pouvez-vous donner des exemples de très bonnes scènes dans lesquelles les paroles, le récit, les dialogues sont importants? Réfléchissez à d'autres scènes sans paroles. Qu'en pensez-vous?

---

1   Vous remarquerez que les affiches ne sont pas de très bonne qualité, surtout si vous les agrandissez. C'est la seule solution qu'ont les sites internet qui hébergent des photos et des affiches de films. La loi les autorise à le faire si les photos sont de basse résolution.

POUR ALLER PLUS LOIN

1 Parallèles avec d'autres films

1. **Littérature:** *Jean de Florette, Manon des sources, Madame Bovary* et *Le hussard sur le toit* sont des adaptations d'œuvres littéraires. A votre avis, les réalisateurs ont-ils rencontré les mêmes difficultés? Quels choix ont-ils dû faire?

2. **Daniel Auteuil:** comparez ses rôles dans *Jean de Florette* et *Manon des sources* (Ugolin, un paysan provençal au début du siècle) et *La veuve de Saint-Pierre* (Jean, un capitaine de l'Armée à Saint-Pierre et Miquelon en 1850). Le trouvez-vous bien choisi pour ces rôles extrêmement différents? Ces deux rôles étaient-ils tous de difficulté égale? Justifiez votre point de vue.

2 Lecture

L'extrait suivant est tiré du *Château de ma mère*. Dans ce roman, Marcel Pagnol raconte ses souvenirs d'enfance, en particulier ses vacances dans les collines provençales. Il s'est lié d'amitié avec Lili, un petit paysan de son âge qui connaît très bien les lieux. Dans cet extrait, Marcel et Lili font un pique-nique dans les collines avec le père et l'Oncle (Jules) de Marcel.

Mon père dit:

—Ce qui manque le plus dans ce pays, ce sont les sources…

A part le Puits du Mûrier, est-ce qu'il y en a d'autres?

—Bien sûr! dit Lili. Mais il n'ajouta rien.

—Il y a la baume de Passe-Temps, dit l'oncle. Elle est sur la carte d'état-major.

—Il y a aussi celle des Escaouprès, dit Lili. C'est là que mon père fait boire ses chèvres.

—C'est celle que que nous avons vue l'autre jour, dit l'oncle.

—Il y en a certainement d'autres, dit mon père. Il est impossible que, dans un massif aussi vaste, les eaux de la pluie ne ressortent[1] pas quelque part.

—Il ne pleut peut-être pas assez, dit l'oncle Jules.

—Détrompez-vous,[2] s'écria mon père. Il tombe à Paris 0 m 45 de pluie par an. Ici, il en tombe 0 m 60!

Je regardai Lili avec fierté, et je fis un petit clin d'oeil[3] qui soulignait[4] l'omniscience paternelle. Mais il ne parut pas comprendre la valeur de ce qui venait d'être dit.

—Etant donné que[5] le sol[6] des plateaux est fait de tables rocheuses imperméables, poursuivit mon père, il me semble tout à fait certain qu'un ruissellement[7] important doit se rassembler dans les vallons, en poches souterraines, et il est fort probable que certaines de ces poches affleurent[8] et suintent[9] dans les endroits les plus creux.[10] Tu connais sûrement d'autres sources?

1 come out
2 you're quite mistaken!
3 I winked
4 underlined
5 since
6 base
7 run-off
8 come to the surface
9 seep
10 hollow

Collines près d'Aubagne

—J'en connais sept, dit Lili.

—Et où sont-elles?

Le petit paysan parut un peu embarrassé, mais il répondit clairement.

—C'est défendu de le dire.

Mon père fut aussi étonné que moi.

—Pourquoi donc?

Lili rougit, avala[11] sa salive, et déclara:

—Parce qu'une source, ça ne se dit pas!

—Qu'est-ce que c'est que cette doctrine? s'écria l'oncle.

—Evidemment, dit mon père, dans ce pays de la soif, une source, c'est un trésor.

—Et puis, dit Lili, candide, s'ils savaient les sources, ils pourraient y boire!

—Qui donc?

—Ceux[12] d'Allauch ou bien de Peypin. Et alors, ils viendraient chasser ici tous les jours!

Il s'anima brusquement:

—Et puis, il y aurait tous ces imbéciles qui font les excursions…Depuis qu'on leur a "dit" la source du Petit-Homme, de temps en temps ils viennent au moins vingt…D'abord, ça dérange les perdreaux[13] — et puis, des fois, quand ils ont bien bu, ils pissent dans la source. Une fois ils avaient mis un écriteau:[14] "Nous avons pissé dans la source!"

—Pourquoi? dit mon oncle.

Lili répondit, sur un ton tout à fait naturel:

—Parce que Chabert leur avait tiré un coup de fusil.[15]

—Un vrai coup de fusil? dis-je.

—Oui, mais de loin, avec du petit plomb[16]…Il n'a qu'un cerisier,[17] et les autres lui volaient ses cerises! dit Lili avec indignation. Mon père a dit qu'il aurait dû tirer à chevrotines![18]

—Voilà des moeurs[19] un peu sauvages! s'écria mon oncle.

—C'est eux les sauvages! dit Lili avec force. Il y a deux ans, pour faire cuire la côtelette, ils ont mis le feu à la pinède[20] du jas de Moulet! Heureusement, c'était une petite pinède, et il n'y avait rien à côté! Mais s'ils faisaient ça dans Passe-Temps, imaginez-vous un peu!

—Evidemment, dit mon père, les gens de la ville sont dangereux, parce qu'ils ne savent pas…

—Quand on ne sait pas, dit Lili, on n'a qu'à rester à la maison.

Il mangeait de grand coeur[21] l'omelette aux tomates.

—Mais nous, nous ne sommes pas des excursionnistes. Nous ne salissons[22] pas les sources, et tu pourrais nous dire où elles sont.

—Je voudrais bien, dit Lili. Mais c'est défendu. Même dans les familles, ça ne se dit pas…

—Dans les familles, dit mon père, ça, c'est encore plus fort.

—Il exagère peut-être un peu, dit l'oncle.

—Oh non! c'est la vérité! Il y en a une que mon grand-père connaissait: il n'a jamais voulu le dire à personne…

11 swallowed
12 the people from
13 partridges
14 sign
15 had shot at them
16 small shot
17 cherry tree
18 buckshot
19 mores
20 pine forest
21 heartily
22 dirty

—Alors, comment le sais-tu?

—C'est parce que nous avons un petit champ, au fond de Passe-Temps. Des fois on allait labourer,[23] pour le blé noir.[24] Alors, à midi, au moment de manger, le papet disait: "Ne regardez pas où je vais!" Et il partait avec une bouteille vide.

Je demandai:

—Et vous ne regardiez pas?

—O Bonne Mère! Il aurait tué tout le monde! Alors, nous autres on mangeait assis par terre, sans tourner l'oeil de son côté. Et au bout d'un moment, il revenait avec une bouteille d'eau glacée

Mon père demanda:

—Et jamais, jamais vous n'avez rien su?

—A ce qu'il paraît que[25] quand il est mort, il a essayé de dire le secret…Il a appelé mon père, et il lui a fait:[26] "François, la source…la source…" Et toc, il est mort…Il avait attendu trop longtemps. Et nous avons eu beau[27] la chercher, nous l'avons jamais trouvée. Ça fait que c'est une source perdue…

—Voilà un gaspillage[28] stupide, dit l'oncle.

—Eh oui, dit Lili, mélancolique. Mais quand même,[29] peut-être elle fait boire les oiseaux?

23 plow
24 buckwheat
25 I heard that
26 *here*: said
27 and no matter how hard we tried
28 waste
29 but still

1. Pourquoi Lili refuse-t-il de dire où les sources se trouvent? Cette méfiance est-elle comparable à celle exprimée dans *Jean de Florette* et *Manon des sources*?

2. Pourquoi l'oncle Jules trouve-t-il que les habitants des collines ont "des mœurs un peu sauvages"? Lili est-il d'accord?

3. Que pense Lili des gens de la ville? Les villageois dans les films partageaient-ils cette opinion?

4. Lili trouve-t-il grave que la source que son grand-père connaissait soit perdue? Que dit-il? Qu'est-ce que cela indique sur la relation des paysans à la nature?

5. Dans cet extrait on remarque une opposition entre le père de Marcel (l'homme de la ville, le scientifique) et Lili (le paysan des collines). Peut-on établir un parallèle avec les personnages de *Jean de Florette* et *Manon des sources*?

Ressources humaines

Présentation du film

Franck, 22 ans, étudiant dans une grande école de commerce, rentre chez ses parents pour faire un stage au service des ressources humaines dans l'usine où son père travaille comme ouvrier depuis 30 ans. Sa mission est de mettre en place les difficiles négociations pour les 35 heures. Il va affronter les syndicats, les ouvriers, le patron et même son père, pourtant très fier de ce fils qui est sorti de sa condition d'ouvrier.

Carte d'identité du réalisateur

Laurent Cantet (né en 1961): Après des études de cinéma à l'IDHEC, Cantet débute sa carrière en réalisant un documentaire pour la télévision et deux très bons courts métrages. Le grand public le découvre en 2000 grâce à *Ressources humaines*, son premier long métrage. Depuis, il a réalisé *L'emploi du temps* (2001) et *Vers le sud* (2006), deux films marquants et appréciés.

Carte d'identité des acteurs

Jalil Lespert (né en 1976) a abandonné ses études de droit quand il a obtenu son premier rôle dans un long-métrage (*Nos vies heureuses*) en 1999. Il a ensuite retrouvé Laurent Cantet, avec qui il avait tourné un court-métrage en 1995, pour *Ressources humaines*, qui a lancé sa carrière. Depuis, on a pu admirer son jeu subtil et nuancé dans *Sade* (2000), *Inch' Allah dimanche* (2001), *Pas sur la bouche* (2003), *Le promeneur du Champs-de-Mars* (2005), *Le petit lieutenant* (2005) et *Le voyage en Arménie* (2006). Jalil Lespert est devenu l'un des acteurs les plus en vue de sa génération

Tous les autres acteurs sont des amateurs. Ils étaient presque tous chômeurs et ont été recrutés à l'ANPE (Agence Nationale Pour l'Emploi). Chacun a été choisi en fonction de l'activité professionnelle qu'il occupait avant d'être au chômage pour que les gestes et les attitudes soient authentiques. L'acteur qui joue le patron est en réalité le patron d'une petite entreprise. Il a entendu parler du tournage et est venu voir.

L'heure de gloire

Ressources humaines a obtenu le César du meilleur espoir masculin (pour Jalil Lespert) et celui de la meilleure première œuvre de fiction. Il a aussi remporté le prix de la meilleure première œuvre à la Mostra de Venise.

1 Vocabulaire

Vocabulaire utile avant de voir le film:

Les noms

une école de commerce: *a business school*
un(e) stagiaire: *an intern**
un prêt: *a loan*
une usine: *a factory*
une entreprise: *a company*
le PDG: *the CEO***
le patron: *the boss*
le DRH (Directeur des ressources humaines):
   the HR director
un cadre: *a manager*
un col blanc: *a white-collar worker*
un ouvrier: *a worker*
un col bleu: *a blue-collar worker*
la classe ouvrière: *the working class*
un contremaître: *a foreman*
un syndicat: *a (trade) union*
un(e) délégué(e) syndical(e): *a union representative*
la semaine des 35 heures: *the 35-hour week*
une restructuration: *restructuring*

le dégraissage (des effectifs): *downsizing*
une loi: *a law*
le chômage: *unemployment*
une grève: *a strike****
un conflit: *a conflict*
un ordinateur: *a computer*
la cantine: *the cafeteria*
une vitre: *a pane (of glass)*
une cloison: *a partition*
la relation père-fils: *father-and-son relationship*
une classe sociale: *a social class*
l'ascension sociale: *upward mobility*
un fossé: *a gap*
une chambre: *a bedroom*
un film engagé: *a (politically) committed film*

> * Ex: Il est stagiaire. Il fait un stage dans une entreprise.
> ** PDG = Président Directeur Général
> *** LE SAVIEZ-VOUS? Le terme "grève" vient de la Place de Grève à Paris où les ouvriers sans travail se réunissaient pour se faire embaucher.

Les verbes

faire des sacrifices: *to make sacrifices*
réussir à faire qqch: *to succeed in doing sth**
apprécier qqch: *to value sth*
revenir: *to come back*
s'insérer dans: *to fit into*
conseiller à qq'un de faire qqch: *to advise s.o.*
   to do sth
se méfier de qqch/qq'un: *to be suspicious of sth/s.o.*
craindre qqch/qq'un: *to fear sth/s.o.*
avoir honte de qqch/qq'un : *to be ashamed of sth/sb*
licencier qq'un: *to lay s.o. off*
perdre son travail: *to lose one's job*
faire grève: *to go on strike*

engager des négociations: *to enter into*
   negotiations
débattre de qqch: *to discuss sth, to debate sth*
être opposé(e) à qqch: *to be opposed to sth*
s'opposer à qq'un: *to clash with s.o.*
prendre parti pour: *to take sides with*
se battre pour : *to fight for*
se révolter contre: *to rise up against*
manipuler qq'un: *to manipulate s.o.*
appartenir quelque part : *to belong somewhere*
exploser: *to explode*

> * Ex: Il a réussi à intégrer une très bonne école de commerce.

Les adjectifs

fier (-ère): *proud**
arrogant(e): *arrogant*
respectueux (-euse): *respectful*
modeste: *self-effacing*
effacé(e): *unassuming*
digne: *dignified*
méfiant(e): *distrustful, suspicious*
tendu(e): *tense*
paternaliste: *paternalistic*

manipulé(e): *manipulated*
stupéfait(e) = sidéré(e) : *stunned*
trahi(e): *betrayed*
amer (-ère): *bitter*
poignant(e): *deeply moving*
exclu(e): *excluded*
realiste: *realistic*

* même prononciation au masc. et au fém.

Traduisez!

1. Franck comes from the working class but he is in a very good business school, and he comes back to be an intern in the company where his father has been working for 30 years.

2. Franck's parents made sacrifices but they are proud to see their son succeed.

3. The unions are suspicious of the law regarding the 35-hour week. Some are opposed to it.

4. The workers fight for their jobs. They go on strike because they are afraid of unemployment.

2 Repères culturels

1. Depuis quand les Français travaillent-ils 35 h par semaine? Combien d'heures travaillaient-ils avant? Qui a fait passer cette loi? Les salariés, les patrons et les syndicats étaient-ils d'accord sur cette loi? Est-ce que tout le monde voulait travailler moins?

2. A quoi servent les syndicats? Qu'est-ce qu'ils défendent? Quel est leur but? Depuis quand sont-ils autorisés en France?

3. Depuis quand les Français ont-ils le droit de grève?

4. Observez bien les deux tableaux page suivante, puis répondez aux questions.

   ### 1er tableau

   a. Quelle tranche d'âge est la plus à risque pour le chômage?
   b. Les diplômes font-ils une différence?

   ### 2e tableau

   a. Comparez le taux le plus élevé de chômage (49,2) et le plus bas (2,3). Quelle est la différence entre ces chômeurs?
   b. Qu'est-ce qui a changé entre 1990 et 2005?

5. En France il existe plusieurs types de formations après le baccalauréat, entre autres les universités et les grandes écoles. Dans le film, Franck fait une grande école de commerce. Qu'est-ce qu'une grande école? Quelle est la différence avec une université? Comment les étudiants sont-ils sélectionnés? Pouvez-vous donner des exemples de grandes écoles?

Grève (4 octobre 2005)

Nombre de chômeurs et taux de chômage

	2005
Taux de chômage (en %)	9,8
Hommes	9,0
Femmes	10,8
15-29 ans	17,3
30-49 ans	8,3
50 ans ou plus	6,7
Cadres et professions intellectuelles supérieures	4,9
Professions intermédiaires	5,5
Employés	10,3
Ouvriers	12,5

Champ : France métropolitaine, individus de 15 ans et plus. Source : INSEE, enquêtes sur l'emploi.

Taux de chômage selon le diplôme et la durée depuis la sortie du système éducatif

	1990	2005
Femmes		
1 à 4 ans après la fin des études		
Brevet et sans diplôme	42,1	49,2
CAP/BEP et équivalent	26,0	33,7
Bac et équivalent	16,3	19,5
Supérieur au baccalauréat	8,9	10,3
5 à 10 ans après la fin des études		
Brevet et sans diplôme	34,9	35,7
CAP/BEP et équivalent	16,0	21,1
Bac et équivalent	7,9	10,9
Supérieur au baccalauréat	4,2	6,9
Hommes		
1 à 4 ans après la fin des études		
Brevet et sans diplôme	26,8	44,4
CAP/BEP et équivalent	15,0	23,7
Bac et équivalent	12,0	15,1
Supérieur au baccalauréat	5,1	11,5
5 à 10 ans après la fin des études		
Brevet et sans diplôme	22,2	29,9
CAP/BEP et équivalent	7,7	13,3
Bac et équivalent	4,4	8,8
Supérieur au baccalauréat	2,3	6,1

Champ : France metropolitaine, actifs de 15 à 64 ans ayant fini leurs études depuis plus d'un an et hors contrat d'apprentissage. Source : INSEE, enquêtes Emploi.

3 Le contexte

Franck vient d'une famille ouvrière: son père et sa soeur travaillent à l'usine. Il a fait de grandes études de commerce et est donc promis à un avenir différent. Il sera cadre dans une entreprise, aura des responsabilités, prendra des décisions, gagnera de l'argent, et sera respecté. Pensez-vous qu'il soit facile pour un jeune comme Franck de changer radicalement de milieu social? A quelles difficultés va-t-il être confronté?

4 Bande-annonce

La bande-annonce du film est disponible sur www.cinemovies.fr. Regardez-la plusieurs fois pour répondre aux questions suivantes:

	De quoi parle-t-il/elle? Que fait-il/ elle quand on le/la voit?	Quelle est votre impression de ce personnage?
Le jeune homme, Franck		
Le père		
Le patron		
La syndicaliste		

5 A savoir avant de visionner le film

✱ Durée: 1h40

✱ Genre: Drame psychologique

✱ Scénario: Le scénario avait été écrit dans les grandes lignes mais les dialogues ont été confiés aux acteurs du film. Ils se sont réunis dans des ateliers d'écriture et ont fait le travail eux-mêmes. Le réalisateur et le scénariste ont retravaillé les textes et les acteurs les ont appris. Laurent Cantet tenait à impliquer les acteurs pour que la langue, le vocabulaire, les expressions, soient justes.

✱ Tournage: Le film a été tourné à Gaillon, en Normandie dans une véritable usine qui est restée en activité pendant les 6 semaines de tournage.

✱ Note: Arte, la chaîne de télévision franco-allemande, a coproduit le film et l'a diffusé à la télévision la veille de sa sortie en salle.

PREMIERE APPROCHE

1 L'histoire

Les personnages:

Franck   Jalil Lespert
Jean-Claude (le père de Franck)
La mère de Franck
Sylvie (la sœur de Franck)
M. Rouet (le patron)
M. Chambon (le DRH)
Mme Arnoux (la responsable CGT)
Alain (le collègue de Jean-Claude)

1. Pourquoi le père n'est-il pas de bonne humeur à l'arrivée de Franck?
2. Quel est le premier échange père-fils? Que conseille le père?
3. Pourquoi le responsable de l'atelier en refuse-t-il l'accès à Franck?
4. Qu'est-ce que Franck voit et entend quand il entre dans l'usine? Qu'est-ce qui le frappe? Est-il à l'aise?

5. Comment le contremaître traite-t-il Jean-Claude? Pourquoi fait-il cela? Comparez la réaction de Jean-Claude à celle d'Alain.
6. Comment Franck est-il traité par Chambon et Rouet le premier jour? Est-il à l'aise?
7. De quoi la discussion à propos de la cantine est-elle révélatrice?
8. Qu'est-ce que Franck comprend dans la voiture en allant au café avec ses camarades?
9. Comment se passe la première réunion à laquelle Franck assiste?

A savoir

Il existe 5 grandes organisations syndicales en France:

- FO (Force Ouvrière)
- La CFDT (Confédération Française Démocratique du Travail)
- La CFTC (Confédération Française des Travailleurs Chrétiens)
- La CGT (Confédération Générale du Travail) – proche du Parti Communiste
- La CGC (Confédération Générale des Cadres)

En 2003, le taux de syndicalisation était de 15,1% dans la fonction publique, 5,2% dans le secteur privé et 3,5% dans les entreprises de moins de 50 salariés. C'est un taux très faible comparé aux autres pays de l'OCDE (Organisation de Coopération et de Développement Economique).

10. Que disent les syndicats? Sont-ils tous pareils?
11. Montrez comment le patron paterne Franck.
12. Comment Chambon, le DRH, réagit-il à l'idée de Franck de distribuer un questionnaire aux employés?
13. Quelle attitude le père a-t-il face au questionnaire? Pourquoi?
14. Qu'est-ce que Franck découvre sur l'ordinateur de Chambon?
15. La soirée au restaurant est-elle réussie? Pourquoi?
16. Qu'est-ce qu'Alain explique à Franck au café?
17. Décrivez la confrontation entre Franck et le patron. Dans quel état d'esprit sont-ils?
18. Comprenez-vous la réaction de Jean-Claude quand il chasse ses enfants et son gendre de chez lui? Pourquoi fait-il cela?
19. Que font Franck et Alain ensuite?
20. Que se passe-t-il le lendemain?
21. Qu'est-ce que la mère de Franck lui explique? Pourquoi dit-elle qu'il est égoïste?
22. Pourquoi Franck s'effondre-t-il à la réunion?
23. Quels sont les arguments pour et contre la grève?
24. Qu'est-ce que Franck reproche à son père pendant la grande scène où il explose?

A savoir

Les ouvriers de l'usine dans laquelle le film a été tourné étaient tellement intéressés qu'ils ont pris des jours de vacances pour pouvoir être figurants dans la scène de la grève.

2 Analyse d'une photo

1. A quel moment cette scène se passe-t-elle?
2. Où sont Franck et son père? Que font-ils?
3. Pourquoi ce moment est-il important pour les deux hommes?

3 Analyse de citations

Analysez les citations suivantes en les replaçant dans leur contexte:

1. Le père: "Un gars bien entraîné sur cette machine, il fait 700 pièces à l'heure."
2. La mère: "Faut pas être fier, comme ça."
   Franck: "Mais si, faut être fier!"
3. Un gréviste: "Tes enfants, là, ils prennent des risques et toi tu fais rien!"
4. Franck: "Elle est où ta place?"

1 Vocabulaire

Enrichissez votre vocabulaire !

Le travail

un CV = curriculum vitae: *a resume*
une offre d'emploi: *a job offer*
passer un entretien: *to have an interview*
engager = embaucher: *to hire*
un contrat de travail: *an employment contract*
travailler à plein temps: *to work full time*
travailler à temps partiel: *to work part time*

gagner sa vie: *to earn a living*
un salaire: *a salary*
faire des heures supplémentaires: *to work overtime*
être au chômage: *to be unemployed*
le trajet: *the commute*
les congés payés: *paid vacation*
prendre sa retraite: *to retire*

L'entreprise

une équipe: *a team*
la formation: *training*
gérer: *to manage*
un objectif: *a goal /an objective*
une date limite: *a deadline*
une secrétaire: *an administrative assistant*
un horaire: *a schedule*
le marché: *the market*
les matières premières: *raw materials*
un fournisseur: *a supplier*
un déjeuner d'affaires: *a business lunch*

un produit: *a product*
un service: *a service*
la publicité: *advertising*
une campagne de publicité: *an advertising campaign*
le conditionnement: *packaging*
vendre: *to sell*
passer une commande: *to place an order*
le bilan: *the balance sheet*
être en réunion: *to be in a meeting*

Jouez avec les mots!

A. Retrouvez le vocabulaire qui se cache derrière les définitions suivantes:

1. C'est ce que l'entreprise fait pour faire connaître ses produits: _____

2. C'est le temps qu'on passe pour aller au travail et en revenir: _____

3. C'est un groupe de personnes qui travaillent ensemble: _____

4. C'est l'emploi du temps: _____

5. Ce sont les vacances que donne l'entreprise: _____

6. C'est ce qu'on fait quand on travaille 20 heures par semaine: _____

7. C'est la feuille qui présente les études et l'expérience professionnelle: _____

8. C'est la personne qui aide le patron: _____

B. Utilisez le vocabulaire que vous avez trouvé dans l'exercice A pour faire 8 phrases en lien avec le film.

2 Réflexion - Essais

1. Le film peut être divisé en deux parties. Comment? Qu'est-ce qui est à la charnière?

2. Le film a été tourné en février et mars. Pourquoi avoir choisi cette période de l'année? Quel temps fait-il?

3. Comparez l'attitude du père et de la mère envers Franck. Quel rôle chacun a-t-il?

4. Le père de Franck a un travail difficile, répétitif et ennuyeux, et pourtant il y tient et ne cherche pas à en changer ou à demander quoi que ce soit. Pourquoi?

5. La chambre de Franck a été réaménagée pour que les enfants de sa sœur puissent y dormir. De quoi est-ce révélateur?

6. Jean-Claude s'est construit un atelier de menuiserie dans le garage. Il y travaille le bois et fait des meubles. Qu'est-ce que cet atelier représente pour lui?

7. Où est-ce que Franck se sent bien? Où est sa place? Est-ce clair pour lui et pour nous?

8. Pensez aux portes, aux cloisons, aux vitres et aux stores que l'on voit dans le film. A quoi servent-ils?

9. Qu'est-ce qui est au centre du film: le stage de Franck ou la relation père-fils?

10. Franck et son père s'aiment et vont pourtant s'affronter violemment. Qu'est-ce que chacun veut pour l'autre?

11. Pourquoi Franck explose-t-il à la fin? Pourquoi son père est-il sidéré?

12. Qu'est-ce qui rend le film si poignant?

13. Etiez-vous mal-à-l'aise à certains moments du film? Aviez-vous l'impression d'être voyeur?

14. Certains aspects du film, comme le débat sur les 35 heures, sont très français, et pourtant le film a intéressé de nombreux spectateurs à l'étranger. Comment peut-on expliquer cela?

15. Imaginez Franck dans 25 ans. Il a 47 ans, est chef d'entreprise, est marié, a des enfants lycéens ou étudiants, et ses parents sont toujours en vie. Quel genre de chef est-il? Qu'est-ce qu'il espère pour ses enfants? Qu'est-ce qu'il leur explique? Quelle relation a-t-il avec ses parents?

A savoir

Le tournage de la scène de l'explosion a été très difficile et a duré toute une journée. Les acteurs et les figurants étaient tellement impliqués dans le film qu'ils étaient bouleversés. Quand le père craque, c'est en réalité l'acteur qui craque, il ne joue pas. La femme qui joue Mme Arnoux s'en est rendu compte et s'est approchée de Jean-Claude pour le réconforter, alors que ce n'était pas écrit dans le scénario.

3 Analyse d'une scène: Première journée à l'usine (de 14:05 à 18:55)

> ### Vocabulaire spécifique à cette scène
> une grue (*a crane*) • des bruits de fond (*background noises*) • assourdissant(e) (*deafening*) • serrer la main à/de qq'un (*to shake s.o.'s hand*) • vouvoyer (*to address s.o. as "vous"*) • tutoyer (*to address s.o. as "tu"*) • plaisanter (*to joke*) • une bedaine (*a paunch*)

Préparation: Cette scène peut être découpée en trois parties. Comment?

A. Ecoutez

1. Le patron ne connaît pas Franck, il le voit pour la première fois. A votre avis, quelle impression a-t-il de lui dans le bureau?
2. Comparez les bruits de fond dans le bureau, dans l'usine et à la maison.
3. Le patron vouvoie-t-il ou tutoie-t-il le père de Franck? Pourquoi?
4. Comment le père réagit-il quand Franck plaisante à propos de la bedaine du patron?

B. Observez

1. Comment le patron est-il assis? Comment se tient-il? Qu'est-ce que son comportement révèle?
2. Où Franck est-il placé par rapport aux deux hommes?
3. Une partie de la visite de l'usine est filmée avec une grue (la caméra est au-dessus des personnages et est tournée vers le bas). Pourquoi ce choix?
4. Comparez l'attitude d'Alain et du père face au patron.
5. Observez Franck quand le patron félicite son père. Est-il content de sa réaction? Qu'est-ce que son visage indique?

C. Cette scène dans l'histoire

Ces trois séquences nous présentent la première journée de Franck à l'usine. Qu'est-ce que Franck découvre et apprend sur l'usine et les gens qui y travaillent?

D. Langue

1. Adjectifs

Accordez les adjectifs entre parenthèses et mettez-les à la place qui convient.

a. C'était (la fois / deuxième) qu'Arte diffusait un film à la télévision avant sa sortie en salles.
b. L'acteur qui joue le père est (un ouvrier / ancien) de la Comédie-Française.

    c. Franck porte (un costume / élégant / bien coupé).

    d. Les ouvriers ont (des opinions / différent) sur les 35 heures.

    e. Les ouvriers travaillent dans (un bruit / assourdissant).

    f. Mme Arnoux n'est pas (la personne / seul / méfiant) de l'usine.

    g. A la fin du film Franck est (un homme / seul).

    h. *Ressources humaines* est un (des films / meilleur / réaliste) sur le travail.

2. Devoir

Conjuguez le verbe "devoir"au temps qui convient. Souvenez-vous que ce verbe a des sens différents en fonction des temps!

    a. Franck _____ être un très bon élève au lycée.

    b. Ses parents _____ être fiers le jour où il a été accepté dans son école de commerce.

    c. Ils _____ faire des sacrifices pour payer ses études.

    d. Franck _____ faire son travail sérieusement pendant son stage.

    e. Les syndicats et la direction _____ faire un effort pour se parler plus calmement.

    f. Franck _____ réfléchir avant de parler si méchamment à son père.

    g. Maintenant Franck _____ trouver un autre stage.

    h. Peut-être qu'il (ne pas) _____ choisir l'entreprise de son père pour son stage.

3. Le passif

Mettez les phrases suivantes au passif en employant "de" ou "par" devant l'agent.

    a. Des machines bruyantes remplissent l'usine.

    b. Ses collègues apprécient Jean-Claude.

    c. M. Rouet félicite Jean-Claude.

    d. Chambon corrige le questionnaire de Franck.

    e. Alain a soudé la porte.

    f. Mme Arnoux soutient Franck.

    g. Les grévistes entourent Franck.

    h. Cette expérience mûrit Franck.

E. Comparaison avec une autre scène

Comparez cette scène avec celle de l'explosion à la fin. Quel chemin Franck a-t-il parcouru entre les deux? Y a-t-il des signes dans la première scène qui laissent présager la fin? Quand on observe bien la première scène, est on surpris par la façon dont Franck et son père se comportent?

F. Sketch

Imaginez que M. Rouet rencontre Jean-Claude plus tard et qu'il lui pose des questions sur le parcours de Franck. Il voudrait savoir comment le jeune est arrivé jusque là et surtout ce que M. et Mme Verdeau ont fait pour que leur fils réussisse. Qu'est-ce qui a été difficile? Quels sacrifices ont-ils fait pour Franck? Pourquoi leur fille n'a-t-elle pas fait les mêmes études? Imaginez les questions du patron et les réponses de Jean-Claude, en insistant sur le point de vue du père.

LE COIN DU CINEPHILE

1 Première / dernière scène

Comparez la première et la dernière scène. Où est Franck? Dans quel état d'esprit est-il? Qu'est-ce qu'il est sur le point de faire?

2 Jeu des acteurs

Souvenez-vous qu'à part Jalil Lespert tous les acteurs sont non-professionnels. Que pensez-vous d'eux? Jouent-ils de façon naturelle ou forcée? Les trouvez-vous authentiques et crédibles?

3 L'affiche

Cherchez l'affiche du film sur Internet. Que nous montre-t-elle? Qu'est-ce que le visage de Franck exprime? A quel genre de film s'attend-on?

4 Documentaire / film de fiction

De nombreux aspects du film sont documentaires et pourtant il s'agit bien d'un film de fiction. Relevez ce qui est documentaire, et expliquez pourquoi ce film est une fiction.

5 Sous-titres

Le dialogue suivant a lieu entre M. Rouet, le patron, et Madame Arnoux pendant la première réunion à laquelle assiste Franck. Comparez les dialogues français et leurs sous-titres en anglais, puis répondez aux questions:

1. Avant que le comité d'établissement ne débute, je voudrais tout d'abord vous présenter Franck.	*Before we begin, let me introduce Franck.*
2. Pour ceux qui ne le connaîtraient pas, Franck Verdeau, un brillant étudiant, qui nous honore de sa présence le temps d'un stage.	*For those who don't know, he's a brilliant student here as a summer trainee.*
3. Il est également le fils de Jean-Claude, que tout le monde connaît bien.	*He's also Jean-Claude's son.*
4. Et je suis particulièrement fier aujourd'hui qu'il soit à cette place.	*I'm proud he's here in this position.*
5. Ah ben il n'y a vraiment pas de quoi, vous n'y êtes pour rien!	*It wasn't your doing!*
6. Vous non plus chère Madame!	*Or yours.*
7. Oui ben ça, ça reste à prouver.	*I'm not so sure.*

a. 1ère réplique: Qu'est-ce qui n'est pas traduit? Pourquoi?

b. 2ème réplique: Est-ce que le verbe "honorer" est rendu en anglais?

c. 2ème réplique: Est-ce que Franck est un "summer trainee"? Est-ce l'été?

d. 3ème réplique: Qu'est-ce qui est différent entre l'original français et le sous-titre? Pourquoi?

e. 5ème et 6ème réplique: Qu'est-ce que vous remarquez dans cet échange entre le patron et Mme Arnoux?

AFFINEZ VOTRE ESPRIT CRITIQUE

1 Titre

Laurent Cantet a choisi d'appeler son film *Ressources humaines*. Comment expliquez-vous ce choix?

2 France / Etats-Unis

Franck a du mal à changer de classe sociale et à s'intégrer. Qu'en est-il aux Etats-Unis? Est-ce aussi difficile pour un enfant d'ouvriers de monter dans la société et de s'y sentir bien?

3 Titres d'articles

Vous voyez ci-dessous les titres de trois articles de journaux. Comparez-les. Sur quel aspect du film chacun insiste-t-il?

> "Lutte des classes, an 2000"
> *Le Figaro*, **12 janvier 2000**

> "Les manigances des Ressources humaines révélées"
> *Journal Français*, **novembre 2000**

> "Un mélodrame de
> la filiation sociale"
> *Cahiers du Cinéma*, **n°542**

4 Les critiques

1. Françoise Maupin du *Figaro* termine sa critique du film en écrivant: "Voilà un film qui a la force du documentaire, même si le tout est vraiment très austère"(12 janvier 2000). Qu'en pensez-vous? Trouvez-vous le film austère?

2. Pour Robert Migliorini, "l'ouvrier s'est libéré de la machine mais les solidarités traditionnelles, famille, syndicats, sont sacrifiées"(*La Croix*, 14 janvier 2000). Etes-vous d'accord avec lui? Pensez-vous que les solidarités ont disparu?

POUR ALLER PLUS LOIN

1 Parallèle avec un autre film

La classe ouvrière: Comparez la classe ouvrière dans *Ressources humaines* et dans *Marius et Jeannette*. Qu'est-ce que les ouvriers espèrent? Qu'est-ce qu'ils demandent? Qu'est-ce qu'ils craignent? Comparez ensuite Jeannette et les parents de Franck. Que veulent-ils pour leurs enfants?

2 Lectures

A. **35 heures; Français qui rient, Français qui pleurent**

L'analyse qui suit est tirée de *L'Express* (hebdomadaire d'information de centre-gauche) du 10 octobre 2002.

Beaucoup de salariés rêveraient d'avoir une patronne comme Anne Le Menn, PDG de Buroscope. Pensez donc. La jeune femme, qui a lancé cette société rennaise[1] de bureautique[2] voilà dix-huit ans, a été une pionnière des 35 heures. Pourtant, rien ne l'y obligeait, elle qui n'employait que treize personnes en 1998. "Mon objectif n° 1, ma passion, c'est de créer des emplois, explique-t-elle. Je n'oublie pas que j'étais au chômage lorsque j'ai monté ma société. Aussi, je trouvais intéressante l'idée de recruter tout en réduisant le temps de travail". Ce ne sont pas ses 19 employés qui y trouveront à redire. Ils ont obtenu 23 jours de congés supplémentaires et, en prime, leurs rémunérations ont augmenté de 5% en 2000, puis de 3% l'année suivante. Des privilèges inouïs[3] dans l'univers des très petites entreprises, souvent avares en avantages sociaux.

Mieux: "Nous prenons du temps libre quand nous en avons envie et quand nous en avons besoin, notamment pendant les vacances scolaires", raconte Irma Roch, formatrice[4] "embauchée grâce à l'accord sur les 35 heures". "C'est possible parce que chacun de nous travaille en binôme."[5] Moyennant[6] le soutien de son alter ego, Marie-Claude Vrignaud, Irma a pu s'absenter une semaine, début septembre, pour accompagner sa fillette de 4 ans chaque matin à la maternelle.[7] Bilan? "On ne peut pas rêver mieux, s'enthousiasme Irma. Je fais des envieux autour de moi". Sa collègue Chantal Bocel aussi. Opératrice de PAO (publication assistée par ordinateur) chez Buroscope depuis trois ans, cette maman de deux bambins, épouse de maraîcher,[8] vit "dans un milieu, l'agriculture, qui ne comprend pas les 35 heures". "Les saisonniers qu'embauche mon mari n'en ont rien à faire de la RTT,[9] dit-elle. Ce qu'ils veulent, c'est travailler et gagner de l'argent". [...]

En portant la durée du travail sur la place publique, les lois Robien et Aubry n'ont pas seulement ouvert un débat technico-politico-économique. Elles ont aussi soulevé des questions quasi existentielles. Sur la valeur du travail. Le prix de l'effort. La reconnaissance sociale. L'équilibre entre vie personnelle et boulot.[10] [...]

Premier clivage:[11] la France des artisans, commerçants et travailleurs indépendants regarde avec curiosité, envie ou incompréhension, c'est selon,

1 from Rennes, a city in Britanny
2 office automation
3 incredible
4 corporate trainer
5 in pairs
6 thanks to
7 preschool
8 farmer
9 Réduction du Temps de Travail
10 work
11 split

la France "RTTisée". "Les 35 heures ont révélé et accéléré la mutation radicale de la place du travail dans notre vie et dans notre organisation sociale, estime le sociologue Jean Viard, auteur du *Sacre du temps* libre (éd. de *L'Aube*). Si bien que tous ceux qui ne peuvent pas vivre en harmonie avec la nouvelle norme sociale, comme les médecins et les commerçants, ont le sentiment d'être exclus du temps collectif". Au fond, pourquoi trimer[12] comme une brute quand l'air du temps[13] est à l'épanouissement[14] personnel et à la vie-à-côté-du-boulot? "Les 35 heures sont une composante forte de la crise existentielle des médecins généralistes,[15] qui travaillent, eux, cinquante-quatre heures par semaine en moyenne, analyse Pierre Costes, président du syndicat MG France, qui exerce près de Valence. [...]

Deuxième clivage, au sein[16] du salariat, celui-ci: les salariés des grandes entreprises et des PME[17] font pâlir de jalousie leurs pairs des "TPE", les très petites entreprises. Un peu plus qu'avant encore. "Les 35 heures ont accentué les inégalités existant en matière de conditions de travail entre grandes et petites structures", juge Pierre Boisard, directeur adjoint du Centre d'études de l'emploi. Sébastien peut en témoigner.[18] En changeant de métier et d'entreprise, il a changé de monde. Diplômé de l'Ecole hôtelière de Paris, il a lâché[19] la restauration au bout de cinq ans "après avoir tout fait, cuisinier, serveur, barman". Il en a eu assez des horaires de fou - de treize à quinze heures par jour [...] - et des clients irascibles. Envie, aussi, "de temps pour moi-même". Le jeune homme s'est pris de passion pour l'informatique.[20] Après quelques mois d'intérim, bingo. Il a été recruté par le service informatique d'une grande entreprise de communication. Et a découvert les 35 heures. Le choc. "Au début, j'hallucinais, se souvient-il. Je me disais: "C'est quoi, ces feignasses?"[21] Mais on prend vite le pli.[22] Je goûte à présent le charme des week-ends et des jours de RTT". [...]

Les gagnants? Les archiprivilégiés des grandes sociétés rompues[23] au dialogue social et à la négociation, qui ont décroché la timbale:[24] des jours de congé en plus - jusqu'à une vingtaine - quand ils veulent et comme ils veulent. Portrait-robot[25] du "RTTiste" heureux, selon David Askienazy, [...] expert des 35 heures au cabinet de conseil Bernard Brunhes: "C'est le cadre d'une entreprise parapublique, pas trop haut placé dans la hiérarchie, mais suffisamment autonome pour disposer comme il le souhaite de ses jours de repos supplémentaires". Comme Jean-Paul Bonhoure, responsable d'un syndic[26] de copropriété de câbles sous-marins chez France Télécom; trente ans de maison, et heu-reux. "En tant que cadre exécutif autonome,

12 work like a dog
13 the mood
14 personal development
15 PCPs
16 within
17 = Petites et Moyennes Entreprises
18 testify
19 left
20 computer science
21 lazybones
22 you get used to it fast
23 accustomed to
24 hit the jackpot
25 profile
26 managing agency

A savoir

Principaux groupes français (2002)

Total (énergie)	Renault (automobile)
Carrefour (commerce)	Saint-Gobain (métaux et verre)
Vivendi Universal (services)	Véolia Environnement (environnement)
PSA Peugeot Citroën (automobile)	Groupe Auchan (commerce)
EDF (énergie)	Pinault - Printemps - Redoute (commerce)
France Télécom (télécommunications)	Les Mousquetaires (services)
Suez (services)	Arcelor (sidérurgie)
Galec Leclerc (commerce)	

j'ai la chance d'avoir 20 "JTL", jours de temps libre, par an, que je peux même accoler[27] aux vacances si les contraintes du service le permettent", raconte-t-il. [...] Il apprécie le "confort de vie" que lui offrent les 35 heures. Y renoncer moyennant[28] une hausse de salaire? "Sûrement pas. Même si on me payait double mes JTL". [...]

Souvent, le clivage entre les satisfaits et les déçus de la RTT traverse les entreprises. Toutes n'ont pas accordé [...] le même traitement à l'ensemble de leur personnel. "Le plus terrible, ce sont ces disparités internes, affirme Hervé Amoreau, consultant en stratégie et management chez KPMG. D'autant[29] qu'elles se superposent généralement à des différences de rémunération". Côté satisfaits, les cols blancs, les experts et les services administratifs, qui peuvent, sans trop de peine, prendre leurs précieux jours de RTT quand ils le désirent. Côté déçus, les cols bleus et les services opérationnels et commerciaux, soumis aux contraintes de la production ou aux desiderata[30] des clients. Pour eux, les RTT sont souvent imposées à coups de journées ou de demi-journées fixées par la direction, à moins qu'ils ne travaillent un peu moins chaque jour. [...]

Autres perdants[31] des 35 heures: ceux qui y ont bien droit en théorie, mais pas en pratique. [...] Dans le secteur hospitalier privé à but non lucratif,[32] passé aux 35 heures en 2000, la réduction du temps de travail relève de la douce utopie. "Mes 35 heures, je les ai terminées le mercredi soir, plaisante Thierry Harvey, gynécologue obstétricien, chef du service maternité de l'hôpital parisien des Diaconesses, habitué des semaines de 50 heures. On a obtenu 14 jours de congés supplémentaires, mais comment les prendre dans des disciplines comme la mienne, où l'on manque de personnel?" Heureusement qu'il vit "un vrai bonheur"au travail. [...]

Dernier clivage au pays de la RTT: celui de la feuille de paie.[33] Certains - ouvriers en tête - ont le sentiment d'avoir payé les 35 heures au prix fort. Comme beaucoup, Michel Ilic, monteur[34] chez Peugeot, à Mulhouse, faisait des heures supplémentaires pour arrondir[35] ses fins de mois. "A raison de deux samedis par mois, je gagnais environ 900 F net en plus, explique-t-il. Aujourd'hui, plus d'heures sup". [...]

Car le temps libre, c'est bien. A condition d'avoir de l'argent pour en profiter. La voilà, la plus cruelle des inégalités face aux 35 heures. "C'est quoi, la RTT, pour quelqu'un qui vit dans une HLM[36] pourrie,[37] sur un territoire tenu par une bande?"[38] s'interroge le sociologue Jean Viard. Pour Guy Groux, chercheur au Centre d'étude de la vie politique française, "il y a là de quoi soulever[39] des frustrations nouvelles entre catégories sociales". [...]

N'en déplaise[40] à leurs concepteurs, les 35 heures ne font décidément pas le bonheur de tous les Français.

27 add
28 in exchange for
29 especially since
30 wishes
31 losers
32 not-for-profit
33 paycheck
34 fitter
35 to supplement his income
36 = Habitation à Loyer Modéré (subsidized housing)
37 in bad shape
38 a gang
39 to stir up
40 whether their originators like it or not

1. En quoi Anne Le Menn est-elle atypique?
2. Les saisonniers veulent-ils travailler 35 heures? Que veulent-ils surtout?
3. Quel est le premier clivage dont parle le texte?
4. Quelles sont les conditions de travail dans les grandes entreprises et les PME, et dans les TPE?
5. Qui sont les privilégiés des 35 heures? Pourquoi Jean-Paul Bonhoure est-il content? Qu'est-ce qu'il apprécie surtout?
6. Quel clivage remarque-t-on souvent au sein des entreprises?

7. Pourquoi Thierry Harvey ne peut-il pas travailler 35 heures?

8. Quelle est la grande injustice de la RTT?

B. Interview de Patrick Ollier

Patrick Ollier est le président UMP (Union pour un Mouvement Populaire, parti politique conservateur, de droite) de la commission des affaires économiques de l'Assemblée. Il a répondu aux questions de Sophie Huet pour *Le Figaro* (un quotidien conservateur) du 9 mars 2004

LE FIGARO. – Quels enseignements tirez-vous[1] des auditions publiques sur les 35 heures?

Patrick OLLIER. – [...] Sur le fond, beaucoup de salariés qui étaient pour les 35 heures nous disent aujourd'hui qu'ils aimeraient bien travailler plus pour gagner plus, notamment dans l'hôtellerie.[2] Au niveau des grandes entreprises, les patrons considèrent qu'il est très difficile de revenir en arrière,[3] tant ils ont eu du mal à négocier la réduction du temps de travail. Ils expriment une sorte de fatalité[4] face au changement, mais tous réclament des assouplissements.[5] Paradoxalement, les cadres, qui étaient au départ les plus réticents aux 35 heures, s'avèrent aujourd'hui les plus accros.[6] Mais cela pose un problème supplémentaire au chef d'entreprise, car un cadre en RTT ne peut pas être remplacé par quelqu'un d'autre. D'ailleurs, le vendredi, la France est le seul pays d'Europe où l'on ne peut plus joindre[7] personne, à cause des 35 heures.

Sur le plan qualitatif, quelles sont les conséquences les plus visibles de la RTT?

Les chefs d'entreprise disent que les salariés s'occupent plus de leur temps de liberté que de leur temps de travail. C'est un changement complet d'ordre psychologique dans le rapport au travail. Les 35 heures ont entraîné plusieurs types d'inégalités. De nombreuses personnes ont exprimé un sentiment de frustration en nous disant: "C'est bien de nous avoir donné plus de temps libre, mais nous n'avons pas plus d'argent. Alors qu'est-ce qu'on peut en faire?".

Les 35 heures ont-elles créé 400 000 emplois, comme l'affirme Martine Aubry?

Nous n'en avons pas la preuve. La seule source dont nous disposons, à la Direction des études statistiques (Dares) du ministère des Affaires sociales, fait état de 350 000 emplois créés. Mais, au Medef,[8] on parle de 200 000 emplois au maximum. Quand les 35 heures ont été instaurées, les patrons ont bloqué les recrutements en attendant de profiter des aides et ils ont ensuite profité de l'effet d'aubaine pour embaucher. Mais les emplois créés l'auraient été de toute façon. L'équivoque est donc énorme sur les bénéfices des 35 heures. Ce qui est sûr, en revanche, c'est que la réduction obligatoire du temps de travail a augmenté de 11% le coût du travail et qu'elle a nui[9] à la productivité. Quant aux avantages de la RTT, ils sont limités: les 35 heures ont permis de rétablir le dialogue social dans l'entreprise et elles ont offert aux cadres une vie familiale plus agréable. Mais ce n'est pas vrai pour les salariés. [...]

1 what have you learned
2 hotel business
3 to go back
4 inevitability
5 relaxing measures
6 hooked
7 get in touch with
8 = Mouvement des Entreprises de France (the largest organization of employers in France)
9 harmed

1. Qu'est-ce que beaucoup de salariés voudraient aujourd'hui?

2. Que veulent les patrons?

3. Que se passe-t-il le vendredi?

4. A quoi les gens pensent-ils maintenant?

5. Peut-on être sûr que la loi sur les 35 heures a créé 400 000 emplois?

Madame Bovary

Présentation du film

Emma, fille de paysans aisés, épouse Charles Bovary, un médiocre médecin de campagne. Elle s'ennuie vite avec Charles et cherche la passion en prenant des amants, et se couvre de dettes pour assouvir ses rêves de luxe et de grandeur.

Carte d'identité du réalisateur

Claude Chabrol (né en 1930) a inauguré la Nouvelle Vague avec *Le beau Serge* (1959). Dans ses films, il use d'un humour acide et méchant pour critiquer la société, notamment la bourgeoisie, le conformisme et les mœurs de province. Il a tourné de nombreux films remarquables avec Isabelle Huppert: *Violette Nozière* (1978), *Une affaire de femmes* (1988), *Madame Bovary* (1991), *La cérémonie* (1995), *L'ivresse du pouvoir* (2006). Il a signé son 50ème film en 2000 avec *Merci pour le chocolat*. Depuis, il a réalisé *La fleur du mal* (2003), *La demoiselle d'honneur* (2004), et *La fille coupée en deux* (2007).

Carte d'identité des acteurs

Isabelle Huppert (née en 1955) est une actrice intelligente et exigeante, qui a su choisir des rôles à sa mesure. Elle a tourné avec de nombreux réalisateurs, dont Chabrol, Jacquot (*L'école de la chair*, 1998, *Pas de scandale*, 1999, *La fausse suivante*, 2000), Mazuy (*Saint-Cyr*, 2000), et Assayas (*Les destinées sentimentales*, 1999). Récemment on l'a vue dans *La pianiste* (2001), *8 femmes* (2002), *Gabrielle* (2005) et *L'ivresse du pouvoir* (2006).

Jean-François Balmer (né en 1948) est un acteur discret qui travaille à la fois pour le cinéma, la télévision et le théâtre. C'est un grand adepte des seconds rôles. Il a joué, entre autres, dans *L'Africain* (1982), *La révolution française* (1989), *Rien ne va plus* (1997), *Saint-Cyr* (2000), *Belphégor* (2001) et *L'ivresse du pouvoir* (2006).

L'heure de gloire

Madame Bovary a été apprécié aux Etats-Unis où il a été nommé aux Golden Globes (meilleur film étranger) et aux Oscars (meilleurs costumes). Isabelle Huppert a remporté le prix de la meilleure actrice au festival du film de Moscou.

PREPARATION

1 Vocabulaire

Vocabulaire utile avant de voir le film:

Les noms

un couvent: *a convent*
un médecin: *a physician*
un bal: *a ball*
une toilette: *a formal dress*
un clerc de notaire: *a law clerk*
un notaire: *a notary / lawyer*
un pharmacien /un apothicaire: *a pharmacist / apothecary**

une saignée: *blood-letting*
un hobereau: *a country squire*
les comices agricoles: *an agricultural show*
un pied-bot: *a club foot*
une rupture: *a break up*
le beau-père: *the father-in-law***
un adieu: *a farewell*

* A savoir: A l'époque, le médecin, le pharmacien et le notaire étaient les personnalités respectées de la ville.
** beau-père veut aussi dire stepfather.

Les verbes

se casser la jambe: *to break one's leg*[*]
s'ennuyer: *to be bored*
rêver de: *to dream of*
se marier avec qq'un: *to get married to s.o.*[**]
faire plaisir à qq'un: *to please s.o.*
se compromettre: *to compromise oneself*
être tenté(e) par: *to be tempted with*
séduire qq'un: *to seduce s.o.*
tromper son mari (sa femme): *to be unfaithful to one's husband (wife)*
faire du cheval: *to ride a horse*
réussir à faire qqch: *to succeed in doing sth*

mépriser qq'un: *to despise s.o.*
profiter (d'une situation): *to take advantage of (a situation)*
avoir des dettes: *to be in debt*
mentir à qq'un: *to lie to s.o.*
prêter qqch à qq'un: *to lend sth to s.o.*
se suicider: *to commit suicide*
s'empoisonner: *to poison oneself*
avoir honte de: *to be ashamed of*

> [*]**ATTENTION!** On dit: Il s'est cassé la jambe (pas: il a cassé sa jambe).
> [**]**COMPAREZ:** Emma s'est mariée avec Charles (*Emma got married to Charles*). Ils se sont mariés (*They got married*). Ils sont mariés (*They are married*).

Les adjectifs

aisé(e): *comfortable (financially)*
cultivé(e): *well-read*
émerveillé(e): *amazed*
timide: *shy*
modeste: *unpretentious*
fier (-ière): *proud*

excédé(e): *exasperated*
prévenant(e): *considerate*
lâche: *cowardly*
égoïste: *selfish*
infidèle: *unfaithful*

Traduisez!

1. When she was at the convent, Emma was dreaming of going to balls, wearing beautiful dresses, and meeting well-read people.
2. How could this shy and unpretentious doctor marry such a proud and selfish girl?
3. This woman is unfaithful to her husband, she despises him and lies to him.
4. He became a lawyer and succeeded very well.

2 Repères culturels

1. Le film est basé sur le roman de Flaubert. Connaissez-vous Flaubert? Répondez aux questions suivantes:
   a. Quand a-t-il vécu?
   b. Quelle profession son père exerçait-il?
   c. *Madame Bovary* a-t-il été bien accueilli à sa sortie?
   d. Pouvez-vous citer d'autres romans de lui?
2. Le titre du roman a donné un mot en français: "le bovarysme." Qu'est-ce que cela veut dire?
3. Le roman et le film se passent en Normandie. Faites des recherches pour répondre aux questions suivantes sur la Normandie:
   a. Où se situe-t-elle?
   b. Quelles en sont les villes principales?
   c. Comment est le climat?
   d. Quelles sont les principales ressources économiques de la Normandie?
   e. Pouvez-vous nommer d'autres écrivains célèbres de Normandie?

Falaises d'Etretat

Vieille ferme normande

Omaha Beach

Mont-Saint-Michel

3 Le contexte

Vous allez réfléchir à la vie que pouvait mener une bourgeoise au XIXe siècle. Dans le film Emma est la fille de paysans aisés et a été élevée au couvent. Elle épouse un officier de santé (c'est-à-dire un homme qui a fait des études de médecine mais qui n'a pas le diplôme de médecin) avec l'espoir de sortir de sa campagne et de mener une vie plus intéressante. Essayez de vous placer dans le contexte de l'époque pour répondre aux questions suivantes.

1. Les jeunes filles élevées au couvent étaient-elles bien préparées à la vie?
2. Qu'attendait-on des femmes de la petite bourgeoisie comme Emma? Quelles étaient leurs responsabilités?
3. Comment une petite bourgeoise occupait-elle ses journées?
4. Etait-il courant pour une femme de ce milieu de travailler? Comment le travail des femmes était-il perçu à l'époque?
5. Quelle vie sociale les bourgeoises avaient-elles?

4 Bande-annonce

1. Quelles sont les différentes activités d'Emma?
2. Faites la liste des mots utilisés pour la décrire.
3. Avec quoi le titre semble-t-il avoir été écrit?
4. Ecoutez la musique. Il y a trois morceaux différents. Pourquoi?
5. Quel est le ton de cette bande-annonce? A quel genre de film vous attendez-vous?

5 A savoir avant de visionner le film

❖ Durée: 2h20
❖ Genre: Adaptation littéraire / Drame
❖ Public: Adultes et adolescents (PG-13)
❖ Tournage: Le film a été tourné en partie à Lyons-la-Forêt, un village normand.
❖ Notes: *Madame Bovary* est basé sur une histoire vraie, celle de Delphine et Eugène Delamarre (un ancien élève du père de Flaubert). Eugène était médecin et est mort de chagrin après le suicide de sa femme infidèle. Yonville, la petite ville où habitent les Bovary, n'existe pas mais est inspirée de Ry, un village normand à une vingtaine de kilomètres de Rouen.

Le film est une adaptation très fidèle du roman. Bien évidemment le réalisateur a dû faire des coupes dans l'histoire, mais il a préservé toutes les scènes importantes et l'esprit du livre.

Les halles couvertes de Lyons-la-Forêt

Ry, "Madame Bovary"

PREMIÈRE APPROCHE

1 L'histoire

Les personnages:

Emma Bovary	Isabelle Huppert
Charles Bovary	Jean-François Balmer
Léon	Lucas Belvaux
Rodolphe	Christophe Malavoy
M. Homais, le pharmacien	Jean Yanne
M. Lheureux, le marchand de tissus	Jean-Louis Maury

1. Où et à quelle époque le film se passe-t-il?
2. Quelles sont les origines sociales d'Emma? Quelle éducation a-t-elle reçue?
3. Comment Emma et Charles se rencontrent-ils?
4. Pourquoi Emma se marie-t-elle avec Charles? Le connaît-elle bien? Semble-t-elle heureuse le jour de son mariage?
5. Comment Emma occupe-t-elle ses journées au début de son mariage?
6. Pourquoi est-elle si excitée d'aller au bal?
7. Dans quel milieu social se trouve-t-elle plongée? Comment y traite-t-elle son mari?
8. Pourquoi les Bovary partent-ils de Tostes pour s'installer à Yonville? Charles a-t-il envie de ce changement?
9. Comment Emma choisit-elle le nom de sa fille?

La rivière de Ry

10. Comment Emma commence-t-elle à se compromettre? Les gens du village s'en rendent-ils compte?

11. Quelles sont les relations d'Emma avec sa fille?

12. Qu'essaie de faire M. Lheureux à sa première visite à Emma? Que fait-elle?

13. Pourquoi Emma se rend-elle voir le curé? Est-ce une aide précieuse?

14. Comment se passent les adieux entre Emma et Léon? Où Léon va-t-il?

15. Comment Emma et Rodolphe se rencontrent-ils?

16. En quoi Léon et Rodolphe sont-ils différents dès le premier jour?

17. Que raconte Rodolphe à Emma pendant le discours sur la place du marché? Quel effet ont ses paroles sur Emma? Qu'est-ce qui est comique pendant cette scène?

18. Dans quelles circonstances Emma commence-t-elle à tromper son mari?

19. Pourquoi Emma est-elle si heureuse quand l'opération du pied-bot semble avoir réussi? Pour qui est-elle désolée ensuite? Comment traite-t-elle Charles?

20. Comment les vêtements d'Emma changent-ils? Comment ses rapports avec Lheureux évoluent-ils?

21. Rodolphe est-il prévenant à son égard? Que fait-il pour elle? Qu'espère-t-elle de cette relation? Et lui?

22. Que pensez-vous de la lettre de Rodolphe?

23. Quel est le résultat de cette rupture sur la santé d'Emma? Charles est-il conscient des causes de la maladie de sa femme?

24. Au théâtre à Rouen, Léon est-il le même que le Léon d'autrefois? En quoi ses relations avec Emma vont-elles changer?

25. Comment Emma réagit-elle à la nouvelle de la mort de son beau-père?

26. Que fait Emma pour payer ses dettes?

27. Vers qui se tourne-t-elle pour trouver de l'argent? Comment est-elle reçue? Que pensez-vous de la façon dont Léon et Rodolphe réagissent?

28. Pourquoi et comment se suicide-t-elle?

29. Comment Charles réagit-il? Que devient Berthe?

2 Analyse d'une photo

1. Où et à quel moment cette scène se passe-t-elle?
2. Qu'est-ce qu'Emma a dans la main?
3. Que fait-elle?
4. Où est Charles? Sont-ils ensemble?

3 Analyse de citations

Analysez les citations suivantes en les replaçant dans leur contexte:

1. Emma: "J'aurais bien aimé me marier à minuit avec des flambeaux."
2. Narrateur: " La conversation de Charles était plate comme un trottoir de rue."
3. Rodolphe (faisant la cour à Emma): "On ne résiste pas au sourire des anges."
4. Narrateur (juste après l'échec de l'opération du pied-bot): "Elle se rappela toutes les privations de son âme, ses rêves tombant dans la boue comme des hirondelles blessées, tout ce qu'elle avait désiré, tout ce qu'elle s'était refusé, tout ce qu'elle aurait pu avoir."

APPROFONDISSEMENT

1 Vocabulaire

Enrichissez votre vocabulaire !

La médecine*

un docteur: *a doctor*
un généraliste: *a primary care physician*
un(e) infirmier (-ère): *a nurse*
un spécialiste: *a specialist*
un pédiatre: *a pediatrician*
un ophtalmologue: *an ophtalmologist***
un dermatologue: *a dermatologist***
un dentiste: *a dentist*
un chirurgien: *a surgeon*
une consultation: *an office visit*
un bilan de santé: *a check-up*
une radio(graphie): *an X-ray*

une échographie: *an ultrasound*
un diagnostic: *a diagnosis*
une ordonnance: *a prescription*
un médicament: *a medicine*
un vaccin: *a vaccine*
un hôpital: *a hospital*
une clinique: *a clinic*
la Croix-Rouge: *the Red Cross****

> * **ATTENTION**: Un médecin ≠ la médecine ≠ un médicament
> ** Certaines spécialités sont souvent abrégées: un ophtalmo, un dermato.
> *** La croix-rouge est le drapeau suisse aux couleurs inversées.

Le suicide

se donner la mort: *to kill oneself*
mettre fin à ses jours: *to take one's own life*
se tirer une balle: *to shoot oneself*
se pendre: *to hang oneself*
se noyer: *to drown*

suicidaire: *suicidal*
dépressif(-ve): *depressed*
la solitude: *loneliness*
avoir des problèmes de santé: *to have health problems*
une dépression nerveuse: *a nervous breakdown*

L'ambition

un souhait: *a wish*
un rêve: *a dream*
un désir: *a desire*
la convoitise: *covetousness*

l'orgueil: *pride, arrogance*
prétentieux (-se): *pretentious*
présomptueux (-se): *presumptuous*
l'arrivisme: *unscrupulous ambition*

Jouez avec les mots!

A. **Trouvez les mots qui se cachent derrière les définitions:**

Indice: le mot en gras est une caractéristique d'Emma:

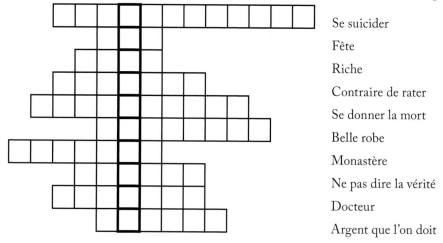

Se suicider

Fête

Riche

Contraire de rater

Se donner la mort

Belle robe

Monastère

Ne pas dire la vérité

Docteur

Argent que l'on doit

B. **Faites des phrases avec le vocabulaire suivant:**

1. ordonnance   4. médicament   7. cultivé
2. égoïste   5. orgueil   8. chirurgien
3. prêter   6. mépriser

2 Réflexion - Essais

1. Analysez la personnalité d'Emma:
   a. Que sait-on sur son éducation? Que lisait-elle?
   b. Quel caractère Emma a-t-elle? Son caractère évolue-t-il?
   c. Qu'espère-t-elle et qu'attend-elle de la vie?
   d. Quelle est sa conception de l'amour?
   e. Pourquoi Emma est-elle si attirée par la ville (Rouen et Paris)?
   f. Qu'apprend-on sur la condition des femmes avec *Madame Bovary*?

2. Analysez le personnage de Charles:
   a. Charles est-il ambitieux?
   b. Quelle est sa conception du bonheur?
   c. En quoi la médecine de l'époque était-elle différente de celle d'aujourd'hui?
   d. *Madame Bovary* se moque de la bêtise de ses personnages. Pouvez-vous en donner quelques exemples?

3. Etudiez le couple Bovary:
   a. Décrivez leur mariage.
   b. Quels sont les sentiments d'Emma pour Charles, et de Charles pour Emma?
   c. En quoi le bal est-il un puissant révélateur des difficultés du couple? "C'est le plus beau jour de ma vie", dit-elle après. Est-ce un compliment adressé à Charles?
   d. Qui, de Charles ou d'Emma, est responsable de ce désastre conjugal? Les torts sont-ils partagés?

4. Comparez Léon et Rodolphe

	Léon	Rodolphe
Physiquement		
Personnalité		
Profession		
Comportement vis-à-vis d'Emma		
Ce qu'ils aiment		
Rupture avec Emma		

5. Analysez les personnages secondaires. Qui sont-ils? Que représentent-ils? Pourquoi sont-ils importants? Comment font-ils avancer l'intrigue?
   a. Homais:
   b. Lheureux:
   c. Hippolyte:
   d. Félicité:

6. Emma mérite-t-elle son destin? Aurait-elle pu être heureuse? Dans quelles circonstances?

3 Analyse d'une scène: Rencontre de Léon à l'opéra de Rouen (1:33:01 à 1:37:50)

Vocabulaire spécifique à cette scène

une toilette (*a gown*) • une coiffure (*a hairdo*) • assister à (*to attend*) • un spectacle (*a show*) • aller chercher qqch (*to go get sth*) • une orangeade (*an orange squash*) • se rendre à (*to go to*) • se rendre compte de qqch (*to realize sth*)

A. Ecoutez

1. Donnez des exemples de la gentillesse de Charles.
2. Quel effet l'arrivée de la troupe de théâtre a-t-il sur la conversation?
3. Que fait Léon quand il sent qu'Emma va peut-être rester plus longtemps à Rouen?
4. Emma accepte-t-elle facilement la proposition de Charles? Pourquoi?
5. Qu'est-ce qui montre que Charles est naïf?

B. Observez

1. En quelle saison sommes-nous? Comment peut-on le savoir?
2. Remarquez la toilette et la coiffure d'Emma. Sont-elles appropriées pour la circonstance? Emma peut-elle être fière d'elle?
3. Pourquoi n'assistons-nous pas à une partie du spectacle?

4. Emma sourit-elle souvent avant l'arrivée de Léon? Est-elle malheureuse?

5. Qu'est-ce que le visage de Charles révèle quand Léon affirme que le ténor est "sublime dans le dernier acte"?

6. Observez Léon: en quoi a-t-il changé depuis son départ d'Yonville?

C. Cette scène dans l'histoire

Pourquoi cette scène est-elle importante pour l'histoire? Qu'est-ce qu'elle confirme ou nous apprend sur les personnages? Qu'est-ce qui va changer à cause de cette scène?

D. Langue

1. Verbes de déplacement

On remarque dans cette scène de nombreux verbes de déplacement. Remplacez les tirets par les verbes suivants, tous tirés des dialogues:

aller chercher • emmener • partir • se rendre à • rentrer • sortir • venir

a. Homais pense qu'Emma a besoin de _____ donc Charles la/l'_____ à l'opéra

b. Comme il fait chaud, Charles propose à Emma de/d' _____ un verre d'orangeade.

c. Charles ne veut pas quitter le théâtre mais Emma lui ordonne de _____ avec elle.

d. Il regrette d'être _____ avant la fin du spectacle.

e. Emma n'est pas obligée de _____ le lendemain, elle peut rester deux jours.

f. Léon reverra bientôt les Bovary puisqu'il doit _____ Yonville pour son travail

2. La négation

Répondez aux questions suivantes avec la négation qui convient.

a. Est-ce que Charles a souvent des dettes?

b. Au début du film, est-ce qu'Emma est déjà allée au bal?

c. A la fin du film, est-ce que Léon aime toujours Emma?

d. Quand ils se sont mariés, Charles et Emma se connaissaient-ils bien?

e. Est-ce que quelqu'un a aidé Emma à se suicider?

f. Rodolphe a-t-il promis de l'argent à Emma?

g. Est-ce que quelque chose intéresse Emma?

h. Est-ce qu'Emma ira quelque part avec Rodolphe?

i. Est-ce qu'Hippolyte connaît quelqu'un de compatissant?

j. Est-ce qu'Emma aime lire et coudre?

k. Berthe aura-t-elle toutes les belles robes de sa mère?

l. Est-ce qu'Emma a encore des bijoux à vendre à Lheureux?

Place du Vieux-Marché de Rouen.

3. **Les verbes à préposition**

Remplacez les tirets par la préposition qui convient. Attention!
Certains verbes ne sont pas suivis d'une préposition.

a. Emma méprise Charles et elle a honte _____ lui.
b. Charles est ravi de se marier _____ Emma.
c. Emma a réussi _____ mentir _____ Charles.
d. Rodolphe sait séduire _____ les femmes.
e. Homais rêve _____ gloire.
f. Emma est tentée _____ la vie en ville.
g. Charles cherche à faire plaisir _____ sa femme.
h. Lheureux prête beaucoup d'argent _____ Emma. Il profite
_____ sa naïveté

E. **Comparaison avec une autre scène**

Comparez cette scène avec celle de l'arrivée à Yonville (28:40 à 33:18
après le début) et celle du dimanche chez Homais (37:39 à 38:27).
Qu'est-ce que ces trois scènes ont en commun? Comment voit-on dès le
début qu'Emma et Léon sont intéressés l'un par l'autre? Quelle attitude
Charles a-t-il? S'en rend-il compte? Qu'est-ce qui exalte Emma?

F. **Sketch**

Imaginez qu'Emma soit allée chercher l'orangeade elle-même et qu'elle
ait rencontré Léon. Ecrivez leur dialogue. De quoi parlent-ils? Que lui
propose Léon? A-t-il une attitude différente puisque Charles n'est pas
là? Emma est-elle hésitante?

LE COIN DU CINEPHILE

1 Première / dernière scène

Comparez la première et la dernière scène. Où se passe la première
scène? Pourquoi? Comment Emma et Charles sont-ils présentés?
Quelle impression donnent-ils? Qui voit-on dans la dernière scène?
La mort des Bovary a-t-elle changé quelque chose dans la vie des
habitants d'Yonville? A quoi servent le petit garçon dans la première
scène et la voix off dans la dernière scène?

2 Interprétation d'Isabelle Huppert

Que pensez-vous d'Isabelle Huppert dans le rôle d'Emma? Est-elle
bien choisie?

3 Sous-titres

Les sous-titres de *Madame Bovary* sont très fidèles à l'original.
Comparez ce dialogue (Emma implore Rodolphe de l'emmener) et les
sous-titres en anglais, puis répondez aux questions:

A savoir

Isabelle Huppert était la condition
même de la réalisation du film,
Chabrol ne voyant qu'elle pour
jouer Emma.

1. Emmène-moi! Je souffre depuis quatre ans. Je meurs.	*Take me away! Four years of suffering. I'm dying!*
2. Ils sont à me torturer. Je n'y tiens plus. Sauve-moi!	*They torture me. Save me!*
3. Calme-toi! Que veux-tu?	*What do you want?*
4. Enlève-moi! Je t'en supplie.	*Take me away! I beg you.*
5. Et ta fille?	*And Berthe?*
6. Nous la prendrons. Tant pis.	*We'll take her too.*

a. 2ème et 3ème répliques: A votre avis, pourquoi "Je n'y tiens plus" et "Calme-toi!" ne sont-ils pas traduits? Comment les auriez-vous traduits?

b. 4ème réplique: "Take me away!" est utilisé deux fois dans ce passage (1ère et 4ème répliques). Les verbes "emmener" et "enlever" ont-ils le même sens en français? Pourquoi avoir utilisé le même verbe en anglais?

c. 5ème réplique: Pourquoi avoir choisi "Berthe" et pas "your daughter"?

d. 6ème réplique: "tant pis" et "too" ont-ils le même sens? Quelle est la différence?

AFFINEZ VOTRE ESPRIT CRITIQUE

"Emma, émoi, et moi"
Le Nouvel-Observateur,
4 avril 1991

"Isabelle Bovary"
Le Monde, **3 avril 1991**

"Une si fidèle Emma"
Le Point, **1er avril 1991**

1 Titres d'articles

Vous voyez ci-contre les titres de trois articles de journaux sur *Madame Bovary*. Réféchissez et répondez aux questions suivantes:

1. Que veut dire le titre du *Point*? Emma est-elle fidèle? A quoi l'auteur de l'article fait-il référence?

2. Pourquoi *Le Monde* a-t-il associé le nom de l'actrice et celui du personnage?

3. Comment comprenez-vous le titre du *Nouvel-Observateur*? Que veut dire "émoi"? Souvenez-vous que Flaubert a déclaré: "Madame Bovary, c'est moi!"

2 Affiches

Vous allez comparer l'affiche du film de Chabrol et celle réalisée pour le film américain réalisé par Minnelli en 1949. Pour trouver les affiches, allez sur www.affichescinema.com, cliquez sur "Voir les affiches", puis sur "M", puis sur "Madame Bovary" et "Madame Bovary (Cl. Chabrol)". Vous pouvez agrandir et imprimer les affiches pour faciliter votre travail.[1]

---

1   Vous remarquerez que les affiches ne sont pas de très bonne qualité, surtout si vous les agrandissez. C'est la seule solution qu'ont les sites internet qui hébergent des photos et des affiches de films. La loi les autorise à le faire si les photos sont de basse résolution. surtout si vous les agrandissez.

1. Les affiches sont-elles toutes les deux des photos?
2. Quelles sont les couleurs dominantes de chacune?
3. Quelle impression chaque actrice donne-t-elle? Quel côté de la personnalité d'Emma est présenté?
4. Remarquez les caractères d'imprimerie utilisés pour le titre. Qu'est-ce que chacun évoque?
5. Finalement, qu'est-ce qui est mis en relief sur chaque affiche?

3 Modernité de l'histoire

Cette histoire vous semble-t-elle typique du XIXe siècle, ou est-elle toujours d'actualité? Certains aspects du film sont-ils modernes?

4 Les critiques

1. Jacques Siclier, dans *Le Monde* du 3 avril 1991, décrit Rodolphe (quand il fait la cour à Emma pendant les Comices) comme étant "un dandy sorti d'un livre et prononçant les paroles qu'elle a besoin d'entendre". Que veut-il dire?
2. Pour Alain Riou, "le film comporte (…) une sorte de gaieté constante, même dans sa montée lente vers la tragédie" (*Le Nouvel-Observateur*, 4 avril 1991). Etes-vous d'accord avec cette "gaieté constante"?

POUR ALLER PLUS LOIN

1 Parallèles avec d'autres films

1. **Littérature:** *Jean de Florette*, *Manon des sources*, *Madame Bovary* et *Le hussard sur le toit* sont des adaptations d'œuvres littéraires. A votre avis, les réalisateurs ont-ils rencontré les mêmes difficultés? Quels choix ont-ils dû faire?
2. **La condition des femmes:** Comparez la condition des femmes dans *Ridicule*, *Le hussard sur le toit*, *La veuve de Saint-Pierre* et *Madame Bovary*. Pourquoi se marient-elles? Comment sont leurs maris? Quelle importance l'argent a-t-il? Sont-elles libres?

2 Art

Allez sur le site de la Réunion des Musées Nationaux (www.photo.rmn.fr) et cherchez les peintures suivantes:

La campagne normande:

* Monet: *Cour de ferme en Normandie* (vers 1863)
* Isabey: *Falaises en Normandie* (19e siècle)
* Dubourg: *La côte de la Croix-Rouge, Honfleur* (19e siècle)
* Leprince: *Marché aux chevaux dans un bourg normand* (19e siècle)

Courbet: *La falaise d'Etretat après l'orage*

Le bord de mer:

- ✤ Courbet: *La falaise d'Etretat après l'orage* (1870)
- ✤ Boudin: *La plage de Trouville* (1864)
- ✤ Prinet: *La plage de Cabourg* (1896)
- ✤ Affiche publicitaire: *Bains de mer des Sables d'Olonnes* (1889)

Observez bien les peintures et répondez aux questions suivantes:

1. Les peintures de la campagne vous rappellent-elles ce que vous avez vu dans le film?

2. Comment peut-on décrire la campagne normande? Ressemble-t-elle à la campagne chez vous?

3. A quelle scène du film vous fait penser le "Marché aux chevaux dans un bourg normand"?

4. Les plages de Normandie sont-elles les mêmes partout?

5. Emma rêve d'aller "aux bains de mer". Pouvez-vous la comprendre en regardant les peintures? Qu'est-ce qui lui plairait à votre avis?

6. Pourquoi l'affiche publicitaire est-elle intéressante? Qu'est-ce qu'elle nous apprend?

3 Lectures

A. Les deux passages suivants sont tirés de *Madame Bovary*, de Flaubert. Le premier extrait est la description du bal:

A trois pas d'Emma, un cavalier[1] en habit bleu causait[2] Italie avec une jeune femme pâle, portant une parure de perles. Ils vantaient[3] la grosseur des piliers de Saint-Pierre, Tivoli, le Vésuve, Castellamare et les Cassines, les roses de Gênes, le Colisée au clair de lune. Emma écoutait de son autre oreille une conversation pleine de mots qu'elle ne comprenait pas. On entourait un tout jeune homme qui avait battu, la semaine d'avant, Miss Arabelle et Romulus, et gagné deux mille louis[4] à sauter un fossé,[5] en Angleterre. L'un se plaignait de ses coureurs[6] qui engraissaient;[7] un autre, des fautes d'impression[8] qui avaient dénaturé le nom de son cheval.

L'air du bal était lourd; les lampes pâlissaient. On refluait[9] dans la salle de billard. Un domestique monta sur une chaise et cassa deux vitres; au bruit des éclats de verre, madame Bovary tourna la tête et aperçut dans le jardin, contre les carreaux,[10] des faces de paysans qui regardaient. Alors le souvenir des Bertaux lui arriva. Elle revit la ferme, la mare bourbeuse,[11] son père en blouse sous les pommiers, et elle se revit elle-même, comme autrefois, écrémant[12] avec son doigt les terrines de lait dans la laiterie. Mais, aux fulgurations de l'heure présente, sa vie passée, si nette jusqu'alors, s'évanouissait[13] tout entière, et elle doutait presque de l'avoir vécue. Elle était là; puis autour du bal, il n'y avait plus que de l'ombre, étalée sur tout le reste. Elle mangeait alors une glace au marasquin,[14] qu'elle tenait de la main gauche dans une coquille de vermeil, et fermait à demi les yeux, la cuiller entre les dents.

1 a rider
2 was chatting
3 were praising
4 coins (former French currency)
5 a ditch
6 *here*: horses
7 were getting fat
8 printing mistakes
9 people were flowing back into
10 window panes
11 muddy
12 skimming
13 was vanishing
14 maraschino (cherry liqueur)

1. De quoi parlent les invités? Leurs conversations sont-elles profondes?

2. Pourquoi Emma ne comprend-elle pas les conversations des invités?

3. Emma participe-t-elle aux conversations?

4. Donnez des exemples de références au luxe et à l'argent.

5. Flaubert admire-t-il ou condamne-t-il ce milieu?

6. A quoi Emma pense-t-elle en voyant les paysans? Est-ce un souvenir agréable?

7. Pourquoi Emma prend-elle tant de plaisir à manger sa glace? Pourquoi ferme-t-elle les yeux?

8. Finalement, Emma est-elle intégrée au bal? Où se situe-t-elle?

Le passage suivant est tiré de l'épilogue:

Le lendemain, Charles alla s'asseoir sur le banc, dans la tonnelle.[1] Des jours[2] passaient par le treillis; les feuilles de vigne dessinaient leurs ombres sur le sable, le jasmin embaumait, le ciel était bleu, des cantharides[3] bourdonnaient autour des lis en fleur, et Charles suffoquait comme un adolescent sous les vagues effluves amoureux qui gonflaient son coeur chagrin.

A sept heures, la petite Berthe, qui ne l'avait pas vu de toute l'après-midi, vint le chercher pour dîner.

Il avait la tête renversée[4] contre le mur, les yeux clos, la bouche ouverte, et tenait dans ses mains une longue mèche[5] de cheveux noirs.

- Papa, viens donc! dit-elle.

Et, croyant qu'il voulait jouer, elle le poussa doucement. Il tomba par terre. Il était mort.

Trente-six heures après, sur la demande de l'apothicaire, M. Canivet accourut. Il l'ouvrit et ne trouva rien.

Quand tout fut vendu, il resta douze francs soixante et quinze centimes qui servirent à payer le voyage de mademoiselle Bovary chez sa grand-mère. La bonne femme mourut dans l'année même; le père Rouault étant paralysé, ce fut une tante qui s'en chargea.[6] Elle est pauvre et l'envoie, pour gagner sa vie, dans une filature de coton.[7]

Depuis la mort de Bovary, trois médecins se sont succédé[8] à Yonville sans pouvoir y réussir, tant M. Homais les a tout de suite battus en brèche.[9] Il fait une clientèle d'enfer;[10] l'autorité le ménage[11] et l'opinion publique le protège.

Il vient de recevoir la croix d'honneur.[12]

1 the arbor
2 light
3 type of insect
4 slumped backwards
5 lock
6 took care of her
7 a cotton mill
8 followed one another
9 because Mr Homais demolished their reputation right away
10 he has tons of customers
11 spares him
12 the Legion of Honor

1. Dans quelles circonstances Charles est-il mort? Comparez sa mort avec celle d'Emma.

2. Qui conclut le roman: Emma, Charles ou Homais? Pourquoi?

3. Qui est responsable de la vie difficile que Berthe va devoir mener?

4. Pourquoi Homais réussit-il, alors que les Bovary ont tout perdu? Quel message Flaubert fait-il passer?

5. La présence, puis la mort d'Emma a-t-elle changé quelque chose à Yonville, ou la vie des gens continue-t-elle comme avant?

6. Quelle impression générale se dégage de l'épilogue?

Musée Flaubert et de l'histoire de la médecine, Rouen

Guy de Maupassant

B. La nouvelle suivante a été écrite par Maupassant en 1884. Lisez-la en vous souvenant de l'histoire de *Madame Bovary* et répondez aux questions

La parure[1]

C'était une de ces jolies et charmantes filles, nées, comme par une erreur du destin, dans une famille d'employés. Elle n'avait pas de dot,[2] pas d'espérances, aucun moyen d'être connue, comprise, aimée, épousée par un homme riche et distingué; et elle se laissa marier avec un petit commis[3] du ministère de l'Instruction publique.

Elle fut simple ne pouvant être parée;[4] mais malheureuse comme une déclassée; car les femmes n'ont point de caste ni de race, leur beauté, leur grâce et leur charme leur servant de naissance et de famille. Leur finesse native, leur instinct d'élégance, leur souplesse d'esprit, sont leur seule hiérarchie, et font des filles du peuple les égales des plus grandes dames.

Elle souffrait sans cesse, se sentant née pour toutes les délicatesses et tous les luxes. Elle souffrait de la pauvreté de son logement, de la misère des murs, de l'usure[5] des sièges, de la laideur des étoffes.[6] Toutes ces choses, dont une autre femme de sa caste ne se serait même pas aperçue,[7] la torturaient et l'indignaient. La vue de la petite Bretonne qui faisait son humble ménage éveillait en elle des regrets désolés et des rêves éperdus. Elle songeait[8] aux antichambres muettes, capitonnées[9] avec des tentures[10] orientales, éclairées par de hautes torchères de bronze, et aux deux grands valets[11] en culotte courte qui dorment dans les larges fauteuils, assoupis[12] par la chaleur lourde du calorifère. Elle songeait aux grands salons vêtus de soie ancienne, aux meubles fins portant des bibelots[13] inestimables, et aux petits salons coquets, parfumés, faits pour la causerie[14] de cinq heures avec les amis les plus intimes, les hommes connus et recherchés dont toutes les femmes envient et désirent l'attention.

Quand elle s'asseyait, pour dîner, devant la table ronde couverte d'une nappe[15] de trois jours, en face de son mari qui découvrait la soupière[16] en déclarant d'un air enchanté: "Ah! le bon pot-au-feu![17] je ne sais rien de meilleur que cela..." elle songeait aux dîners fins, aux argenteries[18] reluisantes,[19] aux tapisseries peuplant les murailles de personnages anciens et d'oiseaux étranges au milieu d'une forêt de féerie; elle songeait aux plats exquis servis en des vaisselles merveilleuses, aux galanteries[20] chuchotées et écoutées avec un sourire de sphinx, tout en mangeant la chair rose d'une truite[21] ou des ailes de gelinotte.[22]

Elle n'avait pas de toilettes,[23] pas de bijoux, rien. Et elle n'aimait que cela; elle se sentait faite pour cela. Elle eût tant désiré plaire, être enviée, être séduisante et recherchée.

Elle avait une amie riche, une camarade de couvent qu'elle ne voulait plus aller voir, tant elle souffrait en revenant. Et elle pleurait pendant des jours entiers, de chagrin, de regret, de désespoir et de détresse.

Or, un soir, son mari rentra, l'air glorieux et tenant à la main une large enveloppe.

"Tiens, dit-il, voici quelque chose pour toi."

Elle déchira[24] vivement le papier et en tira une carte imprimée qui portait ces mots:

"Le ministre de l'Instruction publique et Mme Georges Ramponneau prient M. et Mme Loisel de leur faire l'honneur de venir passer la soirée à l'hôtel du ministère, le lundi 18 janvier."

1   *here*: necklace
2   dowry
3   office clerk
4   decked out
5   wear and tear
6   fabrics
7   would not even have noticed
8   was thinking about
9   padded with
10   tapestries
11   servants
12   dozing
13   knick-knacks
14   chat
15   tablecloth
16   (soup) tureen
17   beef stew
18   silverware
19   shiny
20   gallant remarks
21   trout
22   grouse
23   dresses
24   tore open

Au lieu d'être ravie, comme l'espérait son mari, elle jeta avec dépit[25] l'invitation sur la table, murmurant:

"Que veux-tu que je fasse de cela?

- Mais, ma chérie, je pensais que tu serais contente. Tu ne sors jamais, et c'est une occasion, cela, une belle! J'ai eu une peine infinie[26] à l'obtenir. Tout le monde en veut; c'est très recherché et on n'en donne pas beaucoup aux employés. Tu verras là tout le monde officiel."

Elle le regardait d'un oeil irrité, et elle déclara avec impatience:

"Que veux-tu que je me mette sur le dos pour aller là?"

Il n'y avait pas songé; il balbutia:[27]

"Mais la robe avec laquelle tu vas au théâtre. Elle me semble très bien, à moi..."

Il se tut, stupéfait, éperdu,[28] en voyant que sa femme pleurait. Deux grosses larmes descendaient lentement des coins des yeux vers les coins de la bouche; il bégaya:[29]

"Qu'as-tu? qu'as-tu?"

Mais, par un effort violent, elle avait dompté sa peine et elle répondit d'une voix calme en essuyant ses joues humides:

"Rien. Seulement je n'ai pas de toilette et par conséquent je ne peux aller à cette fête. Donne ta carte à quelque collègue dont la femme sera mieux nippée[30] que moi."

Il était désolé. Il reprit:

"Voyons, Mathilde. Combien cela coûterait-il, une toilette convenable, qui pourrait te servir encore en d'autres occasions, quelque chose de très simple?"

Elle réfléchit quelques secondes, établissant ses comptes et songeant aussi à la somme qu'elle pouvait demander sans s'attirer un refus immédiat et une exclamation effarée[31] du commis économe.[32]

Enfin, elle répondit en hésitant:

"Je ne sais pas au juste, mais il me semble qu'avec quatre cents francs je pourrais arriver."

Il avait un peu pâli, car il réservait juste cette somme pour acheter un fusil[33] et s'offrir des parties de chasse, l'été suivant, dans la plaine de Nanterre, avec quelques amis qui allaient tirer des alouettes,[34] par là, le dimanche.

Il dit cependant:

"Soit. Je te donne quatre cents francs. Mais tâche[35] d'avoir une belle robe."

Le jour de la fête approchait, et Mme Loisel semblait triste, inquiète, anxieuse. Sa toilette était prête cependant. Son mari lui dit un soir:

"Qu'as-tu? Voyons, tu es toute drôle depuis trois jours."

Et elle répondit:

"Cela m'ennuie[36] de n'avoir pas un bijou, pas une pierre, rien à mettre sur moi. J'aurai l'air misère[37] comme tout. J'aimerais presque mieux ne pas aller à cette soirée."

Il reprit:[38]

"Tu mettras des fleurs naturelles. C'est très chic en cette saison-ci. Pour dix francs tu auras deux ou trois roses magnifiques."

Elle n'était point convaincue.

"Non... il n'y a rien de plus humiliant que d'avoir l'air pauvre au milieu de femmes riches."

25 pique
26 I went to a lot of trouble
27 stammered
28 distraught
29 stuttered
30 dressed
31 alarmed
32 thrifty
33 a rifle
34 larks
35 but make sure you...
36 it bothers me
37 I will look poor
38 continued

Mais son mari s'écria:

"Que tu es bête! Va trouver ton amie Mme Forestier et demande-lui de te prêter[39] des bijoux. Tu es bien assez liée[40] avec elle pour faire cela."

Elle poussa un cri de joie:

"C'est vrai. Je n'y avais point pensé."

Le lendemain, elle se rendit[41] chez son amie et lui conta[42] sa détresse.

Mme Forestier alla vers son armoire à glace, prit un large coffret,[43] l'apporta, l'ouvrit, et dit à Mme Loisel:

"Choisis, ma chère."

Elle vit d'abord des bracelets, puis un collier de perles, puis une croix vénitienne, or et pierreries, d'un admirable travail. Elle essayait les parures devant la glace, hésitait, ne pouvait se décider à les quitter, à les rendre. Elle demandait toujours:

"Tu n'as plus rien d'autre?

- Mais si. Cherche. Je ne sais pas ce qui peut te plaire."

Tout à coup elle découvrit, dans une boîte de satin noir, une superbe rivière de diamants; et son coeur se mit à battre d'un désir immodéré. Ses mains tremblaient en la prenant. Elle l'attacha autour de sa gorge, sur sa robe montante, et demeura en extase devant elle-même.

Puis, elle demanda, hésitante, pleine d'angoisse:[44]

"Peux-tu me prêter cela, rien que cela?

- Mais oui, certainement."

Elle sauta au cou de son amie, l'embrassa avec emportement, puis s'enfuit avec son trésor.

Le jour de la fête arriva. Mme Loisel eut un succès. Elle était plus jolie que toutes, élégante, gracieuse, souriante et folle de joie.[45] Tous les hommes la regardaient, demandaient son nom, cherchaient à être présentés.[46] Tous les attachés du cabinet voulaient valser[47] avec elle. Le ministre la remarqua.

Elle dansait avec ivresse,[48] avec emportement,[49] grisée[50] par le plaisir, ne pensant plus à rien, dans le triomphe de sa beauté, dans la gloire de son succès, dans une sorte de nuage de bonheur fait de tous ces hommages, de toutes ces admirations, de tous ces désirs éveillés, de cette victoire si complète et si douce au coeur des femmes.

Elle partit vers quatre heures du matin. Son mari, depuis minuit, dormait dans un petit salon désert avec trois autres messieurs dont les femmes s'amusaient beaucoup.

Il lui jeta sur les épaules les vêtements qu'il avait apportés pour la sortie, modestes vêtements de la vie ordinaire, dont la pauvreté jurait[51] avec l'élégance de la toilette de bal. Elle le sentit et voulut s'enfuir, pour ne pas être remarquée par les autres femmes qui s'enveloppaient de riches fourrures.[52]

Loisel la retenait:

"Attends donc. Tu vas attraper froid dehors. Je vais appeler un fiacre."[53]

Mais elle ne l'écoutait point et descendait rapidement l'escalier. Lorsqu'il furent dans la rue, ils ne trouvèrent pas de voiture; et ils se mirent à chercher, criant après les cochers[54] qu'ils voyaient passer de loin.

Ils descendaient vers la Seine, désespérés, grelottants.[55] Enfin ils trouvèrent sur le quai un de ces vieux coupés noctambules qu'on ne voit

39 to lend
40 on good enough terms
41 she went
42 told her
43 jewel box
44 anguish
45 overjoyed
46 introduced
47 to waltz
48 ecstatically
49 passionately
50 intoxicated
51 clashed
52 furs
53 hackney cab
54 cabmen
55 shivering

dans Paris que la nuit venue, comme s'ils eussent été honteux de leur misère pendant le jour.

Il les ramena jusqu'à leur porte, rue des Martyrs, et ils remontèrent tristement chez eux. C'était fini, pour elle. Et il songeait, lui, qu'il lui faudrait être au ministère à dix heures.

Elle ôta les vêtements dont elle s'était enveloppé les épaules, devant la glace, afin de se voir encore une fois dans sa gloire. Mais soudain elle poussa un cri. Elle n'avait plus sa rivière autour du cou!

Son mari, à moitié dévêtu[56] déjà, demanda:

"Qu'est-ce que tu as?"

Elle se tourna vers lui, affolée:[57]

"J'ai... j'ai... je n'ai plus la rivière de Mme Forestier."

Il se dressa, éperdu:

"Quoi!... comment!... Ce n'est pas possible!"

Et ils cherchèrent dans les plis[58] de la robe, dans les plis du manteau, dans les poches,[59] partout. Ils ne la trouvèrent point.

Il demandait:

"Tu es sûre que tu l'avais encore en quittant le bal?

- Oui, je l'ai touchée dans le vestibule du ministère.

- Mais si tu l'avais perdue dans la rue, nous l'aurions entendue tomber. Elle doit être dans le fiacre.

- Oui. C'est probable. As-tu pris le numéro?

- Non. Et toi, tu ne l'as pas regardé?

- Non."

Ils se contemplaient atterrés.[60] Enfin Loisel se rhabilla.

"Je vais, dit-il, refaire tout le trajet que nous avons fait à pied, pour voir si je ne la retrouverai pas."

Et il sortit. Elle demeura en toilette de soirée, sans force pour se coucher, abattue[61] sur une chaise, sans feu, sans pensée.

Son mari rentra vers sept heures. Il n'avait rien trouvé.

Il se rendit à la préfecture de Police,[62] aux journaux, pour faire promettre une récompense,[63] aux compagnies de petites voitures, partout enfin où un soupçon d'espoir le poussait.

Elle attendit tout le jour, dans le même état d'effarement devant cet affreux désastre.

Loisel revint le soir, avec la figure creusée,[64] pâlie; il n'avait rien découvert.

"Il faut, dit-il, écrire à ton amie que tu as brisé la fermeture[65] de sa rivière et que tu la fais réparer. Cela nous donnera le temps de nous retourner."[66]

Elle écrivit sous sa dictée.

Au bout d'une semaine, ils avaient perdu toute espérance.

Et Loisel, vieilli de cinq ans, déclara:

"Il faut aviser[67] à remplacer ce bijou."

Ils prirent, le lendemain, la boîte qui l'avait renfermé, et se rendirent chez le joaillier,[68] dont le nom se trouvait dedans. Il consulta ses livres:

"Ce n'est pas moi, Madame, qui ai vendu cette rivière; j'ai dû seulement fournir l'écrin."[69]

Alors ils allèrent de bijoutier en bijoutier, cherchant une parure pareille à l'autre, consultant leurs souvenirs, malades tous deux de chagrin et d'angoisse.

56 half undressed
57 panic-stricken
58 folds
59 pockets
60 appalled
61 aghast
62 police headquarters
63 reward
64 looking gaunt
65 broke the clasp
66 to think of a solution
67 to see about
68 jeweler
69 the case

Ils trouvèrent, dans une boutique du Palais-Royal, un chapelet de diamants qui leur parut entièrement semblable à celui qu'ils cherchaient. Il valait[70] quarante mille francs. On le leur laisserait à trente-six mille.

Ils prièrent donc le joaillier de ne pas le vendre avant trois jours. Et ils firent condition qu'on le reprendrait, pour trente-quatre mille francs, si le premier était retrouvé avant la fin de février.

Loisel possédait dix-huit mille francs que lui avait laissés son père. Il emprunterait[71] le reste.

Il emprunta, demandant mille francs à l'un, cinq cents à l'autre, cinq louis par-ci, trois louis par-là. Il fit des billets, prit des engagements ruineux, eut affaire aux usuriers,[72] à toutes les races de prêteurs. Il compromit toute la fin de son existence, risqua sa signature sans savoir même s'il pourrait y faire honneur, et, épouvanté[73] par les angoisses de l'avenir, par la noire misère qui allait s'abattre sur lui, par la perspective de toutes les privations physiques et de toutes les tortures morales, il alla chercher la rivière nouvelle, en déposant sur le comptoir du marchand trente-six mille francs.

Quand Mme Loisel reporta[74] la parure à Mme Forestier, celle-ci lui dit, d'un air froissé:[75]

"Tu aurais dû me la rendre plus tôt, car je pouvais en avoir besoin."

Elle n'ouvrit pas l'écrin, ce que redoutait[76] son amie. Si elle s'était aperçue de la substitution, qu'aurait-elle pensé? qu'aurait-elle dit? Ne l'aurait-elle pas prise pour une voleuse?

Mme Loisel connut la vie horrible des nécessiteux.[77] Elle prit son parti, d'ailleurs, tout d'un coup, héroïquement. Il fallait payer cette dette effroyable. Elle payerait. On renvoya[78] la bonne;[79] on changea de logement; on loua sous les toits une mansarde.

Elle connut les gros travaux du ménage, les odieuses besognes[80] de la cuisine. Elle lava la vaisselle, usant ses ongles[81] roses sur les poteries grasses et le fond des casseroles. Elle savonna le linge sale,[82] les chemises et les torchons,[83] qu'elle faisait sécher sur une corde;[84] elle descendit à la rue, chaque matin, les ordures,[85] et monta l'eau, s'arrêtant à chaque étage pour souffler. Et, vêtue[86] comme une femme du peuple,[87] elle alla chez le fruitier, chez l'épicier, chez le boucher, le panier au bras, marchandant,[88] injuriée,[89] défendant sou à sou son misérable argent.

Il fallait chaque mois payer des billets, en renouveler d'autres, obtenir du temps.

Le mari travaillait, le soir, à mettre au net les comptes[90] d'un commerçant, et la nuit, souvent, il faisait de la copie à cinq sous la page.

Et cette vie dura dix ans.

Au bout de dix ans, ils avaient tout restitué, tout, avec le taux de l'usure,[91] et l'accumulation des intérêts superposés.

Mme Loisel semblait vieille, maintenant. Elle était devenue la femme forte, et dure, et rude,[92] des ménages pauvres. Mal peignée,[93] avec les jupes de travers et les mains rouges, elle parlait haut,[94] lavait à grande eau les planchers.[95] Mais parfois, lorsque son mari était au bureau, elle s'asseyait auprès de la fenêtre, et elle songeait à cette soirée d'autrefois, à ce bal où elle avait été si belle et si fêtée.

Que serait-il arrivé si elle n'avait point perdu cette parure? Qui sait? qui sait? Comme la vie est singulière, changeante! Comme il faut peu de chose pour vous perdre ou vous sauver!

70 it cost
71 would borrow
72 lenders
73 terrified
74 brought back
75 offended
76 dreaded
77 the destitute
78 let go
79 maid
80 chores
81 nails
82 washed the dirty laundry
83 kitchen rags
84 rope
85 trash
86 dressed
87 *here*: a lower class woman
88 bargaining
89 insulted
90 accounts
91 interest rate
92 rough
93 dishevelled
94 *here*: loudly
95 floors

Or, un dimanche, comme elle était allée faire un tour aux Champs-Elysées pour se délasser[96] des besognes de la semaine, elle aperçut tout à coup une femme qui promenait un enfant. C'était Mme Forestier, toujours jeune, toujours belle, toujours séduisante.

Mme Loisel se sentit émue.[97] Allait-elle lui parler? Oui, certes. Et maintenant qu'elle avait payé, elle lui dirait tout. Pourquoi pas?

Elle s'approcha.

"Bonjour, Jeanne."

L'autre ne la reconnaissait point, s'étonnant d'être appelée ainsi familièrement par cette bourgeoise. Elle balbutia:

"Mais... Madame!... Je ne sais... Vous devez vous tromper.[98]

- Non. Je suis Mathilde Loisel."

Son amie poussa un cri:

"Oh!... ma pauvre Mathilde, comme tu es changée!...

- Oui, j'ai eu des jours bien durs, depuis que je ne t'ai vue; et bien des misères... et cela à cause de[99] toi!...

- De moi... Comment ça?

- Tu te rappelles bien cette rivière de diamants que tu m'as prêtée pour aller à la fête du ministère.

- Oui. Eh bien?

- Eh bien, je l'ai perdue.

- Comment! puisque tu me l'as rapportée.

- Je t'en ai rapporté une autre toute pareille. Et voilà dix ans que nous la payons. Tu comprends que ça n'était pas aisé[100] pour nous, qui n'avions rien... Enfin c'est fini, et je suis rudement contente.

- Tu dis que tu as acheté une rivière de diamants pour remplacer la mienne?

- Oui. Tu ne t'en étais pas aperçue, hein? Elles étaient bien pareilles."

Et elle souriait d'une joie orgueilleuse et naïve.

Mme Forestier, fort émue, lui prit les deux mains.

"Oh! ma pauvre Mathilde! Mais la mienne était fausse. Elle valait au plus cinq cents francs!..."

96 to relax
97 moved
98 you must be making a mistake
99 because of
100 easy

1. De quel milieu social Mme Loisel vient-elle? De quoi rêve-t-elle? Comparez-la avec Emma Bovary.

2. Comparez M. Loisel et Charles Bovary: leurs occupations, leurs goûts, leurs sentiments pour leur femme.

3. Comparez la scène du bal: les préparatifs, les impressions des deux femmes pendant le bal, l'attitude des maris, et les jours qui suivent le bal.

4. Comparez les conséquences des erreurs d'Emma et de Mme Loisel sur leur entourage (Charles et Berthe, M. Loisel).

5. Comparez la déchéance des deux femmes. Pourquoi tombent-elles si bas?

6. Comparez la façon ironique dont les deux histoires se terminent.

Marius et Jeannette

Présentation du film

Marius et Jeannette vivent dans un quartier ouvrier de Marseille. Ils ont tous les deux été éprouvés par la vie, mais leur rencontre va leur permettre de retrouver le goût du bonheur.

Carte d'identité du réalisateur

Robert Guédiguian (né en 1953) a grandi dans le quartier ouvrier de l'Estaque à Marseille. Parmi ses premiers films (*Dernier été*, 1980, *Dieu vomit les tièdes*, 1989, *A la vie, à la mort!*, 1995) certains ont été soutenus par la critique mais Guédiguian n'a été révélé au grand public qu'en 1997 grâce à *Marius et Jeannette*. C'est un réalisateur indépendant et engagé, fidèle à ses acteurs et ses techniciens, avec lesquels il travaille depuis ses débuts. Il a aussi réalisé *La ville est tranquille* (2000), *Marie-Jo et ses deux amours* (2002), *Le promeneur du champs de Mars* (2005), et *Le voyage en Arménie* (2006). Les deux derniers sont les seuls à ne pas se passer à Marseille.

Carte d'identité des acteurs

Ariane Ascaride (née en 1954) et Robert Guédiguian se sont rencontrés pendant leurs études, puis se sont mariés. Ils partagent beaucoup d'idées politiques et sociales. Non seulement Ariane a joué dans tous les films de son mari, mais elle a aussi joué pour d'autres réalisateurs et elle poursuit une belle carrière au théâtre.

Gérard Meylan est un très bon ami d'enfance de Guédiguian. Ce n'est pas un acteur professionnel (il est infirmier à Marseille), et il tourne principalement pour Guédiguian, qui l'a fait jouer dans tous ses films.

L'heure de gloire

Ariane Ascaride a remporté le César de la meilleure actrice et Robert Guédiguian a été nommé pour le César du meilleur réalisateur et celui du meilleur film. *Marius et Jeannette* a aussi remporté le prix Louis-Delluc et le prix Lumière (décerné par la presse internationale).

PREPARATION

1 Vocabulaire

Vocabulaire utile avant de voir le film:

Les noms

une usine: *a factory*
une cimenterie: *a cement factory**
un(e) ouvrier (-ère): *a worker*
un patron: *a boss*
un vigile: *a guard*
un pot de peinture: *a can of paint***
une salopette: *overalls*
un supermarché: *a supermarket*
une caissière: *a cashier*†
le chômage: *unemployment*
une cour: *a courtyard*

un(e) voisin(e): *a neighbor*
un mur: *a wall*
un tracteur: *a tractor*
la vérité: *the truth*
une épreuve: *a trial (= a difficult time)*
un(e) représentant(e): *a traveling salesman*
un conte: *a tale*
l'avenir: *the future*‡

> * ATTENTION! Une cimenterie ≠ un cimetière!
> ** PLURIEL: des pots de peinture
> † COMPAREZ: Elle est caissière. C'est une caissière bavarde.
> ‡ ATTENTION! Ne dites pas "le futur" dans ce sens-là. Le futur est seulement un temps, comme l'imparfait et le présent.

Les verbes

boiter: *to limp*

voler qqch à qq'un : *to steal sth from s.o.*

reprocher qqch à qq'un: *to criticize s.o. for sth*

reprocher à qq'un de faire qqch: *to criticize s.o. for doing sth*

être viré(e) (fam.)/renvoyé(e): *to be fired*

avoir mal au dos: *to have backaches*

rêver de qqch/qq'un: *to dream of sth/s.o.*

répondre à qq'un: *to talk back to s.o.*

peindre: *to paint*

être à la retraite: *to be retired*

se débrouiller: *to manage*

plaquer qq'un (fam.): *to ditch s.o.*

s'inquiéter de qqch = se faire du souci pour qqch: *to worry about sth*

ne pas avoir fait d'études: *not to have much education*

reconstruire: *to build again*

mal prendre qqch: *to react badly to sth*

se moquer de qq'un/qqch: *to make fun of s.o./sth*

apprivoiser qq'un: *to win s.o. over*

avoir / donner / perdre espoir: *to have /give / lose hope*

Les adjectifs

bavard(e): *talkative*

exubérant(e): *exuberant*

extraverti(e): *outgoing*

taciturne: *taciturn*

mystérieux (-euse): *mysterious*

réservé(e): *shy*

solitaire: *lonesome*

courageux (-se): *brave*

bouleversé(e): *upset*

inutile: *useless*

musulman(e): *Muslim*

coupable: *guilty*

platonique: *platonic*

tendre: *tender*

ensoleillé(e): *sunny*

lumineux (-euse): *bright*

Traduisez!

1. Marius is a guard in a cement factory. He wears overalls and he limps.
2. Jeannette works as a cashier in a supermarket, but she is fired because she is too talkative and she talked back to the boss.
3. She stole cans of paint to paint her house.
4. Unemployment is a trial for Jeannette but she is brave and she manages.

2 Repères culturels

1. Que savez-vous sur Marseille? Et l'Estaque?
2. Où la ville d'Aix-en-Provence est-elle située? En quoi est-elle différente de Marseille?
3. Faites quelques recherches sur la Sécurité Sociale et répondez aux questions suivantes:
   a. Qu'est-ce que c'est?
   b. Est-ce que tous les Français en bénéficient?
   c. Est-ce obligatoire?
   d. Donnez des exemples de prestations.
4. Quelles idées le Front National défend-il? Faites une recherche sur leur site et utilisez votre esprit critique pour lire entre les lignes.

Marseille, le vieux port

Cézanne, *Autoportrait*

5. Que savez-vous sur les journaux suivants: *Le Monde Diplomatique* et *L'Humanité*?

6. Cézanne est mentionné dans le film. Qui est-il? Pourquoi est-il connu?

3 A savoir avant de visionner le film

- ⚜ Durée: 1h45

- ⚜ Genre: Conte intimiste et optimiste

- ⚜ Public: Adultes et adolescents (PG-13)

- ⚜ Tournage: Le film a été tourné dans le quartier de l'Estaque à Marseille. A l'origine, le film a été produit pour la télévision, et est finalement sorti en salles après avoir reçu un prix au festival de Cannes.

- ⚜ Note: Ce film a été tourné avec un très petit budget, donc ne vous attendez pas à une super-production. Les décors et les costumes sont très simples et il y a un peu d'acteurs. C'est un film intelligent et bien écrit qui cherche à transmettre un message.

PREMIERE APPROCHE

1 L'histoire

Les personnages:

Jeannette	Ariane Ascaride
Marius	Gérard Meylan
Justin	Jacques Boudet
Caroline	Pascale Roberts
Dédé et Monique	Jean-Pierre Darroussin et Frédérique Bonnal

Magali et Malek (les enfants de Jeannette)

1. Comment Marius et Jeannette se rencontrent-ils?

2. Pourquoi Marius tutoie-t-il Jeannette dans cette première scène?

3. Qu'est-ce que Jeannette reproche à son fils? Pourquoi?

4. Pourquoi Marius apporte-t-il les pots de peinture chez Jeannette?

5. Que voit Jeannette dans son rêve?

6. Que fait Jeannette comme travail? Pourquoi est-elle renvoyée?

7. Pourquoi Jeannette refuse-t-elle quand Marius propose de peindre chez elle?

8. Pourquoi Marius propose-t-il la course à pied?

9. Comment se passent les premiers rapports entre les enfants et Marius?

10. Qu'est-il arrivé aux pères des enfants de Jeannette? Pourquoi n'est-elle plus avec eux?

11. Quels journaux Justin et Caroline lisent-ils? Pourquoi lisent-ils ceux-là?

12. Quelles questions Malek se pose-t-il sur la religion? Que lui explique Justin?
13. Pourquoi Jeannette pense-t-elle qu'il y a une justice quand elle revoit son ancien patron, M. Ebrard?
14. Comment Magali réagit-elle quand sa mère rentre après sa nuit passée avec Marius?
15. Où Magali veut-elle aller faire ses études? Pourquoi Jeannette prend-elle mal cette décision?
16. Comment voit-on de plus en plus clairement que Marius a un rapport particulier avec les enfants?
17. Qu'observe Jeannette quand elle va à la cimenterie dans l'espoir de parler à Marius?
18. Qu'est-ce que Caroline et Monique recommandent à Jeannette de faire?
19. Qui va chercher Marius finalement? Pourquoi eux?
20. Pourquoi la scène du bar a-t-elle lieu? Etait-elle nécessaire pour l'histoire?
21. Quelles confidences Marius fait-il à Justin et Dédé?
22. Comprend-on maintenant pourquoi Marius a cessé de voir Jeannette?
23. Avait-il déjà parlé de ce drame à quelqu'un? Pourquoi s'est-il confié à Justin et Dédé?
24. Comment Justin et Dédé interprètent-ils "l'attachement"?
25. Comment le film se termine-t-il? Pourquoi est-ce si positif?

La plage de Marseille

2 Analyse d'une photo

1. Où cette scène se passe-t-elle? Que font Marius et Jeannette?
2. Qui va arriver quelques minutes plus tard?
3. Pourquoi cette scène est-elle importante?

3 Analyse de citations

Analysez les citations suivantes en les replaçant dans leur contexte :

1. Magali: "Je voudrais qu'elle soit heureuse. […] Elle le mérite. J'ai presque envie de dire qu'elle y a droit, que si elle avait pas sa part de bonheur, ça serait comme une injustice".
2. Justin: "C'est les daltoniens de la religion".
3. Justin: "Ce type, il a plus assez de musique dans le cœur pour faire danser sa vie".

APPROFONDISSEMENT

1 Vocabulaire

Enrichissez votre vocabulaire !

Au supermarché

un chariot: *a cart*
un(e) consommateur (-trice): *a consumer*
faire les courses: *to go shopping*
une publicité (une pub): *an ad / a commercial*
une marque: *a brand*
une étiquette: *a label*
un(e) vendeur (-euse): *a salesperson*
un rayon: *an aisle*
acheter: *to buy*
un achat: *a purchase*
vendre: *to sell*
coûter cher / pas cher: *to cost a lot/ not much*
dépenser: *to spend**

être en solde: *to be on sale*
cher (-ère): *expensive*
bon marché: *cheap***
une affaire: *a good deal*
faire la queue: *to wait on line*
un grand magasin: *a department store*
    (ex: Galeries Lafayette, Printemps)
un hypermarché = une grande surface: *a "super"*
    supermarket (ex: Leclerc, Carrefour, Casino)
un centre commercial: *a shopping center*

> * ATTENTION! *to spend time*: passer du temps
> ** A savoir: "bon marché" est toujours au singulier.
> Ex: Ces chaussures sont bon marché.

Chômage et précarité

être au chômage: *to be unemployed*
avoir droit à qqch: *to be entitled to sth**
remplir les conditions: *to qualify*
l'aide: *assistance*
les allocations de chômage: *unemployment benefits*
lutter contre le chômage: *to fight unemployment*
le taux de chômage: *the unemployment rate*
supprimer des emplois: *to downsize*
être licencié(e): *to be laid off*
faire de l'intérim: *to temp*

un travail à temps plein/complet: *a full-time job*
un travail à temps partiel: *a part-time job*
envoyer sa candidature: *to apply***
être embauché(e): *to be hired*
instable: *unstable*
vulnérable: *vulnerable*
une assistante sociale: *a social worker*

> * Ex: Elle a droit aux allocations de chômage.
> ** Ex: J'ai envoyé ma candidature pour le poste de
> directeur et j'ai été embauché une semaine plus tard.

Jouez avec les mots!

A.   Trouvez l'intrus:

1. être en solde	faire la queue	une affaire	bon marché
2. être embauché	être au chômage	être licencié	supprimer des emplois
3. un supermarché	un hypermarché	un chariot	une grande surface
4. une allocation	avoir droit à qqch	instable	remplir les conditions
5. un consommateur	l'aide	un achat	faire les courses
6. un vendeur	cher	dépenser	coûter

B.   Complétez la phrase en choisissant l'expression qui convient.

1.   Pierre a perdu son travail mais il

     a. est licencié   b. fait de l'intérim   c. fait la queue

2.   Comment connais-tu ce produit? Je l'ai vu sur

     a. une publicité   b. un bon   c. un grand magasin

3. Recevez-vous des allocations? Non, nous
    a. sommes en solde   b. remplissons les conditions   c. n'y avons pas droit

4. Jeannette n'achète pas de Coca parce que
    a. c'est une affaire   b. ça coûte trop cher   c. c'est une marque

5. J'ai perdu mon travail car mon entreprise
    a. a supprimé des emplois   b. est au chômage   c. envoie sa candidature

6. Attends! J'ai oublié de prendre
    a. une étiquette   b. un rayon   c. un chariot

2 Réflexion - Essais

1. Faites le portrait de Marius et de Jeannette (leurs points communs et leurs différences) et décrivez l'évolution dans leurs relations. Sont-elles lisses et limpides? Pourquoi? Quelles sont leurs hésitations? A quoi sont-elle dues?

2. Ce film décrit une communauté de personnes.
    a. Que savez-vous sur Caroline, Justin, Monique et Dédé?
    b. Quels sont les liens entre les voisins? Que partagent-ils? Comment s'aident-ils?
    c. Pourquoi la petite cour est-elle importante?

3. Les enfants de Jeannette:
    a. Pourquoi sont-ils importants dans l'histoire?
    b. Quelle attitude Jeannette a-t-elle vis-à-vis d'eux? Comment les élève-t-elle?
    c. En quoi l'histoire serait-elle différente si Jeannette n'avait pas d'enfant?

4. Quel personnage a le plus changé entre le début et la fin? Expliquez votre point de vue.

5. Peut-on dire que, malgré leurs problèmes, les personnages sont heureux?

6. Deux lieux sont importants dans le film: la cimenterie et la maison de Jeannette. Pourquoi sont-ils importants pour Marius et pour Jeannette?

3 Analyse d'une scène: 2e rencontre de Marius et Jeannette à la cimenterie (11:02 à 14:17)

> ## Vocabulaire spécifique à cette scène
>
> un bruit de fond *(a background noise)* • un plan *(a shot)* • sauter *(to jump)* • un visage *(a face)* • courir *(to run)* • une course *(a race)* • s'en faire *(to worry)* • être gêné(e) par qqch *(to be bothered by sth)*

A. Ecoutez

1. Qui parle le plus? Pourquoi?
2. Entend-on des bruits de fond pendant cette scène?
3. A quel moment la musique commence-t-elle?
4. Reconnaissez-vous ce morceau de musique?

B. Observez

1. Etudiez la façon dont le réalisateur a choisi de placer sa caméra dans les 2 premiers plans:

   ❀ 1er plan (Jeannette seule): Où est la caméra? Quelle impression a-t-on?

   ❀ 2ème plan (Jeannette toujours seule): Où est la caméra maintenant? Que voit-on?

2. Jeannette regarde-t-elle Marius quand il arrive? Quand se retourne-t-elle?
3. Comparez le visage de Jeannette au début et à la fin de la scène.
4. Dernier plan (juste après la course): Qu'est-ce qui rend le moment romantique?

C. Cette scène dans l'histoire

Pourquoi est-ce une scène-clé dans le film? Qu'est-ce qu'elle change pour Marius et Jeannette? Que sont-ils devenus à la fin?

D. Langue

1. Synonymes

Ecoutez attentivement les dialogues de l'extrait et trouvez les synonymes des expressions suivantes (entre parenthèses) :

a. " _____ (ne vous inquiétez pas). J'ai l'habitude de venir ici pour _____ . "

b. " Qui _____ (a décidé) de _____ (casser) la cimenterie où est mort mon père? "

c. " _____ (où)? _____ (quand)? "

d. " _____ (je me sens mal) de vous voir là. "

e. " Et si je vous _____ (offrais) de venir peindre chez vous? "

f. " Je sais faire _____ (des choses différentes) que de tirer sur des voleurs. "

g. " Ca ne me _____ (dérange) pas. "

h. " Vous _____ (n'avez pas le choix), vous m'avez humilié. "

2. **Adjectifs**

   Remplissez les blancs. Accordez les adjectifs entre parenthèses et mettez-les à leur place correcte.

   a. Marius travaille dans (une cimenterie / ancien) _____ .

   b. Pensez-vous que Jeannette ait fait (une erreur / gros) _____ en se disputant avec son patron?

   c. Jeannette pense que faire (de / des études / bon) _____ est (la solution / seul) _____ pour avoir (une carrière / beau) _____ .

   d. Jeannette est (bavard / exubérant) _____, mais c'est aussi (une femme / tendre) _____ .

   e. Cela fait (un temps / certain) _____ que Justin est à la retraite.

   f. Elle a trouvé (de la peinture / bon marché) _____ .

   g. Marius habite dans (une maison / petit / gratuit) _____ .

   h. (La fois / premier) _____ que Jeannette a vu Marius, elle l'a trouvé désagréable.

   i. Les personnages du film ont (des opinions / divers) _____ sur la politique.

   j. Magali espère être à Paris (l'année / prochain) _____ .

3. **C'est / il est**

   Remplacez les tirets par "c'est" ou "il est". Choisissez aussi la préposition qui convient.

   a. Ce film, _____ l'histoire de deux personnes qui trouvent le bonheur.

   b. _____ difficile pour Jeannette (à /de) trouver du travail car elle n'a pas fait d'études.

   c. Jeannette n'a pas envie que Magali aille à Paris, mais elle sait que _____ mieux pour elle (à /de) faire cette école de journalisme.

   d. _____ une bonne idée (à /de) regarder le match tous ensemble.

   e. Marius a perdu toute sa famille. _____ vraiment triste.

   f. Marius avait peur de perdre une nouvelle famille. _____ facile (à /de) comprendre.

   g. _____ encourageant (à /de) voir des enfants d'ouvriers réussir dans leurs études.

   h. _____ dommage que Jeannette n'ait pas eu de chance. Heureusement, les choses vont changer avec Marius.

E. **Comparaison avec une autre scène**

   Comparez cette scène avec celle où Jeannette renvoie Marius (20:30 après le début), puis le retrouve à la cimenterie. Qu'est-ce que ces deux scènes ont en commun? Pensez notamment aux points suivants:

   ✤ Pourquoi Jeannette se fait-elle du souci dans les deux cas?

   ✤ Qu'apprend-on sur son passé?

   ✤ Quelle attitude Marius a-t-il?

   ✤ Comment les deux scènes commencent-elles et finissent-elles?

F. **Sketch**

Imaginez que cette scène se soit déroulée différemment. Au lieu de peindre, Marius propose quelque chose d'autre pour rendre service à Jeannette. Ecrivez le dialogue et jouez-le avec un(e) camarade.

LE COIN DU CINEPHILE

1 Première / dernière scène

Où ont-elles lieu? Les personnages sont-ils présents au début? Quel est le symbolisme du ballon et de la passerelle? Quels sont les derniers mots du film? Est-ce classique?

2 Genre

Il est clairement dit au début du film que *Marius et Jeannette* est un conte. Pourquoi le réalisateur a-t-il choisi ce genre? Qu'est-ce que cela lui a permis de faire?

3 Sous-titres

Dans le dialogue suivant, Magali explique à sa mère pourquoi elle veut aller à Paris. Comparez l'original en français et les sous-titres en anglais, puis répondez aux questions:

1. Je veux faire l'école de journalisme. Où tu veux que j'aille à part Paris, et puis c'est pas la Chine!… On met même pas quatre heures en TGV…	*I want to go to a journalism school. Where else can I go? It's not China. It's only four hours by train!*
2. Et tu vas habiter où à Paris?	*Where will you live?*
3. On prendra une chambre à deux avec Rose.	*I'll share with Rose.*
4. Elle veut faire du journalisme, Rose?	*She wants to be a journalist?*
5. Non, elle veut faire du théâtre.	*No, an actress.*
6. Ha!… Ca m'étonne pas d'elle.	*Surprise, surprise.*
7. Pourquoi tu dis ça?	*Why say that?*
8. Pour rien… Je la connais ta Rose, elle a pas beaucoup d'épines tu sais, elle va vite se faire cueillir…	*No reason. That Rose hasn't got many thorns, she'll soon get picked.*

a. 1ère réplique: Pourquoi l'article défini ("l") est-il remplacé par l'article indéfini ("a")?

b. 1ère réplique: Pourquoi "TGV" est-il traduit par "train"? Est-ce un bon choix?

c. 3ème réplique: "I'll share" est beaucoup plus court que "On prendra une chambre à deux". Est-ce que cela a le même sens?

d. 5ème réplique: Pourquoi avoir traduit "du théâtre" par "an actress"? Comment la question de Jeannette était-elle posée en anglais?

e. 6ème réplique: Que pensez-vous de "Surprise, surprise"? Est-ce un bon sous-titre? Pourquoi?

f. 8ème réplique: Jeannette fait un jeu de mots avec "Rose", "épines" et "cueillir". Est-il rendu en anglais? Est-ce facile de traduire des jeux de mots?

AFFINEZ VOTRE ESPRIT CRITIQUE

1 Les couleurs

Pensez aux couleurs des vêtements de Jeannette, de la salopette de Marius et de la peinture. Pourquoi avoir choisi celles-là?

2 Le lieu

L' Estaque

Marius et Jeannette se passe dans un lieu très précis: Marseille, quartier de l'Estaque. L'histoire pourrait-elle exister de la même façon dans une autre grande ville française, ou est-elle intimement liée à Marseille et à ce quartier? Peut-on envisager une histoire similaire dans un quartier ouvrier d'une grande ville américaine?

3 Les critiques

1. *Le Figaro* du 20 novembre 1997 affirme qu' "il s'agit sûrement d'un film d'amour, mais plus sûrement encore d'un film de tendresse". Etes-vous d'accord qu'il est plus question de tendresse que d'amour dans *Marius et Jeannette*?

2. Lors d'une interview pour *Télérama* (10 décembre 1997), Guédiguian a dit "Moi, je dis toujours que j'ai fait un film encourageant". Trouvez-vous ce film encourageant? Pourquoi?

POUR ALLER PLUS LOIN

1 Parallèles avec d'autres films

1. **La Provence:** quatre films se passent en Provence *(Jean de Florette, Manon des sources, Le hussard sur le toit* et *Marius et Jeannette)*. Est-elle filmée de la même façon? Quels aspects de la Provence voit-on?

2. **Femmes:** Plusieurs films font le portrait de femmes qui se battent: Zouina *(Inch' Allah dimanche)*, Jeannette *(Marius et Jeannette)*, Mme La *(La veuve de Saint-Pierre)*, Pauline de Théus *(Le hussard sur le toit)*, et Irène de Courtil *(La vie et rien d'autre)*. Contre qui et quoi se battent-elles? Qu'espèrent-elles? Réussissent-elles à obtenir ce qu'elles veulent?

3. **La classe ouvrière:** Comparez la classe ouvrière dans *Ressources humaines* et dans *Marius et Jeannette*. Qu'est-ce que les ouvriers espèrent? Qu'est-ce qu'ils demandent? Qu'est-ce qu'ils craignent? Comparez ensuite Jeannette et les parents de Franck. Que veulent-ils pour leurs enfants?

2 Art

Allez sur le site de la Réunion des Musées Nationaux (www.photo.rmn.fr) et cherchez les peintures suivantes:

* Cézanne: *L'Estaque, effet du soir* (non daté)
* Cézanne: *La mer à l'Estaque* (1878-1879)
* Cézanne: *L'Estaque, vue du Golfe de Marseille* (1878-1879)
* Braque: *Paysage de l'Estaque* (1907)

Choisissez-en deux et analysez-les. Comment était l'Estaque au XIXe et au début du XXe siècle? Pourquoi les peintres ont-ils choisi ce quartier? Qu'est-ce qu'ils mettent en évidence dans leurs tableaux?

Cezanne, *L'Estaque, Vue du Golfe de Marseille*

3 Lectures

A. **Extrait du scénario**

Dans l'extrait suivant, Jeannette rentre de la cimenterie où elle a essayé de voir Marius. Caroline et Monique lui posent des questions. Lisez cet extrait (les indications sur les mouvements de caméra ne sont pas notées pour privilégier le dialogue) et répondez aux questions.

Caroline. Alors? Tu l'as vu?

> *Jeannette se tourne vers la droite et [...] s'appuie[1] lentement au volet.[2] [...] Elle a un petit soupir.[3]*

Jeannette. Ouais.

> *Un silence.*

Monique. Et alors?

Jeannette. Rien.

Caroline. Mais qu'est-ce qu'il a dit?

Jeannette *(prenant une inspiration et tournant la tête plus franchement vers Caroline).*

> Je viens de vous le dire: rien.

> *Elle détourne la tête, regardant à nouveau devant elle.*

Monique. Mais il t'a pas donné une explication?

Jeannette *(sans la regarder).* On s'est pas parlé.

Caroline. Oh!

Jeannette *(secouant la tête).* Je l'ai vu de loin, il m'a pas vue…

> *Elle baisse la tête.*

Caroline *(jetant un bref coup d'œil vers Monique et s'énervant[4] un peu).* Mais enfin, faut qu'il te donne une explication!

Jeannette *(haussant[5] le ton).* Mais il a rien à me donner, on s'est rien promis.

1 leans against
2 shutter
3 sigh
4 getting a bit worked up
5 raising her voice

Monique. Et ben!… T'es pas curieuse, hein!

Caroline. Ou alors… c'est que tu l'aimes pas autant que tu crois.

Monique. Oh, remarque, c'est peut-être mieux, hein. *(Un temps)* Comme ça tu l'oublieras plus vite.

Jeannette hoche[6] un peu la tête, le regard baissé, sans regarder personne.

Jeannette. Je vais rentrer, j'ai ma vaisselle à faire.

Elle semble soupirer encore en silence.

Caroline. T'es bête, Jeannette. C'est le destin de personne d'être malheureux.

Crois-moi.

(Elle baisse les yeux, tourne la tête vers le sol) Quand pendant des mois on se dit tous les jours qu'on va mourir, on apprend à faire la part[7] *(elle tourne à nouveau la tête vers Jeannette)* de ce qui est important et de ce qui ne l'est pas. *Jeannette, l'air malheureux, ne la regarde pas. Elle hoche légèrement la tête.*

Jeannette *(des larmes dans la voix)*. Je vais faire ma vaisselle. J'aime pas quand ça traîne[8] dans l'évier[9]… C'est…

Caroline insiste.

Caroline. Mais tu peux pas rester comme ça sans savoir. Ça va te miner.[10]

Jeannette *(criant presque)*. Je vais pas me miner pour un mec qui me laisse tomber,[11] non!… De toute façon le père de Magali m'a déjà fait le coup,[12] et le père de Malek il m'a pas avertie[13] qu'il allait se faire écrabouiller[14] sous un échafaudage![15]… *(Elle hausse les épaules)* Alors, bon, j'ai l'habitude hein, de ne pas avoir d'explications. *(Elle baisse la tête)* On finit par s'y faire[16] hein! *(Elle relève[17] le visage droit devant elle. Un temps. Elle sort les mains de ses poches et prend une inspiration)* Allez bonsoir.

Monique regarde Caroline puis baisse les yeux tandis qu'on entend en off les pas de Jeannette qui rentre chez elle et ferme la porte. Monique relève les yeux vers Caroline.

Monique *(avec un petit mouvement des yeux vers chez Jeannette)*. Qu'est-ce qu'on fait?

Caroline. Qu'est-ce que tu veux faire? Le bonheur des gens contre leur gré?[18]… Regarde ce que ça a donné en URSS.

6   nods
7   to distinguish between
8   lies
9   sink
10 it's going to drain you
11 who dumps me
12 already played that trick on me
13 he didn't warn me
14 to get crushed
15 scaffolding
16 you get used to it
17 she lifts up her face
18 against their will

1. Jeannette se comporte-t-elle dans cette scène comme elle le fait en général?

2. Caroline et Monique comprennent-elles la résignation de Jeannette? Qu'est-ce que Marius doit à Jeannette d'après elles?

3. Expliquez ce que veut dire Caroline quand elle dit que "C'est le destin de personne d'être malheureux."

4. Comment Jeannette explique-t-elle qu'elle ne va pas se battre pour retrouver Marius?

5. Pourquoi Caroline compare-t-elle la situation de Jeannette et l'URSS?

B.   Article de l'hebdomadaire *L'Express*: "Les nouvelles pauvres"

L'article suivant a été écrit par Anne Vidalie et a été publié par *L'Express* le 24 janvier 2005.

Promis, juré, la pauvreté aura reculé[1] de moitié dans le monde d'ici à 2015.[2]   Responsables politiques et organisations internationales réunis à Paris la semaine dernière à l'occasion du IIIe Forum sur le développement humain l'ont dit et répété. "La misère tue bien plus que les tsunamis ", a rappelé Xavier Darcos, ministre délégué à la Coopération. Bien sûr, il est insupportable[3] que des enfants meurent de faim en Afrique ou en Asie. Ou que 1 milliard[4] d'êtres humains survivent avec moins de 1 dollar par jour.

Pour autant,[5] il ne faudrait pas détourner le regard[6] de notre misère à nous, celle que nous côtoyons[7] dans l'autobus, que nous frôlons[8] dans la rue – sans la voir, le plus souvent. Elle est là, dans nos villes comme dans nos campagnes, et elle gagne du terrain,[9] lentement, insidieusement. 1,2 million de personnes touchent[10] le RMI[11] – 10 % de plus que l'an dernier. Et 1 million d'enfants vivent dans la pauvreté, d'après le Conseil de l'emploi, des revenus et de la cohésion sociale.

La peur de l'exclusion plombe le moral[12] des Français. 93 % d'entre eux placent la pauvreté au premier rang de leurs préoccupations personnelles, révèle une enquête[13] publiée le mois dernier par le ministère de l'Emploi. Ils sont 20 % à penser que les femmes sont les plus vulnérables. Et ils ont raison : la précarité, en France, se décline[14] souvent au féminin. " Les femmes sont plus nombreuses à tomber dans la pauvreté et elles ont moins de chances que les hommes de s'en sortir, observe Serge Paugam, directeur de recherche au CNRS[15] et auteur de nombreux ouvrages[16] sur le sujet, dont le petit dernier, Les Formes élémentaires de la pauvreté (PUF), paraîtra le 3 mars. Souvent moins qualifiées, fréquemment seules pour élever leurs enfants, elles ont moins d'opportunités d'accès à l'emploi et sont par-dessus le marché[17] victimes de discriminations. En revanche,[18] les hommes, eux, risquent plus la grande rupture et la marginalisation durable."

La journaliste Véronique Mougin est partie à la découverte de ce continent noir des femmes pauvres. Elle en a rapporté un livre, Femmes en galère (La Martinière), enquête très fouillée[19] sur celles qui vivent avec moins de 600 euros par mois, nourrie de témoignages[20] émouvants et de statistiques accablantes.[21] Deux chiffres[22] donnent à eux seuls la mesure de leur détresse. 80 % des salariés qui touchent moins que le Smic[23] à la fin du mois sont des femmes. Résultat, la précarité est le lot quotidien de 5 millions de Françaises, selon l'institut européen Eurostat. Pourtant, ces abonnées[24] aux temps partiels, aux CDD[25] et aux jobs mal payés se taisent. "Pour protéger leurs proches,[26] échapper à la stigmatisation, sauver la face en société ", écrit Véronique Mougin. Il est temps de leur donner la parole.[27]

1   will have declined
2   between now and 2015
3   unbearable
4   1 billion
5   for all that
6   to look away
7   that is next to us
8   that we brush against
9   it's gaining ground
10 get
11 = Revenu Minimum d'Insertion (welfare)
12 makes the French depressed
13 a survey
14 *here*: affects more women
15 = Centre National de la Recherche Scientifique
16 books
17 *here*: to make things worse
18 on the other hand
19 detailed
20 accounts
21 overwhelming
22 figures
23 = salaire minimum interprofessionnel de croissance (minimum wage)
24 these women who are accustomed to
25 Contrat à Durée Déterminée (not a permanent job)
26 their loved ones
27 to give them a chance to speak up

1. Comment sait-on que la misère est un problème en France?

2. La situation s'améliore-t-elle ou empire-t-elle?

3. Quelle différence l'article fait-il entre les femmes pauvres et les hommes pauvres?

4. Pourquoi les femmes pauvres ne parlent-elles pas de leurs problèmes?

Le fabuleux destin d'Amélie Poulain

Présentation du film

Amélie est serveuse dans un bar de Montmartre. Elle mène une vie simple et tranquille jusqu'au jour où le hasard l'amène à rendre un inconnu heureux. Elle décide alors de réparer incognito la vie des autres, sans se soucier de son propre bonheur. Jusqu'à ce qu'elle rencontre Nino, un garçon séduisant et mystérieux...

Carte d'identité du réalisateur

Jean-Pierre Jeunet: né en 1955, il s'est d'abord illustré dans la publicité et les courts-métrages (César en 1981 et 1991 pour deux courts-métrages). Avec Marc Caro, il a réalisé *Delicatessen* (1991), une comédie macabre qui a remporté un grand succès, puis *La cité des enfants perdus* (1995), un conte fantastique très original. Il est ensuite parti pour Hollywood et y a réalisé *Alien, la résurrection* en 1997, puis est rentré en France pour *Le fabuleux destin d'Amélie Poulain* (2001). Son dernier film, *Un long dimanche de fiançailles* (2004) est une grande fresque historique.

Carte d'identité des acteurs

Audrey Tautou: née en 1978, elle a reçu le César du meilleur espoir féminin en 1998 pour son rôle dans *Vénus Beauté (Institut)*. Elle a ensuite joué dans plusieurs films mais c'est le rôle d'Amélie qui l'a rendue célèbre. Depuis, parmi les propositions qui affluent, elle a choisi *L'auberge espagnole* (2002), *Dirty Pretty Things* (2002), *Pas sur la bouche* (2003), *Un long dimanche de fiançailles* (2004), *Les poupées russes* (2005) et *The Da Vinci Code* (2006).

Mathieu Kassovitz: né en 1967, il s'est passionné très tôt pour le cinéma. Il est à la fois acteur et réalisateur et doué pour les deux. Il signe des films contemporains, engagés et violents: *Métisse* (1993), *La haine* (1995), *Assassin(s)* (1997), *Les rivières pourpres* (2000) et *Gothika* (2003). Il joue dans presque tous ses films. Il a aussi été remarqué dans *Un héros très discret* (1995), *Amen* (2002) et *Munich* (2005).

L'heure de gloire

Le fabuleux destin d'Amélie Poulain a connu un immense succès public et critique. Il a été remarqué aux César (meilleur film, meilleur réalisateur, meilleure musique, meilleur décor), aux Golden Globes (Nomination pour le Golden Globe du meilleur film étranger), aux Oscars (cinq nominations aux Oscars, dont celle du meilleur film en langue étrangère). C'est le film français ayant obtenu le plus de nominations de toute l'histoire des Oscars. Il a aussi reçu d'innombrables prix dans le monde entier.

PREPARATION

1 Vocabulaire

Vocabulaire utile avant de voir le film:

Les noms

un(e) serveur (-euse): *a waitress*
un bar-tabac: *a café with a cigarette counter*
un poisson rouge: *a goldfish*
une boîte: *a box*
un(e) locataire: *a tenant*
un(e) voisin(e): *a neighbor*
un(e) épicier (-ère): *a grocer*
un photomaton: *a photo booth /*
  a (photo booth) photo
une lampe de chevet: *a bedside lamp*
un album photos: *a photo album*
un nain de jardin: *a gnome*
un jeu de piste: *a treasure hunt*
une cabine téléphonique: *a phone booth*

un stratagème: *a stratagem*
un vélomoteur: *a moped*
une sacoche: *a saddlebag*
la levure: *yeast*
un but: *a goal*
une vocation: *a calling*
un ange gardien: *a guardian angel*
une fée: *a fairy*
un conte de fée: *a fairy tale*
le bonheur: *happiness*
le destin: *destiny*
les effets spéciaux: *special effects*
une scène truquée: *a scene involving special effects*

Les verbes

être cardiaque: *to have a heart condition*
tenir qq'un à l'écart: *to hold s.o. back*
écraser: *to crush*
faire des ricochets: *to skim stones*
découvrir: *to discover*
appartenir à qq'un: *to belong to s.o.**
collectionner: *to collect*
cacher: *to hide*
jouer à cache-cache avec qq'un: *to play hide-and-seek with s.o.*

manipuler: *to manipulate*
améliorer: *to improve*
faire qqch à l'insu de qq'un: *to do sth without s.o.'s knowing***
tomber amoureux(-euse) de: *to fall in love with*
être sans prétentions: *to be unassuming*

* Ex: L'album **appartient** à Nino. Il **lui** appartient.

** Ex: Elle glisse un papier dans la poche de Nino **à son insu**.

Les adjectifs

solitaire: *solitary*
veuf (-ve): *widowed*
naïf (-ve): *naïve*
idéaliste: *idealistic*
idéalisé(e): *idealized*
(in)fidèle: *(un)faithful*
jaloux (-ouse): *jealous*
généreux (-se): *generous*
ludique: *playful*

déterminé(e): *resolute*
lâche: *cowardly*
romantique: *romantic*
touchant(e): *touching*
attachant(e): *endearing*
émouvant(e): *moving*
fantaisiste: *fanciful, whimsical*
décalé(e): *quirky*

Rue de Montmartre

Traduisez!

1. Amélie is a waitress in a café in Montmartre. One day she discovers a box that is going to change her life.
2. Her goal is to improve her neighbors' lives without them knowing.
3. She falls in love with Nino, a romantic and endearing young man, who collects photo booth photos.
4. She organizes a treasure hunt in which she plays hide-and-seek with him.

2 Repères culturels

1. Le film se passe à Montmartre, un quartier de Paris. Situez-le sur une carte. Pourquoi ce quartier est-il connu? Qu'est-ce qui le différencie des autres quartiers de Paris?
2. Le père d'Amélie habite à Enghien. Où cette ville se trouve-t-elle?
3. Nino travaille à la Foire du Trône. Qu'est-ce que c'est? Combien de temps dure-t-elle? Est-ce une foire récente? Attire-t-elle beaucoup de visiteurs? (Pour vous aider: www.foiredutrone.com).
4. Dans le film, M. Dufayel peint une reproduction du *Déjeuner des canotiers* de Renoir. Que savez-vous sur ce peintre? Observez bien le tableau (et en particulier la jeune fille au verre d'eau) avant de voir le film.
5. Cherchez dans un dictionnaire français unilingue le sens exact du mot "fabuleux". Ce mot n'a-t-il qu'un sens ou en a-t-il plusieurs?

Renoir, *Le déjeuner des canotiers*

3 Bande-annonce

Regardez la bande-annonce plusieurs fois et répondez aux questions suivantes:

1. Quelle impression avez-vous des personnages?
2. Que savez-vous sur Amélie et Nino?
3. Ecoutez la musique qui accompagne les images. Comment peut-on la décrire?
4. Ces scènes, extraites du film, se passent dans beaucoup de lieux différents. Pouvez-vous en repérer quelques-uns?
5. Remarquez-vous quelques effets spéciaux? Lesquels?
6. A votre avis, de quoi ce film va-t-il parler?

4 A savoir avant de visionner le film

* Durée: 2h02
* Genre: Comédie féérique et romantique
* Public: Adultes et adolescents ("R" aux Etats-Unis, "Tous publics" en France)
* Tournage: Le film a été tourné presque intégralement à Montmartre. Jean-Pierre Jeunet et son équipe ont méticuleusement nettoyé tous les lieux de tournage (en enlevant les ordures et en effaçant les graffiti) pour rendre les lieux plus magiques.
* Note: Ce film a été un véritable phénomène de société en France et dans le monde. Réfléchissez-y en regardant le film. Comment peut-on expliquer un tel engouement?

Montmartre, lumière d'hiver

PREMIERE APPROCHE

1 L'histoire

Les personnages:

Amélie Poulain
Nino Quincampoix
Raphaël Poulain (le père d'Amélie)
M. Dufayel (le peintre)
Collignon (l'épicier)
Lucien (l'apprenti épicier)
Georgette (la buraliste)
Joseph (le jaloux)
Madeleine Wallace (la concierge)

Audrey Tautou
Mathieu Kassovitz

1. Décrivez les parents d'Amélie.
2. Pourquoi Amélie ne va-t-elle pas à l'école?
3. Quelles conséquences cette vie étrange a-t-elle sur la fillette?
4. Que fait la mère d'Amélie avec le poisson rouge? Pourquoi?
5. Qu'arrive-t-il à la mère d'Amélie?
6. Que se passe-t-il dans la nuit du 30 août 1997? Que décide alors Amélie?
7. Comment retrouve-t-elle le nom du propriétaire de la boîte?
8. Comment Amélie rencontre-t-elle Nino Quincampoix?
9. Comment Amélie se débrouille-t-elle pour que Dominique Bretodeau retrouve sa boîte? Comment réagit-il?
10. Que veut dire le reportage en noir et blanc qu'Amélie regarde à la télévision sur sa vie, sa mort, la mort de son père, ses œuvres de charité?
11. Pourquoi et comment Nino perd-il sa sacoche?
12. Que trouve Amélie dans la sacoche du vélomoteur de Nino?
13. Quel stratagème utilise-t-elle pour que Georgette et Joseph s'intéressent l'un à l'autre?

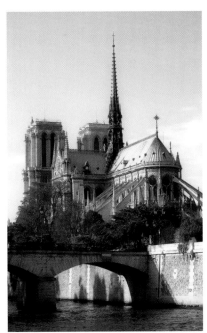

Notre-Dame de Paris

14. Pourquoi Amélie fait-elle refaire la clé de l'appartement de Collignon? Comment réagit-il quand il rentre chez lui?

15. Décrivez les réactions de M. Poulain quand il reçoit les photos du nain de jardin en voyage. Pourquoi et comment Amélie envoie-t-elle ces photos?

16. Qu'est-ce qu'Amélie apprend sur Nino quand elle va au sex-shop?

17. Décrivez le jeu de piste préparé par Amélie pour rendre l'album à Nino. Pourquoi ne le lui rend-elle pas plus simplement?

18. Comment Nino et Amélie communiquent-ils sans se parler?

19. Qui est "l'inconnu du Photomaton", dont Nino collectionne les photos?

20. Pourquoi Amélie ne se montre-t-elle pas au rendez-vous Gare de l'Est, le mardi à 17h?

21. Comment Amélie réagit-elle quand Joseph lui dit que Gina et Nino sont ensemble?

22. Que voit Amélie dans son rêve éveillé? Que fait Nino? Comment Lucien traite-t-il Collignon?

23. Pourquoi Amélie n'ouvre-t-elle pas la porte à Nino?

24. Que trouve Amélie dans sa chambre? Qui a préparé cela? Que dit M. Dufayel?

25. Que fait alors Amélie? Pourquoi?

26. Pourquoi Nino est-il derrière sa porte? Est-ce clair?

27. Combien de temps cette histoire a-t-elle pris?

2 Analyse d'une photo

1. Où et à quel moment cette scène se passe-t-elle?
2. Que fait Amélie?
3. De quoi rêve-t-elle?
4. Cette image est-elle réelle? Quel procédé le réalisateur a-t-il utilisé?

3 Analyse de citations

Analysez les citations suivantes en les replaçant dans leur contexte :

1. Voix off: "Si ça le touche, elle décide de se mêler de la vie des autres".

2. La collègue de Nino: "Les temps sont durs pour les rêveurs".

3. M. Dufayel: "Vous savez la chance, c'est comme le Tour de France. On l'attend longtemps et puis ça passe vite. Alors, quand le moment vient, il faut sauter la barrière sans hésiter".

APPROFONDISSEMENT

1 Vocabulaire

Enrichissez votre vocabulaire !

Le bonheur

la joie: *joy*

la gaieté: *cheerfulness*

le plaisir: *pleasure*

(mal)heureux (-se): *(un)happy**

heureux comme un poisson dans l'eau:
   happy as a clam

joyeux (-se): *cheerful*

gai(e): *cheerful, happy*

gai(e) comme un pinson: *happy as a lark*

porter bonheur: *to bring luck*

un porte-bonheur: *a lucky charm*

par bonheur = heureusement: *fortunately*

faire le bonheur de qq'un: *to make s.o. happy*

nager dans le bonheur: *to be overjoyed*

Proverbe: l'argent ne fait pas le bonheur:
   money can't buy happiness

* QUESTION: Puisque l'adjectif de "malheur" est "malheureux", pourquoi l'adjectif de "bonheur" n'est-il pas "bonheureux"?

Réponse: Ces mots viennent du bas latin "augurium" (présage, augure) dont on a fait "heur" (destin). Ce mot, "heur", n'étant ni positif ni négatif, on a formé deux mots: bonheur et malheur. Petit à petit, le mot "heur" a pris un sens positif.

Résultat: malheur —> malheureux
         heur —> heureux ("bon" n'était pas nécessaire).

Paris

la capitale: *the capital city*

un quartier: *a neighborhood*

un arrondissement: a district (*Paris est divisé en 20 arrondissements*)*

la banlieue: *the suburb*

un(e) Parisien(ne): *a Parisian*

un(e) habitant(e): *an inhabitant*

un(e) citadin(e): *a city person*

une maison individuelle: *a single family house*

un appartement: *an apartment*

un immeuble: *a building*

une rue piétonne: *a pedestrian street*

une place: *a square*

une église: *a church*

un musée: *a museum*

un pont: *a bridge*

une île: *an island*

une station de métro: *a subway station*

un arrêt de bus: *a bus stop*

une gare: *a train station*

une carte: *a map*

la périphérie: *the outskirts*

le (boulevard) périphérique: *the beltway*

la banlieue: *the suburbs*

* Le saviez-vous? A l'époque romaine Paris s'appelait Lutèce. Ses habitants étaient les Parisii.

Les qualités et les défauts

la générosité: *generosity*
   être généreux (-euse): *to be generous*

la sincérité: *sincerity*
   être sincère: *to be sincere*

la droiture: *honesty*
   être droit(e): *to be honest*

la gentillesse: *kindness*
   être gentil (-ille): *to be kind*

la franchise: *frankness*
   être franc (-che): *to be frank*

la tolérance: *tolerance*
   être tolérant(e): *to be tolerant*

l'intelligence: *intelligence*
   être intelligent(e): *to be intelligent*

l'avarice: *miserliness*
   être avare: *to be miserly*

la malhonnêteté: *dishonesty*
   être malhonnête: *to be dishonest*

la méchanceté: *maliciousness*
   être méchant(e): *to be malicious*

l'infidélité: *unfaithfulness*
   être infidèle: *to be unfaithful*

l'hypocrisie: *hypocrisy*
   être hypocrite: *to be hypocritical*

l'intolérance: *intolerance*
   être intolérant(e): *to be intolerant*

la bêtise: *stupidity*
   être bête: *to be stupid*

la paresse: *laziness*
   être paresseux (-euse): *to be lazy*

Métro Abbesses

Jouez avec les mots!

A.   Faites des phrases avec le vocabulaire suivant

1. un jeu de piste
2. un vélomoteur
3. appartenir à qq'un
4. faire qqch à l'insu de qq'un
5. tomber amoureux de
6. décalé(e)
7. faire le bonheur de qq'un
8. un quartier
9. une rue piétonne
10. la périphérie

B.   Mots-croisés

Horizontalement :

2. Habite à côté; Livre de photos
4. Métier de Collignon; Terre au milieu de l'eau
5. Café
6. Procédé utilisé par Amélie; Femme qui a des pouvoirs magiques
8. Lieu de culte
9. Oiseau heureux
11. District de Paris
12. Petite avenue
13. Joie
14. Transport souterrain; Donner à M. Poulain l'envie de voyager en est un
15. Joyeuses
16. Espace ouvert dans une ville
17. Document pour s'orienter

I. Seul
K. Métier d'Amélie
L. Bâtiment
M. Candide
N. Construction au-dessus d'une rivière
O. A perdu sa femme; Le Louvre en est un
Q. Pas courageux
R. Histoire imaginaire
S. Transport en commun

Verticalement:

B. A des ailes
C. Le bus s'y arrête
F. Habitants de Paris; On y prend le train
H. Femme qui habite en ville

2 Réflexion - Essais

1. Faites le portrait d'Amélie et de Nino, en les comparant. Qu'ont-ils en commun? Qu'est-ce qui les rapproche?

2. Comment Amélie change-t-elle la vie de son père, ainsi que celle de Georgette, Joseph, Madeleine Wallace et Collignon? Réussit-elle à résoudre leurs problèmes?

3. Trouvez-vous que les interventions d'Amélie sont morales? Elle ment à Georgette, Joseph et Mme Wallace, son père s'angoisse et Collignon croit devenir fou. Ces "inconvénients" se justifient-ils, puisque c'est pour la bonne cause? Amélie va-t-elle trop loin?

4. Suzanne (la patronne du café), Gina (la serveuse), Philomène (l'hôtesse de l'air), Eva (l'employée du sex-shop, collègue de Nino) aident Amélie à faire le bonheur des autres. Quel rôle ont-elles exactement? Amélie pourrait-elle se débrouiller sans elles?

5. Quel rôle M. Dufayel a-t-il dans la vie d'Amélie? Pourquoi l'observation du tableau est-elle si importante?

6. Quel personnage a le plus changé entre le début et la fin?

7. Quelle importance peut-on accorder aux lieux (Paris – Montmartre)? L'histoire serait-elle la même ailleurs, dans une autre ville, un autre quartier, où est-ce que le lieu joue un rôle?

8. Qu'est-ce que les personnages cachent ou se cachent, cherchent et découvrent au fur et à mesure du film? Remplissez le tableau suivant en séparant les choses concrètes (ex: la boîte de M. Bretodeau) de celles qui sont plus abstraites (ex: l'amour):

	Concret	Abstrait
ils (se) cachent		
ils cherchent		
ils découvrent		

9. Cette histoire est-elle possible? Qu'est-ce qui est impossible?

Canal Saint-Martin

3 Analyse d'une scène: les flèches bleues (de 1:12:52 à 1:17:15 sec après le début)

> **Vocabulaire spécifique à cette scène**
>
> un manège *(a carousel)* • une flèche *(an arrow)* • monter / descendre l'escalier *(to go up / down the stairs)* • en haut *(at the top)* • en bas *(at the bottom)* • des jumelles *(a viewfinder)*

A. Ecoutez

1. Quels bruits entend-on au début de la scène? Quelle impression cela donne-t-il?

2. Comparez ce qu'on entend quand Nino monte l'escalier et quand il descend. Pourquoi est-ce si différent?

3. Quel effet les paroles d'Amélie doivent-elles avoir sur Nino, déjà perplexe? A quelle scène fait-elle référence quand elle dit "Quand les jeunes filles se font faire le portrait, il se penche à leur oreille et fait "ouh…" en leur caressant tout doucement la nuque"? Est-ce que Nino comprend la référence?

B. Observez

1. Faites une pause sur le tout premier plan. Que voit-on?

2. Quels sont les éléments qui rendent la scène ludique?

3. Quels sont les différents sentiments que le visage de Nino exprime tout au long de la scène?

4. Quel rôle ont la jeune femme qui répond au téléphone, le petit garçon, et l'homme-statue?

5. Qu'est-ce que la caméra fait pour que la scène soit dynamique?

6. Qu'est-ce que le visage d'Amélie révèle à la fin de la scène quand elle enlève ses lunettes de soleil?

C. Cette scène dans l'histoire

Qu'est-ce que cette scène apporte à l'histoire? Qu'est-ce qu'elle change pour Nino et Amélie?

D. Langue

1. **Etre en train de + infinitif / venir de + infinitif / aller + infinitif**
   Complétez les phrases suivantes en utilisant les verbes ci-dessus :

   a. Etre en train de + infinitif (attention aux temps!)
   - Quand le téléphone a sonné, le manège…
   - Quand Nino montait les escaliers, les oiseaux …
   - Quand Nino est en haut, les cloches du Sacré-Cœur …

   b. Venir de + infinitif
   - Quand Nino arrive au rendez-vous, Amélie …
   - A la fin, Nino est perplexe car il …
   - Quant à Amélie, elle …

La basilique du Sacré-Cœur et l'esplanade

c. Aller + infinitif
- Une dame répond au téléphone mais elle …
- Nino ne sait pas quoi faire en arrivant en haut mais le petit garçon …
- Quand Nino regarde dans les jumelles, Amélie …

2. **Les déterminants**

Remplacez les tirets par le déterminant qui convient:

- Adjectifs démonstratifs (ce, cet, cette, ces)
- Pronoms démonstratifs (celui, celle, ceux, celles)
- Pronoms neutres (ce, cela/ça, ceci)

_____ scène se passe à Montmartre. _____ est le moment où Nino suit les flèches pour retrouver son album. _____ semble difficile à croire, mais Amélie a organisé _____ jeu de piste, elle a peint _____ flèches bleues (_____ qui sont par terre), elle a donné rendez-vous à _____ qu'elle aime, tout _____ au lieu de lui rendre simplement _____ album. Amélie, c'est _____ qui se cache car elle a trop peur de parler à Nino. Evidemment, Nino est confus mais _____ est un rêveur. Il n'est pas comme _____ de son âge qui sont proches de la réalité. _____ fille l'intéresse et il lui demande _____ : "Vous êtes qui?" Amélie répond partiellement à _____ question en indiquant une page de l'album, _____ où elle a collé sa photo. Nino ne connaît toujours pas son identité, mais ___ est _____ qui est amusant!

3. **Le passé**

Amélie raconte la scène à son amie Gina. Conjuguez les verbes au passé composé, à l'imparfait ou au plus-que-parfait.

Hier, je/j'_____ (donner) rendez-vous à Nino en scotchant un mot sur son vélomoteur. Tout _____ (bien se passer). Il _____ (être) 5h quand il _____ (arriver). Je/_____ (appeler) le numéro de la cabine et une dame _____ (répondre). Je _____ (ne pas prévoir) que quelqu'un d'autre répondrait mais elle _____ (apercevoir) Nino et _____ (lui passer) le téléphone. Je _____ (voir) bien qu'il ___ (être) surpris mais il _____ (commencer) à suivre les flèches. Je _____ (rester) en bas car je _____ (vouloir) être près du vélomoteur. Quand il _____ (arriver) en haut, il _____ (hésiter) mais il _____ (comprendre) qu'il _____ (devoir) regarder dans les jumelles. Comme je _____ (lui dire) d'avoir une pièce de 5 francs avec lui, il _____ (la sortir) de sa poche et _____ (la mettre) dans la machine. Quand il _____ (me voir) avec l'album, il __ (se mettre) à courir à toute vitesse mais je _____ (se cacher) avant qu'il n'arrive en bas. Il _____ (être) ravi d'avoir retrouvé son album mais il _____ (se demander) bien qui _____ (le mettre) dans le sac. J'espère que mes photos _____ (l'étonner)!

E. **Comparaison avec une autre scène**

Comparez cette scène avec celle où Nino vient au café des Deux Moulins (1:36:02 après le début). Dans les deux scènes, Amélie a donné rendez-vous à Nino. Elle l'attend, il vient, le plan fonctionne. Pourtant, elle n'a pas du tout la même attitude dans la 2e scène. Pourquoi? Comment chaque scène se termine-t-elle?

F.   Sketch

Imaginez que la scène se soit passée différemment: Nino retrouve Amélie et l'aborde. Imaginez leur conversation. Quelles questions Nino lui pose-t-il? Est-ce qu'Amélie nie tout, avoue tout? A-t-elle une idée pour envoyer Nino sur une fausse piste? Ecrivez leur dialogue et jouez-le avec un(e) camarade.

LE COIN DU CINEPHILE

1 Première / dernière scène

Comparez la première et la dernière scène. Qu'ont-elles en commun? Quels sont les personnages présentés au début du film? Qui est présent à la fin? Qu'est-ce qui a changé pour eux?

2 Images et musique

Jean-Pierre Jeunet a embelli le film en travaillant les images (lumière, couleurs, effets spéciaux) et en demandant à Yann Tiersen de composer une musique originale. Donnez des exemples de lumière, de couleurs et d'effets spéciaux qui servent l'intrigue et réfléchissez à la musique. Accompagne-t-elle bien l'histoire et le personnage d'Amélie? Pourquoi?

3 Sous-titres

Comparez ce dialogue entre M. Dufayel et Amélie et les sous-titres en anglais, puis répondez aux questions:

1. Vous savez la fille au verre d'eau?	*The girl with the glass...*
2. Si elle a l'air un peu à côté, c'est peut-être parce qu'elle est en train de penser à quelqu'un.	*Maybe her thoughts are with somebody else*
3. A quelqu'un du tableau?	*Somebody in the picture?*
4. Non, plutôt à un garçon qu'elle a croisé ailleurs. Elle a l'impression qu'ils sont un peu pareils elle et lui.	*More likely a boy she saw somewhere and felt an affinity with.*
5. Autrement dit, elle préfère s'imaginer une relation avec quelqu'un d'absent, plutôt que de créer des liens avec ceux qui sont présents.	*You mean she'd rather imagine herself relating to an absent person than build relationships with those around her?*

a.   1ère réplique: Qu'est-ce qui n'est pas traduit? Pourquoi ces mots-là ne sont-ils pas traduits?

b.   2ème réplique: Le sous-titre est très concis. Rend-il bien les idées de l'original en français?

c. 4ème réplique: Comparez "Elle a l'impression qu'ils sont un peu pareils elle et lui" et "and felt an affinity with". Est-ce le même registre de langue? Est-ce un bon sous-titre? Pourquoi?

d. 5ème réplique: Pourquoi "autrement dit" n'est-il pas traduit par "in other words"? Pourquoi avoir choisi "you mean"?

AFFINEZ VOTRE ESPRIT CRITIQUE

1 Titre

Que pensez-vous du titre: *Le fabuleux destin d'Amélie Poulain*? Le trouvez-vous bien choisi? Pensez aux différents sens du mot "fabuleux". Ce mot est-il adapté pour décrire le destin et la vie d'Amélie?

2 La carrière américaine du film

1. Aux Etats-Unis, le film s'appelle *Amélie* (ou *Amelie*, sans accent). A votre avis, pourquoi le titre original n'a-t-il pas été traduit? Comment aurait-on pu le traduire? Il avait été question, avant la sortie du film, de l'intituler *Amélie from Montmartre*. Qu'en pensez-vous? Cela aurait-il été un bon titre?

2. Vincent Ostria, dans *L'Humanité* du 25 avril 2001, écrit que "Jean-Pierre Jeunet a composé une bluette au style publicitaire, truffée d'effets spéciaux, située dans un Montmartre de carte postale, et sans aucun doute destinée à séduire le public américain friand de pittoresque". Avez-vous l'impression que le réalisateur a voulu vous séduire?

3 Les critiques

1. "L'intention [de Jean-Pierre Jeunet] était d'écrire un film sur la victoire de l'imagination. Qu'il soit léger, qu'il fasse rêver, qu'il fasse plaisir". C'est ce qu'écrit Sophie Delassein dans le *Nouvel-Observateur* du 7 juin 2001. Ce film vous a-t-il fait rêver, vous a-t-il fait plaisir?

2. Isabelle Boucq, quant à elle, commence sa critique dans le *Journal Français* de novembre 2001 ainsi: "Véritable bulle de bonheur cinématographique, *Le fabuleux destin d'Amélie Poulain* reflète le désir actuel de voir la vie en rose". Cela peut-il expliquer le succès phénoménal de ce film, tant en France qu'à l'étranger?

POUR ALLER PLUS LOIN

1 Art

Renoir, *Bal du Moulin de la Galette*

Allez sur le site de la Réunion des Musées Nationaux (www.photo.rmn.fr) et cherchez les œuvres suivantes:

- ⚜ Villeneuve: *Vue de Montmartre* (1834)
- ⚜ Lepine: *Montmartre, rue Saint-Vincent* (19ᵉ siècle)
- ⚜ Renoir: *Bal du Moulin de la Galette, Montmartre* (1876)
- ⚜ Van Gogh: *Guinguette à Montmartre: "le Billard en bois" devenu "la Bonne franquette"* (1886)
- ⚜ Utrillo: *Une vue à Montmartre* (1956)

Que nous montrent-elles de Montmartre? Comment le quartier a-t-il évolué? Comment était Montmartre au 19e siècle? Qu'est-ce que les tableaux de Renoir et de Van Gogh indiquent sur l'ambiance de Montmartre? Est-ce que le dessin d'Utrillo nous donne l'impression d'être dans une grande ville?

2 Lectures

A. Poèmes

Vous allez comparer deux poèmes qui traitent du bonheur. François Coppée (1842-1908) était un poète populaire qui a décrit Paris et ses faubourgs. D'abord associé au mouvement poétique du Parnasse, il s'est ensuite appliqué à décrire le petit peuple de Paris. Bien qu'élu à l'Académie française en 1884, il est tombé dans l'oubli à la fin de sa vie. Paul Fort (1872-1960) a d'abord écrit pour le théâtre avant de se consacrer à la poésie. Ses poèmes, très nombreux, sont souvent écrits avec des mots simples et certains sont devenus très célèbres. "Le bonheur" a été mis en musique et chanté par Georges Brassens.

Un rêve de bonheur qui souvent m'accompagne

Un rêve de bonheur qui souvent m'accompagne,
C'est d'avoir un logis[1] donnant sur la campagne,
Près des toits, tout au bout du faubourg prolongé,
    Où je vivrais ainsi qu'un ouvrier rangé.[2]
C'est là, me semble-t-il, qu'on ferait un bon livre.
En hiver, l'horizon des coteaux[3] blancs de givre;[4]
    En été, le grand ciel et l'air qui sent les bois ;
    Et les rares amis, qui viendraient quelquefois
Pour me voir, de très loin, pourraient me reconnaître,
    Jouant du flageolet, assis à ma fenêtre.

François Coppée
Promenades et Intérieurs, 1872

1   a dwelling
2   *here*: quiet
3   hillsides
4   frost

Le bonheur

Le bonheur est dans le pré.[1] Cours-y vite, cours-y vite.
Le bonheur est dans le pré, cours-y vite. Il va filer.[2]

Si tu veux le rattraper, cours-y vite, cours-y vite.
Si tu veux le rattraper, cours-y vite. Il va filer.

Dans l'ache[3] et le serpolet,[4] cours-y vite, cours-y vite,
dans l'ache et le serpolet, cours-y vite. Il va filer.

Sur les cornes[5] du bélier,[6] cours-y vite, cours-y vite,
sur les cornes du bélier, cours-y vite. Il va filer.

Sur le flot du sourcelet,[7] cours-y vite, cours-y vite,
sur le flot du sourcelet, cours-y vite. Il va filer.

De pommier en cerisier, cours-y vite, cours-y vite,
de pommier en cerisier, cours-y vite. Il va filer.

Saute par-dessus la haie, cours-y vite, cours-y vite,
saute par-dessus la haie, cours-y vite! Il a filé!

Paul Fort

Ballades françaises, 1917

1 meadow
2 to go off
3 a type of plant
4 wild thyme
5 horns
6 ram
7 rivulet

1er poème:

- ❧ De quoi le narrateur rêve-t-il?
- ❧ Qui cette personne peut-elle bien être pour faire ce rêve?
  Imaginez-la et faites une brève description de sa vie.

2e poème:

- ❧ Où le bonheur se trouve-t-il?
- ❧ A quel animal ressemble-t-il?
- ❧ A quel temps est "Il va filer"? Pourquoi?
- ❧ Que remarquez-vous à la fin de la dernière strophe?

Comparaison:

- ❧ Ces poèmes sont-ils optimistes?
- ❧ Quel poème est le plus léger? Justifiez votre point de vue.

B. L'impact d'Amélie sur Montmartre

L'article suivant, de Danielle Plusquellec, est tiré du *Journal Français* de janvier 2002.

Le Montmartre d'Amélie

Le monde entier connaît Montmartre, ses pavés[1] qui résonnent, l'éclairage de ses célèbres réverbères[2] le soir, ses escaliers abrupts et ses vues à couper le souffle[3] sur les toits de Paris. Malgré le flot de touristes qui s'y déverse tous les jours, il existe encore quelques rues tortueuses[4] entre le Moulin-Rouge et celui de la Galette qui constituent un véritable petit village avec ses habitudes et ses habitués, un savoir-vivre et des recoins[5] au charme intact. Mais voilà, depuis l'immense succès internatioanl du film de Jean-Pierre Jeunet *Le Fabuleux Destin d'Amélie Poulain*, il s'est passé un phénomène que personne n'avait prévu: les commerçants et les habitants de la rue Lepic et de celle des Abbesses dont beaucoup étaient partie prenante[6] dans le film sont devenus la coqueluche[7] des touristes étrangers, des provinciaux[8] et des parisiens.

Dépassé par les événements, le syndicat d'initiative[9] du 18e arrondissement a dû ajouter sur la carte de Montmartre, entre le Sacré-Cœur et le Moulin Rouge, un lieu désormais mythique: le café-tabac des Deux Moulins. Avec ses appliques de néons, ses mosaïques jaune citron sur les murs, son zinc[10] en cuivre rouge, [...] le lieu a conservé tout son charme des années 50. Le patron, Claude Labbé, n'est pas encore blasé et raconte volontiers cette folle aventure cinématographique qui l'a précipité dans la célébrité.

Ali Mdoughi a connu lui aussi ce que tout le monde appelle sur la Butte[11] "l'effet Poulain". Patron d'une épicerie pimpante[12] rue des Trois Frères, il est entré fièrement dans la petite histoire du septième art.[13] Sous l'enseigne[14] Maison Collignon fondée en 1957, Ali est le maître des lieux depuis trente ans et se considère désormais comme "le gardien du bonheur des gens". Les visiteurs dont l'imagination n'a pas de limite guetteraient[15] presque l'instant où l'héroïne Amélie Poulain viendrait là choisir ses brugnons[16] et ses salades vertes. [...]

Cette nouvelle notoriété du quartier Lepic-Abbesses en agace[17] quelques-uns qui avouent avoir une "overdose" d'Amélie Poulain, dont la frimousse[18] rieuse et malicieuse[19] vous fixe à tous les coins de rue. Amélie? Du bonheur pour les uns mais une "menace" pour certains qui ne voudraient pas que leurs rues mythiques deviennent à la longue[20] comme la place du Tertre, à deux pas de là, trop envahie à leur goût. Mais on peut difficilement résister aux charmes des lieux qui tient à une atmosphère entre la poésie de Prévert et la mélancolie de Trénet. [...]

La rue Lepic évoque un Montmartre du début du siècle. Au n° 12, le café Lux Bar possède toujours son décor Belle Epoque. [...] Au n° 54, Van Gogh partageait un petit appartement avec son frère Théo. [...] Les plus anciens[21] de ce quartier se souviennent encore qu'ils allaient à l'école communale située au n° 62 et qu'à la sortie ils voyaient souvent un nabot,[22] toujours très élégant, remonter la rue: c'était Toulouse-Lautrec. Il venait au Moulin-Rouge [...] pour peindre la troupe de French cancan de l'époque.

Le café des 2 moulins

1 cobblestones
2 street lights
3 breathtaking
4 winding
5 hidden corners
6 took part in
7 have become the idol of
8 French people who live outside of Paris
9 tourist office
10 counter
11 Montmartre
12 attractive
13 = cinéma
14 sign
15 would watch for
16 nectarines
17 irritates
18 face
19 mischievous
20 in the end
21 the oldest people
22 dwarf

Maison Collignon

La rue des Abbesses a conservé tout son cachet[23] parisien avec ses café et sa station de métro, dont l'entrée à marquise[24] Art nouveau d'Hector Guimard est l'une des deux dernières qui subsistent à Paris [...]. Allez jusqu'au n° 13 de la place Emile-Toulouse-Lautrec, Bal au Moulin-Rouge (1890)

Goudeau où se situe le Bateau-Lavoir. Picasso y peignit en 1907 le tableau qui fonda le cubisme: Les Demoiselles d'Avignon. Ici habitèrent aussi des maîtres de l'art pictural du 20e siècle comme Modigliani ou Van Dongen. Tous y vécurent dans le dénuement[25] le plus total. Ravagé par un incendie,[26] le Bateau-Lavoir a été reconstruit à l'identique. Ses jardins [...] abritent[27] aujourd'hui une cité d'artistes.

23 character
24 awning
25 destitution
26 fire
27 shelter

1. Quel impact le film a-t-il eu sur le quartier?
2. Qu'est-ce que certains habitants craignent?
3. L'article mentionne que "le café Lux bar possède toujours son décor Belle Epoque". Que savez-vous sur la Belle Epoque?
4. Quel genre de lieu le Moulin-Rouge est-il?
5. Qu'est-ce que c'est que le French cancan?
6. A quoi servait le Bateau-Lavoir?
7. Plusieurs artistes sont évoqués: Van Gogh, Toulouse-Lautrec, Guimard, Modigliani et Van Dongen. Faites quelques recherches et écrivez une ou deux phrases sur chacun.

C. Dossier *Studio Magazine*

Face au succès du *Fabuleux destin d'Amélie Poulain*, *Studio Magazine* a consacré un grand dossier au film en juin 2001 (le film est sorti le 25 avril 2001). Deux journalistes, Jean-Pierre Lavoignat et Michel Rebichon, ont posé 100 questions sur le film. Lisez les extraits suivants et répondez aux questions à la fin de l'article.

Toulouse-Lautrec, *Bal au Moulin-Rouge* (1890)

"UN PHENOMENE. Il y avait longtemps qu'on n'avait pas vu ça. Ce n'est pas une question de nombre d'entrées (même si, trois semaines après sa sortie, le film en est à 3 millions de spectateurs). C'est une question de qualité de réaction. Il y avait longtemps, en effet, qu'on n'avait pas vu un film français susciter[1] une telle passion, un tel engouement.[2] Comme si, avec *Le fabuleux destin d'Amélie Poulain*, Jeunet avait inventé le consensus tonique. La France toute entière est tombée amoureuse de la jolie Amélie. [...] Tout le monde se retrouve dans le film, quels que soient son âge, son origine sociale, son mode de vie. Tout le monde se l'approprie. [...] Jusqu'au Monde, qui fait sa une[3] avec un papier sur les prochaines présidentielles,[4] intitulé "Le Président, les Français et Amélie Poulain"! Les spectateurs, eux, y retournent deux, trois fois. Le réalisateur et les acteurs reçoivent un courrier de folie, fourmillant[5] d'inventivité et débordant[6] d'admiration. [...] Le message est clair. Amélie est un film qui donne envie d'être heureux. C'est un film qui stimule l'imagination. C'est un film qui fait aimer l'amour.

Le réalisateur, lui, est sur un nuage. [...] Et si vous insistez en lui demandant comment il explique le succès d'Amélie, il vous dira qu'il s'explique simplement. Simplement parce que son film est consacré à

1 arouse
2 craze
3 the front page
4 presidential elections
5 teeming with
6 overflowing with

Rue de Montmartre

ces "petits riens" qui remplissent la vie de tout le monde tous les jours. Parce qu'il renvoie[7] à l'enfance, dont personne ne guérit[8] jamais tout à fait. Parce qu'il fait l'éloge[9] de l'acte de générosité gratuit, et que chacun, dans le monde d'aujourd'hui, a la nostalgie de cette générosité-là. Parce qu'il raconte une histoire d'amour plus exaltante[10] que douloureuse,[11] plus romantique que crue,[12] et que chacun attend cette évidence-là de l'amour.[13] Et enfin, parce que c'est un film qui pousse aux grandes décisions, qui incite à sauter la barrière,[14] et que nous avons tous cette belle espérance de ne pas passer à côté de notre vie et de ses rencontres. Ce qu'il ne dit pas, c'est qu'au-delà de ces bons sentiments qu'il a su (et ce n'est pas aussi simple qu'on pourrait l'imaginer) faire sonner juste,[15] dont il a su paver le chemin qui mène au paradis, il y a un vrai regard de cinéaste, un vrai talent d'artiste. L'ambition et l'exigence d'un artiste.

4.   Pourquoi avoir choisi de faire se dérouler l'action d'*Amélie* essentiellement à Montmartre?

Parce que JPJ voue une passion absolue à ce quartier, qu'il habite. [...] Quand il tournait Alien , la résurrection à Los Angeles, il avait une telle nostalgie de son quartier qu'il s'était juré[16] d'y situer l'action de son prochain film.

22.   En quoi[17] le tournage d'*Amélie* était-il une première pour Jeunet?

C'est la première fois que JPJ tourne en extérieurs, et pas seulement en studio (mais il voulait que "Paris soit au cœur du film"). Maniaque et perfectionniste, il déteste ça. Parce que son film dépend alors de la météo, du bruit, "d'une voiture garée où il ne faut pas, d'un mec[18] qui déboule[19] dans le champ et d'un tas d'autres impondérables". Non seulement, lui qui prépare beaucoup n'aime pas perdre de temps, mais surtout, il a horreur de ne pas tout contrôler, ne pas tout maîtriser. L'expérience d'*Amélie* ne l'a pas fait changer d'avis – au contraire même! – sur les tournages en extérieurs. Même s'il y a une chose qui l'a ravi: les repérages.[20]

29.   Quelle est la scène qu'Audrey Tautou et Mathieu Kassovitz ont tournée en premier?

Celle du train fantôme. [...] Et le lendemain, on a tourné la scène des baisers dans le couloir.

31.   Pourquoi Jeunet a-t-il choisi le 31 août 1997, jour de la mort de Lady Di, pour faire basculer[21] le destin d'*Amélie*?

Pour... entraîner[22] le spectateur sur une fausse piste,[23] puisque très vite, Amélie ne s'en occupe plus! "Ce n'est pas la mort de Lady Di, dit JPJ, qui change la vie d'Amélie, mais la chute[24] du bouchon d'une bouteille de parfum!" C'était aussi pour se moquer de l'exploitation médiatique de l'événement. "Avec le recul,[25] dit-il, je m'aperçois qu'en fait, Lady Di voulait aussi faire le bien autour d'elle. Mais ce qu'Amélie accomplit anonymement, elle le faisait de manière totalement médiatisée. Ce n'est pas un hasard[26] non plus si, dans le film, on évoque Mère Teresa, dont la mort a été éclipsée[27] par celle de Diana..."

7   brings back
8   heals
9   it praises
10   exhilarating
11   painful
12   crude
13   everyone hopes for love to be that easy
14   that pushes to overcome our fears
15   sound right
16   he had sworn
17   in what way
18   a guy
19   who runs onto the scene
20   researching locations
21   to change the course of
22   to lead
23   wrong track
24   her dropping
25   in hindsight
26   it's not an accident
27   was overshadowed

33. Quel est le dialogue préféré d'Audrey Tautou?

Les conseils que prodigue Dufayel à Amélie: "Vous, vous n'avez pas les os en verre. Vous pouvez vous cogner à la vie.[28] Si vous laissez passer cette chance, alors, avec le temps, c'est votre cœur qui va devenir aussi sec et cassant que mon squelette. Alors, allez-y, nom d'un chien!"[29] "Si ce sont les phrases que je préfère, dit-elle, c'est parce que, justement, il y a là toute la leçon du film…"

35. Quelle est leur scène préférée?

Lorsqu'on leur demande à tous les deux, ensemble, quelle est leur scène préférée, ils hésitent, sourient, se regardent et, finalement, Mathieu Kassovitz dit: "La scène de la mobylette à la fin." Et Audrey Tautou acquiesce[30] dans un sourire…

36. Quelle est la dernière phrase prononcée par Amélie?

"Pas aujourd'hui, non." C'est ce qu'elle répond à la concierge qui lui demande si elle croit aux miracles, alors qu'elle rentre chez elle dépitée,[31] croyant que Nino lui préfère Gina. Et elle prononce ces mots près de dix minutes avant la fin. Presque un record.

40. Quelle est la gare parisienne que l'on voit dans le film?

Elle n'existe pas! Il s'agit d'un mélange entre la gare de l'Est et la gare du Nord. Avec aussi – juste le temps d'un plan – une horloge de la gare de Lyon.

44. Pourquoi Jeunet a-t-il choisi le *Déjeuner des canotiers* de Renoir pour être le tableau que reproduit sans cesse l'homme de verre?

Parce qu'il adore les peintres impressionnistes, et Renoir particulièrement, qui a souvent peint Montmartre. Et aussi parce qu'il cherchait un tableau avec plusieurs personnages, qui lui permettrait de jouer avec l'interprétation de leurs regards.

53. Le nain de jardin a-t-il vraiment voyagé?

Non, il n'est allé ni devant le Kremlin à Moscou, ni devant l'Empire State Building à New York, ni au pied du Kilimandjaro, ni à l'hôtel Luxor de Las Vegas, ni au temple d'Angkor. Il s'agit d'un photo-montage réalisé par Jean-Marie Vives, qui a d'abord photographié le nain sur son toit avant d'incruster les monuments.

74. Quelle a été la spécificité de la post-production d'*Amélie*?

La post-production du film s'est faite intégralement en numérique, ce qui a permis à JPJ d'apporter à ses images toutes les corrections qu'il désirait (couleur des ciels, reliefs, détails…). Du coup, il est aussi l'un des premiers à avoir essuyé les plâtres[32] de cette nouvelle technologie (délais, coûts…).

76. Y a-t-il eu des critiques qui n'ont pas aimé *Amélie*??

Etrangement, oui. Par exemple, Michel Boujut dans Charlie Hebdo: "On pourrait appeler ça un film ramasse-miettes,[33] décoratif et sans émotion." Remo Forlani sur RTL: "Ils sont

28 you can take the knocks of life
29 for God's sake!
30 approves
31 piqued
32 to put up with all the initial problems
33 full of scattered ideas

Gare du Nord

tous plus laids les uns que les autres!" François Gorin dans la critique "contre" de Télérama: "Oh, cet écœurement[34] qui vous gagne après griserie[35] passagère, cette candeur confite,[36] cette hypersophistication du bricolage,[37] ce confinement de maison de poupée…"

100. D'où est extraite la phrase du roman d'Hipolito qu'il retrouve taguée sur un mur à la fin du film?

Elle vient d'un roman qu'a écrit le scénariste Guillaume Laurant, Le jardin public, mais qu'il n'a jamais publié, parce qu'il n'en était pas content et qu'il n'aimait que cette phrase: "Sans toi, les émotions d'aujourd'hui ne seraient que la peau morte des émotions d'autrefois." "Si j'ai repris cette phrase pour Amélie, dit-il, c'est parce qu'il me semble qu'elle exprime tout le film, tout le "message" du film: l'amour rend le quotidien[38] magique."

34 nausea
35 intoxication
36 sickly sweet
37 the manufactured scenes
38 everyday life

Répondez aux questions suivantes:

1. Pourquoi *Le fabuleux destin d'Amélie Poulain* est-il un phénomène?
2. Expliquez ce que veut-dire "consensus tonique".
3. Vous retrouvez-vous aussi dans le film?
4. Pourquoi est-ce révélateur que *Le Monde* ait associé *Amélie* aux élections?
5. Comment le réalisateur explique-t-il le succès d'*Amélie*? (Répondez en utilisant vos propres mots!)
6. Qu'est-ce qui est difficile quand on tourne un film en extérieurs?
7. Quelle différence peut-on faire entre le travail accompli par Lady Di et celui d'Amélie?
8. A votre avis, pourquoi la scène de la mobylette est celle qu'Audrey Tautou et Mathieu Kassovitz préfèrent?
9. Pourquoi le tableau de Renoir (*Le déjeuner des canotiers*) est-il bien choisi pour ce film?
10. Quelle nouvelle technique Jean-Pierre Jeunet a-t-il utilisée pour *Amélie*? Que peut-on faire avec?
11. Que pensez-vous des critiques? Se justifient-elles?
12. Etes-vous d'accord que la phrase d'Hipolito exprime tout le film? Si vous deviez exprimer le film en une seule phrase, que diriez-vous?

L'esquive

Présentation du film

Krimo, 15 ans, vit dans une cité de la banlieue parisienne. Il vient de perdre sa copine, son père est en prison, et l'école ne le passionne pas. En assistant à la répétition d'une pièce de théâtre il découvre Lydia, qu'il connaît depuis toujours, sous un jour nouveau. Il tombe amoureux d'elle mais ne sait comment le lui dire. Il décide alors de jouer dans la pièce pour se rapprocher d'elle.

Carte d'identité du réalisateur

Abdellatif Kechiche est né en 1960 en Tunisie et est arrivé en France à l'âge de 6 ans. Il a d'abord été acteur dans les années 80, puis a réalisé son premier film, *La Faute à Voltaire*, en 2000. Il a été applaudi par la critique et a même remporté le Lion d'or de la meilleure première œuvre au Festival de Venise. Malgré le succès de ce premier film Kechiche a eu beaucoup de mal à trouver le financement pour *L'esquive*. Il a envoyé son scénario (écrit 13 ans plus tôt!) à une cinquantaine de producteurs et à toutes les chaînes de télévision. Tous ont refusé le projet pour deux raisons: le sujet n'était pas vendeur et il n'y avait pas d'acteur connu.

Carte d'identité des acteurs

Sara Forestier (née en 1986) faisait du théâtre depuis 3 ans et avait joué dans un téléfilm quand elle a été choisie pour le rôle de Lydia. C'est la seule interprète qui n'habite pas en banlieue mais à Paris. Son rôle dans *L'esquive* a lancé sa carrière: on a pu la voir dans *Un fil à la patte* (2005), *Hell* (2006), *Quelques jours en septembre* (2006) et *Jean de la Fontaine* (2007).

Les autres acteurs n'avaient jamais fait de cinéma. Ils ont été recrutés par petites annonces. **Sabrina Ouazani**, née en 1988, a elle aussi été remarquée par les réalisateurs. On a pu la voir dans *3 petites filles* (2003), *Fauteuils d'orchestre* (2006) et *J'attends quelqu'un* (2006). Les autres jeunes acteurs n'ont pas refait de cinéma.

L'heure de gloire

L'esquive a été, à la surprise générale, le grand vainqueur de la soirée de remise des César en 2005. Il a en effet remporté 4 César, et non des moindres: meilleur film, meilleur réalisateur, meilleur scénario et meilleur jeune espoir féminin (pour Sara Forestier). Une performance remarquable puisqu'il était en compétition avec une grosse production *(Un long dimanche de fiançailles)* et un très gros succès public *(Les choristes)*.

A savoir: Les banlieues

Il existe toutes sortes de banlieues. Certaines sont riches, bien équipées, bien entretenues, comme beaucoup de petites villes à l'ouest de Paris. D'autres, au contraire, ont de gros problèmes d'insécurité, de chômage, de pauvreté, de précarité. La population compte de nombreux immigrés et descendants d'immigrés. On appelle ces quartiers les "banlieues sensibles". Elles sont nombreuses au nord et à l'est de Paris.

1 Vocabulaire

Vocabulaire utile avant de voir le film:

Les noms

un quartier: *a neighborhood*
la banlieue: *the suburb**
une cité: *a project*
une HLM: *a housing project***
une tour: *a high-rise*
une barre d'immeubles: *an apartment building*
le béton: *concrete*
le théâtre:
    une pièce: *a play*
    une représentation: *a performance*
    un spectacle: *a show*
    une répétition: *a rehearsal*
    un rôle: *a part*
    un costume: *a costume*
    une robe: *a dress*

un(e) adolescent(e): *a teenager*†
un(e) copain/copine: *a friend; a boy/girlfriend*
un tailleur: *a tailor*
un voilier: *a sailboat*
le caractère: *personality*‡
la vérité: *the truth*
la condition sociale: *social status*

> * Le saviez-vous? Le mot "banlieue" est formé de deux mots: le ban (la loi de la grande ville proche) et la lieue (une distance de 2,5 à 4 km, en fonction des époques). A l'origine, la banlieue est donc le pourtour de la ville, qui obéit aux règles de la ville.
> ** HLM = Habitation à Loyer Modéré
> † On dit souvent un(e) ado, les ados.
> ‡ ATTENTION! a character: un personnage

Les verbes

jouer: *to act (in a play)*
bien/mal s'entendre avec qq'un:
    *to get along well/poorly with s.o.**
marchander: *to bargain*
avoir du caractère: *to have a strong personality*
être en retard: *to be late*
s'emporter contre qq'un: *to lose one's temper with s.o.*
hurler: *to yell*
s'exprimer: *to express oneself*
se bagarrer avec qq'un: *to fight with s.o.*
reprocher qqch à qq'un: *to criticize s.o. for sth*
insulter qq'un: *to insult s.o.*
avoir des sentiments pour qq'un: *to have feelings for s.o.*

tomber amoureux (-euse) de qq'un: *to fall in love with s.o.*
être amoureux (-euse) de qq'un: *to be in love with s.o.***
déclarer sa flamme à qq'un: *to declare one's love to s.o.***
rompre avec qq'un: *to break up with s.o.*
soudoyer qq'un: *to bribe s.o.*
se rapprocher de qq'un: *to get closer to s.o.*
rassurer qq'un: *to reassure s.o.*
avoir confiance en soi: *to be self-confident*
rêver de qq'un/qqch: *to dream of s.o./sth*
s'esquiver: *to turn away*

> * Ex: Krimo s'entend bien avec sa mère / avec elle.
> ** Ex: Krimo est amoureux de Lydia. Il lui déclare sa flamme.

Les adjectifs

maladroit(e): *awkward*
timide: *shy*
buté(e): *stubborn*
émouvant(e): *moving*
gêné(e): *embarrassed*
désemparé(e): *helpless*
humilié(e): *humiliated*

agacé(e): *annoyed, irritated*
jaloux (-se): *jealous*
amer (-ère): *bitter**
violent(e): *violent*
menaçant(e): *threatening*
incompréhensible: *incomprehensible*

> * Amer (-ère): même prononciation au masc. et au fém.

Traduisez!

1. Krimo broke up with his girlfriend and he would like to declare his love to Lydia, but he is awkward and shy.

2. Lydia lives in a project in the suburb but she has a strong personality, she is self-confident and she can defend herself.

3. Frida loses her temper with Lydia because she (Lydia) is late for the rehearsal. Maybe she is also jealous of her dress.

4. Krimo bribes his friend Rachid to get the part of Arlequin. He hopes to get closer to Lydia by acting in the play.

5. The teenagers have feelings but they have a hard time expressing them. They yell, they insult each other or they turn away.

2 Repères culturels

1. Beaucoup de jeunes du film sont issus de l'immigration. Leurs familles sont nées à l'étranger mais les jeunes sont, pour la plupart, nés en France. Observez les deux tableaux suivants sur l'immigration en France et répondez aux questions.

POPULATION SELON LA NATIONALITÉ

	Part de la population			
Année de recensement	Population (en milliers)	Français de naissance (en %)	Français par acquisition (en %)	Étrangers (en %)
1921	38 798	95,4	0,7	3,9
1931	41 228	92,5	0,9	6,6
1946	39 848	93,5	2,1	4,4
1962	46 459	92,6	2,8	4,7
1975	52 599	90,8	2,6	6,5
1990	56 652	90,5	3,1	6,3
1999	58 521	90,4	4,0	5,6

Champ : France métropolitaine
Source : INSEE, recensements de la population.

a. La population française est-elle restée stagnante au XXe siècle?

b. Comment sa composition a-t-elle évolué?

c. Comment peut-on expliquer qu'il y ait moins d'étrangers en 1999 qu'en 1990?

d. De quel continent les immigrés

IMMIGRÉS SELON LE PAYS D'ORIGINE

	1962	1975	1990	1999	
	en %	en %	en %	en %	effectifs
Europe	78,7	67,2	50,4	44,9	1 934 144
Espagne	18,0	15,2	9,5	7,3	316 232
Italie	31,8	17,2	11,6	8,8	378 649
Portugal	2,0	16,9	14,4	13,3	571 874
Pologne	9,5	4,8	3,4	2,3	98 571
Autres pays d'Europe	17,5	13,1	11,4	13,2	568 818
Afrique	14,9	28,0	35,9	39,3	1 691 562
Algérie	11,6	14,3	13,3	13,3	574 208
Maroc	1,1	6,6	11,0	12,1	522 504
Tunisie	1,5	4,7	5,0	4,7	201 561
Autres pays d'Afrique	0,7	2,4	6,6	9,1	393 289
Asie	2,4	3,6	11,4	12,8	549 994
Turquie	1,4	1,9	4,0	4,0	174 160
Cambodge, Laos, Vietnam	0,4	0,7	3,7	3,7	159 750
Autres pays d'Asie	0,6	1,0	3,6	5,0	216 084
Amérique, Océanie	3,2	1,3	2,3	3,0	130 394
Non déclaré	0,8	///	///	///	///
Total	100,0	100,0	100,0	100,0	
Effectif	2 861 280	3 887 460	4 165 952	4 306 094	4 306 094

Note : /// = absence de résultats due à la nature des choses.
Source : INSEE, Recensements de la population, 1962-1999.

venaient-ils principalement en 1962? Et en 1999?

    e.   Quelle est la religion dominante en Espagne, en Italie, au Portugal et en Pologne? Pourquoi ces immigrés ont-ils choisi de s'installer en France?

    f.   Comparez le pourcentage d'immigrés d'origine italienne en 1962 et en 1999. Faites la même chose pour les "Autres pays d'Afrique" (c'est-à-dire l'Afrique sub-saharienne). Que remarquez-vous?

2. Les jeunes que vous allez voir parlent une langue qui leur est propre, et qui est fort éloignée du français standard. C'est un mélange d'argot, d'arabe et de verlan. Que veut dire "verlan"? Comment les mots sont-ils formés? Pouvez-vous retrouver l'origine des mots suivants?

> **Un mot a comprendre: Kiffer (Aimer)**
>
> Vous allez très souvent entendre ce verbe dans le film. Par exemple, Magalie dit (en parlant de Krimo): "Je l'ai kiffé, il m'a kiffée, et je le kiffe encore."

_____ → un beur*

_____ → chelou

_____ → un keum

_____ → une meuf

_____ → un Nouache

_____ → relou

_____ → reuch

_____ → un Séfran

_____ → la téci (ou la tess)†

_____ → une teuf

_____ → un truc de ouf

_____ → un truc de guedin

_____ → zarbi

> *** Beur a une forme féminine: "beurette", et une forme reverlanisée: "rebeu"**
>
> † Ou même: la 6T!

3. Les jeunes du film ont des origines différentes, mais beaucoup sont beurs. D'où leurs parents ou grands-parents viennent-ils? Azouz Begag, Djamel Debbouze, Faudel, Smaïn et Zinedine Zidane sont des Beurs célèbres. Faites quelques recherches sur eux si vous ne les connaissez pas.

4. Le film s'appelle *L'esquive*. Que veut dire "esquiver", "s'esquiver"et "esquive"? Cherchez-les dans le dictionnaire.

5. Dans le film les élèves répètent *Le jeu de l'amour et du hasard*, une pièce de théâtre de Marivaux.

    a.   Qui était Marivaux? A quelle époque a-t-il vécu? Qu'a-t-il écrit? Quels étaient ses sujets de prédilection?

    b.   De quoi parle la pièce? Qui en sont les personnages principaux? Il est important de bien comprendre l'histoire et les personnages pour pouvoir établir un parallèle avec le film.

3 Le contexte

Dans *L'esquive* vous allez voir un groupe d'adolescents qui vivent dans une cité, en banlieue. Leurs conditions de vie sont différentes de celles dans une banlieue chic. A votre avis, quelles sont les difficultés liées à la vie dans une cité? Réfléchissez en particulier aux points suivants: qualité et confort du lieu de vie (maison ou appartement), jardins, espaces verts, terrains de sport, lieux culturels et de détente, moyens de transports, qualité des écoles, (in)sécurité, relations avec la police.

Cité des Cosmonautes à Saint-Denis.
www.banlieuedeparis.org / i050306a
© Denis MOREAU - 2005

4 Bande-annonce

Le DVD propose deux bandes-annonces. Cliquez sur "Play foreign trailer" et regardez-la plusieurs fois. Elle se compose de 4 parties bien distinctes. Identifiez-les et notez ce que chacune vous apprend sur les personnages et l'histoire.

	Les personnages	L'histoire
1		
2		
3		
4		

5 A savoir avant de visionner le film

❖ Durée: 1h57

❖ Genre: Comédie douce-amère

❖ Scénario: Le scénario était complètement écrit avant le tournage mais les acteurs se sont appropriés les répliques en changeant certaines expressions. Ils ont conseillé Kechiche pour que le dialogue soit plus authentique.

❖ Tournage: Le film a été tourné dans la cité des Francs-Moisins en Seine-Saint-Denis. Par souci d'économie, Kechiche a tourné le film en numérique et très rapidement (6 semaines et demie seulement) en octobre-novembre 2002. Les acteurs ont répété deux mois avant le début du tournage.

❖ Note: La langue est très difficile à comprendre, donc ne vous inquiétez surtout pas si vous ne comprenez pas grand-chose. En fait, les 10 premières minutes sont incompréhensibles, même pour des Français qui parlent un français standard.

PREMIERE APPROCHE

1 L'histoire

Les personnages:

Lydia	Sara Forestier
Krimo	Osman Elkharraz
Frida	Sabrina Ouazani
Nanou	Nanou Benhamou
Rachid	Rachid Hami
Fathi	Hafet Ben-Ahmed
Magalie	Aurélie Ganito
La prof de français	Carole Franck

1. Qu'apprend-on sur Krimo dans les premières minutes du film?

2. Que voit-on de la cité?

3. Comment fait-on la connaissance de Lydia? Que comprend-on sur son caractère?

4. Que pense la copine de la robe? Qu'est-ce que Lydia a besoin d'entendre? Quelle langue utilisent-elles entre elles?

5. Observez Krimo dans cette scène. Parle-t-il? Participe-t-il?

6. Que se passe-t-il pendant la première répétition? Qu'est-ce que cette scène révèle sur les relations entre les Lydia et Frida? Quel rôle Rachid a-t-il?

7. Pourquoi le père de Krimo peint-il des voiliers?

8. Qu'est-ce que la prof de français explique sur Marivaux et la pièce?

9. Pourquoi et comment Krimo et Rachid s'échangent-ils les rôles? Pour qui est-ce le plus difficile?

10. Qu'est-ce qu'on apprend dans la scène où Magalie attaque verbalement Lydia?

11. Qu'est-ce que Lydia et Nanou comprennent quand Krimo demande à Lydia de l'aider à répéter son texte? Voient-elles clair?

12. Comment la première répétition de Krimo se passe-t-elle? Quels problèmes a-t-il?

13. Comment se passe la répétition suivante, quand il est seul avec Lydia?

14. Qu'est-ce qui agace le plus Lydia: le fait que Krimo ait essayé de l'embrasser, ou que sa robe soit salie?

15. Lydia dit-elle la vérité à ses copines?

16. Pourquoi Krimo quitte-t-il la classe pendant la répétition?

17. Qu'est-ce que Fathi ne comprend pas? Quels conseils donne-t-il à Krimo?

18. Qu'est-ce que la scène entre Frida et Fathi révèle sur eux deux?

19. Qu'est-ce que Nanou et Frida reprochent à Lydia?

20. La scène de réunion dans la voiture donne-t-elle les résultats espérés par Fathi?

21. Comment se passe le contrôle de police? Pourquoi les policiers sont-ils aussi agressifs? Que croient-ils?

22. Qu'est-ce que cela change pour Lydia de voir Magalie avec un nouveau copain?

23. Qu'est-ce que la visage de Krimo révèle quand il observe la pièce?

24. Sur quel ton le film se termine-t-il?

2 Analyse d'une photo

1. A quel moment cette scène se passe-t-elle?

2. Qu'est-ce que Krimo a sur son bureau?

3. Que fait-il? A-t-il l'air passionné?

3 Analyse de citations

Analysez les citations suivantes en les replaçant dans leur contexte:

1. Nanou: "De toutes façons je sais que je vais continuer mes études."
   Lydia: "Inch' Allah, inch' Allah!"

2. Slam (un copain de Krimo): "Ils font le truc du baiser de la main, il l'embrasse comme ça et tout, il baisse sa tête, il lui embrasse la main, un truc de ouf!"

3. Fathi: "Tu sors avec elle?"
   Krimo: "Non, je lui ai demandé mais elle m'a dit: Il faut que je réfléchis."
   Fathi: "Pour quoi faire?"
   Krimo: "Faut qu'elle réfléchis!"
   Fathi: "Ah, faut qu'elle réfléchisse? Elle se prend pour qui cette meuf?"

4. Nanou: "Tu l'agresses pas dès qu'elle vient, hein!"

5. Lydia: "Tout le monde me met la pression! Tu crois que je peux réfléchir dans ma tête ou quoi?"

> Remarquez l'erreur de grammaire faite par Krimo. "Il faut" est suivi du subjonctif. Il devrait dire "réfléchisse".

APPROFONDISSEMENT

1 Vocabulaire

Enrichissez votre vocabulaire !

Le théâtre

le metteur en scène: *the director*
l'acteur (-trice): *the actor / actress*
un cours de théâtre: *a drama class*
le/la décorateur (-trice): *the set designer*
le/la costumier (-ière): *the wardrobe keeper*
les accessoires: *the props*

les décors: *the set*
la scène: *the stage*
le trac: *stage fright*
le public: *the audience*
l'entracte: *the intermission*

Le logement

un grand ensemble: *a housing development*
un appartement: *an apartment*
un quartier: *a neighborhood*
l'espace: *space*
une pièce: *a room*
une chambre: *a bedroom*
le rez-de-chaussée: *first floor*

le premier étage: *second floor*
l'escalier: *the stairs*
le couloir: *the hallway*
le sous-sol: *the basement*
le balcon: *the balcony*

> Cette rubrique pourrait être très longue. Les mots choisis sont utiles pour parler du film.

Les relations humaines

l'amitié: *friendship*
la fidélité: *loyalty*
la solidarité: *solidarity*
la jalousie: *jealousy*
la tension: *tension*
l'ambiance: *the atmosphere*
faire la connaissance de qq'un: *to meet s.o.*

froid(e): *cold*
distant(e): *distant*
proche: *close**
chaleureux (-euse): *warm (for a person)*
embrasser qq'un: *to kiss s.o.*

> * Ex: Lydia et Nanou sont amies depuis longtemps. Elles sont très proches.

Jouez avec les mots!

A. Complétez le tableau suivant pour obtenir des familles de mots.

	Nom	Adjectif
Ex.:	l'amertume	amer (-ère)
	l'amitié	
		chaleureux (-euse)
		distant(e)
	la fidélité	
		humilié(e)
	la jalousie	
		maladroit(e)
		menaçant(e)
		proche
	la solidarité	
	la tension	
		timide
	la vérité	
		violent(e)

A savoir

En France les gens s'embrassent sur les deux joues pour se dire bonjour et au revoir. Le "hug" n'existe pas et est très étrange pour les Français!

B. Complétez la phrase en choisissant le mot qui convient.

1. L'appartement de Krimo n'a pas de
   a. décors   b. couloir   c. balcon

2. Quand Lydia et Nanou se rencontrent elles
   a. font du théâtre   b. s'embrassent   c. ont le trac

3. La prof de français est
   a. le metteur en scène   b. l'entracte   c. la fidélité

4. Lydia est une jeune fille
   a. froide   b. proche   c. chaleureuse

5. La cité dans laquelle les jeunes habitent est
   a. un quartier   b. un espace   c. un grand ensemble

6. Krimo donne des cadeaux à Rachid
   a. au rez-de-chaussée   b. au sous-sol   c. dans l'escalier

2 Réflexion - Essais

1. Comparez les garçons et les filles. Est-ce qu'ils s'expriment et se comportent de la même façon?

2. Quelle importance la vie de groupe a-t-elle pour les jeunes? Sont-ils plus souvent seuls ou avec leurs copains? Le groupe est-il une protection ou un poids?

3. La mère de Krimo, la prof et la police sont les seuls adultes qui parlent dans le film. A quel moment voit-on les parents? Qui représente l'autorité?

4. Quel rôle la prof a-t-elle? Qu'est-ce qu'elle représente pour les jeunes qui suivent ses cours?

5. Qu'est-ce que le théâtre apporte aux élèves (à ceux qui jouent dans la pièce et à ceux qui regardent)?

6. Peut-on dire que l'expérience théâtrale est un échec total pour Krimo?

7. Que pensez-vous de la scène avec la police? Certains spectateurs n'ont pas compris pourquoi elle faisait partie du film. La trouvez-vous importante?

8. Est-ce que *L'esquive* est un film sur la banlieue, ou juste un film qui se passe en banlieue?

9. Les acteurs parlent dans trois langues: français standard, langue de Marivaux et langue de la banlieue.

Qu'est-ce qui rend la langue de la banlieue riche? Pourquoi est-elle importante pour les jeunes? Sont-ils capables de parler en français standard?

10. Comment comprenez-vous le titre? Pourquoi le film s'appelle-t-il *L'esquive*?

11. Pourquoi Kechiche a-t-il choisi de faire répéter *Le jeu de l'amour et du hasard*? Pouvez-vous établir un parallèle entre la pièce et le film?

3 Analyse d'une scène: : 2e répétition de Krimo devant la classe (1:06:48 à 1:11:40)

> ### Vocabulaire spécifique à cette scène
>
> bouger *(to move)* • faire un effort *(to make an effort)* • un lustre *(a ceiling light)* • un geste *(a gesture)* • tendu(e) *(tense)* • s'énerver *(to get worked up)* • secouer la tête *(to shake one's head)* • souffler qqch à qq'un *(au théâtre: to prompt s.o.)* • pouffer de rire *(to burst out laughing)* • un plan d'ensemble *(a wide shot)* • un gros plan *(a close-up)* • abandonner *(to give up)* • un échec *(a failure)*

A. Ecoutez

1. Comparez les intonations de Lydia à celles de Krimo.

2. Qu'est-ce que la prof demande à Krimo de faire?

3. Qu'est-ce qu'elle ne comprend pas?

4. Que se passe-t-il quand Krimo prend la main de Lydia? Est-ce que cela l'aide?

B. Observez

1. Par quels gestes voit-on que la prof s'énerve?

2. Qu'est-ce que le visage de Lydia exprime pendant cette scène?

3. Que fait-elle pour essayer d'aider Krimo?

4. Quelle attitude la classe a-t-elle?

5. Krimo a-t-il l'air heureux?

6. Comment la scène est-elle filmée? Le réalisateur a-t-il privilégié des plans d'ensemble ou des gros plans? Pourquoi?

C. **Cette scène dans l'histoire**

Quel impact cette scène a-t-elle sur Krimo? Qu'est-ce qu'elle change aussi pour les autres comédiens et la prof?

D. **Langue**

1. **L'impératif**

Que dit la prof à Krimo? Elle lui dit:

Ex: (apprendre) ton texte! Apprends ton texte!

a. (ne pas regarder) tes pieds!
b. (oublier) le lustre!
c. (ne pas se tourner) vers le public!
d. (s'amuser)!
e. (sortir) de toi!
f. (changer) de langage!
g. (faire) un effort!
h. (retravailler) pour la prochaine fois!

2. **Les conjonctions**

Utilisez les conjonctions suivantes pour remplir les blancs:

bien que • car • comme • donc • parce que • par conséquent • pour • pourtant

a. Krimo voulait le rôle _____ se rapprocher de Lydia.
b. _____ Rachid a accepté, il a passé beaucoup de temps à apprendre son texte.
c. Krimo ne s'exprime pas bien, _____ il a travaillé à la maison.
d. _____ il porte un costume, Krimo ne se met pas dans son personnage.
e. Krimo regarde par terre _____ il n'ose pas regarder Lydia.
f. Krimo ne joue pas bien _____ la prof s'énerve.
g. Lydia s'inquiète _____ elle se demande qui va jouer Arlequin.
h. Krimo est humilié, _____ il quitte la scène.

3. **La négation**

Mettez les phrases suivantes à la forme négative:

a. Krimo s'était toujours intéressé au théâtre avant cette expérience.
b. Au début Krimo comprend quelque chose au texte.
c. Les copains comprennent pourquoi Krimo fait du théâtre et pourquoi il aime Lydia.
d. Fathi voit tous les avantages à faire du théâtre.
e. Les jeunes ont quelque part où aller pour répéter.
f. Krimo supporte encore les critiques de la prof.
g. Lydia connaît quelqu'un qui peut remplacer Krimo.
h. La prof sait déjà que Rachid va reprendre le rôle.

E. **Comparaison avec deux autres scènes**

Vous allez comparer cette scène avec les deux répétitions précédentes en classe: avec Rachid (25:38 à 27:25) et avec Krimo (50:09 à 53:11).

1. Observez la prof dans les deux premières scènes. Comment se comporte-t-elle?

2. Lydia est-elle la même dans les trois scènes?

3. Pourquoi le réalisateur a-t-il choisi d'inclure Frida dans la première scène et pas dans les deux autres?

4. Quelle scène est la plus constructive?

F. **Sketch**

La prof demande à Krimo de rester après le cours pour discuter. Imaginez leur dialogue. Elle lui pose des questions, cherche à comprendre pourquoi il voulait le rôle. Krimo essaye de répondre mais sa timidité et son manque de confiance en lui le paralysent devant cette femme extravertie. Ecrivez un dialogue plausible entre les deux, puis jouez-le avec vos camarades.

LE COIN DU CINEPHILE

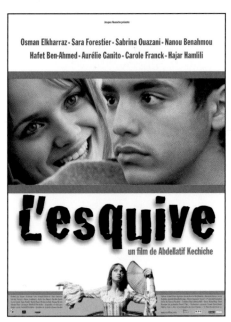

1 Première / dernière scène

Comparez la première scène (Krimo et ses copains furieux) et la dernière (Lydia vient lui rendre visite après la représentation). Que fait Krimo dans les deux cas? A quel moment le titre du film apparaît-il sur l'écran?

2 La robe de Silvia/Lydia et le costume d'Arlequin/Krimo

Pourquoi Lydia est-elle si contente d'avoir sa robe? Qu'est-ce que ce costume représente pour elle? Comment Krimo se sent-il dans son costume? Comment leurs camarades les voient-ils dans leurs costumes?

3 L'affiche

Observez l'affiche ci-contre. Qui met-elle en valeur? Que comprend-on sur le film? Pourquoi les noms du réalisateur et des acteurs sont-ils en très petits caractères?

AFFINEZ VOTRE ESPRIT CRITIQUE

1 Titre

Comparez le titre français et la traduction en anglais. Qu'en pensez-vous? Etait-il possible de donner une traduction exacte? D'où vient le titre anglais? Est-ce qu'il rend bien compte de l'histoire?

2 France / Etats-Unis

Trouvez-vous cette histoire typiquement française, ou peut-on imaginer un film similaire, dans un quartier équivalent, aux Etats-Unis?

3 Titres d'articles

Vous voyez ci-contre les titres de trois articles de journaux sur *L'esquive*. Réféchissez et répondez aux questions suivantes:

1. Sur quel aspect du film le titre de *Première* insiste-t-il? Pour quoi la référence à *La Haine* est-elle importante?

2. Pouvez-vous deviner ce que veut dire "tchatchez-moi"? Qu'est-ce qu'on comprend sur le film avec ce titre?

3. Qu'est-ce que *Le Nouvel-Observateur* pense du film? Relisez la note sur "kiffer" dans les Repères culturels! Pourquoi le critique a-t-il choisi ce titre?

> "Après *La Haine*, l'amour..."
> *Première*, janvier 2004

> *La Haine*: film de 1995 de Mathieu Kassovitz qui montre une banlieue beaucoup plus violente et désespérée que *L'esquive*

> "On kiffe grave *L'esquive*"
> *Le Nouvel-Observateur*,
> 8 janvier 2004

> Tchatchez-moi d'amour dans le 'neuf-cube'"
> *La Croix*, 7 janvier 2004

> neuf-cube = 9^3 = 93 = département de la Seine-Saint-Denis!

4 Les critiques

1. Le cinéaste Claude Miller a écrit une colonne sur le film dans laquelle il remarque que "les adolescents de *L'esquive* ne savent plus rien de la séduction, du trouble amoureux, des murmures, de tout ce qui fait l'éducation sentimentale. Ils n'ont plus les mots pour le dire, ni les gestes pour le faire." (*Le Nouvel-Observateur*, 4 mars 2004). Etes-vous d'accord avec lui? Pensez-vous que les jeunes du film ne savent plus se séduire, exprimer leurs émotions, être délicats?

2. Pierre Murat, dans le *Télérama* du 10 janvier 2004, termine sa critique du film en écrivant que "*L'esquive* décrit [...] le monde tel qu'il est et le rêve tel qu'il pourrait être. C'est, au sens le plus noble du terme, un film politique." Comment comprenez-vous cette remarque? Qu'est-ce qu'un film politique cherche à faire en général? Peut-on dire que *L'esquive* est un film politique classique? Quel message veut-il faire passer?

POUR ALLER PLUS LOIN

1 Parallèles avec d'autres films

1. **La langue:** Dans *L'esquive* et *Ridicule* la langue utilisée par les personnages est différente de celle utilisée par l'ensemble de la population. Comment la langue des banlieues est-elle utilisée par les jeunes? A quoi la langue des courtisans sert-elle? Peut-on dire que dans les deux cas la langue est un outil puissant?

2. **Le théâtre:** Quel rôle les pièces de théâtre jouent-elles dans *L'esquive* et dans *Le dernier métro*? Qu'apportent-elles à l'histoire? Que révèlent-elles sur les personnages?

2 Lectures

A. **Extrait du *Jeu de l'amour et du hasard*, de Marivaux**

Le passage suivant est la scène VII de l'acte I. Silvia, déguisée en Lisette, et Dorante, déguisé en Bourguignon, ont fait connaissance mais chacun croit que l'autre est un domestique. Arlequin fait son entrée en scène dans la scène VII.

SCENE VII - DORANTE, SILVIA, ARLEQUIN

ARLEQUIN. - Ah, te voilà, Bourguignon; mon porte-manteau[1] et toi, avez-vous été bien reçus ici?

DORANTE. - Il n'était pas possible qu'on nous reçût[2] mal, Monsieur.

ARLEQUIN. - Un domestique là-bas m'a dit d'entrer ici, et qu'on allait avertir mon beau-père qui était avec ma femme.

SILVIA. - Vous voulez dire Monsieur Orgon et sa fille, sans doute,[3] Monsieur?

ARLEQUIN. - Eh oui, mon beau-père et ma femme, autant vaut;[4] je viens pour épouser, et ils m'attendent pour être mariés; cela est convenu, il ne manque plus que la cérémonie, qui est une bagatelle.[5]

SILVIA. - C'est une bagatelle qui vaut bien la peine qu'on y pense.

ARLEQUIN. - Oui, mais quand on y a pensé on n'y pense plus.

ARLEQUIN. - Que dites-vous là à mon valet, la belle?

SILVIA. - Rien, je lui dis seulement que je vais faire descendre Monsieur Orgon.

ARLEQUIN. - Et pourquoi ne pas dire mon beau-père, comme moi?

SILVIA. - C'est qu'il ne l'est pas encore.

DORANTE. - Elle a raison, Monsieur, le mariage n'est pas fait.

1 luggage
2 verbe "recevoir" conjugué à l'imparfait du subjonctif, un temps très littéraire
3 probably
4 same thing
5 *here*: a detail

ARLEQUIN. - Eh bien, me voilà pour le faire.

DORANTE. - Attendez donc qu'il soit fait.

ARLEQUIN. - Pardi,[6] voilà bien des façons[7] pour un beau-père de la veille ou du lendemain.

SILVIA. - En effet, quelle si grande différence y a-t-il entre être marié ou ne l'être pas? Oui, Monsieur, nous avons tort, et je cours informer votre beau-père de votre arrivée.

ARLEQUIN. - Et ma femme aussi, je vous prie; mais avant que de partir, dites-moi une chose, vous qui êtes si jolie, n'êtes-vous pas la soubrette[8] de l'hôtel?[9]

SILVIA. - Vous l'avez dit.

ARLEQUIN. - C'est fort bien fait, je m'en réjouis:[10] croyez-vous que je plaise ici, comment me trouvez-vous?

SILVIA. - Je vous trouve... plaisant.

ARLEQUIN. - Bon, tant mieux,[11] entretenez-vous dans ce sentiment-là,[12] il pourra trouver sa place.

SILVIA. - Vous êtes bien modeste de vous en contenter, mais je vous quitte, il faut qu'on ait oublié d'avertir votre beau-père, car assurément il serait venu, et j'y vais.

ARLEQUIN. - Dites-lui que je l'attends avec affection.

SILVIA, à part. - Que le sort[13] est bizarre! aucun de ces deux hommes n'est à sa place.

6 By Jove!
7 how complicated
8 the maid
9 of the house
10 I'm delighted
11 that's good
12 keep thinking this way
13 fate

1. Qu'est-ce que l'usage de l'imparfait du sujonctif révèle sur Dorante?
2. Observez la 2e réplique d'Arlequin. Comment s'exprime-t-il? Est-ce une bonne idée d'utiliser les mots "beau-père" et "femme"?
3. Etudiez les expressions utilisées par Arlequin. Qu'est-ce qui rend ses répliques comiques?
4. Quelle attitude Arlequin a-t-il avec Silvia dans cette scène?
5. Arlequin comprend-il ce que Silvia pense quand elle dit qu'elle le trouve plaisant?
6. Quelle attitude Dorante a-t-il dans cette scène?
7. Qu'est-ce que Silvia a compris à la fin de la scène?

A savoir

A l'automne 2005, de graves émeutes ont éclaté dans certaines banlieues françaises. Tout a commencé quand deux jeunes, qui rentraient à pied d'un match de foot, ont pris peur en voyant un contrôle de police. Comme ils n'avaient pas leurs papiers sur eux, ils ont couru pour ne pas être interpellés. La police, croyant qu'ils avaient quelque chose à cacher, a appelé du renfort. Les jeunes se sont alors réfugiés dans une centrale électrique et sont morts électrocutés. Cet incident a provoqué une grande vague de violence qui a touché de nombreuses villes de France.

Université Paris-XIII

1   companies
2   France is divided into 95 "départements" for administrative purposes
3   supposed to
4   from the start
5   *here*: well-suited to the job market
6   Institut Universitaire de Technologie: 2 year training after the baccalauréat
7   our success rate
8   competitive exam to become a certified teacher
9   revel in
10 *here*: Ministère de l'Education Nationale
11 to fill
12 students on financial aid
13 registration fees
14 makes up
15 this shortfall
16 costly
17 aging buildings
18 Paris and the surrounding "départements"
19 Réseau Express Régional (rapide-transit train between paris and the suburbs)
20 college dorms

B.   Article du *Le Monde* "L'ascenseur est en panne, prenez l'escalier" (8 novembre 2005)

L'article suivant a été écrit par des enseignants, chercheurs et responsables à l'université Paris-XIII: Cécile Blatrix, maître de conférences en science politique ; Christian Chardonnet, physicien, animateur de Savantes banlieues ; Ariane Desporte, professeur de langues, directrice de l'UFR lettres-sciences de l'homme et des sociétés ; Alain Gonzalez, directeur du centre de formation continue ; El Mouhoub Mouhoud, professeur d'économie ; Jean-Loup Salzmann, professeur de médecine ; Daniel Verba, sociologue, directeur de l'IUT de Bobigny.

Quand les banlieues brûlent, les commentateurs pointent tous le chômage chronique, le manque de formation des jeunes et l'absence d'entreprises[1] dans les départements[2] en question. Mais qui est censé[3] former les jeunes des banlieues ?

L'université Paris-XIII a été créée au coeur de la Seine-Saint-Denis, à Villetaneuse, il y a trente-cinq ans, dans le but de fournir à ce territoire en pleine restructuration une offre de formation de qualité. D'emblée[4] pluridisciplinaire, elle y a déployé des formations professionnalisantes,[5] des filières technologiques de haut niveau, trois IUT,[6] des cursus médicaux, à côté d'un pôle d'une quarantaine de laboratoires de recherche reconnus internationalement dans la plupart des champs disciplinaires. Pour ne citer qu'un chiffre, notre taux de réussite[7] au concours national du Capes (certificat d'aptitude au professorat de l'enseignement du second degré)[8] est le double de la moyenne nationale.

A l'heure où certains se gargarisent[9] de formules comme la discrimination positive, l'égalité des chances, la promotion républicaine, etc., voyons ce qu'il en est dans les faits.

Le personnel : selon les propres chiffres du ministère,[10] il manque 100 postes de personnels techniques et administratifs à Paris-XIII. Au rythme de création actuel, il nous faudra cinquante ans pour combler[11] ce déficit.

Le budget : les étudiants boursiers[12] - ils sont nombreux en Seine-Saint-Denis - ne payent pas de droits d'inscription,[13] et c'est bien. Mais le gouvernement ne compense[14] ce manque à gagner[15] qu'à 80 %, et seulement sur le "droit de base". En clair, les formations techniques, plus coûteuses,[16] ne sont compensées qu'à 30 %. Donc, plus une université a d'étudiants boursiers faisant des études technologiques, plus elle perd de l'argent. Cherchez l'erreur !

Les bâtiments : pour enseigner, il faut des salles. Nos étudiants occupent des locaux vieillissants[17] prévus pour accueillir 10 000 étudiants alors qu'ils sont plus de

20 000. Lors du dernier contrat de plan Etat-région (CPER), il était prévu de construire un bâtiment " Lettres-Droit-Sciences économiques. " C'est la seule ligne du contrat de plan qui n'a pas été financée. Pas de chance.

Les transports : là, pas besoin de long discours, Paris-XIII est la seule université de l'Ile-de-France[18] sans métro ni RER.[19] Le projet de tramway, sans cesse annoncé, est toujours retardé. [...] Les logements étudiants:[20] ils sont trop peu nombreux dans une académie[21] où les besoins sont criants.[22] Les enseignants,[23] enfin : ils sont en nombre insuffisant pour assurer à la fois des formations de qualité et la remise à niveau[24] de jeunes extrêmement motivés mais qui manquent parfois du "bagage culturel" nécessaire.

Il existe un parallèle frappant[25] entre la balkanisation territoriale et le dualisme universitaire : des grandes écoles sélectives[26] de moins en moins républicaines - le nombre d'enfants d'employés et d'ouvriers, déjà marginal, continue à baisser -, mais qui concentrent l'essentiel des moyens,[27] face à des universités périphériques sous-dotées[28] et qui accueillent des étudiants en difficulté sociale et scolaire.

Le rééquilibrage[29] passe non pas par un nivellement par le bas[30] mais par une augmentation des moyens pour les universités des zones défavorisées. Il est indispensable d'arrêter la double ghettoïsation des territoires et des universités. Une politique volontariste[31] qui, par exemple, injecterait des crédits[32] de l'ordre de 10 % du budget de désamiantage[33] de Jussieu[34] pour nos bâtiments et la création de quelques postes suffirait à changer la donne[35] et à réparer l'ascenseur[36] social.

Pour sortir de cette crise, il est essentiel de créer de l'espoir. Les universités ont un rôle majeur à jouer, de promotion sociale et d'intégration professionnelle : qu'on leur en donne les moyens.

21 France is divided into "académies" for educational administrative purposes
22 glaring
23 teachers
24 catch up
25 striking
26 very competitive schools
27 which get most of the funds
28 under-endowed
29 redistribution
30 levelling down
31 aggressive
32 funds
33 removing of asbestos
34 the Jussieu campus is the home of part of Université Paris VI and VII
35 to make a big difference
36 elevator

1. Quels sont les atouts de l'université Paris-XIII?
2. A quelles difficultés l'université Paris-XIII doit-elle faire face? Expliquez-les sans recopier le texte!
3. Comment l'article compare-t-il les grandes écoles et les universités périphériques?
4. Qu'est-ce que l'article demande?

Amphithéâtre à Paris-XIII

C. Article de *L'Express*: "Gravé dans Laroche" (29 septembre 2005)

Chris Laroche est proviseure[1] d'un lycée de Vaulx-en-Velin.[2] Elle a publié son carnet de bord,[3] dans lequel elle raconte son expérience et sa volonté de mettre fin aux clichés associés aux lycées "sensibles"[4] de banlieue.

Elle a une sainte horreur des idées reçues[5] et la passion des gros chantiers.[6] Ça tombe bien et mal. A Vaulx-en-Velin, cité taxée de "jungle urbaine" depuis quinze ans, les clichés ont le cuir coriace[7] et le boulot ne manque pas. Quand Chris Laroche a pris la barre[8] du lycée Robert-Doisneau, [...], elle l'a entendu, le refrain: "T'es pas folle d'aller là-bas?" Une envie de changer d'air, au terme de[9] trente ans de professorat dans les lettres.[10] Après cinq ans de navigation en eaux vives,[11] elle publie son carnet de bord, Proviseure à Vaulx-en-Velin (Plon), avec Luc Rosenzweig. Son idée fixe: montrer que, dans un lycée "sensible", on peut propulser[12] des talents à Sciences po Paris[13] (cinq en deux ans), saper[14] des tabous et faire vivre les lois de la République.

"Il y en a marre des représentations négatives. Je veux donner à voir ce que la société oublie de voir", pose-t-elle d'emblée,[15] allure juvénile,

1 head of school
2 a city near Lyon
3 logbook
4 at risk (here)
5 generally accepted ideas
6 big jobs
7 are difficult to get rid of
8 became head of school
9 after
10 *here*: French
11 *here*: in choppy waters
12 send
13 very competitive school
14 destroy
15 from the start

ton soyeux[16] avec ce qu'il faut d'épines.[17] Le tout, c'est d'avoir de l'ambition
[…] et quelques axiomes simples sous le coude - "Un lycée, ça se dirige avec
les pieds!" - histoire de dire qu'on ne pilote pas une telle embarcation[18] à
coups de dogmes matraqués du fond d'un bureau. Et la méthode paie, tout
doucement.

A force de traquer l'absentéisme - les surveillants[19] font le tour des
classes[20] toutes les heures - on arrive à le faire baisser. Les professeurs, tous
volontaires, recourent au travail en équipe, innovent. Mais le défi quotidien,[21]
c'est de repousser aux portes du lycée ce que Chris Laroche appelle la "culture
quartier", ce "mélange de machisme, d'omerta...". Interdire les casquettes,
faire respecter les horaires pendant le ramadan... Mme la Proviseure y tient:[22]
"Le lycée ne vit à l'heure d'aucune religion." Toutes les filles ont ôté[23] le
voile, à la rentrée. A croire que le dialogue noué depuis des années instille du
consensus. Certes, tout ce bel édifice est fragile. Il y a des jours où la détresse
des familles, où les éruptions de violence - rares - torpillent un peu la foi.[24]
Mais Chris Laroche préfère parler des victoires que des coups durs. Le "plus"
qui la comblerait?[25] Une classe de BTS[26] à Doisneau. Ce n'est quand même
pas la lune.

Delphine Saubaber

16 smooth
17 with just enough thorns
18 *here*: such a place
19 monitors
20 go from class to class
21 daily challenge
22 insists on it
23 taken off
24 shake her faith
25 that would make her happy
26 Brevet de Technicien

1. Quel est le but de Chris Laroche?
2. Quelles sont ses méthodes pour que les élèves travaillent?
3. Pourquoi n'accepte-t-elle pas que les élèves soient en retard à cause du Ramadan?
4. Est-ce que tout est toujours facile?
5. Qu'est-ce qu'elle aimerait pour son lycée? Pourquoi à votre avis?

D. Article de *L'Express*: "L'armée mobilise la banlieue" (2 mai 2005)

Pour compléter ses effectifs,[1] la Défense cherche à recruter dans les
cités. Une occasion pour les jeunes issus de l'immigration de trouver une
formation et un métier.

Sabrane, 20 ans, a décidé de tenter sa chance.[2] Elle a quitté sa cité de
Sarcelles[3] (Val-d'Oise) pour venir pousser la porte du Centre d'information et
de recrutement de l'armée de terre (Cirat) de Bobigny (Seine-Saint-Denis).
Malgré le grand sourire qu'elle arbore, l'entretien débute mal.

"Vous pouvez enlever votre foulard,[4] mademoiselle?" lui demande le
capitaine Kenani, chef du centre. Réponse embarrassée: "C'est pas religieux,
j'ai pas eu le temps de mettre du gel. - A l'armée non plus, vous n'aurez pas
le temps", s'entend-elle répondre par le capitaine, qui poursuit: "Vous avez
la double nationalité franco-marocaine; si vous signez, vous n'en aurez plus
qu'une... - Peu importe,[5] je vis en France."

Au bout d'une heure, le capitaine débriefe: "Son profil est atypique:
elle a un niveau bac[6] et un CDI[7] de vendeuse. Pourtant, elle dit venir
chercher un cadre,[8] du respect, de l'aventure. C'est incroyable! Pour bien
commencer sa vie, elle a besoin de quitter sa cité." Aïmine, lui, a 22 ans.
D'origine tunisienne, il s'est engagé[9] en février. "Je veux être informaticien,[10]

Supérieur (a 2-year
training course after high
school)
1 to increase its numbers
2 to try her luck
3 a town in the northern
suburbs of Paris
4 take off your scarf
5 I don't mind
6 she took the bac (but didn't
pass)
7 Contrat à Durée
Indéterminée
8 a structure
9 enlisted
10 computer analyst

mais je n'ai pas le bon diplôme. Je suis allé voir l'armée, qui m'a promis une formation si je réussissais les tests physiques et psychologiques." Mission accomplie. Au printemps, Aïmine rejoindra l'école des sous-officiers de Saint-Maixent (Deux-Sèvres). De plus en plus de Maghrébins, immigrés de la seconde génération, sont prêts à enfiler le treillis:[11] 30% par vocation, 50% pour trouver un métier, le reste sans trop savoir pourquoi. Combien sont-ils sous les drapeaux? La loi interdit de procéder à un recensement[12] par origine. Mais, signe d'une représentativité grandissante, le 18 mars dernier, une aumônerie[13] militaire musulmane a officiellement été créée.

Pourquoi cet intérêt croissant? D'un côté, le chômage frappe - en Seine-Saint-Denis, 50% des jeunes sont sans diplôme et entre 13 et 20% de la population active est sans emploi. De l'autre, professionnalisation oblige, le ministère de la Défense recrute.[14] Beaucoup. Si l'armée de l'air et la marine n'éprouvent aucun mal[15] à trouver chacune leurs 4 000 recrues annuelles, souvent autour des bases, le recrutement est moins aisé pour l'armée de terre. Déjà forte de 134 000 hommes, elle doit, en 2005, signer pas moins de 17 000 contrats. [...]

Aller dans les banlieues, pour l'armée, c'est aussi répondre à une autre préoccupation: l'intégration. "Malgré la professionnalisation, nous voulons rester l'école de la seconde chance", explique un officier. Ainsi, 4 000 postes seront réservés cette année à des jeunes sans diplôme ou ayant commis des petits délits.[16] [...] Autre cible:[17] les lycées et les collèges. "On apprend aux élèves qu'un soldat ne fait pas que porter un fusil,[18] que l'armée offre plus de 400 métiers: mécanicien, conducteur, brancardier[19]... On sème une graine[20] dans leurs esprits", explique le lieutenant-colonel Olive, responsable des Cirat en Ile-de-France. [...]

Des limites à l'intégration? Khalid El-Quandili, ex-conseiller jeunesse au ministère de la Défense, a mené une étude auprès de 328 jeunes issus de l'immigration sur leur perception de l'armée. A la question: "Seriez-vous prêt à vous engager dans l'armée?", seuls 20% ont répondu oui. "Au regard de l'actualité,[21] prendre les armes signifie défendre la nation contre l'islam et serait vécu par certains comme une trahison envers leurs familles", explique l'auteur.

Un colonel admet qu'en Bosnie il a veillé[22] à ce que ses soldats musulmans ne prennent pas partie pour les Bosniaques: "Avant le départ, on en a sondé certains sur leur foi,[23] mais cela relève de l'anecdotique." Anecdotique? Le capitaine Aït-Ali, 28 ans, en est sûr. Fils d'ouvrier marocain, il est l'un des rares Maghrébins à avoir fait Saint-Cyr, l'école des officiers. Aujourd'hui, il dirige une unité de 100 parachutistes au 35e régiment de Tarbes. Pour lui, "le regard de l'institution militaire vis-à-vis de ses soldats est bien plus neutre que dans le civil. Ici, on juge vos capacités, pas vos origines". [...]

Parmi les officiers, on croise[24] encore peu de Maghrébins. Combien d'entre eux renouvellent leurs contrats après un, trois ou cinq ans passés sous les ordres? 15% des jeunes rompent[25] leur engagement dans les six premiers mois, sans que l'on puisse dire si ceux qui sont issus de l'immigration jettent l'éponge[26] en plus grand nombre. Sensible à la façon dont ces derniers vivent leur condition militaire, la Grande Muette[27] a commandé une étude. Résultat en juin.

Elodie Bernard

11 to wear fatigues
12 census
13 chaplaincy
14 is hiring
15 have no problem
16 offence
17 target
18 rifle
19 stretcher-bearer
20 we plant a seed
21 considering the news
22 he made sure
23 faith
24 *here*: meet
25 break
26 give up
27 nickname for the army

1. Pourquoi la Défense va-t-elle dans les cités?
2. Pourquoi Sabrane et Aïmine posent-ils leur candidature?
3. Pour les Maghrébins, quelle est la première motivation pour intégrer l'armée?
4. Qu'est-ce que l'armée espère en allant dans les banlieues?
5. Pourquoi certains jeunes ne veulent-ils pas travailler pour l'armée?

Ridicule

Présentation du film

Grégoire Ponceludon de Malavoy, un jeune noble provincial, éclairé mais naïf, arrive à Versailles avec l'espoir d'obtenir l'aide du roi pour faire assécher les marais qui tuent ses paysans. Grégoire découvre alors le monde de la cour, le bel esprit, les intrigues politiques, l'amour et les compromissions.

Carte d'identité du réalisateur

Patrice Leconte (né en 1947) a d'abord travaillé dans la bande-dessinée avant de se lancer dans le cinéma. Le succès est venu en 1978 avec *Les bronzés*. D'autres comédies ont suivi (notamment *Viens chez moi, j'habite chez une copine*, 1980, *Tandem*, 1987), puis Patrice Leconte a alterné les genres. Il a été remarqué pour *Monsieur Hire* (1989), *Le mari de la coiffeuse* (1990), *Ridicule* (1996), *La fille sur le pont* (1999), *La veuve de Saint-Pierre* (2000), *L'homme du train* (2002), *Confidences trop intimes* (2004) et *Les bronzés 3* (2006). Patrice Leconte tourne environ un film par an, ainsi que des publicités.

Carte d'identité des acteurs

Charles Berling (né en 1958) a été acteur de théâtre pendant des années avant de se tourner vers le cinéma. Après quelques petits rôles (*Petits arrangements avec les morts*, 1994, *Nelly et Monsieur Arnaud*, 1995), c'est *Ridicule* qui l'a révélé. Discret, sincère, il a confirmé ensuite avec *Nettoyage à sec* (1997), *L'ennui* (1998), *Les destinées sentimentales* (2000), *Comment j'ai tué mon père* (2001), *Père et fils* (2003) et *Un fil à la patte* (2005).

Fanny Ardant (née en 1949) a fait de solides études de sciences politiques et a beaucoup voyagé avant de devenir actrice. Intelligente, originale, sophistiquée, elle a d'abord joué pour François Truffaut (*La femme d'à côté*, 1981, *Vivement dimanche*, 1983) et Alain Resnais (*L'amour à mort*, 1984, *Mélo*, 1986), puis s'est imposée dans *Le Colonel Chabert* (1994), *Pédale douce* (1996), *Ridicule* (1996) *8 femmes* (2002) et *Nathalie* (2003). Elle mène en parallèle une très belle carrière au théâtre.

Jean Rochefort (né en 1930): Après des rôles sans grand relief dans les années 60, il a joué pour Tavernier dans les années 70, et s'est imposé dans *Le crabe-tambour* en 1977. Acteur fantaisiste, curieux, enthousiaste, il a fait des prestations remarquées dans *Tandem* (1987), *Je suis le seigneur du château* (1989), *Le mari de la coiffeuse* (1990), *Ridicule* (1996), *Le placard* (2000), *L'homme du train* (2002) et *Désaccord parfait* (2006).

Judith Godrèche (née en 1972) est une actrice discrète et réservée qui a connu le succès très jeune: *La fille de 15 ans* en 1989 et surtout *La désenchantée* en 1990. Plus tard, elle a joué dans *Beaumarchais l'insolent* (1995), *Ridicule* (1996) et *L'homme au masque de fer* (1997), avant de faire une pause pour raisons familiales. Elle est revenue en 2002 avec *L'auberge espagnole* et on l'a vue récemment dans *Tout pour plaire* (2005).

L'heure de gloire

Ridicule a été nommé pour la Palme d'Or au Festival de Cannes. Il a aussi été très remarqué aux César puisqu'il a remporté celui du meilleur film, du meilleur réalisateur, du meilleur décor et des meilleurs costumes. Les Golden Globes l'ont nommé dans la catégorie "meilleur film étranger".

1 Vocabulaire

Vocabulaire utile avant de voir le film:

Les noms

le roi: *the king**
la reine: *the queen*
une comtesse: *a countess*
un marais: *a marsh***
un(e) paysan(ne): *a peasant*
un(e) sot(te): *a fool*
un scaphandre: *a diving suit*
un moustique: *a mosquito*

un abbé: *an abbot*
une veuve: *a widow*
la cour: *the court*
un(e) courtisan(e): *a courtier*
un arbre généalogique: *a family tree*

> * **Le saviez-vous?** Le français "roi" et l'anglais "right" ont la même origine: ils viennent de l'indo-européen "reg": diriger en ligne droite.
>
> ** **Même pluriel:** des marais

Les verbes

assécher (un marais): *to drain (a marsh)*
être en deuil: *to be in mourning*
expérimenter: *to make experiments*
faire des recherches: *to do research*
élever (un enfant): *to raise (a child)*
tricher: *to cheat*
remercier qq'un de: *to thank s.o. for sth*
se suicider: *to commit suicide**
se pendre: *to hang oneself**
ridiculiser qq'un: *to ridicule s.o.*

se moquer de qq'un: *to make fun of s.o.***
humilier qq'un: *to humiliate s.o.*
trahir qq'un: *to betray s.o.*
se venger de qqch: *to take one's revenge for sth*
faire un croc-en-jambe à qq'un: *to trip s.o. up*
atteindre son but: *to reach one's goal*
se réfugier (quelque part): *to take refuge (somewhere)*

> * Ex: Il s'est suicidé / il s'est pendu.
>
> ** Ex: Elle s'est moquée <u>de lui</u> / <u>d'eux</u>.

Les adjectifs

éclairé(e): *enlightened*
coûteux (-se): *costly*
humilié(e): *humiliated*
sourd(e): *deaf*
muet(te): *mute*
corrompu(e): *corrupt*

égoïste: *selfish*
rusé(e): *shrewd*
calculateur (-trice): *calculating*
fat: *self-satisfied*
influent(e): *influential*
impitoyable: *pitiless*

Traduisez!

1. The courtiers were corrupt and pitiless but they were influential.
2. If Grégoire talked about his marshes and his mosquitoes, the court would ridicule him.
3. Mathilde is enlightened and she likes to make experiments with her diving suit.
4. I had seen the countess and the abbot cheat, so I made fun of them and humiliated them.

Louis XVI

2 Repères culturels

1. Le film se passe en 1783, à la cour de Louis XVI. Pouvez-vous répondre aux questions suivantes sur Louis XVI?
   a. Combien de temps son règne a-t-il duré?
   b. Qui était sa femme? Comment était-elle?
   c. Etait-il capable de diriger le pays?
   d. Quels ont été les faits marquants de son règne?

2. Le film se passe à Versailles. Que savez-vous sur Versailles?
   a. Où Versailles se trouve-t-il?
   b. Quand Versailles a-t-il été construit? Qui a décidé de le faire construire?
   c. Comment était la vie à Versailles? Qu'est-ce qui était organisé dans le parc?
   d. Les artistes étaient-ils les bienvenus au palais?
   e. A quelle date les rois ont-ils quitté Versailles?

3. Le film se passe dans la région de la Dombes. Savez-vous où elle se trouve?

4. Qui était l'abbé de l'Epée? Qu'a-t-il inventé?

5. Voltaire et Rousseau sont mentionnés dans le film. Qui sont-ils? Pourquoi sont-ils connus?

6. Qu'est-ce qu'un duel? Dans quelles circonstances un duel avait-il lieu? Etait-ce légal au moment du film?

7. La Révolution française est mentionnée à la fin du film. Pouvez-vous expliquer ce qui s'est passé pendant la Révolution?

3 Le contexte

1. Le film se passe au XVIIIe siècle, une époque qu'on a appelée "le siècle des Lumières". Qu'est-ce que cela voulait dire? Quelles étaient les grandes idées des "Lumières"?

2. Avant la Révolution, la France était divisée en trois ordres. Comment s'appelaient-ils? La population française était-elle répartie équitablement entre les trois?

3. Pensez à la vie quotidienne des courtisans: comment occupaient-ils leurs journées à Versailles?

4. Pensez maintenant aux paysans: comment vivaient-ils?

Vue panoramique du château de Versailles

5. L'Europe au XVIIIe siècle: comment les autres pays européens voyaient-ils la France à l'époque?

6. Que se passait-il aux Etats-Unis en 1783? Quels grands événements venaient juste d'avoir lieu?

4 Bande-annonce

Allez sur le site de "Comme au Cinéma" (www.commeaucinema.com), faites une recherche pour *Ridicule* et cliquez sur "bande-annonce." Regardez-la plusieurs fois et répondez aux questions suivantes:

1. Quels mots apparaissent sur l'écran? Quelle impression ces mots vous donnent-ils?

2. Que font les personnages dans les différentes scènes où on les voit?

3. A quel rythme les images défilent-elles?

4. Quel rôle la musique a-t-elle dans la bande-annonce?

5. A votre avis, de quoi ce film va-t-il parler?

5 A savoir avant de visionner le film

- ⚜ Durée: 1h42
- ⚜ Genre: Comédie dramatique
- ⚜ Public: R
- ⚜ Tournage: Versailles, Paris et château de Vaux-le-Vicomte.
- ⚜ Note: Le film est drôle mais méchant, voire cruel. La comédie est basée sur l'humiliation des autres, ce qui peut parfois rendre mal à l'aise. La toute première scène est très graphique et va peut-être vous choquer. Elle est cependant importante car elle nous éclaire sur les mœurs des courtisans.

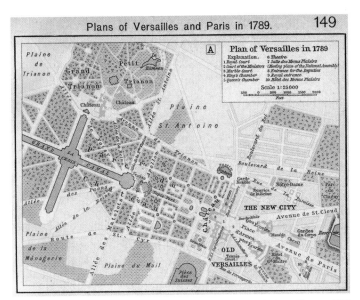

Plan de Versailles en 1789
Remarquez la quantité d'espaces verts!

PREMIÈRE APPROCHE

1 L'histoire

Les personnages:

Grégoire Ponceludon de Malavoy	Charles Berling
la comtesse de Blayac	Fanny Ardant
Mathilde	Judith Godrèche
le marquis de Bellegarde	Jean Rochefort
l'abbé de Vilecourt	Bernard Giraudeau

1. Que font les paysans au début du film? Où sont-ils?
2. Pourquoi Ponceludon part-il pour Versailles?
3. Comment apprend-il que le comte de Blayac est mort?
4. Qu'arrive-t-il à Grégoire après son départ de la maison Blayac? Par qui est-il recueilli ensuite?
5. Comment Grégoire est-il reçu par Maurepas (le ministre)? Que pense celui-ci de son projet?
6. Comment Versailles est-il organisé? Qui occupe l'aile gauche? Qui occupe l'aile droite?
7. Comment se passe l'entrée de Ponceludon dans le monde des courtisans?
8. A quoi Mathilde emploie-t-elle son temps?
9. Comment le marquis de Bellegarde élève-t-il sa fille?
10. Quel est l'accord de mariage entre Mathilde et Montalieri?
11. Ponceludon est-il aidé par le généalogiste?
12. Comment obtient-il les papiers généalogiques dont il a besoin? Qui est intervenu en sa faveur? Pourquoi?
13. Comment se passe l'entretien entre Ponceludon et la comtesse de Blayac quand il vient pour la remercier?
14. Quelle méchante plaisanterie Vilecourt fait-il au baron de Guérêt? Pourquoi ce dernier se suicide-t-il ?
15. Pourquoi et par qui Paul est-il renvoyé?
16. Pourquoi Mathilde va-t-elle parler à la comtesse de Blayac?
17. Quel était le but du souper organisé par la comtesse?
18. Pourquoi Ponceludon rentre-t-il chez lui?
19. Pourquoi Mathilde se montre-t-elle à la cour?
20. Comment l'abbé de Vilecourt perd-il les faveurs de la comtesse de Blayac?
21. Pourquoi Ponceludon retourne-t-il à Versailles?
22. Pourquoi la comtesse fait-elle venir le marquis de Bellegarde après sa nuit passée avec Ponceludon?
23. Comment l'assemblée réagit-elle devant les sourds-muets présentés par l'abbé de l'Epée?
24. Pourquoi le roi s'intéresse-t-il à Ponceludon? Que lui propose-t-il?
25. Pourquoi le duel a-t-il lieu?
26. Comment la comtesse réagit-elle en apprenant que Grégoire est parti avec Mathilde?

27. Pourquoi le roi ne veut-il plus recevoir Ponceludon? Quelle excuse donne-t-il?

28. Que se passe-t-il pendant le dernier bal?

29. Que font le marquis de Bellegarde, Ponceludon et Mathilde en 1794?

2 Analyse d'une photo

1. Qui voit-on sur cette photo?

2. Où sont-ils?

3. A quel moment cette scène se passe-t-elle?

4. Pourquoi Ponceludon et la comtesse sourient-ils?

5. Où le groupe va-t-il? Qui marche en tête?

3 Analyse de citations

Analysez les citations suivantes en les replaçant dans leur contexte:

1. Ponceludon: "Les paysans, monsieur, ne nourrissent pas seulement les moustiques. Ils nourrissent aussi les aristocrates".

2. Bellegarde: "Perdez cette habitude de rire de toutes vos dents. C'est infiniment rustique."

3. La comtesse de Blayac: "Sachez mieux dissimuler votre dissimulation, afin que je puisse m'abandonner sans trop de déshonneur".

4. Ponceludon: "Le roi n'est pas un sujet".

APPROFONDISSEMENT

1 Vocabulaire

Enrichissez votre vocabulaire !

La monarchie

l'absolutisme: *absolutism*
le royaume: *the kingdom*
la royauté: *royalty*
un monarque: *a monarch*
un souverain: *a sovereign*
la couronne: *the crown*

le couronnement: *the coronation*
prétendre à la couronne: *to lay claim to the throne*
héréditaire: *hereditary*
le trône: *the throne*
succéder au trône: *to succeed to the throne*
placer qq'un sur le trône: *to put s.o. on the throne*

Les jeux de mots

un calembour: *a pun, a play on words*
une boutade: *a flash of wit*
une blague: *a joke*
une plaisanterie: *a jest*
une équivoque: *a double entendre*

un mot d'esprit = un trait d'esprit: *a witticism*
un paradoxe: *a paradox*
faire de l'esprit: *to be witty*
l'ironie: *irony*

Les sciences

la biologie: *biology*
la physique: *physics*
la chimie: *chemistry*
la médecine: *medicine*
la technologie: *technology*
la conquête de l'espace: *space exploration*
la recherche: *research*
un chercheur: *a researcher*
un laboratoire: *a laboratory*

une expérience: *an experiment*
faire une expérience: *to perform an experiment*
une découverte: *a discovery*
un(e) expert(e): *an expert*
être expert(e) dans sa matière: *to be an expert in one's field*
un(e) spécialiste en qqch: *a specialist in sth*
faire autorité en qqch: *to be an authority on sth*

Jouez avec les mots!

A. Complétez la phrase en choisissant l'expression qui convient.

1. Où le chercheur fait-il ses expériences?
       a. au calembour   b. au laboratoire   c. à l'expert

2. Que veut assécher Ponceludon?
       a. les marais   b. la cour   c. les moustiques

3. On l'avait tellement humilié qu'il s'est
       a. trahi   b. ridiculisé   c. pendu

4. Ce garçon ne parle pas. Il est
       a. muet   b. sourd   c. éclairé

5. Que faut-il pour plonger?
       a. un souverain   b. une boutade   c. un scaphandre

6. Cette femme est veuve. Elle
       a. a triché   b. a pris le deuil   c. fait autorité

7. Je n'approuve pas les machinations de la comtesse. Elle est
       a. corrompue   b. calculatrice   c. égoïste

8. Le roi est mort. Son fils va
       a. faire de l'esprit   b. expérimenter   c. lui succéder

B. Retrouvez les mots du Vocabulaire qui correspondent aux définitions suivantes:

Qui est-ce?

1. C'est un prêtre catholique: _____

2. C'est un scientifique: _____

3. C'est un homme qui vit à la cour: _____

4. C'est le titre de Madame de Blayac: _____

5. C'est une personne qui travaille la terre: _____

6. C'est une femme dont le mari est mort: _____

7. C'est une personne bête: _____

Qu'est-ce que c'est?

8. C'est ce que le roi porte sur la tête: _____

9. C'est une invention: _____

10. C'est un insecte qui pique: _____

11. C'est le territoire du roi: _____

12. C'est l'équipement que Mathilde utilise pour plonger: _____

13. C'est un jeu de mots: _____

14. C'est un dessin qui montre les ancêtres d'une personne: _____

15. C'est le fauteuil du roi: _____

16. C'est une façon de se moquer en disant le contraire de ce que l'on pense: _____

2 Réflexion - Essais

1. Faites le portrait de Grégoire.

2. Analysez l'évolution dans les sentiments de Grégoire vis-à-vis de la cour.

3. Faites le portrait, en les contrastant, de Madame de Blayac et de Mathilde.

4. Décrivez les mœurs et les occupations des courtisans.

5. Comment le bel esprit est-il utilisé? A quoi sert-il?

6. Quel rôle le marquis de Bellegarde joue-t-il tout au long du film?

7. Décrivez la personnalité de l'abbé de Vilecourt et son rôle dans l'histoire.

8. Quelle impression avez-vous du roi?

9. Le film est basé sur une série d'oppositions. Pouvez-vous en noter quelques-unes?

3 Analyse d'une scène: l'entrée de Ponceludon à la cour (16:12 à 18:45)

> ### Vocabulaire spécifique à cette scène
>
> une voix *(a voice)* • briller *(to shine)* • la musique de fond *(background music)* • éclairé(e) *(lit)* • une bougie *(a candle)* • s'attendre à qqch *(to expect sth)* • la concurrence *(competition)* • un gros plan *(a close-up)* • un plan d'ensemble *(a long shot)* • le visage *(the face)*

A. **Ecoutez**

1. Remarquez la voix de l'abbé quand il interpelle Ponceludon ("Tout frais de votre belle province, vous devez avoir un regard aiguisé sur les ridiculités de la cour!"). Qu'est-ce que ce ton indique?

2. Grégoire se montre bien plus spirituel que prévu. Notez trois répliques qui montrent sa finesse et sa volonté de briller.

3. Que pensait l'abbé de Grégoire au début de la scène? Qu'a-t-il compris à la fin?

4. A quel moment la comtesse de Blayac et le marquis de Bellegarde prennent-ils la parole?

5. Ecoutez la musique de fond. A quoi sert-elle?

L'Orangerie du château

B. Observez

1. Comment la scène est-elle éclairée? La lumière est-elle douce ou vive?

2. Pourquoi le réalisateur a-t-il choisi une alternance de gros plans et de plans d'ensemble? Quel est son but avec chacun?

3. Le visage de l'abbé de Vilecourt révèle bien ce qu'il ressent. Notez plusieurs de ses expressions.

4. Que se passe-t-il à l'arrivée de la reine? Comment l'assemblée réagit-elle?

5. Remarquez les vêtements portés par les personnages. Comment la robe de la reine se distingue-t-elle?

C. Cette scène dans l'histoire

Pourquoi est-elle importante? Qu'est-ce que l'on apprend sur les personnages, et surtout sur leurs relations? Qu'est-ce qui change entre le début et la fin?

D. Langue

1. Synonymes

Ecoutez attentivement les dialogues de l'extrait et trouvez les synonymes des expressions suivantes (entre parenthèses) :

a. "Joignez-vous à notre partie, _____ (si vous en avez envie)."

b. "Vous pouvez les estimer de plus près en vous _____ (penchant) bien."

c. "Il est moins _____ (bête) qu'il en a l'air!"

d. "_____ (est-ce que je peux) vous _____ (prendre) l'abbé?"

e. "Un esprit _____ (vif) ne sera pas de trop!"

f. "_____ (capacité) de conversation certaine."

g. "Quand vous m'y _____ (invitez), madame."

2. L'interrogation

Remplacez chaque blanc par le mot interrogatif qui convient. Faites attention à l'ordre des mots dans la question!

a. _____ (what) Grégoire assèche?

b. _____ (what) se passe quand il arrive à Versailles?

c. _____ (how long) la comtesse habite-t-elle à Versailles?

d. _____ (why) est-elle en deuil?

e. _____ (who) Mathilde a l'intention d'épouser?

f. _____ (with what) elle expérimente?

g. _____ (how) le marquis élève-t-il sa fille?

h. _____ (what) aspect de la cour Mathilde déteste-t-elle?

i. _____ (with which) ministre Grégoire parle-t-il?

j. _____ (what) a-t-il besoin pour prouver qu'il est noble?

k. _____ (whom) Grégoire devrait remercier?

l. _____ (where) le baron de Guérêt s'est-il pendu?

m. _____ (whom) la comtesse et l'abbé se moquent-ils?

n. _____ (why) le marquis de Bellegarde a-t-il dû se réfugier en Angleterre?

3. Devoir

Conjuguez le verbe devoir au temps qui convient. Souvenez-vous que ce verbe a des sens différents en fonction des temps!

a. Au XVIIIe siècle, les courtisans _____ faire de l'esprit pour être admirés.

b. Grégoire sait que pour assécher les marais il _____ convaincre le roi.

c. Mathilde _____ faire plus attention car ses expériences sont dangereuses.

d. Elle _____ se marier avec Montaliéri si elle veut avoir de l'argent pour ses recherches.

e. Comme il a été humilié, Grégoire _____ quitter la cour.

f. L'abbé de Vilecourt (ne pas) _____ blasphémer devant le roi.

E. Comparaison avec une autre scène

Comparez cette scène avec celle du dîner chez le Duc du Guines (33:49 à 35:34). Qui est présent? Qu'est-ce que les personnages cherchent à faire? Qui brille? Qu'est-ce qui est amorcé dans la première scène, et qui se développe pendant le dîner?

F. Sketch

Imaginez que la comtesse de Blayac et l'abbé de Vilecourt reparlent de cette scène plus tard dans la journée. Quel point de vue ont-ils sur Grégoire? Le voient-ils de la même façon? Ecrivez leur dialogue et jouez-le avec un(e) camarade.

LE COIN DU CINEPHILE

1 Première / dernière scène

Comparez la première et la dernière scène (le chevalier de Milletail et le comte de Blayac / la chute de Ponceludon au bal). Qu'est-ce que ces deux scènes ont en commun? Pourquoi sont-elles importantes? Qu'est-ce qui est ironique?

2 Les costumes

Analysez les vêtements portés par Mathilde, Ponceludon, Bellegarde, Vilecourt et la comtesse. De quelles couleurs sont-ils? Sont-ils simples ou luxueux? En quoi représentent-ils ceux qui les portent?

3 Le genre

A quel genre ce film appartient-il? Lisez la section sur le film de patrimoine dans le chapitre sur *Manon des sources*. Est-ce un film historique? Une comédie? Un mélange des genres?

4 Les sous-titres

La scène suivante est extraite de la partie de bouts-rimés. Ponceludon vient d'avoir la preuve que la Comtesse et Vilecourt ont triché. Comparez l'original en français et les sous-titres en anglais, puis répondez aux questions:

1. Annoncez!	*Verse form?*
2. Octosyllabe.	*Octosyllables.*
3. Toujours fidèle à sa "conduite",	*The abbot's quick wit has such "skill"*
L'abbé, sans nuire à sa "santé",	*It inspires in every "newcomer"*
Peut faire deux mots d'esprit de "suite"…	*He can entertain at "will"*
L'un en hiver, l'autre en "été".	*Once in winter and once in the "summer"*
4. […] Le prix, monsieur, de votre discrétion?	*[…] What price is your silence?*
5. Madame, soyez sans crainte. Votre procédé ne sera pas… éventé!	*Fear not. I will not fan the winds of gossip.*

a. 1ère réplique: "Verse form?" n'est pas une traduction d' "Annoncez". Pourquoi cette différence?

b. 3ème réplique: Sur les quatre mots à utiliser ("conduite", "santé", "suite" et "été"), combien sont traduits? Etait-il facile de traduire ce bout-rimé? Qu'a donc décidé de faire le sous-titreur? L'idée générale est-elle bien rendue en anglais?

c. 4ème réplique: Comparez le sens des mots "discrétion" et "silence". Lequel est le plus fort?

d. 5ème réplique: Comment le sens du mot "éventé" est-il rendu en anglais? Le sous-titre est-il réussi?

AFFINEZ VOTRE ESPRIT CRITIQUE

1 Les affiches

Vous allez comparer l'affiche française de *Ridicule* et l'affiche américaine. Pour trouver l'affiche française, allez sur www.affichescinema.com, cliquez sur "Voir les affiches", puis sur "R", puis sur "Ridicule". L'affiche américaine se trouve sur le site de Internet Movie Database (www.imdb.com) . Vous pouvez agrandir et imprimer les affiches pour faciliter votre travail.[1]

1. Quelle est la première chose qui vous frappe en regardant les deux affiches?

2. Que voit-on sur l'affiche française? Connaît-on les personnages?

---

1   Vous remarquerez que les affiches ne sont pas de très bonne qualité, surtout si vous les agrandissez. C'est la seule solution qu'ont les sites internet qui hébergent des photos et des affiches de films. La loi les autorise à le faire si les photos sont de basse résolution.

3. Qui domine l'affiche américaine? Est-ce surprenant? A votre avis, pourquoi le distributeur américain a-t-il pris cette décision?

4. Quelles sont les couleurs principales sur chaque affiche? Pourquoi?

5. Comparez le sous-titre français ("Il n'épargne personne") et les trois mots qui accompagnent le titre sur l'affiche américaine ("Danger. Deception. Desire").

6. A votre avis, quelle affiche est la plus fidèle au film?

2 L'époque

1. Pourquoi les idées de Ponceludon sont-elles typiques du XVIIIe siècle?

2. Mathilde est-elle typique de son époque?

Versailles, fontaine et parc

3 Le lieu

Cette histoire aurait-elle été possible ailleurs qu'à Versailles? Peut-on l'envisager dans une autre cour européenne par exemple?

4 Les critiques

1. Christian Gasc, qui a créé les costumes du film, affirme que "Ponceludon, c'est un peu Bellegarde quand il était jeune" (*Première*, novembre 1995). Qu'en pensez-vous? Etes-vous d'accord?

2. Dans le *Télérama* du 2 décembre 1998, Cécile Mury écrit que "Dans les ors et les soies de la reconstitution historique, Patrice Leconte glisse des personnages d'une dérangeante modernité". Que veut-elle dire? Pouvez-vous donner des exemples pour illustrer son propos?

POUR ALLER PLUS LOIN

1 Parallèles avec d'autres films

1. **La condition des femmes:** Comparez la condition des femmes dans *Ridicule*, *Le hussard sur le toit* et *Madame Bovary*. Pourquoi se marient-elles? Comment sont leurs maris? Quelle importance l'argent a-t-il? Sont-elles libres?

2. **La moquerie:** La moquerie joue un rôle-clé dans *Ridicule* et *Le dîner de cons*. Est-elle traitée de la même façon? Réfléchissez à ceux qui sont moqués:

   ⚜ Pourquoi le sont-ils?

   ⚜ En sont-ils conscients?

   ⚜ Quelle(s) conséquence(s) les moqueries ont-elles sur eux?

   ⚜ Qui remporte la bataille: les moqueurs ou les moqués?

3. **La langue:** Dans *L'esquive* et *Ridicule* la langue utilisée par les personnages est différente de celle utilisée par l'ensemble de la population. Comment la langue des banlieues est-elle utilisée par les jeunes? A quoi la langue des courtisans sert-elle? Peut-on dire que dans les deux cas la langue est un outil puissant?

4. **La fuite vers les Anglais:** Dans *Ridicule* les aristocrates fuient vers l'Angleterre pour échapper à la Révolution française. Dans *La veuve de Saint-Pierre* Neel a la possibilité de s'enfuir en allant "chez les Anglais" (c'est-à-dire à Terre-Neuve, aujourd'hui province canadienne mais qui appartenait à l'Angleterre en 1850). Pourquoi, dans les deux films, les personnages pensent-ils aux Anglais quand ils doivent fuir? Que représentait l'Angleterre à l'époque?

2 Art

Marie-Antoinette, reine de France, et ses enfants

Allez sur le site de la Réunion des Musées Nationaux (www.photo.rmn.fr) et cherchez les peintures suivantes:

Louis XVI et Marie-Antoinette:

* Hersent: *Louis XVI distribuant des aumônes aux pauvres de Versailles pendant l'hiver de 1788*
* Benazech: *Les adieux de Louis XVI à sa famille au Temple le 20 janvier 1793*
* Gautier d'Agoty: *Marie-Antoinette jouant de la harpe dans sa chambre à Versailles*
* Vigée-Le Brun: *Marie-Antoinette, reine de France et ses enfants*
* Kucharski: *La Reine Marie-Antoinette en habit de veuve à la prison de la Conciergerie*

La cour et la haute société:

* Aubert: La leçon de lecture
* Ollivier: Le Thé à L'Anglaise servi dans le salon des Quatre-Glaces au palais du Temple à Paris en 1764
* Couder: Un après-dîner au XVIIIe

La campagne:

* Michau: Scène champêtre
* Lépicié: Les apprêts d'un déjeuner
* Duval: La nourrice
* Watteau: La joueuse de vielle

Choisissez-en deux dans chaque catégorie et analysez-les. Louis XVI et Marie-Antoinette apparaissent–ils de la même façon que dans *Ridicule*? Que nous apprennent les tableaux sur la cour et la haute société? Est-ce conforme au film? Comment les gens vivent-ils à la campagne? Que font-ils sur les tableaux?

3 Lectures

A. Extrait du roman

Lisez l'extrait suivant (les premiers pas de Ponceludon à Versailles) et répondez aux questions.

En entrant dans le grand salon qui ne s'était pas dépeuplé[1] depuis les premières heures, Ponceludon prit son tour parmi les diseurs[2] de condoléances. Devant lui se tenait un homme vêtu de noir, au visage douloureux[3] et couvert de scrofules que la poudre cachait mal. Il était le seul qui paraissait avoir une peine profonde. Le jeune provincial ne tarda[4] pas à se reculer[5] d'un pas, tant les odeurs mêlées de parfum et de pourriture[6] qu'exhalait cet homme étaient fortes. Ponceludon reconnut la gangrène, à lui si familière, puisqu'il l'avait tenue dans ses bras et même embrassée lorsque sa petite Jeanne avait agonisé.[7] Après de rapides condoléances, le malade laissa la place à Ponceludon, qui nota les sourires narquois[8] de la comtesse de Blayac et de l'abbé, dont les regards[9] suivaient le malheureux.[10] Le jeune homme s'inclina[11] un peu plus profondément qu'il était d'usage, trahissant[12] malgré lui ses manières campagnardes.

—Mes condoléances, madame, dit Ponceludon du ton le plus révérencieux.[13] M. de Blayac était un ami de mon père.

La comtesse leva sur lui les yeux d'un chat qui foudroie[14] un insecte en vol d'un coup de patte.[15]

—Du mien aussi.

Mais son sourire était presque tendre. Elle possédait cet art des courtisanes, des «filles»[16] et des actrices, incompréhensible pour les femmes du commun, de dissocier son sourire de son regard, et de semer[17] ainsi le trouble chez un homme peu familier des mœurs de la cour, des petits pavillons ou des coulisses.[18] Ponceludon était à ce point innocent dans le monde que la passe[19] d'arme lui échappa, sans qu'il en pût admirer les finesses. Il eut pourtant le sentiment d'être moqué. Il allait prendre congé[20] quand il surprit[21] le regard de l'abbé Vilecourt. Un regard de dégoût[22] appuyé dirigé vers ses bottes, tachées[23] de boue. Le jeune ingénieur, piqué[24] au vif, fut assez maladroit[25] pour se justifier.

—J'ai voyagé depuis le pays de Dombes, dit-il.

—C'est votre premier séjour à Versailles? demanda Vilecourt avec une onction suave.

—J'y suis né pendant une ambassade de mon père.

L'abbé, comme un chien d'arrêt,[26] avait cru flairer[27] un sot,[28] et son instinct lui commandait de lui couper la retraite.[29]

—Ah, courtisan de naissance! minauda[30]-t-il, en regardant la comtesse avec un air gourmand.

—On peut naître dans une écurie[31] sans se croire cheval, lâcha[32] Ponceludon.

Cette repartie[33] sans appel[34] fut la cause d'un brusque changement de physionomie chez la veuve et son confesseur, mais Ponceludon avait déjà tiré sa révérence,[35] remis son chapeau et tourné les talons.[36]

1 had not emptied
2 people offering their condolences
3 sorrowful
4 was not long
5 to step back
6 putrid smell
7 was dying
8 mocking
9 whose eyes
10 the unfortunate man
11 bowed
12 betraying
13 reverent
14 swatting
15 with its paw
16 *here*: prostitutes
17 to sow confusion
18 in the back rooms
19 *here*: clever smile
20 to take his leave
21 intercepted
22 a fixed look of disgust
23 spotted with mud
24 vexed
25 clumsy
26 a pointer
27 thinking he had sniffed out
28 a fool
29 to cut off his line of retreat
30 he simpered
31 a stable
32 Ponceludon came out with
33 retort
34 final
35 had already bowed out
36 walked away

1. Quelle est la première impression qu'a Grégoire des gens qui fréquentaient M. de Blayac?

2. Quels détails montrent que Grégoire est étranger à Versailles?

3. Qu'est-ce que la réponse de la Comtesse aux condoléances de Grégoire révèle sur elle?

4. A quelles "finesses" l'auteur fait-il référence au sujet de la Comtesse?

5. Quelle attitude Vilecourt a-t-il vis-à-vis de la Comtesse et de Grégoire? Cette scène est-elle révélatrice de la suite de l'histoire?

6. Pourquoi la Comtesse et Vilecourt ont-il "un brusque changement de physionomie" après la repartie de Grégoire? Qu'ont-ils compris?

B. La Déclaration des Droits de l'Homme et du Citoyen (extraits)

Rappel historique: L'Assemblée Constituante a voté la Déclaration des Droits de l'Homme et du Citoyen le 26 août 1789. La Déclaration s'inspire des idées des humanistes et des philosophes des Lumières (Locke, Voltaire, Montesquieu, Rousseau) et de la Déclaration américaine. Contrairement à celle-ci, cependant, la Déclaration française a une dimension philosophique, éternelle et universelle, qui s'applique à tous les pays et pas exclusivement à la France. C'est la raison pour laquelle elle rencontrera un immense écho dans le monde occidental.

Article premier

Les hommes naissent et demeurent libres, et égaux en droits. Les distinctions sociales ne peuvent être fondées que sur l'utilité commune.[1]

Article 2

Le but de toute association politique est la conservation des droits naturels et imprescriptibles de l'homme. Ces droits sont la liberté, la propriété, la sûreté[2] et la résistance à l'oppression.

Article 4

La liberté consiste à pouvoir faire tout ce qui ne nuit[3] pas à autrui.[4] Ainsi,[5] l'exercice des droits naturels de chaque homme n'a de bornes[6] que celles qui assurent aux autres membres de la société la jouissance[7] de ces mêmes droits. Ces bornes ne peuvent être déterminées que par la loi.

Article 6

La loi est l'expression de la volonté générale.[8] Tous les citoyens ont droit de concourir[9] personnellement, ou par leurs représentants, à sa formation. Elle doit être la même pour tous, soit qu'elle protège, soit qu'elle punisse. Tous les citoyens étant égaux à ses yeux, sont également admissibles à toutes dignités,[10] places et emplois publics, selon leur capacité, et sans autre distinction que celle de leurs vertus[11] et de leurs talents.

Article 9

Tout homme étant présumé innocent jusqu'à ce qu'il ait été déclaré coupable, s'il est jugé indispensable de l'arrêter, toute rigueur[12] qui ne serait pas nécessaire pour s'assurer[13] de sa personne, doit être sévèrement réprimée[14] par la loi.

1 general utility
2 safety
3 harm
4 others
5 therefore
6 limits
7 the ability to enjoy
8 overall will
9 to contribute
10 positions of high rank
11 their merit
12 force
13 to arrest him
14 punished

Article 10

Nul[15] ne doit être inquiété[16] pour ses opinions, même religieuses, pourvu que[17] leur manifestation ne trouble pas l'ordre public établi par la loi.

Article 11

La libre communication des pensées et des opinions est un des droits les plus précieux de l'homme. Tout citoyen peut donc parler, écrire, imprimer librement ; sauf à répondre de l'abus de cette liberté,[18] dans les cas déterminés par la loi.

Article 12

La garantie des droits de l'Homme et du Citoyen nécessite une force publique.[19] Cette force est donc instituée[20] pour l'avantage de tous, et non pour l'utilité particulière de ceux auxquels elle est confiée.[21]

15 no one
16 troubled
17 provided that
18 for abusing this right
19 a police force
20 established
21 entrusted

1. Article premier:
   a. Quelles sont les grandes nouveautés apportées par la Déclaration?
   b. Qu'est-ce qui distinguera les hommes désormais: leur naissance ou leur formation?
2. Article 2:
   a. Quels droits ont les hommes?
   b. Que veulent-ils dire par propriété (être propriétaire de quoi?), sûreté (être en sécurité où, quand?) et résistance à l'oppression (de qui? de quoi?)
3. Article 4:
   a. Les hommes ont-ils une liberté absolue? Quelles en sont les limites?
   b. Qui fixe ces limites?
4. Article 6:
   a. Que peuvent faire les citoyens s'ils le souhaitent?
   b. Que doit faire la justice?
   c. Quelle est la seule condition pour accéder aux postes les plus élevés?
5. Article 9:
   a. Quels sont les deux changements quand une personne est arrêtée?
   b. A votre avis, comment les arrestations et les détentions se passaient-elles auparavant?
6. Article 10:
   a. Quel grand changement cet article apporte-t-il?
   b. De quelle religion les rois de France étaient-ils?
   c. Les Protestants étaient-ils bien considérés par la monarchie?
7. Article 11:
   a. De quelle manière cet article complète-t-il le précédent?
   b. Sous l'Ancien Régime, était-il possible de publier tout ce que l'on souhaitait?
   c. L'article approuve-t-il une liberté d'expression totale?
8. Article 12:
   a. Pour quelle raison est-il nécessaire d'avoir une police?
   b. Qui protègera-t-elle?

Louis XVI à la guillotine

1   delegations
2   fellow citizens
3   pains
4   cottages
5   *here*: very poor lodgings
6   shelters
7   be on watch for them

C. Déclarations de Louis XVI

Rappel historique: Louis XVI était un roi faible et incapable de diriger le pays. Les déclarations suivantes le montrent sous un jour différent:

a.   LOUIS XVI aux députations[1] de toutes les gardes nationales du royaume, 13 juillet 1790 :

«Redites à vos concitoyens[2] que j'aurais voulu leur parler à tous comme je vous parle ici. Redites-leur que leur Roi est leur père, leur frère, leur ami, qu'il ne peut être heureux que de leur bonheur, grand que de leur gloire, puissant que de leur liberté, riche que de leur prospérité, souffrant que de leurs maux.[3] Faites surtout entendre les paroles, ou plutôt les sentiments de mon coeur dans les humbles chaumières[4] et dans les réduits[5] des infortunés. Dites-leur que, si je ne puis me transporter avec vous dans leurs asiles,[6] je veux y être par mon affection et par les lois protectrices du faible, veiller[7] pour eux, vivre pour eux, mourir, s'il le faut, pour eux.»

8   scaffold
9   that I am accused of
10 to shed

b.   Les spectateurs les plus proches de l'échafaud[8] ont entendu Louis XVI dire, juste avant de mourir:

« Je meurs innocent de tous les crimes qu'on m'impute;[9] je pardonne aux auteurs de ma mort; je prie Dieu que le sang que vous allez répandre[10] ne retombe pas sur la France. »

1.   Dans la première déclaration, Louis XVI semble très inquiet du bonheur et de la santé de ses sujets. Donnait-il cette impression dans le film?

2.   Semble-t-il sincère?

3.   Que pensez-vous de ses dernières paroles? Pouvait-on en attendre autant en le voyant dans le film?

4.   Quelle est sa crainte? Pense-t-il que sa mort va servir à quelque chose? Est-il clairvoyant?

D. Dernière lettre de Marie-Antoinette

Rappel historique: Marie-Antoinette a passé toute l'année 1793 en prison. Après la mort de Louis XVI en janvier, elle a perdu son fils de 8 ans en juillet, puis sa fille de 16 ans en août. Les deux enfants étaient eux aussi emprisonnés, chacun dans une cellule différente. Le 16 octobre au matin, Marie-Antoinette a écrit une dernière lettre, adressée à Elizabeth, sœur de Louis XVI. Elle a été guillotinée le même jour à midi.

Ce 16 octobre, 4 heures et demie du matin

C'est à vous, ma sœur, que j'écris pour la dernière fois. Je viens d'être condamnée, non pas à une mort honteuse[1] —elle ne l'est que pour les criminels— mais à aller rejoindre votre frère; comme lui innocente, j'espère montrer la même fermeté[2] que lui dans ces derniers moments.

Je suis calme comme on l'est quand la conscience ne reproche rien; j'ai un profond regret d'abandonner mes pauvres enfants; vous savez que je n'existais que pour eux, et vous, ma bonne et tendre sœur, vous qui avez par votre amitié tout sacrifié pour être avec nous; dans quelle position je vous laisse! J'ai appris par le plaidoyer[3] même du procès[4] que ma fille était séparée de vous. Hélas! la pauvre enfant, je n'ose pas lui écrire; elle ne recevrait pas ma lettre. Je ne sais même pas si celle-ci vous parviendra;[5] recevez pour eux deux ici ma bénédiction. J'espère qu'un jour, lorsqu'ils seront plus grands, ils pourront se réunir avec vous, et jouir[6] en entier de vos tendres soins.[7] Qu'ils pensent tous deux à ce que je n'ai cessé de leur inspirer: que les principes et l'exécution exacte de ses devoirs sont la première base de la vie; que leur amitié et leur confiance[8] mutuelle en feront le bonheur. Que ma fille sente que, à l'âge qu'elle a, elle doit toujours aider son frère par les conseils que l'expérience qu'elle aura de plus que lui et son amitié pourront lui inspirer. Que mon fils, à son tour, rende à sa sœur tous les soins, les services, que l'amitié peut inspirer. Qu'ils sentent enfin tous deux que, dans quelque[9] position où ils pourront se trouver, ils ne seront vraiment heureux que par leur union. Qu'ils prennent exemple de nous. Combien dans nos malheurs[10] notre amitié nous a donné de consolations, et dans le bonheur on jouit doublement quand on peut le partager avec un ami; et où en trouver de plus tendre, de plus cher que dans sa propre famille? Que mon fils n'oublie jamais les derniers mots de son père, que je lui répète expressément: qu'il ne cherche jamais à venger notre mort.

[…] Je demande sincèrement pardon à Dieu de toutes les fautes que j'ai pu commettre depuis que j'existe. J'espère que dans sa bonté il voudra bien recevoir mes derniers vœux[11], ainsi que ceux que je fais depuis longtemps pour qu'il veuille bien recevoir mon âme[12] dans sa miséricorde[13] et sa bonté.

Je demande pardon à tous ceux que je connais, et à vous, ma sœur, en particulier, de toutes les peines[14] que, sans le vouloir, j'aurais pu vous causer. Je pardonne à tous mes ennemis le mal qu'ils m'ont fait. Je dis ici adieu à mes tantes et à tous mes frères et sœurs. J'avais des amis; l'idée d'en être séparée pour jamais et leurs peines sont un des plus grands regrets que j'emporte en mourant. Qu'ils sachent, du moins, que jusqu'à mon dernier moment, j'ai pensé à eux.

Adieu, ma bonne et tendre sœur; puisse cette lettre vous arriver! Pensez toujours à moi; je vous embrasse de tout mon cœur, ainsi que ces pauvres et chers enfants. Mon dieu! qu'il est déchirant[15] de les quitter pour toujours. Dieu, adieu! Je ne vais plus m'occuper que de mes devoirs spirituels. Comme je ne suis pas libre dans mes actions, on m'amènera peut-être un prêtre, mais je proteste ici que je ne lui dirai pas un mot et que je le traiterai comme un être[16] absolument étranger.

Marie-Antoinette à son procès

1 shameful
2 firmness
3 speech for the defense
4 trial
5 will reach you
6 enjoy
7 care
8 trust
9 whatever
10 ordeals
11 wishes
12 my soul
13 mercy
14 sorrow
15 heartbreaking
16 a being

Marie-Antoinette à la prison du temple

1. Pourquoi Marie-Antoinette n'a-t-elle pas honte de mourir?

2. Pourquoi a-t-elle la conscience tranquille?

3. A propos de ses enfants elle écrit: "Je n'existais que pour eux". A-t-on cette impression dans le film? Pour quoi vivait-elle aussi?

4. Elle écrit que "les principes et l'exécution exacte de ses devoirs sont la première base de la vie". Marie-Antoinette faisait-elle son devoir dans le film? Quels étaient les devoirs d'une reine au XVIIIème siècle?

5. Elle mentionne qu'elle était proche de Louis XVI. Aviez-vous l'impression, en regardant le film, que les époux royaux étaient amis? Souvenez-vous que les mariages royaux étaient arrangés et que les époux n'avaient pas l'obligation de s'aimer!

6. Est-il surprenant qu'elle pardonne à ses ennemis? Pourquoi le fait-elle à votre avis?

7. Cette lettre vous surprend-elle? Eclaire-t-elle un aspect de sa personnalité que l'on ne soupçonne pas dans le film?

8. Après avoir vu le film, comprenez-vous pourquoi elle a été guillotinée? Pensez-vous que sa mort était justifiée?

La veuve de Saint-Pierre

LA VEUVE DE SAINT-PIERRE

Présentation du film

Saint-Pierre et Miquelon, 1849. Un homme est assassiné. Le coupable, Neel Auguste, est condamné à mort mais il n'y a ni guillotine ni bourreau sur l'île. Commence alors une longue attente, pendant laquelle il va gagner l'estime et l'amitié du Capitaine et de sa femme, chargés de le surveiller.

Carte d'identité du réalisateur

Patrice Leconte (né en 1947) a d'abord travaillé dans la bande dessinée avant de se lancer dans le cinéma. Le succès est venu en 1978 avec *Les bronzés*. D'autres comédies ont suivi (notamment *Viens chez moi, j'habite chez une copine*, 1980 et *Tandem*, 1987), puis Patrice Leconte a alterné les genres. Il a été remarqué pour *Monsieur Hire* (1989), *Le mari de la coiffeuse* (1990), *Ridicule* (1996), *La fille sur le pont* (1999), *La veuve de Saint-Pierre* (2000) et *L'homme du train* (2002). Patrice Leconte tourne environ un film par an, ainsi que des publicités. Son dernier film, *Les bronzés 3* (2006), est un retour à la comédie.

Carte d'identité des acteurs

Juliette Binoche (née en 1964) a débuté très jeune au théâtre, avant de se consacrer au cinéma. *Rendez-vous* l'a fait connaître en 1985. Ouverte, agréable, simple, Juliette a de la personnalité et son franc-parler. Parmi ses films les plus marquants on peut citer *Mauvais sang* (1986), *Les amants du Pont-Neuf* (1991), *Le hussard sur le toit* (1995), *Alice et Martin* (1998), *La veuve de Saint-Pierre* (2000), ainsi que des films pour des réalisateurs étrangers (*L'insoutenable légèreté de l'être*, 1988, *Bleu*, 1993, *Le patient anglais*, 1997, *Chocolat*, 2000, *Caché*, 2005). C'est une actrice très appréciée des spectateurs et constamment demandée par les réalisateurs.

Daniel Auteuil (né en 1950) a d'abord été un acteur comique. C'est *Jean de Florette* et *Manon des sources* qui l'ont fait changer de registre, et il est alors devenu très demandé par les plus grands réalisateurs. Il sait être grave, comique, subtil, poignant, pudique, et surtout humain. Il a fait des prestations remarquées dans *Un cœur en hiver* (1992), *La Reine Margot* (1994), *Le Huitième jour* (1996), *Lucie Aubrac* (1997), *La fille sur le pont* (1999), *La veuve de Saint-Pierre* (2000) , *Le placard* (2001), *36 Quai des Orfèvres* (2004) et il a retrouvé Juliette Binoche dans *Caché* (2005).

L'heure de gloire

Juliette Binoche et Emir Kusturica ont été nommés pour le César de la meilleure actrice et celui du meilleur acteur dans un second rôle. Le film a aussi été nommé pour le Golden Globe du meilleur film étranger.

PREPARATION

1 Vocabulaire

Vocabulaire utile avant de voir le film:

Les noms

la veuve: *the widow**
une île: *an island*
le brouillard: *fog*
un pêcheur: *a fisherman*
une taverne: *an inn*
un pari: *a bet*
la morue: *cod*
un meurtrier: *a murderer*
le bagne: *convict prison*
le rachat (d'un péché): *atonement (for a sin)*
la bonté: *goodness*
le pardon: *forgiveness*
un bourreau: *an executioner*
une serre: *a greenhouse*
a cour: *the courtyard*

une cellule: *a cell (in a prison)*
le Conseil: *the Council*
les notables: *the leading citizens*
une émeute: *an uprising*
une barque: *a row boat*
l'abnégation: *self-sacrifice*
la clémence: *mercy*
la trahison: *treason*
la sédition: *sedition*
la cour martiale: *court martial*
la peine de mort: *the death penalty*
une hache: *an axe*
un plaidoyer pour/contre: *a plea for/against*

> * La veuve était le surnom donné à la guillotine pendant la Révolution française. C'est important à savoir pour l'histoire!

Les verbes

se soûler: *to get drunk*
commettre un crime: *to commit a crime*
se venger: *to have one's revenge*
avoir du mal à (faire qqch): *to have a hard
    time (doing sth)*
perdre la face: *to lose face*
pardonner: *to forgive*
faire pousser des fleurs: *to grow flowers*

avoir confiance en qq'un: *to trust s.o.*
ramer: *to row*
s'enfuir: *to flee*
s'échapper = s'évader: *to escape*
faire fusiller qq'un: *to have s.o. shot*
être relevé de ses fonctions: *to be dismissed*
avoir raison/tort: *to be right/wrong*

Les adjectifs:

soûl(e) = ivre: *drunk*
sobre: *sober*
entêté(e): *stubborn*
pudique: *modest*
ambigu(ë): *ambiguous*
lâche: *cowardly*
lucide: *clear-sighted*
déchirant(e): *heartrending*

digne: *dignified*
résigné(e): *submissive*
abolitionniste: *abolitionist*

Autre:

autrement: *otherwise*
parmi: *among*

Traduisez!

1. Neel is a fisherman who commits a crime because he was drunk.
2. Madame La is stubborn and she would like Neel to flee with the row boat.
3. The Council members are cowardly, they are afraid of losing face and they don't trust anyone.
4. They have difficulty finding an executioner among the people of Saint-Pierre.

Le port de Saint-Pierre aujourd'hui

Maison de pêcheur

2 Repères culturels

1. Où les îles de Saint-Pierre-et-Miquelon se trouvent-elles?
2. De quelle nationalité les habitants sont-ils?
3. A quoi fait-on référence quand on parle de "la métropole"?
4. Où la Martinique et Fort-de-France se situent-elles? La Martinique est-elle française?
5. Quelle était la situation politique en France en 1849? Quel type de gouvernement avait-on?
6. De quand date la guillotine?
7. En quelle année la peine de mort a-t-elle été abolie en France?
8. Que veut dire le mot "sédition"? Expliquez-le en français.
9. A quoi sert une cour martiale?

3 Le contexte

Réfléchissez aux conditions de vie dans une île comme Saint-Pierre-et-Miquelon en 1849:

1. Comment les gens étaient-ils approvisionnés en nourriture et en vêtements?
2. Comment avaient-ils des nouvelles de leurs famille, et de France en général?
3. Pouvaient-ils facilement quitter l'île et aller rendre visite à leurs "voisins" de Terre-Neuve?
4. De quoi les gens souffraient-ils à votre avis?

Souvenez-vous!

Les Etats-Unis à la même époque:

1844: 1ère ligne télégraphique électrique entre Baltimore et Washington

1845: Forte immigration d'Irlandais (grande famine en Irlande)

1846-1648: Guerre contre le Mexique (-> le TX, le NM et la CA font partie de l'Union)

1848: Ruée vers l'or en CA

1849: Mort d'Edgar Allen Poe

1852: Publication de *Uncle Tom's Cabin* (roman anti-esclavagiste)

1861: Lincoln Président

1861-1865: Guerre de Sécession

1865: Fondation du Ku Klux Klan

1867: Achat de l'AK à la Russie

1869: 1ère liaison ferrée Atlantique-Pacifique.

Rue de Saint-Pierre sous la neige en 1932

4 A savoir avant de visionner le film

* Durée: 1h52
* Genre: Drame
* Public: R (mais classé "Tous publics" en France!)
* Tournage: Le film a été tourné à Saint-Pierre, à Terre-Neuve, en Nouvelle-Ecosse et au Québec.
* Note: Le film est lent et très triste. Ne vous attendez pas à ce que la fin soit plus heureuse que le début!

Procession à Saint-Pierre en 1932

PREMIERE APPROCHE

1 L'histoire

Les personnages:

Madame La = Pauline	Juliette Binoche
Le Capitaine = Jean	Daniel Auteuil
Neel Auguste	Emir Kusturica
Louis Ollivier	
le Gouverneur	

1. Qui voit-on dans la première scène? Comment est-elle habillée? Pourquoi?
2. Décrivez les conditions de travail des pêcheurs.
3. Que font les hommes quand ils rentrent de la pêche?
4. Pourquoi les deux hommes tuent-ils le Père Coupard?
5. Décrivez le procès des deux criminels.
6. Par quoi la scène du procès est-elle interrompue? Pourquoi ces deux interruptions?
7. Comment Louis Ollivier meurt-il?
8. Pourquoi Madame La propose-t-elle à Neel de l'aider à faire la serre?
9. Que pense le Gouverneur des sorties de Neel et de Madame La? De quoi a-t-il peur?
10. Pourquoi le Capitaine s'oppose-t-il au Gouverneur quand ils parlent de Madame La?
11. Que comprend-on sur la relation entre Jeanne-Marie et Neel? Qui est le père de la petite fille?
12. Que partagent Madame La et Neel?
13. Pourquoi la Martinique envoie-t-elle une guillotine mais pas de bourreau?
14. Pourquoi, et comment, la population change-t-elle d'opinion envers Neel?
15. Pourquoi le Gouverneur a-t-il tant de mal à trouver un bourreau parmi les habitants de St-Pierre?
16. Quels avantages matériels le bourreau aura-t-il?

L'île aux Chiens, le lieu du crime

17. M. Chevassus a-t-il envie d'être bourreau? Pourquoi le fait-il?

18. La population accepte-t-elle l'argent offert pour tirer le bateau qui apporte la guillotine? Pourquoi Neel accepte-t-il?

19. Pourquoi le Capitaine dit-il aux gens qui manifestent de rentrer chez eux? A-t-il raison? Que se serait-il passé autrement?

20. Que pense le Capitaine quand Madame La et Neel partent en barque donner l'argent à Jeanne-Marie?

21. Comment le Conseil prend-il la décision du Capitaine de ne pas faire assurer l'exécution de Neel?

22. Pourquoi Madame La veut-elle que Neel s'enfuie? Pourquoi refuse-t-il?

23. Pourquoi le Capitaine est-il relevé de ses fonctions?

24. Pourquoi Madame La pense-t-elle que le rappel de Jean à Paris est de sa faute? A-t-elle raison?

25. Comment l'exécution de Neel se passe-t-elle?

26. Qu'arrive-t-il au Capitaine?

27. L'exécuteur est-il resté à St-Pierre? Pourquoi à votre avis?

2 Analyse d'une photo

1. Où cette scène se passe-t-elle?
2. Que font Madame La et Neel?
3. Regardez leurs doigts. Est-ce éloquent?
4. Quelle impression avez-vous en regardant leurs visages?

3 Analyse de citations

Analysez les citations suivantes en les replaçant dans leur contexte :

1. Le Gouverneur: "De grâce, pour une fois, déplaisez à votre épouse et enfermez l'assassin!"

2. Madame La: "On condamne quelqu'un et c'est un autre qui est puni."

3. Le Capitaine: "Je suis venu vous avertir qu'en toute conscience je refuse de faire assurer l'exécution du condamné Neel Auguste par le détachement militaire. C'est ainsi. La chose n'est pas à négocier."

APPROFONDISSEMENT

1 Vocabulaire

Enrichissez votre vocabulaire !

La justice

un cambriolage: *a housebreaking*
un vol: *a robbery*
un viol: *a rape*
un homicide volontaire: *a murder*
un homicide involontaire: *manslaughter*
commettre un crime: *to commit a crime*
le suspect: *the suspect*
l'accusé(e): *the defendant*
le/la coupable: *the guilty party*
la victime: *the victim*
l'enquête: *the investigation*
une piste: *a lead*
un mobile: *a motive*
une preuve: *a piece of evidence*

un témoin: *a witness*
le tribunal: *the courtroom*
le procès: *the trial*
le juge: *the judge*
les jurés: *the jury*
un avocat: *a lawyer*
défendre: *to defend*
être arrêté(e): *to be arrested*
être interrogé(e): *to be questioned*
avouer: *to confess*
être condamné(e) à: *to be sentenced to*
être incarcéré(e): *to be jailed*
la réclusion à perpétuité = la prison à vie: *life sentence*

La pêche

un bateau de pêche: *a fishing boat*
un filet: *a net*
un poisson: *a fish*
   une truite: *a trout*
   un saumon: *a salmon*
   un thon: *a tuna*
   une sole: *a sole*

des fruits de mer: *seafood*
   une huître: *an oyster*
   une moule: *a mussel*
   un crabe: *a crab*
   une crevette: *a shrimp*
   un homard: *a lobster*

Jouez avec les mots!

A. De qui parle-t-on?
1. Il défend l'accusé: _____
2. Il a assisté au cambriolage: _____
3. Elle est morte assassinée: _____
4. Il travaille au tribunal: _____
5. La police pense qu'il a commis le crime: _____
6. Ils décident de la culpabilité, ou non, de l'accusé: _____

B. Trouvez l'intrus:

1. serre	meurtrier	accusé	coupable
2. thon	morue	crabe	poisson
3. s'évader	se venger	s'enfuir	s'échapper
4. avocat	victime	suspect	défendre
5. bourreau	fusiller	émeute	peine de mort
6. filet	homard	huître	moule
7. se soûler	ivre	ramer	taverne
8. cellule	incarcéré	avouer	réclusion à perpétuité

2 Réflexion - Essais

LA VEUVE DE SAINT-PIERRE

1. Analysez l'amour qui unit le Capitaine et Madame La. Quelles preuves a-t-on de la solidité de ce couple?

2. Quels sentiments Madame La et Neel ont-il l'un pour l'autre? Est-ce clair?

3. Pourquoi Madame La entreprend-elle de réhabiliter Neel? Pour qui le fait-elle? Qu'a-t-elle à y gagner?

4. Pourquoi le Capitaine laisse-t-il à sa femme la plus grande liberté? Est-ce une femme comme les autres?

5. Quel personnage préférez-vous? Pourquoi?

6. Quel portrait le film dresse-t-il de l'Administration et des notables?

7. Pensez-vous, comme Madame La, que "les hommes peuvent être mauvais un jour et bons le lendemain"?

8. Quel rôle le temps a-t-il dans cette histoire? Les relations entre les personnages seraient-elles différentes s'ils ne se savaient pas pressés par le temps?

9. Finalement, trouvez-vous que ce film est avant tout un plaidoyer contre la peine de mort, ou une grande histoire d'amour?

3 Analyse d'une scène : Madame La fait la connaissance de Neel (24:10 à 27:03 après le début)

> ## Vocabulaire spécifique à cette scène
>
> un service à thé (*a tea set*) • mener (*to lead*) • un bruit de fond (*a background noise*) • une voix (*a voice*) • une mouette (*a seagull*) • meublé(e) (*furnished*) • éclairé(e) (*lit*) • le comportement (*behavior*) • en retrait (*set back*)

A. Ecoutez

1. A quel moment a-t-on de la musique? Que ressent-on quand elle s'arrête?
2. Qui mène la conversation? Quel rôle a le Capitaine?
3. Quels bruits de fond entend-on quand le Capitaine explique à Neel les projets de sa femme?
4. Décrivez la voix de Neel. Est-elle bien adaptée à son personnage?
5. Qu'entend-on quand Neel arrive dans la cour? Pourquoi le réalisateur a-t-il choisi ce bruit de fond?

B. Observez

1. Décrivez la pièce: Comment est-elle meublée? décorée? éclairée?
2. Madame La ne dit pas grand-chose au début, mais que révèlent ses gestes et son comportement?
3. La caméra est-elle fixe? Que fait-elle? Pourquoi?
4. Remarquez le placement des personnages: Qui se fait face? Qui est en retrait? Qui est au milieu? Pourquoi le réalisateur a-t-il voulu placer les acteurs ainsi?
5. Neel ne dit presque rien mais il est expressif. Qu'est-ce que ses différentes expressions révèlent?

C. Cette scène dans l'histoire

1. Pour qui cette scène est-elle importante?
2. Comparez la façon dont Neel sort de sa cellule au début, et y retourne à la fin. Qu'est-ce qui a changé?
3. Y a-t-il d'autres scènes dans le film où les trois personnages sont ensemble, et seulement tous les trois?
4. Qu'est-ce que nous, spectateurs, apprenons dans cette scène?

D. Langue

1. Le passé

Conjuguez les verbes au temps du passé qui convient (passé composé, imparfait, plus-que-parfait).

a. Quand Madame La _____ (proposer) à Neel de faire la serre, cela _____ (faire) longtemps qu'elle _____ (s'intéresser) aux fleurs.

b. Neel et Ollivier _____ (tuer) le Père Coupard car ils _____ (parier) pour savoir s'il _____ (être) gros ou gras.

c. Quand le procès de Neel _____ (s'ouvrir), le Conseil
_____ (déjà prendre) sa décision.
d. Comme ils _____ (ne pas avoir) de guillotine, ils
_____ (ne pas pouvoir) exécuter Neel.
e. M. Chevassus _____ (ne pas avoir envie) d'être bourreau,
mais le Conseil _____ (ne pas lui donner) le choix.
f. Neel _____ (expliquer) au Capitaine qu'il _____
(s'enfuir), mais qu'il _____ (décider) de revenir.
g. Le Gouverneur _____ (vouloir) se venger du Capitaine car
il _____ (s'opposer) à lui trop souvent.
h. Quand le film _____ (commencer), les soldats _____
(déjà fusiller) le Capitaine.

2. **Pronoms personnels**

Les phrases suivantes sont extraites des dialogues de la scène
étudiée. Complétez-les avec le pronom personnel qui convient.

a. Parlez entre _____, je vais faire du thé.
b. Ma femme veut _____ demander de faire le jardin, enfin,
de _____'aider avec les fleurs.
c. Si ça ne _____ plaît pas, tu dis non, mais si tu dis oui, il faudra
_____ faire bien.
d. Tu _____ connais _____ fleurs, toi?
e. N'_____ parlons plus. Personne ne t'_____ oblige.
f. Voulez-vous _____'aider à faire un jardin dans la petite cour?
g. Je _____ montrerai.
h. Tu peux t'_____ aller alors.
i. Tu auras mieux à manger, comme si je _____ payais. Je ne veux
pas gagner sur _____.

3. **Conjonctions**

Choisissez une conjonction de la liste pour que chaque phrase ait
du sens. Toutes les conjonctions doivent être utilisées. Remarquez
le mode des verbes (indicatif ou subjonctif), cela vous aidera!

pourvu que	car	bien que	dès que	jusqu'à ce que
après que	comme	pourtant	sans que	à moins que
de peur que	en attendant que			

a. Le Capitaine doit s'occuper de Neel _____ la guillotine
arrive.
b. Le Gouverneur veut enfermer Neel _____ il ne s'enfuie.
c. _____ il fasse très froid à Saint-Pierre, Madame La réussit
à faire pousser des fleurs.
d. Neel rend des services à la communauté _____ la
guillotine arrive.
e. Le Capitaine donne de la liberté à Neel _____ il ne
s'échappe pas.
f. Neel va être guillotiné, _____ c'est un homme bon.
g. Il sera très difficile de trouver un bourreau sur l'île, _____
quelqu'un de l'extérieur n'arrive.
h. _____ M. Chevassus a accepté d'être bourreau, il a
commencé à monter la guillotine.
i. _____ Neel sait qu'il va mourir, il accepte de tirer le
bateau.

j. Madame La se sent coupable _____ elle pense que les problèmes de Jean sont de sa faute.

k. Le Capitaine et Madame La quittent Saint-Pierre _____ elle sache réellement la gravité de la situation.

l. Madame La porte le deuil _____ son mari a été fusillé.

E. Sketch

Imaginez que cette scène se soit déroulée différemment: Madame La fait une proposition différente à Neel, ou bien Neel refuse de faire la serre et demande autre chose. Ecrivez le dialogue et jouez-le avec vos camarades.

LE COIN DU CINEPHILE

1 Première / dernière scène

Sont-elles différentes? Pourquoi?

2 Les couleurs

Quelles couleurs dominent le film? Pourquoi? Donnez des exemples.

3 Sous-titres

La scène suivante a lieu dans le bureau du Gouverneur, qui veut parler de Madame La au Capitaine. Comparez l'original en français et les sous-titres en anglais, puis répondez aux questions:

1. Je vous reçois sans tralala mon cher.	*No ceremony today, my dear fellow.*
2. Ce bureau est la pièce la mieux chauffée, profitez-en. Mettez-vous à l'aise.	*This is the warmest room in the place.* *Make yourself comfortable.*
3. Je suis à l'aise, merci. [...]	*I am, thank you. [...]*
4. A propos de... votre épouse, vous êtes au courant?	*By the way, have you heard about your wife?*
5. Sûrement.	*Probably.*
6. Et alors? Trouvez-vous cela normal?	*Well? Do you find it normal?*
7. Quoi?	*What?*
8. Trouvez-vous normal qu'elle se fasse accompagner d'un assassin?	*That she should go around with a killer?*
9. Pour ma part, vous savez, qu'il s'enfuie ou pas... Mais imaginez que la métropole nous envoie la veuve et le bourreau qu'on lui réclame et qu'il n'y ait plus personne à raccourcir!	*He can escape for all I care... But imagine France sends us the guillotine and executioner, and there's no one left to top!*

a. 1ère réplique: Que veut dire "sans tralala"? Est-ce bien traduit?

b. 2ème réplique: "profitez-en" n'est pas traduit. Trouvez-vous cette omission gênante? Change-t-elle le sens de la réplique?

c. 5ème réplique: L'adverbe "probably" est-il la traduction exacte de "sûrement"? Se justifie-t-il ici?

d. 8ème réplique: Qu'est-ce que "should" traduit? Est-ce un usage courant de should? Est-ce une bonne traduction?

e. 9ème réplique: Comment "la métropole" et "la veuve" sont-ils traduits? Pourquoi?

f. 9ème réplique: A quel registre de langue "raccourcir" (utilisé dans ce contexte) appartient-il? "To top" est-il donc bien choisi?

AFFINEZ VOTRE ESPRIT CRITIQUE

1 Titre

Pourquoi le film s'appelle-t-il *La veuve de Saint-Pierre*? Qui est la veuve? La traduction anglaise du titre rend-elle bien ce double sens? Pourquoi?

2 Comparaison d'affiches

Vous allez comparer l'affiche française de *La veuve de Saint-Pierre* et l'affiche américaine. Pour trouver l'affiche française, allez sur www.affichescinema.com, cliquez sur "Voir les affiches", puis sur "V", puis sur "Veuve de Saint-Pierre". L'affiche américaine se trouve sur le site de Internet Movie Database (www.imdb.com) . Vous pouvez agrandir et imprimer les affiches pour faciliter votre travail.[1]

1. Quels sont les personnages présentés sur chaque affiche? Que font-ils? Quel personnage n'est pas présent? Est-ce étonnant?

2. Quelle est la couleur dominante dans chacune?

3. Quels éléments les affiches ont-elles en commun?

4. Est-ce qu'elles évoquent la même chose? A-t-on l'impression d'avoir affaire au même film?

3 Actualité de cette histoire

Cette histoire est-elle encore d'actualité? Qu'arriverait-il au condamné qui aurait commis un crime similaire à notre époque? Serait-il condamné de la même façon en France et aux Etats-Unis?

---

1   Vous remarquerez que les affiches ne sont pas de très bonne qualité, surtout si vous les agrandissez. C'est la seule solution qu'ont les sites internet qui hébergent des photos et des affiches de films. La loi les autorise à le faire si les photos sont de basse résolution.

4 Les critiques

1. Jean Vallier, dans sa critique du film (*France-Amérique*, 3 mars 2001), écrit que "Patrice Leconte […] a choisi d'aborder un de ces sujets héroïques qui permettent à des êtres d'exception en butte à la mesquinerie de leur environnement ou à l'étroitesse d'esprit de leur temps, de se révéler pleinement à l'issue d'un combat moral qui les entraînera à leur perte mais leur conférera l'auréole du héros". Etes-vous d'accord avec lui? Y a-t-il des êtres d'exception et des héros dans ce film? A quel combat moral fait-il référence?

2. "*La veuve de Saint-Pierre* est une œuvre que certains trouveront peut-être trop classique. Oui, c'est du cinéma classique, et alors? Qu'attend-on d'un film sinon qu'il nous transporte, qu'il nous fasse vibrer, qu'il nous déchire le cœur?" C'est la question que pose Thierry Klifa dans le *Studio* d'avril 2000. Avez-vous été transporté, avez-vous vibré, avez-vous eu le cœur déchiré en regardant ce film? Le trouvez-vous trop classique?

POUR ALLER PLUS LOIN

1 Parallèles avec d'autres films

1. **Juliette Binoche:** Comparez ses rôles dans *Le hussard sur le toit* et *La veuve de Saint-Pierre*. Pauline de Théus et Madame La (qui s'appelle aussi Pauline) vivent à des époques proches (1832 et 1849) dans deux mondes forts différents.
   a. Qu'est-ce que ces deux femmes ont en commun (pensez à leur caractère)?
   b. Qu'essaient-elles de faire?
   c. Comparez le triangle Pauline – M. de Théus – Angelo à celui que forment Madame La, le Capitaine et Neel. Les deux femmes sont-elles amoureuses de leur mari? Quelle place Angelo et Neel occupent-ils?

2. **La condition des femmes:** Comparez la condition des femmes dans *Ridicule*, *Le hussard sur le toit*, *La veuve de Saint-Pierre* et *Madame Bovary*. Pourquoi se marient-elles? Comment sont leurs maris? Quelle importance l'argent a-t-il? Sont-elles libres?.

3. **La fuite vers les Anglais:** Dans *Ridicule* les aristocrates fuient vers l'Angleterre pour échapper à la Révolution française. Dans *La veuve de Saint-Pierre* Neel a la possibilité de s'enfuir en allant "chez les Anglais" (c'est-à-dire à Terre-Neuve, aujourd'hui province canadienne mais qui appartenait à l'Angleterre en 1849). Pourquoi, dans les deux films, les personnages pensent-ils aux Anglais quand ils doivent fuir? Que représentait l'Angleterre à l'époque?

2 Saint-Pierre-et-Miquelon aujourd'hui

Cap aux Morts

Allez sur www.st-pierre-et-miquelon.com. Cliquez sur "Français" puis, à gauche, sur "Galerie de photos". Vous aurez ainsi accès à de nombreuses photos de l'île aujourd'hui. Choisissez-en trois, imprimez-les, et comparez-les à ce que l'on voit de Saint-Pierre-et-Miquelon dans le film. Est-ce que l'île a beaucoup changé? Qu'est-ce qui est différent? Ces photos vous font-elles penser à des lieux que vous connaissez aux Etats-Unis ou au Canada?

3 Lectures

A. **Affaire Néel Auguste & Ollivier Louis.**

Au début du film, on entend Juliette Binoche dire "L'énoncé[1] des faits authentiques de cette histoire repose aux greffes[2] de la mairie de Saint-Pierre". Le film est basé sur cette histoire vraie, racontée en 1938 par un témoin,[3] Emile Sasco. Lisez son témoignage et comparez-le au film en répondant aux questions.

Un meurtre à l'île-aux-Chiens

La veille[4] du crime

Le crime commis fin décembre 1888 à l'île-aux-Chiens ne fut pas un assassinat comme la légende s'en est accréditée dans la Colonie, car il n'y eut ni préméditation, ni guet-apens,[5] mais un meurtre accompagné de vol qualifié.[6] Voici d'ailleurs les faits tels qu'ils résultent de l'information judiciaire.

Dans la journée du lundi 31 décembre 1888, la paisible population de l'Ile aux Chiens était mise en émoi.[7] Le père Coupard, François, marin-pêcheur, âgé de 61 ans, célibataire, était trouvé mort dans sa cabane de pêche, le corps horriblement mutilé.

[... *les voisins de Coupard ont entendu beaucoup de bruit L'île aux Chiens pendant la nuit, et vont faire une déclaration à la police...*]

Découverte du crime et arrêt des suspects

[... *visite de la maison de Coupard par les gendarmes, qui ne remarquent rien d'anormal. Découverte du corps par deux amis de Coupard...*]

Le Parquet[8] immédiatement prévenu[9] se transporta sur les lieux pour procéder aux premières constatations, en présence du Docteur Camail, médecin de la localité. Le cadavre[10] avait été déposé entre deux coffres[11] et tassé en boule,[12] la tête repliée[13] sous la poitrine et les jambes infléchies[14] sous l'abdomen. Quand on retira[15] le cadavre de la position où il était, un horrible spectacle glaça d'horreur les assistants.[16] Le corps de Coupard était atrocement mutilé. [...*description des mutilations...*] Sans doute, le ou les meurtriers pressés par le temps ou de crainte d'être surpris, n'avaient pu achever[17] leur horrible boucherie.[18] Jetant le cadavre là où il était trouvé et

1   the terms
2   in the court records
3   a witness
4   the day before
5   ambush
6   aggravated theft
7   in a commotion
8   public prosecutor's office
9   informed
10 body
11 chests
12 packed into a ball
13 tucked under
14 bent
15 pulled out
16 those present
17 finish
18 slaughter

l'ayant recouvert d'une voile de wary,[19] ils avaient pris la fuite, s'emparant[20] de tout ce qui pouvait être emporté.

Les soupçons[21] se portèrent tout naturellement sur Ollivier qui avait disparu avec l'embarcation[22] de son patron et, suivant une supposition assez vraisemblable,[23] avait gagné la côte voisine de Terre-Neuve. Il était donc intéressant de rechercher si ce marin avait commis le crime seul ou en compagnie de complices. Lundi soir seulement, on apprenait qu'Ollivier avait été vu, la veille, avec un individu nommé Néel et que tous deux avaient fait des stations[24] et de nombreuses libations[25] dans les deux cabarets de l'Ile-aux-Chiens, jusqu'à dix heures du soir. Néel, bien connu dans cette localité, demeurait[26] à Saint-Pierre. [… *description du travail de la police pour retrouver et arrêter les deux coupables, qui n'ont pas pu fuir à cause du vent et donc de l'état de la mer…*]

L'île aux Chiens

A peine arrêtés, Néel et Ollivier étaient conduits sous bonne escorte sur les lieux du crime pour y être confrontés avec le cadavre de Coupard. Ils firent des aveux complets.[27] Néel aurait frappé le premier, Ollivier n'aurait frappé qu'après, sur l'invitation de son complice. Interrogés pour savoir dans quel but ils avaient tenté de dépecer[28] le cadavre de leur victime, ils répondirent que c'était pour savoir "s'il était gras" et que d'ailleurs ils étaient saouls perdus[29]…

Sur leur parcours,[30] les meurtriers purent se rendre compte combien leur abominable forfait[31] avait soulevé l'indignation publique. Les femmes notamment en voulaient[32] surtout à Néel, qu'une vie de désordre avait conduit jusqu'au crime.

Le procès[33] et la condamnation à mort

L'instruction[34] de cette affaire menée rapidement permettait au Tribunal criminel de se réunir en session le mardi 6 février 1889. Les débats durèrent deux jours. […] La salle d'audience[35] était comble.[36] L'acte d'accusation lu par le greffier[37] Siegfriedt, il est procédé à l'interrogatoire[38] des accusés qui ont déclaré se nommer, Néel Joseph Auguste, né à Saint-Pierre, le 29 mai 1860, marin-pêcheur, Ollivier Louis, né à Coatraven (Côtes du Nord[39]) le 31 octobre 1863, également marin-pêcheur.

[…*description du crime et de la tentative de fuite des accusés…*]

Néel et Ollivier ne cessèrent d'arguer de leur état d'ivresse[40] sinon pour excuser, du moins pour atténuer[41] l'atrocité de leur crime. Ollivier, garçon aux manières lourdes, au cou de taureau[42] et dont l'intelligence paraît étouffée[43] sous la force physique, Ollivier qui joua dans ce drame un rôle plutôt passif, pressé d'expliquer pourquoi il avait obéi aveuglément[44] à Néel qu'il connaissait à peine,[45] tandis qu'il avait toujours déclaré que Coupard avait toujours été bon pour lui, ne put donner aucune raison.

[… *témoignage des témoins et des habitants…*]

Le Procureur de la République[46] requit[47] la peine capitale contre Néel et ne s'opposa pas à l'admission de circonstances atténuantes[48] en faveur d'Ollivier. Néel, d'après le Ministère public, ayant exercé sur Ollivier une sorte de fascination incompréhensible, voisine de l'hypnotisme.[49]

[…*plaidoirie[50] des avocats[51] des deux accusés…*]

Après une délibération assez courte, le Tribunal criminel rapportait un verdict affirmatif sur toutes les questions posées, avec admission de

19 a type of sail
20 grabbing
21 suspicions
22 the boat
23 likely
24 had stopped
25 and drunk
26 lived
27 made a full confession
28 to cut up
29 drunk out of their minds
30 on the way
31 crime
32 had a grudge against
33 trial
34 the investigation
35 the courtroom
36 packed
37 the clerk
38 cross-examination
39 a "département" in northern Brittany in France
40 kept repeating that they were under the influence
41 to mitigate
42 bull
43 smothered
44 blindly
45 hardly
46 the public prosecutor
47 called for
48 mitigating circumstances
49 this sentence is incorrect (it is missing a conjugated verb)
50 defense speech
51 lawyers

circonstances atténuantes en faveur d'Ollivier seulement. Néel était condamné à la peine de mort et Ollivier à dix ans de travaux forcés.[52] Ollivier s'en retirait à bon compte.[53]

L'opinion publique, tout en respectant l'arrêt de justice, pensa néanmoins qu'il y avait trop de disproportion entre les deux peines.[54] Si Néel méritait la peine capitale, la peine appliquée à son co-auteur n'était pas assez élevée.

[... *arrivée de Néel à la prison...*]

Le pourvoi[55] de Néel

Le 9 février, Néel se pourvoit en cassation[56] contre l'arrêt du Tribunal criminel, mais pour parer à l'éventualité[57] du rejet de son pourvoi, il formait un recours en grâce[58] le 9 avril suivant. [... *description des formalités administratives...*]

A l'unanimité, le Conseil émettait l'avis que dans un but de préservation sociale, il n'y avait pas lieu[59] d'appuyer[60] le recours du condamné, l'horrible cruauté qui marquait le meurtre de Coupard excluait tout sentiment de commisération. D'autre part, il importait de ne pas laisser dans le public cette croyance que la meilleure excuse à présenter devant la justice était son état d'ivresse.

D'ailleurs, à ces raisons s'en ajoutait une autre qui n'était point en effet sans importance. Deux condamnations à mort pour assassinat prononcées en 1876 et 1886 avaient été commuées[61] en celles des travaux forcés à perpétuité.[62] Depuis lors, et il faut bien le dire, ces deux mesures de clémence avaient eu pour résultat d'accréditer[63] dans la population l'idée que la peine de mort était virtuellement abolie aux île Saint-Pierre et Miquelon, faute[64] de pouvoir l'y faire exécuter dans les formes prescrites par le code pénal français.

[...*description des difficultés rencontrées par l'administration: refus de Paris d'envoyer une guillotine et un exécuteur, envoi (le 26 juillet) d'une guillotine par la Martinique, projets pour trouver un exécuteur sur l'île...*]

Arrivée de la guillotine, recherche d'un bourreau

La guillotine arrivait à St-Pierre le 22 août. C'était une vieille machine datant presque du début de son invention. Ne disait-on pas qu'elle avait servi à l'exécution de la malheureuse reine Marie-Antoinette. [...*description de la guillotine...*]

[...*difficultés à trouver un bourreau: tout le monde refuse, malgré les avantages offerts. Finalement, Jean-Marie Legent, emprisonné pour vol, accepte. La guillotine est testée sur un veau,[65] qu'elle décapite,[66] mais pas complètement. Il faut finir le travail avec un couteau. L'avocat de Néel proteste: les conditions de l'exécution l'inquiètent...*]

L'exécution de Néel

Et nous voilà enfin au matin de l'exécution. Un soleil radieux, après trois semaines de brume[67] intense va éclairer[68] la scène tragique. La plus grande partie de la population est sur pied.

[...*description de la dernière nuit de Néel...*]

Très doucement, le Procureur de la République le touche à l'épaule. Néel ouvre les yeux et se dresse sur son séant.[69] A la nouvelle qu'il n'a plus de grâce[70] à attendre que dans la miséricorde[71] Divine, il répond "Oh! la mort ne me fait pas peur" et il ajoute "il y a longtemps que je serais mort

52 hard labor
53 was getting off lightly
54 sentences
55 appeal
56 lodged an appeal
57 to guard against the possibility
58 a plea for clemency
59 there was no reason
60 to support
61 commuted
62 for life
63 to give credence
64 *here*: because it was not possible to
65 calf
66 beheads
67 fog
68 to shine on
69 sits up
70 pardon
71 mercy

sans M. et Mme Sigrist. Ils ont été bons pour moi. Je veux les remercier avant de mourir". Le gardien de la prison, fort émotionné[72] lui dit: "Mon pauvre Néel, du courage", et en discourant[73] gravement sur les motifs de sa condamnation, Néel s'habille seul, sans tâtonnement,[74] refusant l'aide du gendarme Dangla qui se tient[75] à l'entrée de la cellule.

[... *préparatifs pour l'exécution, et trajet*[76] *de la prison à la guillotine...*]

Une foule assez compacte parmi laquelle on remarque quelques femmes se tient silencieuse, maintenue à distance par un cordon[77] de militaires de la compagnie de la discipline.

Le condamné descend de voiture et d'un pas ferme, s'achemine[78] vers la guillotine dont la vue ne parvient pas à amollir[79] le courage. Reconnaissant Legent, il lui reproche le redoutable service que l'on attend de lui, puis de la plate-forme, d'un pied de hauteur où il est monté, s'adressant à la foule d'une voix forte: "Que[80] mon exemple serve de leçon, dit-il; j'ai tué, on va me tuer, ne faites pas comme moi". Il embrasse le crucifix que lui présente l'aumônier[81] et lui demande d'accompagner son cadavre au cimetière, ne voulant pas, dit-il, "être enterré[82] comme un chien". [... *travail des exécuteurs pour installer Néel sur l'échafaud...*]

Enfin! Enfin! L'exécuteur Legent a repris son sang-froid[83] et lâche la corde,[84] le couperet[85] tout en brinquebalant[86] dans la rainure des montants,[87] s'abat[88] lourdement. Justice est faite! Comme on l'avait prévu, la tête du décapité reste suspendue sur le bord du récipient,[89] Legent d'un coup de couteau, tranche[90] l'adhérence.

Au lieu d'être placé dans un endroit discret, le cercueil[91] destiné à recevoir les restes[92] du supplicié[93] avait été au contraire disposé devant la guillotine de sorte que le malheureux Néel pût le contempler durant sa terrible agonie.

Après cette dramatique exécution, la foule s'écoula[94] silencieusement, fortement impressionnée par ces incidents macabres. Le Procureur de la République Caperon, sous le coup d'une véritable émotion, pleure à chaudes larmes[95] et confie à celui qui écrit ces lignes que jamais plus il ne requerra la peine de mort.

[...*épilogue: le bourreau a dû rentrer en France, personne ne voulant l'embaucher sur l'île...*]

Saint-Pierre, le 19 février 1938. Emile Sasco.

72 quite upset
73 speaking
74 without fumbling
75 standing
76 trip
77 a line
78 heads for
79 to weaken
80 let
81 chaplain
82 buried
83 his cool
84 lets go of the rope
85 blade
86 rattling
87 the tracks of the scaffolding
88 falls
89 basket
90 severs
91 casket
92 the remains
93 the torture victim
94 drifted away
95 sobs

1. En quelle année le crime a-t-il été commis? A votre avis, pourquoi l'année a-t-elle été changée dans le film?

2. Le texte donne beaucoup de détails sur le meurtre et les mutilations. Est-ce le cas aussi dans le film? La caméra s'attarde-t-elle sur Coupard? Pourquoi?

3. Les deux coupables essaient-ils de fuir dans le film? Pourquoi?

4. Quelle était leur motivation? Comment la population a-t-elle réagi? Est-ce conforme au film?

5. En quoi le procès diffère-t-il de celui auquel on assiste dans le film? (pensez à sa durée, aux avocats, au pourvoi de Neel).

6. Ollivier Louis meurt-il accidentellement dans le texte? Pourquoi cet ajout dans le film?

7. L'administration, telle qu'on la voit dans le film, ressemble-t-elle à la description qu'en fait le texte?

8. Comment le bourreau a-t-il été trouvé? Comparez le texte et le film: pourquoi le film a-t-il changé la situation personnelle du bourreau (M. Chevassus)?

9. Qui sont M. et Mme Sigrist? Qui sont-ils dans le film?

10. La guillotine a-t-elle fonctionné? Comment Neel a-t-il été achevé?

11. Quelle version de l'histoire est la plus dramatique? Justifiez votre réponse.

B.   L'abolition de la peine de mort

La peine de mort a été abolie en France en 1981, après l'arrivée à la présidence de François Mitterrand. Celui-ci, pendant sa campagne, avait fait la déclaration suivante à une émission de télévision:

"Sur la question de la peine de mort, pas plus que sur les autres, je ne cacherai pas ma pensée. Et je n'ai pas du tout l'intention de mener ce combat à la face du pays en faisant semblant[1] d'être ce que je ne suis pas. Dans ma conscience profonde, qui rejoint celle des Églises, l'Église catholique, les Églises réformées, la religion juive, la totalité des grandes associations humanitaires, internationales et nationales, dans ma conscience, dans le for[2] de ma conscience, je suis contre la peine de mort. (...) Je suis candidat à la Présidence de la République et je demande une majorité de suffrages[3] aux Français, et je ne la demande pas dans le secret de ma pensée. Je dis ce que je pense, ce à quoi j'adhère, ce à quoi je crois, ce à quoi se rattachent mes adhésions spirituelles, mon souci[4] de la civilisation: je ne suis pas favorable à la peine de mort."

1 pretending
2 in the depth
3 votes
4 my concern

Il a été élu le 10 mai 1981, alors qu'une majorité de Français était favorable au maintien de la guillotine. Le 31 août, Robert Badinter, garde des sceaux[1], a déposé un projet de loi[2] abolissant la peine de mort, examiné par l'Assemblée nationale le 17 septembre. Pour l'occasion, Robert Badinter a prononcé le discours suivant:

1 French Minister of Justice (the equivalent of the Attorney General in the US)
2 filed a bill

"Monsieur le président, mesdames, messieurs les députés, j'ai l'honneur, au nom du Gouvernement de la République, de demander à l'Assemblée nationale l'abolition de la peine de mort en France. En cet instant, dont chacun d'entre vous mesure la portée[1] qu'il revêt pour notre justice et pour nous, je veux d'abord remercier [...] tous ceux, quelle que soit[2] leur appartenance politique[3] qui, au cours[4] des années passées, notamment au sein[5] des commissions des lois précédentes, ont oeuvré[6] pour que l'abolition soit décidée, avant le changement politique majeur que nous connaissons [...]"

Cette communion d'esprit, cette communauté de pensée à travers les clivages[7] politiques montrent bien que le débat qui est ouvert aujourd'hui devant vous est d'abord un débat de conscience et le choix auquel chacun d'entre vous procédera l'engagera personnellement [...].

[...].Demain, grâce à vous, la justice française ne sera plus une justice qui tue. Demain, grâce à vous, il n'y aura plus pour notre honte[8]

1 its impact
2 whatever
3 political affiliations
4 during
5 within
6 have strived for
7 divisions
8 isgrace

commune, d'exécutions furtives,[9] à l'aube, sous le dais[10] noir, dans les prisons françaises. Demain les pages sanglantes[11] de notre justice seront tournées.

À cet instant plus qu'à aucun autre, j'ai le sentiment d'assumer[12] mon ministère, au sens ancien, au sens noble, le plus noble qui soit, c'est-à-dire au sens de "service". Demain, vous voterez l'abolition de la peine de mort. Législateur français, de tout mon coeur, je vous remercie."

9 stealthy
10 canopy
11 bloody
12 to take on

Il a fait forte impression et le projet a été voté le lendemain. Les députés l'ont adopté par 363 voix contre 117 et le Sénat l'a entériné[13] quelques jours plus tard. Le 9 octobre 1981, l'article premier de la loi stipulait: "La peine de mort est abolie".

13 ratified

1. Comment François Mitterrand essaie-t-il d'être convaincant?
2. Qui mentionne-t-il pour montrer que ses idées sont partagées? Est-ce adroit?
3. Comment Robert Badinter insiste-t-il sur le caractère exceptionnel de la décision que vont prendre les députés?
4. D'après ce discours, avez-vous l'impression que c'est un homme ouvert?
5. Quel vocabulaire utilise-t-il pour décrire la peine de mort?
6. Expliquez ce qu'il veut dire par "notre honte commune".
7. Quel est le dernier mot de son discours? Qu'est-ce qu'il indique sur les espoirs de Badinter d'être entendu?

Au revoir les enfants

Présentation du film

Janvier 1944. Julien, 11 ans, est pensionnaire dans une école catholique. Un jour, un nouvel élève, Jean Bonnet, arrive au collège. Il est brillant, réservé et semble cacher un lourd secret. Julien et Jean deviennent amis.

Carte d'identité du réalisateur

Louis Malle (1932-1995) a réalisé des films d'une remarquable diversité, cherchant sans cesse à se renouveler. Il a d'abord été co-réalisateur, avec Jacques-Yves Cousteau, du *Monde du silence* (1956), puis a été l'assistant de Robert Bresson. Il a ensuite alterné des documentaires (*Vive le Tour*, 1963, *Calcutta*, 1969) et des films de fiction. Il aimait briser les tabous et a donc souvent fait l'objet de controverses (*Les amants*, 1959, *Fatale*, 1992), notamment aux Etats-Unis. Ses autres films marquants sont *Ascenseur pour l'échafaud* (1957), *Zazie dans le métro* (1959), *Le souffle au cœur* (1971), *Lacombe Lucien* (1974), *Atlantic City* (1981), *Au revoir les enfants* (1987), et *Milou en mai* (1990).

Carte d'identité des acteurs

Les jeunes acteurs d'*Au revoir les enfants* ont conservé un lien avec le cinéma. Gaspard Manesse est devenu compositeur (il a composé la musique de *Comme il vient* en 2002) et Raphaël Fejtö est réalisateur (il a écrit et réalisé *Osmose* en 2003 et *L'âge d'homme* en 2007).

L'heure de gloire

Au revoir les enfants a eu un immense succès critique et public. Il a remporté 7 César (dont ceux du meilleur film, meilleur réalisateur, meilleur scénario), a gagné le Prix Méliès et le Prix Louis-Delluc du meilleur film. A l'étranger il a, entre autres, remporté le Lion d'or du meilleur film étranger au Festival de Venise et a été nommé pour le Golden Globe et l'Oscar du meilleur film étranger.

PREPARATION

1 Vocabulaire

Vocabulaire utile avant de voir le film:

Les noms

une guerre: *a war**
un pensionnat: *a boarding school*
un dortoir: *a dorm*
les échasses: *stilts*
une alerte: *a warning*
un raid aérien: *an air-raid*
un abri: *a shelter*
un prêtre: *a priest*

un casier: *a locker*
le marché noir: *the black-market*
l'amitié: *friendship*
une chasse au trésor: *a treasure hunt*
une hostie: *a host (at communion)*
la milice: *the militia*
l'infirmerie: *the infirmary*
la culpabilité: *guilt*

> * "Guerre" et "war" ont la même origine. Ils viennent tous deux du francique (la langue des Francs) "werra".

Les verbes

pleurer: *to cry*

se moquer de qq'un: *to make fun of s.o.*

se cacher: *to hide*

protéger qq'un: *to protect s.o.*

fouiller (un endroit): *to search (a place)*

prier: *to pray*

se perdre: *to get lost*

avoir peur de qq'un/qqch: *to be scared of s.o./sth*

se battre contre: *to fight against*

communier: *to receive Holy Communion*

boiter: *to limp*

renvoyer qq'un: *to fire s.o.*

échanger: *to exchange*

dénoncer qq'un: *to inform against s.o./ to give s.o. away to the police*

trahir qq'un: *to betray s.o.*

se venger de qqch: *to take one's revenge for sth*

s'échapper: *to escape*

Les adjectifs

juif(-ve): *jewish*

privilégié(e): *privileged*

privé(e): *private*

jaloux(-se): *jealous*

chaleureux (-se): *warm (person)*

courageux(-euse): *courageous*

(in)juste: *(un)fair*

interdit(e): *forbidden*

raciste: *racist*

poignant(e): *deeply moving*

Traduisez!

1. The priest and the Jewish children were scared of the militia searching the boarding school.
2. He prayed at the dorm while the other children slept.
3. The whole school hid in the shelter during the air-raids.
4. Joseph betrayed the children by informing against them.

2 Repères culturels

Le film se passe pendant la Deuxième Guerre mondiale. Pour mieux comprendre le contexte, faites des recherches et répondez aux questions suivantes:

1. L'Occupation : A quelle période et par qui la France a-t-elle été occupée?
2. Pétain: Quel rôle avait-il pendant la guerre?
3. Le régime de Vichy: Qui était à la tête du gouvernement? Pourquoi s'est-il installé à Vichy? Avec qui le régime de Vichy travaillait-il?
4. Les zones: Que voulait dire "zone occupée", "zone libre", et "ligne de démarcation"?
5. La collaboration / les collaborateurs: Qui étaient les collaborateurs? Qui aidaient-ils?
6. Le couvre-feu: Qu'est-ce que c'est?
7. Le S.T.O. (Service du Travail obligatoire) : Qui était concerné? Où allait-on travailler?
8. La milice : Quand et par qui a-t-elle été créée? A quoi servait-elle?
9. La Gestapo : Qu'est-ce que c'était? Quels étaient ses pouvoirs?

Le maréchal Pétain s'adressant par la radio aux écoliers depuis l'école du village de Périgny (Allier), octobre 1941

10. Le marché noir: Qu'est-ce que c'est? Dans quelles situations se développe-t-il?

11. La Résistance : Quand et comment a-t-elle commencé? Que faisaient les résistants?

3 Témoignages

Lisez les témoignages suivants pour mieux comprendre ce que ressentaient les enfants et les adolescents pendant la guerre.

Gabriel Houdebine

* Né en 1934
* Habitait à Gonnord, un village du Maine-et-Loire
* Ecole primaire, externe

1. Vos professeurs parlaient-ils de la guerre en classe?

   Non, nous étions trop jeunes.

2. En parliez-vous avec vos camarades?

   Très peu pour la même raison et nos parents évitaient d'en parler devant nous. Les enfants étaient tenus à l'écart des grandes informations.

3. De quoi avez-vous souffert pendant la guerre?

   De quelques privations alimentaires mais en campagne nous étions privilégiés avec les fermes proches et la production familiale: jardin, basse-cour (poules, lapins) et cochon.

4. Saviez-vous que des gens étaient cachés?

   Nous avions très peu d'informations. Peu de journaux (censurés), pas de radio.

5. Saviez-vous que des gens étaient déportés?

   Il était beaucoup question des prisonniers et travailleurs obligatoires (STO), mais nous n'étions pas directement concernés par la déportation et ce n'est qu'à la fin de la guerre qu'il en a été question.

Bernadette Gaillard

* 6 à 10 ans pendant l'Occupation
* Habitait à Azay-sur Thouet, un village des Deux-Sèvres.
* Ecole primaire, externe

1. Vos professeurs parlaient-ils de la guerre en classe?

   Non, nous n'étions que de tout jeunes enfants.

2. En parliez-vous avec vos camarades?

   Non, les informations n'étaient pas les mêmes qu'aujourd'hui.

3. De quoi avez-vous souffert pendant la guerre?

   Beaucoup de privations (nourriture, habillement).

Nous ne sortions pas (aucun moyen financier, aucun moyen de locomotion).

Nous n'avions pas de jouets (à Noël: une orange et une paire de chaussettes tricotées par ma grande-mère avec de la laine de récupération).

Mais nous avions une famille très soudée, des parents attentifs et aimants. Nous étions heureux.

4. Saviez-vous que des gens étaient cachés?

Deux couples de réfugiés du Nord étaient hébergés chez mon grand-père. Une seule chambre sans eau ni toilettes les abritait. Après la guerre ils sont revenus, reconnaissants.

5. Saviez-vous que des gens étaient déportés?

Non. Par contre je me souviens de maquisards cachés dans la nature. L'un d'eux ayant tiré sur un cheval allemand, la vengeance a failli être très sévère. Les Allemands voulaient incendier tout le bourg. Devant cette terrible menace, mes parents voulaient nous mettre à l'abri dans des ravins (à 2km). Mais interdiction de sortir. Nous avons donc passé toute la nuit dans l'angoisse. Jamais je n'ai pu oublier.

Philippe Séjourné

- ❧ 12.5-16.5 ans pendant l'Occupation
- ❧ Habitait à Honfleur, en Normandie (zone très contrôlée) jusqu'à octobre 1942, puis à Beaune, en Bourgogne jusqu'en août 1944
- ❧ Pensionnaire à partir d'octobre 1941

1. Vos professeurs parlaient-ils de la guerre en classe?

Assez peu. Pourtant trois de mes professeurs furent arrêtés par la Police Allemande.

2. En parliez-vous avec vos camarades?

Oui. J'ai même été battu par deux plus grands (dont le papa était fonctionnaire de Vichy) pour avoir tenu des propos gaullistes.

3. De quoi avez-vous souffert pendant la guerre?

Physiquement: Nourriture insuffisante (d'où problèmes de santé et de croissance) mais les grandes villes étaient plus à plaindre que celles (petites et proches de la campagne) où nous habitions.

Moralement: Surtout à partir du moment où mon frère aîné est entré dans l'Armée Secrète (renseignements pour la Résistance et les Alliés). Nous n'avions que très peu de nouvelles de lui.

4. Saviez-vous que des gens étaient cachés?

Peu informés.

5. Saviez-vous que des gens étaient déportés?

Nous savions surtout que les résistants étaient arrêtés et fusillés. Nous savions aussi que certains gros commerçants (producteurs de vin en Bourgogne) exportaient vers l'Allemagne, ce qui était très mal considéré.

Lucienne Miège

* ❖ 9 ans au début de l'Occupation
* ❖ Habitait à Saint-Baldoph, un petit village de Savoie de 300 habitants.
* ❖ Petite école, externe.

1. Vos professeurs parlaient-ils de la guerre en classe?

   En général nos institutrices ne nous parlaient pas de la guerre, sauf lorsqu'il y avait alerte. Nous sortions de la classe pour aller dans les vignes toutes proches.

2. En parliez-vous avec vos camarades?

   Non, je ne me souviens pas que nous en parlions.

3. De quoi avez-vous souffert pendant la guerre?

   Nous ne souffrions pas de la faim dans ma famille car nous avions poules, lapins, cochon, vache, potager, arbres fuitiers. Nous portions le lait à le laiterie et en échange nous avions du beurre et du fromage et le complément en argent. Je me souviens que mon père a donné du sucre et du beurre au cordonnier pour qu'il me fasse une paire de chaussures d'hiver. Tous les étés une cousine femme de ménage à Paris nous apportait des vêtements. Une amie couturière en tirait profit et réadaptait les vêtements en taille et en longueur.

4. Saviez-vous que des gens étaient cachés?

   Oui, des jeunes gens de la commune se cachaient car les Allemands les recherchaient. Ils ont été dénoncés par une collaboratrice et son frère qui étaient favorables à la présence allemande. Ces derniers ont été tués par le maquis plus tard.

5. Saviez-vous que des gens étaient déportés?

   Un cafetier du village a été déporté en Allemagne et sa famille n'a plus jamais eu de ses nouvelles.

Joseph Séchet

* ❖ 13 à 17 ans pendant l'Occupation
* ❖ Habitait à 10km de Cholet dans la campagne profonde où l'occupant n'est pratiquement jamais passé. Une seule fois j'ai vu chez ma grand-mère épicière deux ou trois Allemands acheter du papier à lettre.
* ❖ Pensionnaire dans un petit séminaire où la vie était réglée comme dans un monastère, avec peu de contacts avec le monde extérieur.

1. Vos professeurs parlaient-ils de la guerre en classe?

   Je ne m'en souviens vraiment pas! Le corps professoral en exercice était très discret. Certains semblaient faire confiance à Pétain. Le prof de gym nous faisait chanter "Maréchal, nous voilà!".

2. En parliez-vous avec vos camarades?

   Assez peu, sauf à partir du mois de juin 1944. On savait des villes voisines bombardées. On voyait les avions.

3. De quoi avez-vous souffert pendant la guerre?

> D'avoir vu la débâcle des soldats français. Vu aussi des réfugiés de la région parisienne chez nous. Très peu de manque de nourriture car la campagne environnante fournissait l'essentiel. La distribution avec tickets me semble avoir assuré un minimum correct (sucre, café, huile...). Au petit séminaire, l'économat se fournissait dans les fermes des Mauges, généreuses.

4. Saviez-vous que des gens étaient cachés?

> Peu renseignés sur la situation des Juifs. Plus inquiets, surtout pendant les vacances où je vivais dans mon village familial, du recrutement pour le STO, ce travail obligatoire qui recrutait les jeunes de 18-20 ans. J'en ai connu, dans ma famille, qui se sont cachés pour échapper à cet enrôlement.

5. Saviez-vous que des gens étaient déportés?

> Dans le quartier où habitaient mes parents il y avait des radios et je me souviens de ces mots mystérieux qui mobilisaient la résistance. C'est à partir de ces derniers mois qu'on a appris toutes les misérables déportations du nazisme.

4 Bande-annonce

1. La bande-annonce présente les deux enfants principaux du film: Julien (le blond) et Jean (le brun). Que font-ils quand on les voit?

2. Quels lieux sont présentés dans le film?

3. La bande-annonce est en deux parties. En quoi sont-elles différentes?

4. Que sait-on à la fin de la bande-annonce? Qu'a-t-on appris, compris? Quel rôle joue la musique?

5 A savoir avant de visionner le film

✤ Durée: 1h44

✤ Genre: Drame

✤ Public: Adultes et adolescents (PG)

✤ Tournage: Le film a été tourné à Provins, en Seine-et Marne (à une centaine de kilomètres à l'est de Paris).

✤ Notes: *Au revoir les enfants* est basé sur un incident que Louis Malle a vécu. Quand il était au collège d'Avon, le Père Jacques (le Père Jean du film), dont la personnalité réelle était très différente du personnage du film, cachait trois enfants juifs. Hans-Helmut Michel (Jean Bonnet dans le film) est resté un an au collège mais Louis Malle le connaissait peu et ils n'étaient pas amis. Il ne savait pas non plus que le garçon était juif et qu'il était caché. Les dernières scènes du film sont fidèles aux souvenirs de Louis Malle. Le reste du film a été inventé par le réalisateur qui aurait voulu être ami avec ce garçon brillant et différent. En janvier 1944 les Français savaient qu'un débarquement allié était en préparation. Ils ne savaient évidemment ni quand ni où il aurait lieu.

Le Père Jacques

PREMIERE APPROCHE

1 L'histoire

Les personnages:

Julien	Gaspard Manesse
Jean	Raphael Fejtö
François (le frère de Julien)	Stanislas Carré de Malberg
Madame Quentin (la mère de Julien et François)	Francine Racette
le Père Jean	Philippe Morier-Genoud
Joseph (travaille à la cuisine)	François Négret
Négus (un autre enfant juif)	Arnaud Henriet

1. Pourquoi la mère de Julien ne peut-elle pas le garder avec elle? Où l'envoie-t-elle?
2. Trouvez-vous que Julien a des raisons de pleurer?
3. Quelle sorte de collège est-ce? Est-ce confortable? Le trouvez-vous très discipliné?
4. Comment les enfants sont-ils habillés?
5. Comment Jean est-il accueilli par les autres élèves?
6. Que font les élèves et les professeurs quand il y a une alerte?
7. Comment Julien commence-t-il à comprendre que Jean est différent?
8. Quelle est la réaction de Julien quand il voit Jean en train de prier la nuit?
9. Qu'est-ce qui est échangé au marché noir?
10. Qu'est-ce qui fait comprendre à Julien que Jean est juif?
11. Qu'est-ce que Julien sait sur les Juifs? Quelles explications François lui donne-t-il?
12. Qu'est-ce qui soude leur amitié?
13. Quels sont les rapports entre Julien et François?
14. Comment Jean réagit-il quand Julien lui dit qu'il sait qu'il s'appelle Kippelstein?
15. Le prêtre donne-t-il une hostie à Jean pendant la communion? Pourquoi? A-t-il raison à votre avis? Pourquoi Jean a-t-il voulu communier?
16. Décrivez la scène au restaurant. Pourquoi la Milice est-elle là? Quelle est la réaction de l'Allemand? Est-ce surprenant?
17. Comment décririez-vous la mère de Julien?
18. Pourquoi Joseph est-il renvoyé?
19. Qu'ont Julien et Jean en commun?
20. Comment les Allemands trouvent-ils Jean dans la classe?
21. Qu'est-ce que Jean et Julien échangent à la fin?
22. Comment les Allemands trouvent-ils Négus?
23. La Gestapo a des raisons différentes de rechercher les trois enfants, le père Jean et Moreau (le surveillant). Quelles sont-elles?
24. Comment Joseph se venge-t-il d'avoir été renvoyé?
25. Pourquoi le Père Jean dit "A bientôt" aux enfants?
26. Qu'est-ce que Julien apprend sur le monde des adultes quand Jean est arrêté?

En réalité

Les trois enfants juifs et le Père Jacques ont été arrêtés le 15 janvier 1944, puis emprisonnés séparément. Le 18 janvier les enfants ont été emmenés au camp de Drancy (au nord-est de Paris). Ils y sont restés jusqu'au 3 février. Ce jour-là, ils ont été déportés à Auschwitz-Birkenau, où ils sont arrivés le 6 février. Les enfants, ainsi que 982 autres déportés de leur convoi, ont été gazés à leur arrivée. Le Père Jacques est resté en prison jusqu'au 28 mars, date de sa déportation au camp de Sarrebrück, Neue-Breme. Le 21 avril 1944 il a été transféré au camp de Mauthausen. Quand le camp a été libéré le 5 mai 1945, il était très faible. Il a été transporté dans un hôpital autrichien, où il est mort le 2 juin 1945.

2 Analyse d'une photo

1. Où et à quel moment de la journée cette scène se passe-t-elle?
2. Que tient Julien?
3. Quelles expressions lisez-vous sur leur visage? Pourquoi? Que regardent-ils? Qu'entendent-ils?

3 Analyse de citations

Analysez les citations suivantes en les replaçant dans leur contexte:

1. Père Jean: "Comme je comprends la colère de ceux qui n'ont rien quand les riches banquettent avec arrogance".
2. Jean: "T'en fais pas. Ils m'auraient eu de toute façon".
3. Joseph: "C'est la guerre mon vieux".

APPROFONDISSEMENT

1 Vocabulaire

Enrichissez votre vocabulaire !

L'école

un(e) élève: *a student (up to high school)*
un(e) étudiant(e): *a student (in college)*
l'année scolaire: *the school year*
un programme: *a syllabus*
un emploi du temps: *a schedule*
les devoirs (à la maison): *homework*
une rédaction: *an essay*
une dissertation: *a paper*
le/la directeur(-trice): *the headmaster*
le proviseur: *the principal*
une note: *a grade*
un bulletin: *a school report*
mixte: *co-ed*
les matières: *the subjects*
   le français: *French*
   l'orthographe: *spelling*
   les maths: *maths*
   les langues vivantes/mortes:
     modern /classical languages
   l'histoire: *history*
   la géographie: *geography*
   la physique: *physics*
   la biologie: *biology*
   la chimie: *chemistry*
   la musique: *music*
   l'éducation physique: *physical education*
la salle de classe: *the classroom*
   le tableau: *the board*
   la craie: *chalk*
   un bureau: *a desk*
   une carte: *a map*

les fournitures scolaires: *school supplies*
   un cartable: *a school bag*
   du papier: *paper*
   une feuille: *a sheet*
   un manuel: *a textbook*
   un cahier d'exercices: *a workbook*
   un classeur: *a binder*
   un stylo: *a pen*
   un crayon: *a pencil*
   une gomme: *an eraser*
   une règle: *a ruler*
   la colle: *glue*
   un trombone: *a paperclip*
la maternelle: *nursery school**
l'école primaire: *elementary school*
le collège: *junior high school***
le lycée: *high school*
   un(e) élève de seconde: *a sophomore*
   un(e) élève de première: *a junior*
   un(e) élève de terminale: *a senior*
l'université: *university*
   s'inscrire: *to register*
   les frais de scolarité: *tuition fees*
   une bourse: *a scholarship*
   le corps enseignant: *the faculty*
   la licence: *B.A.†*
   la maîtrise: *M.A.†*
   un ancien élève: *an alumnus*

> * Souvenez-vous: la maternelle: 3-6 ans, le primaire: 6-11 ans, le collège: 11-15 ans, le lycée: 15-18 ans
> ** ATTENTION! Ne confondez pas "le collège" et "college" aux Etats-Unis!
> † A savoir: Les équivalences licence / B.A. et maîtrise / M.A. sont approximatives.

Le racisme

un préjugé: *a prejudice*
un stéréotype: *a stereotype*
la tolérance: *tolerance*
l'intolérance: *intolerance*
la couleur de la peau: *skin color*
les Blancs: *the Whites*
les Noirs: *the Blacks*

la discrimination: *discrimination*
xénophobe: *xenophobic*
l'apartheid: *apartheid*
opprimé(e): *oppressed*
un camp de concentration: *a concentration camp*
la haine: *hatred*

Jouez avec les mots!

A. **Complétez les phrases suivantes avec les mots de la liste:**

(Attention! Les verbes doivent être conjugués)

bureau	courageux	guerre	se moquer de	prier	juifs	dortoir
frais de scolarité	avoir peur	classe	craie	pensionnat		bourse
	abris	protéger	chasse au trésor	prêtre	se perdre	

1. Les _____ sont très élevés dans cette université.
   Heureusement que Cécile a obtenu une _____.

2. Ce _____ est un homme _____. Il _____
   les _____ pendant la _____.

3. Les enfants, la _____ va commencer! Attention de ne
   pas _____!

4. Quand le professeur est entré dans la _____, il a remarqué
   qu'il n'y avait pas de _____ et que son _____ était
   très vieux.

5. Pendant les alertes, les gens se réfugiaient dans les _____
   et _____.

6. Cet enfant est malheureux au _____. Il _____ des
   autres élèves , car ceux-ci _____ lui au _____.

B. **Trouvez les mots qui se cachent derrière les définitions:**

1. Sirène pour prévenir d'un raid aérien
2. Les étudiants y font leur maîtrise
3. Essai
4. Organisation de la semaine
5. Nom de la période entre 1940 et 1944
6. Fanatisme
7. Mouvement organisé par De Gaulle
8. Diplôme universitaire
9. Sport à l'école
10. Première année du lycée
11. Etudiant au collège
12. Contraire de blanc
13. Relation amicale
14. Appréciation du professeur
15. Dénoncer
16. Type de crayon

2 Réflexion - Essais

1. Comparez la vie d'un pensionnaire dans cette école et la vie
   d'un pensionnaire dans une école privée aujourd'hui. Qu'est-ce
   qui a changé? Qu'est-ce qui est resté le même?

2. Etudiez la personnalité du Père Jean.

3. Qui est Joseph? Quelles sont ses activités à l'école? Comment
   est-il traité par les élèves? Pourquoi est-il sûr de ne pas être
   envoyé en Allemagne pour le STO?

4. Que pensez-vous du marché noir organisé à l'école? Trouvez-
   vous l'idée acceptable ou répugnante?

5. Etudiez la progression dans la relation entre Julien et Jean.
   Comment commence-t-elle? Comment finit-elle? Que s'est-il
   passé entre les deux? Donnez des exemples précis.

Cour du petit collège d'Avon
(collège de Louis Malle)

6. Quelle place la religion a-t-elle dans la vie du collège? Comment les religieux sont-ils présentés?

7. La peur est un thème constant dans le film. Qui a peur, de qui et de quoi?

8. Dans *Au revoir les enfants*, les Français sont-ils tous bons et les Allemands tous méchants? Qui trouvez-vous le plus antipathique?

9. Que pensez-vous du fait que Joseph ait dénoncé les enfants et le Père Jean? Comprenez-vous son acte?

10. La trahison est un thème récurrent dans le film. Qui trahit qui?

11. Analysez la façon dont la culpabilité est traitée dans le film. A-t-on le sentiment que Julien est responsable de l'arrestation de Jean? Qui est vraiment coupable?

3 Analyse d'une scène: La forêt (de 48:10 à 57:45 après le début)

Vocabulaire spécifique à cette scène

une forêt (*a forest*) • une équipe (*a team*) • une culotte courte (*short pants*) • un foulard (*a scarf*) • attraper (*to catch*) • une boîte (*a box / a tin*) • un loup (*a wolf*) • un sanglier (*a wild boar*) • se vanter de (*to brag about*) • sombre / foncé(e) (*dark*) • les Boches (*the Krauts*) • le couvre-feu (*curfew*) • faire (qqch) exprès (*to do sth on purpose*)

A. Ecoutez

1. Pourquoi les commentaires de Julien sur la mort sont-ils importants?

2. Quels bruits entend-on pendant la fuite de Julien? Comment évoluent-ils?

3. Qu'est-ce que Julien entend au loin quand il est couché par terre?

4. Pourquoi n'y a-t-il pas de musique de fond quand Julien est perdu? Qu'entend-on au contraire?

5. Ecoutez le dialogue entre Jean et Julien quand ils se retrouvent. Quelles questions Jean pose-t-il? Quelle attitude Julien a-t-il?

6. Que font ensuite les enfants pour essayer de se rassurer?

B. Observez

1. Comment les enfants sont-ils habillés? Est-ce adapté au temps qu'il fait?

2. Quel geste Julien fait-il envers Jean quand l'autre équipe veut les attaquer?

3. A quel moment précis Julien comprend-il qu'il est perdu?

4. Comment la caméra est-elle ensuite placée pour renforcer l'impression que les enfants sont complètement perdus?

5. Quel point de vue a-t-on dans cette scène? A-t-on celui de Julien ou sommes-nous à l'extérieur?

6. Quelles couleurs dominent au début de la scène? Et à la fin?

C. Cette scène dans l'histoire

Qu'est-ce que cette scène apporte à l'histoire? Qu'est-ce qu'elle change pour Julien et Jean?

D. Langue

1. Vocabulaire

Faites des phrases en utilisant le vocabulaire donné. Vos phrases doivent avoir un lien avec la scène.

a. une chasse au trésor
b. une équipe
c. un foulard
d. attraper
e. se perdre
f. se vanter
g. un sanglier
h. avoir peur de

Forêt de Fontainebleau

2. Pronoms relatifs

Remplissez les blancs avec l'un des pronoms relatifs suivants:

qui	que	dont	ce qui	ce que	ce dont	où

a. _____ est dans la même équipe que Jean?
b. Julien trouve ça incroyable _____ personne ne pense à la mort.
c. L'équipe rouge voulait attraper Julien et Jean, _____ les a obligés à courir.
d. _____ fait l'équipe rouge est vraiment cruel.
e. Julien a trouvé la boîte _____ tout le monde cherchait.
f. Il a vu les flèches, c'est _____ l'a aidé à la trouver.
g. Julien se demande _____ sont les autres.
h. Les loups, les sangliers, les bruits bizarres, c'est _____ les enfants ont peur.
i. Ils ont été ramenés par des Allemands, _____ les a terrifiés.
j. Ils vont à l'école _____ est à côté de l'église.
k. Julien est accusé d'avoir fait l'imbécile, _____ trouve injuste.
l. Le 17 janvier 1944 est le jour _____ ils se sont perdus.
m. C'est une chasse au trésor _____ les enfants parleront longtemps.

3. Discours indirect

Transposez ces phrases au discours indirect.

a. Un garçon a ordonné: "Taisez-vous les petits!"
b. Julien a dit: "Il n'y a que moi qui pense à la mort dans ce collège."
c. Son camarade lui a répondu: "Allez, viens!"
d. Julien a annoncé: "J'ai le trésor!"
e. Jean a demandé: "Ils ne t'ont pas attrapé?"
f. A la fin, l'Allemand demande: "Est-ce que vous avez perdu des enfants?"
g. Un garçon a demandé: "Qu'est-ce qui leur est arrivé?"
h. L'Allemand demande au Père Jean: "Vous n'avez pas entendu parler du couvre-feu?"
i. Le Père Jean répond en lui demandant: "Vous croyez que nous l'avons fait exprès?"

E. Comparaison avec une autre scène

Comparez cette scène avec celle qui suit (59:00 à 1:01:24). Les enfants sont à l'infirmerie. Qu'est-ce que Julien et Jean partagent? Pourquoi se battent-ils? Pourquoi leur amitié est-elle si fragile?

F. **Sketch**

Jean et Julien racontent à leurs camarades ce qui leur est arrivé. Les enfants posent des questions auxquelles les "héros" répondent. Choisissez un des thèmes suivants pour le dialogue:

1. Les garçons racontent leur aventure en exagérant. Qu'ont-ils vu de terrifiant? Qu'ont-ils fait d'extraordinaire? Contre quoi/qui se sont-ils battus?

2. Insistez sur le point de vue de Jean. Qu'a-t-il vu dans la forêt? Qu'a-t-il ressenti? A quoi pensait-il quand il était tout seul? Que voulait-il faire?

    (Attention! Jean ne va peut-être pas dire toute la vérité pour ne pas révéler son identité.)

LE COIN DU CINEPHILE

1 Première / dernière scène

Comparez la première et la dernière scène. Qui est le personnage principal? Pourquoi? Comment est l'ambiance dans les deux scènes? En quoi le personnage a-t-il changé à la fin du film? Ces scènes sont-elles filmées en plan large ou en gros plan?

2 Couleurs

Quelles couleurs dominent dans le film? Sont-elles vives ou tristes? Donnez des exemples précis.

3 Sous-titres

Comparez ce dialogue entre Julien et Jean et les sous-titres en anglais, puis répondez aux questions:

1.	Pourquoi tu fais pas de grec?	*Why don't you take Greek?*
2.	Je faisais latin moderne.	*I took Latin and Math.*
3.	Où ça?	*Where?*
4.	Au lycée. A Marseille.	*At school… in Marseille.*
5.	T'es marseillais? T'as pas l'accent.	*Marseille? You have no Southern accent.*
6.	Je ne suis pas né à Marseille.	*I wasn't born there.*
7.	Où t'es né?	*Where, then?*
8.	Si je te le disais, tu saurais pas où c'est. […]	*The place wouldn't mean anything to you.* […]
9.	Tes parents sont à Marseille?	*Are your folks in Marseille?*
10.	Non. Mon père est prisonnier.	*Dad's a POW.*

a. 2ème réplique: Pourquoi avoir traduit "latin moderne" par "Latin and Math"? Pouvez-vous deviner?

b. 4ème réplique: Auriez-vous traduit "lycée" par "school" ou "high school"? A l'époque du film, que voulait dire "lycée" à votre avis?

c. 5ème réplique: Pourquoi le sous-titre ajoute-t-il "Southern"?

d. 10ème réplique: Que pensez-vous de la traduction de "prisonnier" par "POW"?

e. Ce court passage comporte plusieurs références culturelles difficiles à traduire. Pensez-vous que les sous-titres sont réussis?

4 La projection du film de Charlie Chaplin

Pourquoi Louis Malle a-t-il choisi de projeter *L'émigrant* de Chaplin? Pourquoi est-ce symbolique?

AFFINEZ VOTRE ESPRIT CRITIQUE

1 Producteurs / public

Louis Malle a eu du mal à obtenir assez d'argent pour monter son film. Les producteurs pensaient que le sujet de l'Occupation avait déjà été beaucoup traité, et que sans acteur célèbre le film n'attirerait pas grand monde. Le film a pourtant fait une très belle carrière. Comment peut-on expliquer cette différence d'opinion entre les producteurs et le public?

2 Universalité de cette histoire

Louis Malle a déclaré : "Cette histoire est quelque chose de complètement personnel, mais elle a peut-être un intérêt universel par son côté exemplaire et finalement intemporel."[1] Quels sont les éléments de cette histoire qui sont universels (l'histoire aurait-elle pu se passer dans un autre pays?) et intemporels (à une autre époque?)?

3 Les critiques

1. Dans une interview accordée à Olivier Péretié pour *Le Nouvel Observateur* du 2 octobre 1987, Louis Malle parle des Allemands ainsi: "Ça fait beaucoup plus peur que les Allemands soient si "corrects", comme on disait à l'époque. Ce côté presque ordinaire du fascisme le rend justement insoutenable." Trouvez-vous les Allemands "corrects" dans le film? Le fascisme est-il décrit comme étant un fait ordinaire?

2. A propos des acteurs de son film, Louis Malle a déclaré: "Il est très difficile de savoir si les enfants ont vraiment conscience de la gravité des situations qu'ils jouent" (*Les Cahiers du Cinéma*, juillet-août 1987). Qu'en pensez-vous? Croyez-vous qu'il est possible pour un enfant d'aujourd'hui de vraiment comprendre l'époque du film, et de se mettre complètement dans la peau de leur personnage?

---

1   *Le Nouvel-Observateur*, 2 octobre 1987

POUR ALLER PLUS LOIN

1 Parallèles avec d'autres films

1. **La Deuxième Guerre mondiale**: *Au revoir les enfants* et *Le dernier métro* se passent pendant la Deuxième Guerre mondiale. Quel éclairage chaque film apporte-t-il sur la guerre? En quelle année les films se passent-ils? Où l'intrigue a-t-elle lieu? Qui se cache et pourquoi? La guerre est-elle au centre de l'histoire ou est-ce un accessoire?

2. **Autobiographie**: *Inch' Allah dimanche* et *Au revoir les enfants* sont des films en partie autobiographiques. Les réalisateurs ont écrit une histoire basée sur leurs souvenirs. Qu'est-ces deux autobiographies ont en commun? En quoi sont-elles différentes?

2 Lecture

Récemment, des élèves du lycée Raymond Loewy (anciennement "La Souterraine") dans le village de La Souterraine dans la Creuse ont retrouvé d'anciens élèves de leur école, cachés là pendant la guerre. Ils ont recueilli leur témoignage, dont celui de Bella Goldstein.

La Creuse

Bella Goldstein, élève au Collège de La Souterraine

Bella Goldstein a quatorze ans quand, en septembre 1942, elle entre à l'internat[1] La Creuse de l'Ecole Primaire Supérieure qui deviendra le Collège de Jeunes Filles de La Souterraine.

Bella Goldstein est née en France de parents d'origine polonaise naturalisés en 1930. Son père, ouvrier tailleur[2] à Paris, est arrêté le 20 août 1941, lors d'une rafle[3] consécutive au bouclage[4] du Xième arrondissement. Quoique français, il est enfermé à Drancy où les privations que subissent les prisonniers dégradent rapidement son état de santé. Il ne pèse plus que 36 kg quand, cachectique,[5] il est libéré deux mois et demi plus tard pour raison médicale. Il rejoint ensuite, clandestinement, la zone sud.

Sa mère, qui échappe de peu[6] à la rafle du Vel d'Hiv' parvient elle aussi à franchir[7] la ligne de démarcation avec son plus jeune fils.

La famille se retrouve donc, au cours de l'été 1942, dans un hameau[8] de l'Indre, près de Saint-Benoît-du-Sault.

Voici son témoignage :

L'entrée à l'internat

[…]. Je pris le train pour La Souterraine.

La bâtisse[9] de l'E.P.S., à côté de l'église massive, n'avait rien d'engageant : malgré le petit jardin sur le devant, elle paraissait bien sévère et la perspective d'y être interne n'avait rien d'enthousiasmant.

Mon père, tailleur au Joux où nous étions réfugiés, un petit hameau à quatre kilomètres de Saint-Benoit, m'avait confectionné[10] pour la circonstance une jolie petite veste bicolore, bleu marine dans le dos, bleu ciel sur le devant, avec des boutons métalliques bien brillants. Manifestement,[11] cela ne suffit[12] pas à rendre souriante Madame Noël, la

1   boarding school
2   tailor
3   roundup
4   sealing off
5   extremely weak and skinny
6   barely
7   to cross
8   hamlet
9   building
10   had made
11   obviously
12   it was not enough

directrice, qui me parut très circonspecte.[13] Je ne compris que plus tard que c'était sans doute la première fois qu'elle admettait une interne de quatorze ans non accompagnée de quelque parent adulte (et boursière[14] de surcroît[15]). J'entrai en troisième.[16]

[…]

La première année fut terrible de solitude…

L'examen soupçonneux[17] de Madame Noël ne fut finalement qu'une bagatelle.[18] Etre dans une école, c'était pour moi une mise entre parenthèses, dans un coin protégé et paisible.[19] Mais être interne, comment ce serait ? La première année fut terrible de solitude.

L'internat en 1942…

Je fus surprise par le dortoir, grand rectangle où il y avait bien une trentaine de lits côte à côte le long de trois murs, avec en plus une rangée[20] centrale. Le mur vide était occupé par une kyrielle[21] de robinets d'eau froide. C'est là qu'on se lavait.

Avec le recul,[22] ça paraît sommaire.[23] Je ne me souviens pas avoir vu quiconque[24] faire sa toilette intime. Il est vrai que la plupart des internes partait en « décale »[25] toutes les quinzaines.[26] Les autres - dont j'étais - on pouvait toujours aller chercher un broc[27] d'eau chaude le week-end à la cuisine. Il n'y avait pas d'endroit isolé, à part le lit de la pionne,[28] entouré de draps suspendus et formant alcôve. […]

Les internes[29] étaient chargées du ménage[30] qu'il fallait effectuer sitôt[31] le petit déjeuner avalé, juste avant la classe. Moi qui m'étais toujours arrangée pour y couper à la maison[32] parce que j'avais toujours un livre à lire, j'ai eu du mal à m'y faire.[33] Le « bon ménage », c'était de récupérer[34] le salon, où il y avait le piano. Le pire était d'être chargée du grenier,[35] où s'empilaient malles[36] et paniers, et où il fallait chasser[37] la moindre toile d'araignée.[38] […]

Il fallait aussi faire le feu dans les classes. Je crois que cette fois c'était le lot[39] des externes.[40] J'étais fascinée par celles qui réussissaient à faire flamber la tourbe[41] sans trop de fumée, dans ces gros poêles[42] cylindriques qui se mettaient à ronfler.[43] Je ne me souviens pas avoir eu froid en classe : par contre,[44] certaines nuits d'hiver m'ont paru interminables quand l'endormissement ne m'avalait pas d'un coup.[45] […]

Je détestais les promenades du dimanche…

Je détestais les promenades du dimanche où il fallait déambuler[46] en rangs dans les rues de la ville. On se dispersait[47] en troupeau[48] passé la dernière maison - « direction l'étang[49] du Cheix » ou bien « la tour de Bridiers », au gré[50] des surveillantes.[51]

Je n'ai rien vu de la campagne environnante. Ce n'est que tout récemment que j'ai découvert comme elle était grandiose avec ses collines[52] et ses prairies, ses chênes[53] et ses châtaigneraies,[54] sauvage et par là même accueillante, pleine de douceur par l'intimité de ses haies.[55]

N'ayant pas « grandi » dans l'internat, j'en ignorais les ficelles.[56] Avec un correspondant[57] en ville, j'aurais pu sortir du bahut[58] les jeudis et dimanches. Peut-être me sentais-je protégée de ne pas savoir ce qui se passait au-dehors, dans la ville qui pour moi ne pouvait être que cruelle? […]

La nourriture…

Et la nourriture demanderez-vous ? Le problème majeur de la quasi-totalité des Français durant ces années-là. Bien sûr, il y eut au menu beaucoup de topinambours[59] dont je raffolais[60] car ils ont vraiment

Ecole Primaire Supérieure de La Souterraine

13   cautious
14   on a scholarship
15   on top of it
16   in 9th grade
17   suspicious
18   ended up being of no importance
19   peaceful
20   a row
21   a long line of cold water faucets
22   looking back
23   spartan
24   anyone
25   went home
26   every other weekend
27   a pitcher
28   supervisor
29   boarders
30   cleaning
31   right after
32   considering I had always managed not to do it at home
33   I had a hard time getting used to it
34   to get
35   attic
36   trunks
37   hunt down
38   cobweb
39   the responsibility
40   day students
41   to light the peat
42   stoves
43   to roar
44   on the other hand
45   when I didn't fall asleep right away
46   to stroll
47   we would break up
48   herd
49   pond
50   depending on
51   supervisors
52   hills
53   oak trees
54   chestnut groves
55   hedges
56   I didn't know how things worked
57   guardian
58   school
59   Jerusalem artichokes
60   that I was crazy about

en haut à G

Simone Chassagne. Marie Lapine - Janine Gauthron - Suzanne Fraysse. Paulette Personne. Camille Berraud. Marie Blanchet. Andrée Bertrand. Odette Bernard.

Colette Romens. Camille Chervy - Odette Ferret - Janine Deguine - Annie Breuillaud - Lucienne Lacour - Suzanne Sainaud - Paulette Outon. Paulette Malby. Madeleine Gorrand -

Simone Prout - Andrée Anglard - Odette Raulaud - Bertha Prisonnier - Janine Bernard. Andrée Courtaud. Marguerite Brunetaud - Marie-Louise Bourret. Bella Goldstein - Madeleine Mondelet.

La Souterraine 3e année. 1942 - 43

Les noms des élèves. Bella est l'avant-dernier nom.

La promotion des filles pour l'année 1942-43.
Bella est au 1er rang, 2ème à droite

le goût d'artichaut, et des rutabagas et des haricots aux charançons.[61] Le réfectoire[62] était spacieux avec des tables de dix à douze élèves. Le repas fini, une grande soupière[63] d'eau chaude était ramenée de la cuisine et posée au milieu de la table. On y trempait[64] en choeur[65] nos couverts[66] personnels pour les laver : j'ai viré ma cuti[67] cette année-là.

Mon meilleur repas de la journée, c'était le « café » au lait du matin. Je n'ai jamais su de quelle orge[68] il était préparé, mais sa bonne odeur me nourrissait déjà. Le pire moment était le goûter[69] où Mademoiselle D. distribuait équitablement les tranches[70] de pain. Tout le monde se précipitait[71] ensuite dans une grande pièce au sous-sol[72] où se trouvaient, bien cadenassées,[73] les boîtes à provision personnelles des internes. Mon problème était de disposer d'une boîte à provision quasiment[74] vide. Valait-il mieux manger tout de suite le beurre que je recevais de mes parents - obtenu par troc,[75] du beurre contre une vareuse[76] confectionnée à partir d'une couverture - ou bien le tronçonner[77] en tout petits bouts, quitte à[78] ce qu'il soit rance à la fin ? A côté de moi, mes camarades extirpaient[79] de leurs boîtes pain blanc, pâtés en croûte,[80] brioches dorées à point. Il était bon alors d'être fille de paysan, mais quel supplice[81] pour moi.

Cependant, rassurez-vous, globalement deux années de ce régime m'ont parfaitement réussi : chétive[82] gamine à l'arrivée, je suis retournée à Paris avec dix kilos de plus et la puberté finie.

Les études surveillées[83]

Après le goûter, c'était l'étude surveillée jusqu'au souper. Si j'en crois les propos désabusés[84] des professeurs d'aujourd'hui, les salles d'étude leur apparaîtraient comme d'impensables[85] lieux de sérieux. Bien sûr, il y avait parfois quelque chahut,[86] ou des demandes de renseignements de l'une à l'autre un peu bruyantes.

- X. taisez-vous.

- X. encore une fois, taisez-vous ou je vous envoie chez la directrice.

- Oh non mademoiselle !... étaient les répliques habituelles. Quelle mouche m'a piquée[87] un jour quand j'ai changé le scénario qui au fond n'était pas une menace réelle. Au lieu du « oh non, mademoiselle, je me suis levée et j'ai dit : - Eh bien j'y vais ! Et, dans le silence général, je suis sortie. La porte refermée, j'étais plutôt paniquée à l'idée de cette seconde entrevue avec la directrice. Elle était majestueuse, Madame Noël, mais avait une réputation de sévérité épouvantable.[88] C'est vrai que ses colères[89] étaient terribles. Je revois la scène : - Vous faites preuve[90] d'une indiscipline inadmissible !

61   weevils (a type of insect)
62   dining hall
63   tureen
64   we would dip
65   together
66   silverware
67   I completely changed
68   barley
69   afternoon snack
70   slices
71   rushed
72   in the basement
73   padlocked
74   practically
75   bartered for
76   jacket
77   to cut up
78   even if it meant
79   took out
80   pork pies
81   torture
82   puny
83   supervised study periods
84   disillusioned remarks
85   hard to imagine
86   uproar
87   what got into me
88   dreadful
89   fits of anger
90   you are showing

Je crois pourtant que cet éclat[91] fut à l'origine de la sympathie qu'elle me témoigna[92] par la suite.

Des cours qui m'ont aidée à vivre

Heureusement, il y avait les cours qui m'ont aidée à vivre. La réputation de La Souterraine n'était pas surfaite.[93]

Seule la prof d'anglais, vieille fille[94] que les élèves qualifiaient d'obsédée sexuelle, déparait[95] le niveau général. Elle avait un accent détestable et « the ballad of the ancient mariner » se déroulait[96] dans un climat bizarre. [...] Je ne fis aucun progrès en anglais, mais grâce à l'anglais, j'eus un peu d'argent de poche, car la directrice me chargea[97] de servir de répétitrice[98] à des élèves de quatrième.[99] [...]

J'adorais les mathématiques depuis toujours et je ne fus pas déçue, la surprise, inattendue[100] dans cette petite ville de province, vint de l'ouverture à la culture qui pour moi fut extraordinaire. C'est ainsi que le français devint aussi pour moi source de joie. Je revois Madame D. nous faisant lire et, dénichant[101] au fond de la classe une élève habituellement assez terne,[102] mais aux talents certains de tragédienne.

Il y eut cette année-là un spectacle[103] d'élèves, inoubliable[104] Paulette en reine Barberine, avec qui je me suis liée[105] l'année suivante. Comme je souhaite ardemment que la vie ait été douce[106] pour elle, ainsi que pour Sarah, le mouton bêlant[107] irrésistible de drôlerie dans la « Farce de maître Patelin ». [...]

Le brevet et le baccalauréat

L'année suivante, les maquis s'organisaient et j'attendais le débarquement.[108] Le brevet était passé, et la solitude avait fait place[109] à l'amitié.

Nous n'étions que neuf élèves dans la classe de préparation à l'École normale[110] d'institutrices. Par suite des lois raciales de Vichy, je n'avais pas le droit de me présenter au concours.[111] Grâce à la directrice et à mes professeurs de français et de mathématiques, je me préparais au baccalauréat première partie, qui à l'époque comportait[112] toutes les matières. [...]

Dans les derniers jours de la débâcle allemande tout le monde m'aida. Notre jeune professeur de mathématiques, que j'aimais beaucoup, me procura[113] une fausse carte d'identité. La directrice, madame Noël, fournit[114] les tickets d'alimentation et j'allai me cacher en ville chez mon amie dont les parents m'accueillirent chaleureusement.

Je savais que mes parents se cachaient aussi dans l'Indre, car j'avais reçu un mot laconique de mon frère "tu n'es plus ma soeur" ce qui avait une signification très claire pour moi.

La sympathie agissante,[115] et comme allant de soi,[116] dont on m'a entourée m'a beaucoup touchée. Pendant ces deux années passées à la BDB je n'avais jamais eu à subir[117] la moindre manifestation d'hostilité, la moindre parole blessante. Je connaissais les risques que prenaient ces personnes pour me protéger. Je me souvenais de la rafle du 20 août 1941 quand mon père a été arrêté et envoyé à Drancy dans l'indifférence, voire[118] l'hostilité de nos voisins (c'est la concierge qui l'a dénoncé).

Fin mai 1944, je partis à Guéret passer le bac, la vraie carte dans la poche gauche pour les salles d'examen et la fausse dans la poche droite pour la ville. Ce n'était pas malin[119] et cela m'a occasionné[120] quelques angoisses. Heureusement la milice n'est pas venue.

91	outburst
92	she showed me
93	overrated
94	old maid
95	spoiled
96	took place
97	asked me
98	tutor
99	8th grade
100	unexpected
101	discovering
102	dull
103	a show
104	unforgettable
105	I became friends with
106	sweet
107	bleating
108	landing
109	had given way to
110	teacher training classes
111	competitive exam
112	covered
113	provided me with
114	supplied
115	active
116	as if completely normal
117	I never suffered from
118	even
119	smart
120	it gave me a few scares

Candidates au brevet. Bella est accroupie au premier rang à gauche. Son amie Andrée Anglard, chez qui elle se cachait en ville, est assise à droite.

Puis je revins à La Souterraine. Chez mon amie régnait une atmosphère d'harmonie comme j'en ai rarement connu depuis.

Et le 6 juin 1944 arriva...

Bella Goldstein-Belbeoch.

N.B. - Il est fort possible qu'il y ait eu des élèves juives externes sous de fausses identités. Si c'est le cas je n'en ai rien su, car, bien sûr, elles ne se sont pas manifestées ouvertement. Il y avait deux autres élèves juives internes à la BDB dans les classes de 5ème et de 4ème, Noémie et Sarah. A la fin de l'année scolaire 1944 Sarah a été cachée chez notre professeur de physique.

1. Qu'est-il arrivé aux parents de Bella?

2. Pourquoi Bella est-elle contente d'être à l'école?

3. Comparez la vie quotidienne de Bella à celle de Julien et Jean (pensez au dortoir, à la toilette, au ménage, au froid, aux promenades, aux sorties, aux repas). Qu'est-ce qui est similaire? Qu'est-ce qui est différent? N'oubliez pas que Bella a 14 ans et est dans une école de filles, alors que les garçons n'ont que 11 ans et sont dans une école de garçons.

4. Bella aime-t-elle les cours et les études? A votre avis, pourquoi est-ce particulièrement important pour elle?

5. Comparez les professeurs de Bella à ceux de Julien et Jean. Sont-ils gentils avec les élèves?

6. Qu'est-ce qui a changé pour Bella entre sa première année à La Souterraine (1942-43) et sa deuxième année (1943-1944)?

7. Quelles études Bella fait-elle? Quel métier aura-t-elle?

8. En quoi la situation familiale de Bella est-elle différente de celle de Jean?

9. Qu'est-ce que ce témoignage indique sur son caractère? Quelle impression générale avez-vous de cette jeune fille?

8 femmes

Présentation du film

Années 50. Une tempête de neige quelques jours avant Noël. Un homme est retrouvé mort dans une grande maison isolée. La coupable est sans doute une des huit femmes qui vivent auprès de lui. Est-ce sa femme? Une de ses filles? Sa soeur? Sa belle-mère? Sa belle-soeur? La cuisinière? La femme de chambre?

A savoir

Cela faisait longtemps qu'Ozon avait envie de tourner un film avec des femmes uniquement.
Il a pu le faire quand il a trouvé *8 femmes,* la pièce de Robert Thomas.

Carte d'identité du réalisateur

François Ozon (né en 1967): Après de solides études de cinéma Ozon commence sa carrière par une série de courts-métrages qui reçoivent des critiques élogieuses. Son premier long métrage, *Sitcom* (1998), est étrange et provoquant et le fait connaître auprès du grand public. La consécration vient en 2000 avec *Sous le sable,* et *8 femmes* (2002) est un gros succès. Depuis, il tourne un film par an: *Swimming pool* (2003), *5x2* (2004), *Le temps qui reste* (2005). Ozon est adoré ou détesté, admiré ou critiqué, mais il ne laisse pas indifférent.

Les 8 actrices

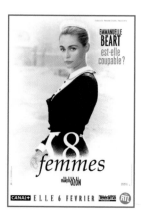  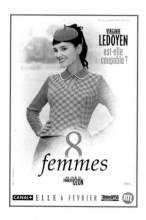 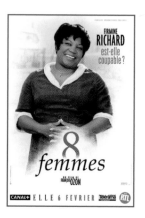

❧ Elle avait 10 ans quand elle a joué dans son premier film.

❧ Elle a joué avec Leonardo DiCaprio.

❧ Elle est ambassadrice pour L'Oréal.

QUI EST-CE?

❧ Elle est née en Guadeloupe.

❧ Elle est devenue actrice par hasard.

❧ Elle a tourné son premier film en 1988. Elle jouait avec Daniel Auteuil.

QUI EST-CE?

❧ Son père était un compositeur célèbre.

❧ Elle a vécu 10 ans avec Daniel Auteuil.

❧ Elle a joué aux Etats-Unis dans *Mission: Impossible.*

❧ Elle est ambassadrice de l'UNICEF.

QUI EST-CE?

❧ C'est la plus jeune des huit actrices du film.

❧ Elle est entrée à 15 ans au Conservatoire d'art dramatique de Versailles.

❧ Elle avait déjà tourné avec Ozon.

❧ C'est la fée Clochette dans *Peter Pan.*

QUI EST-CE?

L'heure de gloire

Le film s'est fait remarquer dans de nombreux festivals. Les huit actrices ont gagné l'Ours d'argent au festival de Berlin et le prix d'interprétation de l'Académie du film européen. Aux César le film a été nommé comme meilleur film, meilleur réalisateur, meilleure actrice, meilleur décor, meilleurs costumes et meilleur scénario. *8 femmes* a aussi remporté le prix Lumière du meilleur réalisateur.

✤ Elle a beaucoup voyagé avec sa famille quand elle était enfant.

✤ Elle a fait de solides études de Sciences politiques.

✤ Elle a été mariée à Truffaut.

✤ C'est Madame de Blayac dans *Ridicule*.

✤ Elle a réalisé un court métrage dans le film collectif *Paris, je t'aime*.

QUI EST-CE?

✤ Elle vient d'une famille de théâtre.

✤ Elle avait déjà chanté, avant *8 femmes*, dans *Les parapluies de Cherbourg*.

✤ Elle a joué avec Danielle Darrieux dans *Les demoiselles de Rochefort* en 1966.

✤ Elle a été choisie comme modèle pour le buste de Marianne (qui symbolise la France).

QUI EST-CE?

✤ Le public l'a découverte en 1976 dans *Le juge et l'assassin*.

✤ C'est l'actrice préférée de Claude Chabrol.

✤ Elle a reçu deux prix d'interprétation à Cannes.

✤ Au théâtre elle a interprété Molière, Musset, Tourgueniev, Shakespeare.

QUI EST-CE?

✤ Elle avait 85 ans à la sortie du film.

✤ Elle a chanté dans des comédie musicales dans les années 30.

✤ Elle a eu le plus beau rôle de sa carrière en 1953 dans *Madame de…*

✤ Elle est Chevalier de la Légion d'honneur et Officier des Arts et des Lettres.

QUI EST-CE?

PREPARATION

1 Vocabulaire

Vocabulaire utile avant de voir le film:

Les noms

la famille:
 la femme: *the wife*
 le mari: *the husband*
 la belle-mère: *the mother-in-law*
 le gendre: *the son-in-law*
 la belle-soeur: *the sister-in-law*
 la fille aînée: *the older daughter*
 la fille cadette: *the younger daughter*
les domestiques: *the domestic servants*
 la gouvernante: *the governess*
 la cuisinière: *the cook*
 la femme de chambre: *the maid*
un meurtre: *a murder*
un couteau: *a knife*
le dos: *(someone's) back*
le/la coupable: *the culprit, the guilty party*

le/la meurtrier (-ère): *the murderer*
une vieille fille: *an old maid*
un roman d'amour: *a love story*
un roman policier: *a detective novel*
une piqûre: *a shot*
une tempête de neige: *a snow storm*
des actions: *shares, stock*
un testament: *a will*
un amant: *a lover*
une maîtresse: *a mistress*
un associé: *a partner (in business)*
le pavillon de chasse: *a hunting lodge*
une trahison: *betrayal*
un mensonge: *a lie*
une clé: *a key*

Verbes

assassiner qq'un: *to murder s.o.*
tirer (un coup de feu, une balle): *to shoot*
faire faillite: *to go bankrupt*
s'écrouler: *to collapse*
se suicider: *to commit suicide*
recueillir qq'un chez soi: *to receive s.o. in one's home*
se plaindre de qqch: *to complain about sth*
faire chanter qq'un: *to blackmail s.o.*
taire qqch: *to keep silent about sth*
coucher avec qq'un: *to sleep with s.o.*

soupçonner qq'un de qqch: *to suspect s.o. of sth***
cacher qqch: *to hide sth*
faire qqch en cachette: *to do sth secretly*
jouer aux cartes: *to play cards*
mentir à qq'un: *to lie to s.o.*
trahir qq'un: *to betray s.o.*
voler qqch à qq'un: *to steal sth from s.o.*
se disculper: *to exonerate oneself*

* Ex: Elle connaît son secret donc elle le fait chanter.
** Ex: Je soupçonne la bonne de ne pas dire la vérité.

Adjectifs

coupable: *guilty*
avare: *miserly**
alcoolique: *alcoholic*
invalide: *disabled*
hypocondriaque: *hypocondriac*
enceinte: *pregnant*
véreux (-se): *corrupt*

insolent(e): *cheeky*
provocant(e): *provocative*
espiègle: *mischievous*
déluré(e): *sassy*
jaloux (-se): *jealous*
fidèle: *loyal*
dévoué(e): *devoted, dedicated*

* **Le saviez-vous?** Molière a écrit une célèbre comédie, *L'avare*, en 1668.

Traduisez!

1. Marcel's sister-in-law is a hypocondriac old maid. She secretly reads love stories.

2. Catherine, the younger daughter, is mischievous and cheeky, but she can't have murdered her father.

3. Did Marcel commit suicide? No, he was found with a knife in his back.

4. Who betrayed Marcel? Who lied to him? Who blackmailed him? Who is guilty of murder?

5. Is it his miserly and alcoholic mother-in-law? Is it his corrupt partner? Is it the dedicated but jealous cook? Who is the murderer?

2 Repères culturels

1. Le film est basé sur une pièce de théâtre (du même nom) de Robert Thomas. Faites quelques recherches sur cet auteur. Quand a-t-il écrit *Huit femmes*? La pièce a-t-elle eu du succès? Comment Thomas est-il devenu célèbre? Quelles sont les différentes fonctions qu'il a exercées au théâtre et au cinéma? Comment peut-on définir le style des pièces de Robert Thomas?

2. Le roman policier est un genre qui a inspiré de nombreux auteurs et certains détectives sont devenus des célébrités. Pouvez-vous, dans la liste suivante, associer chaque détective et son auteur? Notez aussi la nationalité de l'auteur.

Nestor Burma ◄	► Raymond Chandler
Sherlock Holmes ◄	► Agatha Christie
Commissaire Maigret ◄	► Arthur Conan Doyle
Arsène Lupin ◄	► Frédéric Dard
Philip Marlowe ◄	► Maurice Leblanc
Miss Marple ◄	► Gaston Leroux
Hercule Poirot ◄	► Léo Malet
Joseph Rouletabille ◄	► Georges Simenon
San-Antonio ◄	
Dr Watson ◄	

3 Le contexte

Le film se passe dans les années 50, au sein d'une famille bourgeoise. Essayez d'imaginer comment une famille américaine aisée vivait à cette époque-là. Dans quel type d'habitation et de quartier la famille vivait-elle? Que faisait la mère? Comment les enfants étaient-ils élevés? Quelles étaient les valeurs de la famille? Qu'est-ce qui était important? Comment la société voyait-elle le rôle des hommes et celui des femmes?

A savoir

Quand il a créé *8 femmes*, Robert Thomas a proposé le rôle principal (celui de Gaby, interprété par Deneuve) à Danielle Darrieux! Comme elle était prise par un autre projet elle avait refusé.

4 Bande-annonce

Regardez la bande-annonce plusieurs fois et répondez aux questions suivantes:

1. Quels sont les lieux que vous voyez dans la bande-annonce? Décrivez-les.
2. Quels mots s'affichent sur l'écran?
3. Comment peut-on décrire le ton, l'humeur de la bande-annonce? Ecoutez bien la musique!
4. A votre avis, que va-t-il se passer dans ce film?

5 A savoir avant de visionner le film

- Durée: 1h47
- Genre: Suspense policier / comédie musicale
- Public: Adultes et adolescents
- Notes:
  - Le film est une parodie de vieux films: films policiers et comédies musicales des années 50.
  - Le casting est inhabituel (il n'y a que des femmes) et prestigieux (plusieurs grandes stars du cinéma français comme Catherine Deneuve, Isabelle Huppert, Emmanuelle Béart et Fanny Ardant). Cela est assez incroyable pour un réalisateur de 34 ans
  - Les actrices parlent beaucoup et vite, c'est un des éléments comiques. Ecoutez bien les dialogues!
  - Le film est très original et va peut-être vous surprendre. L'histoire est en effet interrompue régulièrement par des numéros chantés et dansés. Ecoutez attentivement les paroles des chansons et observez bien les chorégraphies car elles en disent long sur chaque personnage. Remarquez aussi que les actrices chantent elles-mêmes, elles ne sont pas doublées.
  - Enfin le film aborde plusieurs sujets sensibles. Certaines scènes sont surprenantes, peut-être même dérangeantes. N'oubliez pas que le film est une comédie!

PREMIERE APPROCHE

1 L'histoire

Les personnages en relation au mort:

Gaby - sa femme	Catherine Deneuve
Suzon - sa fille aînée	Virginie Ledoyen
Catherine - sa fille cadette	Ludivine Sagnier
Mamy - sa belle-mère	Danielle Darrieux
Augustine - sa belle-sœur	Isabelle Huppert
Pierrette - sa sœur	Fanny Ardant
Madame Chanel - la cuisinière	Firmine Richard
Louise - la femme de chambre	Emmanuelle Béart

Le film est une succession de mensonges, de découvertes et de révélations. Pour vous aider à y voir plus clair, prenez des notes en regardant le film. Ensuite, remplissez les cases suivantes en faisant la liste de toutes les révélations. N'oubliez pas de noter qui apporte l'information.

Le saviez-vous?

C'était la 4e fois que Danielle Darrieux incarnait la mère de Catherine Deneuve au cinéma!

Ex: Gaby

- Sort très souvent le soir, en cachette. (Louise)
- Etait enceinte quand elle s'est mariée. (Pierrette)
- Ne s'est pas beaucoup occupée de ses filles. (Chanel)
- Avait prévu de quitter Marcel pour Jacques Farnoux ce jour-là. (Gaby)

Augustine:

Mamy:

Chanel:

Suzon:

Louise:

Pierrette:

Catherine:

Retrouvez maintenant le déroulement exact de la soirée. Qui est venu voir Marcel aux heures suivantes, et pourquoi?

10h:	Mamy refuse de lui donner son argent. Elle fait croire qu'il a été volé.
10h30:	
11h:	
11h30:	
Minuit:	
1h–1h30:	
4h:	
6h:	

2 Analyse d'une photo

1. Qui les sept femmes regardent-elles?
2. Pourquoi est-elle par terre? Qu'est-ce qui vient de se passer?
3. Qu'est-ce que la position de leur corps révèle?
4. Où la caméra est-elle placée à ce moment-là? De qui a-t-on le point de vue?

3 Analyse de citations

A savoir

Quand Gaby parle à Suzon de son père elle lui dit: "Te voir près de moi, c'est à la fois une joie... et une souffrance." C'est exactement ce que Gérard Depardieu dit à Catherine Deneuve dans la pièce qu'ils jouent dans *Le dernier métro*!

1. Gaby: "C'est une vraie perle, j'en suis ravie. Et puis, quelqu'un qui accepte de s'enfermer comme ça au fond d'un trou en plein hiver, c'est une chance pour nous!"
2. Gaby: "Je suis belle et riche, alors qu'elle est laide et pauvre!"
3. Pierrette: "L'amour de l'argent vous étouffera, ma chère belle-sœur."
4. Augustine: "Ah! C'est terrible. J'ai le cœur arrêté."
   Mamy: "Ne bouge pas, il va repartir."
5. Catherine: "Cette fois, c'est vraiment vous qui l'avez tué!"

APPROFONDISSEMENT

1 Vocabulaire

Enrichissez votre vocabulaire !

L'argent:*

faire fortune (dans): *to make one's fortune(in)*
l'opulence: *wealth*
cossu(e): *rich-looking*
épargner: *to save*
avoir de l'argent de côté: *to have money aside*
l'avarice: *miserliness*
la cupidité: *greed*
économe: *thrifty*
radin(e): *stingy*
vénal(e): *venal*

une dette: *a debt*
devoir (de l'argent): *to owe (money)*
emprunter: *to borrow*
prêter: *to lend*
rembourser: *to reimburse*
un compte en banque: *a bank account*
une tirelire: *a piggy bank*
l'argent ne fait pas le bonheur: *money can't buy happiness (proverb)*

* **Le saviez-vous?** "Argent" veut aussi dire "silver".

Mensonges et révélations

mentir: *to lie*
mensonger (-ère): *untrue, false*
il ment comme il respire = il ment tout
    le temps: *he's a compulsive liar*
falsifier: *to falsify, to forge*

cacher qqch à qq'un: *to hide sth from s.o.*
tromper qq'un: *to mislead s.o. / to cheat on s.o.**
la calomnie: *slander*
révéler: *to reveal, to disclose*
dévoiler: *to expose, to uncover*

* Ex: Farnoux trompe Marcel. Gaby trompe Marcel avec Farnoux.

Crime et justice

accuser qq'un de qqch: *to accuse s.o. of sth**
un délit: *an offense*
prendre qq'un en flagrant délit: *to catch s.o.
  red-handed*
un homicide: *a murder*
une enquête: *investigation*
un témoin: *a witness*
prouver: *to prove*
l'arme du crime: *the murder weapon*
le mobile (du crime): *the motive*

chercher à qui profite le crime: *to look for s.o. with
    a motive*
interroger qq'un: *to question s.o.*
le procès: *the trial*
le tribunal: *the court*
un juge: *a judge*
la loi: *the law*
le verdict: *the verdict*
condamner qq'un à qqch: *to sentence s.o. to sth***
le crime ne paie pas: *crime doesn't pay (proverb)*

* Ex: Le juge accuse M. Dupuis du crime / d'avoir commis le crime.
** **Attention:** On ne prononce pas le "m" dans "condamner".

Jouez avec les mots!

A. Vocabulaire

Retrouvez les mots qui se cachent derrière les définitions suivantes:

1. C'est la raison du crime
2. Ne pas dire la vérité
3. Redonner de l'argent qu'on avait emprunté
4. Boîte avec un trou dans laquelle on met l'argent qu'on économise
5. Poser des questions à un suspect

6. Prendre quelqu'un en train de commettre un crime

7. Faux, pas vrai

8. Qui n'aime pas dépenser

B. **Utilisez le vocabulaire suivant pour faire des phrases qui ont un lien avec le film.**

Ex: cossu(e): La famille vit dans une maison cossue.

1. cacher qqch à qq'un

2. un témoin

3. emprunter

4. chercher à qui profite le crime

5. tromper qq'un

6. vénal(e)

7. accuser qq'un de qqch

8. révéler

2 Réflexion - Essais

1. Quel est le but du film? Le regarde-t-on pour l'histoire ou pour autre chose?

2. Qui a un mobile pour tuer Marcel? Comment se disculpent-elles toutes?

3. Qu'est-ce que le huis-clos[1] force chaque femme à faire? Qu'auraient-elles fait si elles avaient pu sortir?

4. Finalement qui, ou qu'est-ce qui, a tué Marcel? Pourquoi s'est-il suicidé?

5. Qu'est-ce que Marcel apprend dans la journée qu'il ne savait pas déjà? Lequel des neuf personnages était le mieux renseigné?

6. Quel portrait le film dresse-t-il de la bourgeoisie?

7. Quel rôle ont les domestiques? Chanel et Louise sont-elles au second plan? A-t-on le sentiment qu'elles font vraiment partie de la famille? Contrastent-elles avec la famille bourgeoise?

8. Quel rôle l'argent joue-t-il dans cette histoire?

9. Trouvez-vous le film méchant? Choquant? Charmant? Drôle?

3 Analyse d'une scène:
Emploi du temps et révélations
(de 41:08 à 47:40 après le début)

> **Vocabulaire spécifique à cette scène**
>
> un emploi du temps (*a schedule*) • un interrogatoire (*questioning*) • interroger qq'un (*to question s.o.*) • se méfier de qq'un (*to be suspicious of s.o.*) • se remettre de ses émotions (*here: to cheer up*)

A. **Ecoutez**

1. Cette scène nous permet de faire le point sur l'emploi du temps de chacune. Qu'est-ce que nous apprenons de nouveau?

2. Qui mène l'interrogatoire? Comment cela se retourne-t-il contre elle?

---

1   Un huis-clos est une situation où les personnages sont enfermés et ne peuvent pas sortir.

3. Il y a plusieurs confrontations: Gaby-Pierrette, Gaby-Louise, Catherine-Augustine, Pierrette-Louise, Suzon-Catherine. De quelle nature sont-elles?

4. Nous avons deux fois de la musique pendant la scène. A quel moment et pourquoi?

B. Observez

1. Comment voit-on que Suzon prend très au sérieux son rôle d'inspecteur?

2. Comment les actrices sont-elles filmées lorsqu'elles présentent leur emploi du temps? Pourquoi ce choix?

3. Pourquoi Pierrette est-elle de dos quand Gaby l'interroge?

4. Que fait Mamy pour se remettre de ses émotions?

5. Comment les actrices sont-elles placées au moment où Louise quitte la maison? Qui fait face à qui? Que font ensuite Suzon et Catherine?

6. Vers qui Suzon est-elle tournée quand Catherine annonce qu'elle était dans la maison à 4h du matin? Que font toutes les femmes à ce moment-là?

C. Cette scène dans l'histoire

Pourquoi cette scène est-elle importante? Qu'est-ce qu'elle apporte à l'histoire? Où est-elle placée dans le film?

D. Langue

1. Prépositions et adverbes

Remplissez les blancs avec la préposition ou l'adverbe qui convient. Tous les mots de la liste doivent être utilisés.

à côté de	au milieu	autour de	dans	d'après	dedans
dehors	derrière	dessus	devant	en bas	en face de
en haut de	par	parmi	sauf	vers	

a. La chambre de Marcel est _____ (les) escaliers.

b. Quand Louise a monté le tilleul _____ la chambre de Marcel, Pierrette était déjà _____.

c. Pierrette était _____ Marcel quand elle l'a menacé de le tuer.

d. Chanel ne sait plus quand elle est partie mais c'était _____ minuit.

e. Catherine a regardé _____ le trou de la serrure et a vu Augustine _____ sa glace.

f. Mamy s'est levée _____ une heure du matin pour aller chercher son tricot _____.

g. Pierrette est de dos quand Gaby l'interroge. La caméra est _____ elle.

h. Mamy est _____ la table avec les alcools. Elle pose son verre _____.

i. Pour Suzon il est évident que l'assassin est _____ elles.

j. _____ Catherine, Suzon était déjà dans la maison la veille au soir.

k. Les femmes (_____ Louise, qui est _____) forment un cercle et Suzon est _____.

2. **Adjectifs possessifs**

Remplissez les blancs avec l'adjectif possessif qui convient.

a. Mamy: Je suis allée chercher la laine de _____ tricot.

b. Gaby: Maman, tu as retrouvé l'usage de _____ jambes?

c. Louise dit qu'elle était dans la chambre avec Marcel et Pierrette mais qu'elle n'a pas assisté à _____ conversation.

d. Suzon et Catherine: _____ tante Pierrette est bien mystérieuse.

e. Louise à Pierrette: Désolée, mais _____ arrangement ne tient plus. Je ne peux pas garder _____ secrets.

f. Augustine était devant _____ glace et elle nettoyait _____ peigne en nacre.

g. Gaby ne veut pas être jugée par _____ enfants.

h. Les domestiques, comme Chanel et Louise, connaissent souvent les secrets de _____ maîtres.

3. **Depuis**

Traduisez les phrases suivantes en utilisant **depuis, depuis que, depuis quand**, ou **depuis combien de temps**. Faites bien attention, ils ne sont pas interchangeables et les verbes ne sont pas conjugués au même temps qu'en anglais.

a. How long have you been coming to this house?

b. I have been coming since I have had money problems.

c. How long had Louise known Marcel when she was hired?

d. She had known him for five years.

e. How long have the eight women been telling the truth?

f. They have been telling the truth since Marcel was murdered.

g. Much has happened since Suzon's return.

E. **Comparaison avec une autre scène**

Comparez cette scène avec celle des révélations de Catherine à la fin (1:38:08 à 1:42:35).

1. Qui est présent dans les deux scènes?

2. Qui est au centre?

3. Quel est le ton de chaque scène?

F. **Sketch**

Imaginez que Suzon ait révélé quelque chose de différent. Elle n'est pas enceinte, elle a un autre problème ou elle a été témoin de quelque chose de bouleversant. Ecrivez un dialogue dans lequel elle annonce ce qui l'inquiète. Chaque personnage intervient tour à tour pour la disputer, la consoler, la critiquer, l'humilier, l'encourager. Pensez bien aux mœurs de l'époque!

LE COIN DU CINEPHILE

1 Première / dernière scène

Vous allez comparer le début du film (jusqu'à 7:30) et la fin (de 1:43:10 au mot "Fin").

1. Comment le nom de chaque actrice est-il présenté?
2. Que voit-on avant de voir les actrices?
3. Comment chaque personnage est-il introduit?
4. Quelle est l'humeur générale de ce début de film?
5. Qu'est-ce qui a changé à la fin? Quelle est l'humeur de la scène?
6. Observez l'habillement et la coiffure des femmes. Qu'est-ce qui a changé entre le début et la fin?
7. A votre avis, quelle scène est la plus étrange? Pourquoi?
8. Pourquoi les actrices sont-elles alignées et nous regardent-elles? A quoi cela vous fait-il penser?

2 Chansons et danses

Qu'est-ce que les chansons et les danses / chorégraphies apportent à l'histoire et aux personnages? A votre avis, était-ce facile pour les actrices, qui chantent toutes elles-mêmes, de faire ce numéro?

3 Couleurs / Vêtements / Coiffures

Comment les actrices sont-elles habillées? Quelles couleurs ont été choisies pour chacune? Comment sont-elles coiffées?

A savoir

Pendant la guerre (1939-1945), les femmes n'avaient pas la possibilité de s'habiller comme elles le souhaitaient et de se sentir belles. Christian Dior en était conscient et en 1947 il a créé un style nouveau: le new look. C'était une mode ultra féminine qui réintroduisait certains éléments du passé comme le corset.

4 Sous-titres

Les dialogues suivants sont tirés de la chanson de Catherine.
Comparez le texte français et les sous-titres, et répondez aux questions.

1. Tu devrais ma parole	*What you need to do*
2. Retourner bien vite à l'école	*Is hurry back to school*
3. Réviser ton jugement	*Learn something new*
4. Crois-moi ce serait plus prudent [...]	*You really need to [...]*
5. Papa papa papa, t'es plus dans l'coup papa, papa papa papa, t'es plus dans l'coup papa	*Daddy Daddy, you ain't with it, Daddy*
6. Tu m'avais dit ce garçon est volage	*You said the boy was a cad*
7. Fais attention il va te faire souffrir	*You said he would make me cry*
8. Pourtant depuis je vis dans un nuage	*But he never makes me feel bad*
9. Et le bonheur danse sur mon sourire	*He sends me right up to the sky*

a. Le texte français rime. Qu'en est-il du texte anglais?

b. 3ème ligne: Comment "Réviser ton jugement" est-il traduit? Est-ce que traduction a le même sens?

c. 5ème ligne: "T'es plus dans l'coup" (you're old-fashioned) est une expression familière. Comment le sous-titreur s'est-il arrangé pour que le registre de langue soit respecté?

d. 6ème ligne: "Volage" et "cad" n'ont pas exactement le même sens. Pourquoi "cad" a-t-il été choisi à votre avis?

e. 8ème et 9ème lignes: Comparez le français et les sous-titres. Qu'est-ce qui vous frappe?

f. En général, les sous-titres doivent respecter le fond (les idées) et la forme (vocabulaire, niveau de langue). Est-ce la même chose ici? Qu'est-ce qui est le plus important?

AFFINEZ VOTRE ESPRIT CRITIQUE

1 Comparaison d'affiches

Vous allez comparer l'affiche française et l'affiche américaine de *8 femmes*. Pour trouver les affiches, allez sur www.affichescinema.com, cliquez sur "Voir les affiches", puis sur "H", puis sur "Huit femmes". Pour l'affiche américaine allez sur www.imdb.com. Vous pouvez agrandir et imprimer les affiches pour faciliter votre travail.[1]

1. Qu'est-ce que les deux affiches ont en commun?

2. Quelle question l'affiche française pose-t-elle?

3. Laquelle des deux affiches trouvez-vous la plus originale?

---

1   Vous remarquerez que les affiches ne sont pas de très bonne qualité, surtout si vous les agrandissez. C'est la seule solution qu'ont les sites internet qui hébergent des photos et des affiches de films. La loi les autorise à le faire si les photos sont de basse résolution.

4. Que remarquez-vous dans le "O" de "WOMEN"? A-t-on la même chose sur l'affiche française? Est-ce une bonne idée d'inclure cet objet sur l'affiche?

5. Quelle affiche préférez-vous? Pourquoi?

2 Traitement des actrices

Pensez-vous que les huit actrices sont traitées de façon égale dans le film? Certaines sont des stars, d'autres sont moins connues. Est-ce que cela se voit? Elles n'ont pas toutes été payées pareil: Catherine Deneuve, Isabelle Huppert et Emmanuelle Béart ont reçu plus que les autres. Est-ce juste?

3 Classement

Aux Etats-Unis le film est classé "R", alors qu'en France il est considéré comme étant pour tous publics. Comment peut-on expliquer cette différence? Qu'est-ce qui justifie le classement américain à votre avis? A partir de quel âge le film vous semble-t-il approprié?

A savoir

En France il n'y a que deux classements: "Interdit aux -13 ans" et "Interdit aux -18 ans". Comme ce sont des interdictions strictes (et non des recommandations), la plupart des films français sont ouverts à tous. Il revient aux parents de décider ce qui convient à leurs enfants.

4 Modernité de l'histoire

Cette histoire vous semble-t-elle toujours d'actualité? Pourrait-elle avoir lieu aujourd'hui?

5 Les critiques

1. Dans sa critique du film, Pierre Murat (*Télérama*, 6 février 2002) note que l' "on est à cent lieues du réalisme, de la vraisemblance, du naturel." Etes-vous d'accord? Le film est-il réaliste, vraisemblable? Qu'est-ce qui est artificiel? Qu'est-ce qui est exagéré?

2. Quant à Jean-Marc Lalanne, il écrit dans *Les cahiers du cinéma* de février 2002 que "*Huit femmes* est un film totalement régressif, l'œuvre d'un cinéaste au cœur de son désir, celui infantile et capricieux de continuer à jouer avec ses poupées, pour les chérir et les martyriser." Qu'est-ce que cela veut dire? Etes-vous d'accord avec cette analyse?

POUR ALLER PLUS LOIN

1 Parallèles avec d'autres films

1. **Le théâtre:** *Cyrano de Bergerac*, *8 femmes* et *Le dîner de cons* étaient des pièces de théâtre avant d'être des films. Quels sont les éléments de théâtre que l'on retrouve dans chacun de ces films? A quelles difficultés particulières les réalisateurs ont-ils dû faire face?

2. **Les actrices:** Fanny Ardant, Catherine Deneuve et Isabelle Huppert ont joué dans de nombreux films et ont eu des rôles extrêment variés. Pourtant, on retrouve un type de personnage qu'elles ont tendance à jouer régulièrement. Comparez Pierrette et Madame de Blayac (*Ridicule*), Gaby et Marion Steiner (*Le dernier métro*) et Augustine et Emma Bovary (*Madame Bovary*). Qu'est-ce que les deux personnages de chaque paire ont en commun? Pourrait-on imaginer que les actrices échangent leurs rôles?

2 Imaginez

1. A votre avis, que va-t-il se passer maintenant que Marcel est mort? Que vont faire les 8 femmes? Qui va hériter? Quelles décisions vont-elles prendre? Les domestiques vont-elles rester ou être renvoyées? Ecrivez la suite de l'histoire en utilisant votre imagination tout en restant plausible.

2. Imaginez qu'elles aient réussi à faire venir la police. Chaque femme parle en privé avec le commissaire de police. Vont-elles dire la vérité, toute la vérité? Vont-elles essayer d'accuser les autres pour se disculper?

3 Lectures

A.   **Poème d'Aragon : "Il n'y a pas d'amour heureux"**

La chanson de Mamy est, à l'origine, un poème d'Aragon que Georges Brassens a mis en musique. Lisez-le attentivement et répondez aux questions.

Rien n'est jamais acquis[1] à l'homme Ni sa force
Ni sa faiblesse ni son coeur Et quand il croit
Ouvrir ses bras son ombre est celle d'une croix
Et quand il croit serrer[2] son bonheur il le broie[3]
Sa vie est un étrange et douloureux divorce
  Il n'y a pas d'amour heureux
Sa vie Elle ressemble à ces soldats sans armes
Qu'on avait habillés pour un autre destin
A quoi peut leur servir de se lever matin
Eux qu'on retrouve au soir désoeuvrés[4] incertains
Dites ces mots Ma vie Et retenez vos larmes
  Il n'y a pas d'amour heureux

1   given forever
2   to hold tight
3   he crushes it
4   idle

Mon bel amour mon cher amour ma déchirure[5]
Je te porte dans moi comme un oiseau blessé
Et ceux-là sans savoir nous regardent passer
Répétant après moi les mots que j'ai tressés[6]
Et qui pour tes grands yeux tout aussitôt moururent
          Il n'y a pas d'amour heureux

Le temps d'apprendre à vivre il est déjà trop tard
Que pleurent dans la nuit nos coeurs à l'unisson
Ce qu'il faut de malheur pour la moindre[7] chanson
Ce qu'il faut de regrets pour payer un frisson[8]
Ce qu'il faut de sanglots[9] pour un air de guitare
          Il n'y a pas d'amour heureux

Il n'y a pas d'amour qui ne soit à douleur
Il n'y a pas d'amour dont on ne soit meurtri[10]
Il n'y a pas d'amour dont on ne soit flétri[11]
Et pas plus que de toi l'amour de la patrie
Il n'y a pas d'amour qui ne vive de pleurs
          Il n'y a pas d'amour heureux
          Mais c'est notre amour à tous les deux

Louis Aragon (*La Diane Francaise*, Seghers 1946)

5   *here*: my wound
6   I wove
7   the least little song
8   a shiver / a thrill
9   sobs
10 wounded
11 withered, wilted

1. Quel est le message général du poème?
2. A quoi le refrain sert-il?
3. 1ère strophe:
    a. Expliquez l'image de la croix.
    b. Que fait l'homme de son bonheur?
4. 2ème strophe:
    a. Qu'est-ce que les soldats étaient censés faire?
    b. Pourquoi sont-ils désoeuvrés?
    c. Pourquoi l'homme peut-il comparer sa vie à celle des soldats?
5. 3ème strophe:
    a. Pourquoi Aragon associe-t-il "amour" et "déchirure"? Quel est l'effet recherché?
    b. Qui est l'"oiseau blessé"?
6. 4ème strophe:
    a. Qu'est-ce que l'auteur regrette?
    b. Qu'est-ce qu'il faut avoir vécu pour une "chanson", "un frisson" et "un air de guitare"?
7. 5ème strophe:
    a. Quel effet l'amour a-t-il sur l'homme?
    b. Comment comprenez-vous le dernier vers?
    c. Cette strophe n'est pas chantée par Mamy. Pourquoi à votre avis?
8. Pourquoi Ozon a-t-il choisi cette chanson pour Mamy?
9. Pourquoi est-ce la dernière chanson du film?

Jules Ferry

B. Les femmes françaises: l'éducation

a. Quelques dates:[1]

1836   Création de l'enseignement primaire féminin.
1882   Loi Ferry : école élémentaire obligatoire pour tous les enfants
1861   Première femme à passer le baccalauréat
1900   Ouverture aux femmes de l'Ecole des Beaux-Arts.
1924   Les programmes du secondaire deviennent identiques pour les garçons et les filles.
1938   Les femmes peuvent s'inscrire à l'université sans l'autorisation de leur mari.
1959   Mise en place progressive de la mixité dans l'enseignement secondaire.

b. Diplôme le plus élevé obtenu selon l'âge et le sexe

	25-34 ans		35-44 ans		45-54 ans		55-64 ans	
	Femmes	Hommes	Femmes	Hommes	Femmes	Hommes	Femmes	Hommes
Aucun diplôme ou CEP	12,7	14,4	21,3	21,7	32,1	28,6	44,4	37,7
BEPC seul	4,3	5,5	8,3	6,4	10,8	7,7	9,0	5,8
CAP, BEP ou équivalent	17,2	23,3	27,4	36,3	23,3	34,6	21,0	28,0
Baccalauréat ou brevet professionnel	21,9	21,4	16,9	11,8	14,4	11,6	11,0	11,5
Baccalauréat + 2 ans	20,6	16,8	13,2	10,4	10,4	7,2	7,2	5,5
Diplôme supérieur	23,3	18,6	12,9	13,5	8,9	10,3	7,4	11,5
% de bacheliers ou plus	65,8	56,8	43,0	35,7	33,7	29,1	25,6	28,5

Champ : France métropolitaine, individus de 25 à 64 ans.
Source : INSEE, enquêtes Emploi.

Questions:

1. A votre avis, quelles sont les deux dates les plus importantes pour l'accès des femmes à l'école et à l'enseignement supérieur (universitaire)?

2. Comparez les diplômes des 55-64 ans et ceux des 25-24 ans. Qu'est-ce qui vous frappe?

3. Qui, parmi les 25-34 ans, a le plus de diplômes? Les hommes ou les femmes?

---

1   Adapté du site www.chez.com/lisa67/infos/femme.htm

C.   Les femmes françaises: la famille et la contraception

a.   Quelques dates[1] :

1810   Le Code pénal qualifie l'adultère de la femme de délit : celui du mari n'est passible que d'une amende, si les faits ont eu lieu au domicile conjugal et de façon répétée.

1810   Le Code pénal punit de réclusion toute personne qui pratique, aide ou subit un avortement ; les médecins et les pharmaciens sont condamnés aux travaux forcés.

1884   Loi rétablissant le divorce.

1927   Une femme mariée à un étranger garde sa nationalité.

1942   La femme est l'adjoint du mari dans la direction de la famille.

1955   L'avortement thérapeutique est autorisé.

1956   Fondation de "Maternité heureuse" qui deviendra le Mouvement français pour le planning familial en 1960.

1967   Loi autorisant la contraception.

1970   Loi relative à l'autorité parentale conjointe. Le père n'est plus le chef de famille.

1973   Education sexuelle dans les collèges et lycées.

1974   Remboursement de la contraception par l'Assurance maladie.

1975   Loi Veil légalisant l'I.V.G. (Interruption volontaire de grossesse).

1975   Instauration du divorce par consentement mutuel.

1992   Loi sanctionnant le harcèlement sexuel dans les relations de travail.

2000   La pilule du lendemain est en vente libre dans les pharmacies.

1979 Affiche
pour le planning familial

b.   Evolution de la fécondité par groupe d'âges

Nombre de naissances pour 100 femmes de chaque âge

	15-19 ans	20-24 ans	25-29 ans	30-34 ans	35-39 ans	40 ans ou +
1980	8,9	60,8	72,1	37,0	12,7	3,0
1990	4,4	37,3	69,0	45,4	17,9	3,8
2000	4,0	28,0	66,5	58,4	24,9	5,6
2005 (p)	3,7	27,2	63,7	62,4	28,4	6,8

(p) données provisoires.
Source : INSEE, bilan démographique.

c.   Evolution des temps sociaux au cours d'une journée moyenne

	Femmes		Hommes	
	1986	1999	1986	1999
Temps physiologique	11 h 40	11 h 48	11 h 28	11 h 32
Travail, études, formation	3 h 16	3 h 27	5 h 47	5 h 30
Temps domestique	5 h 07	4 h 36	2 h 07	2 h 13
dont : *Ménage, courses*	4 h 10	3 h 40	1 h 10	1 h 15
Soins aux enfants	0 h 42	0 h 38	0 h 10	0 h 11
Jardinage, bricolage	0 h 15	0 h 18	0 h 47	0 h 47
Temps libre	3 h 13	3 h 31	3 h 53	4 h 09
Trajet	0 h 44	0 h 38	0 h 45	0 h 36
Ensemble	24 h 00	24 h 00	24 h 00	24 h 00

En heures et minutes
Champ : France métropolitaine, individus âgés de 15 ans à 60 ans, hors étudiants et retraités.
Source : INSEE, Enquêtes emploi du temps 1986 et 1999.

1   Adapté du site www.chez.com/lisa67/infos/femme.htm

Questions:

1. Le Code pénal traitait-il équitablement les hommes et les femmes au XIXe siècle?

2. Comment les mentalités et la loi ont-elles évolué en ce qui concerne la contraception et l'avortement?

3. Pourquoi la fondation de "Maternité heureuse" en 1956 était importante? Qu'est-ce qu'elle permettait aux femmes de faire?

4. Observez le premier tableau. Quelles étaient, en 1980, les 10 années durant lesquelles les femmes avaient le plus d'enfants? Qu'en est-il aujourd'hui? Pouvez-vous expliquer ce phénomène?

5. Qu'est-ce qui vous frappe dans le 2ème tableau? Quelles différences remarquez-vous entre les hommes et les femmes? Qu'est-ce qui a changé entre 1986 et 1999?

D. Les femmes françaises: le travail

a. Quelques dates:[1]

1892 Interdiction du travail de nuit ; repos hebdomadaire, journée de 11h.
1900 Journée de 10h pour les femmes et les enfants.
1907 Loi autorisant les femmes mariées à disposer de leur salaire.
1909 Congé maternité de huit semaines sans traitement.
1920 Les femmes peuvent adhérer à un syndicat sans l'autorisation de leur mari.
1928 Congé maternité de deux mois à plein traitement étendu à toute la Fonction Publique.
1938 Institution d'une prime pour la femme au foyer.
1965 Une femme mariée peut exercer une activité professionnelle sans le consentement de son mari.
1971 Congé maternité indemnisé à 90%.
1972 Loi sur l'égalité de rémunération entre hommes et femmes.
1984 Congé parental ouvert à chacun des parents salariés sans distinction de sexe.

b. Article de *Label-France*, 1er trimestre 2006

La France bat des records en Europe en cumulant le taux de fécondité le plus élevé (1,9 enfant par femme comme l'Irlande, devant le Danemark et la Norvège, très loin devant l'Allemagne et l'Italie) et l'un des plus forts taux d'activité professionnelle féminine (80 % pour les vingt-quatre-quarante-neuf ans). Cette exception française s'explique sans doute, en partie, par l'existence d'aides financières pour les familles (allocations, subventions pour les gardes privées, mesures fiscales favorables aux parents) et par un système de prise en charge de la petite enfance (crèches municipales, maternelles publiques et gratuites, cantines...) - toutefois encore insuffisant. Mais ce " modèle " doit aussi beaucoup à la volonté des femmes elles-mêmes de ne renoncer à aucun de leurs rôles. En France, avoir des enfants, pour une femme, ne signifie pas un changement d'identité : une fois mères, les Françaises gardent leur capital scolaire, professionnel, mais aussi leur séduction...

Femmes poussant des chariots remontant de la mine - Bruay-en-Artois (Pas-de-Calais).

Vers 1910.

---

1   Adapté du site www.chez.com/lisa67/infos/femme.htm

c. Taux d'activité des femmes selon l'âge

En %

	1975	1985	1995	2005
15-24 ans	45,5	39,7	26,5	29,9
25-49 ans	58,6	70,8	78,3	81,1
50 ans et +	42,9	39,8	43,9	54,6
Ensemble	51,5	55,6	59,9	63,8

Champ : personnes de 15 à 64 ans.
Source : INSEE, enquêtes sur l'emploi

d. Evolution des salaires nets annuels moyens par sexe dans la
    fonction publique (en euros)

	1982	1990	2000	2003
Femmes	11 021	16 749	21 865	23 245
Hommes	13 545	19 997	25 383	27 078
Rapport des salaires Femmes / Hommes (en %)	**81,4**	**83,8**	**86,1**	**85,8**

Source : INSEE, fichiers de paie des agents de l'Etat,
définitifs de 1982 à 2002, semi définitif pour 2003.

Questions:

1. Qu'est-ce que la loi de 1907 change? Qui disposait du salaire des
    femmes avant cette date?

2. Que faisaient les femmes avant la loi de 1909 sur le congé maternité?

3. Comment les femmes françaises réussissent-elles à combiner travail
    et enfants?

4. Premier tableau: qu'est-ce qui a changé entre 1975 et 2005?

5. Que remarquez-vous sur les salaires des femmes et des hommes?

E. Les femmes françaises: les droits politiques

a. Quelques dates[1]:

1793 Instauration du suffrage universel ; mais citoyenneté refusée
      aux femmes

1876 Hubertine Auclert fonde "Le Droit des Femmes", premier
      groupe suffragiste, qui deviendra le Suffrage des Femmes
      en 1883.

1914 Organisation d'un vote blanc, sondage auprès des femmes
      sur leur désir de voter. Plus de 500 000 réponses favorables.

1919 La Chambre des députés se prononce en faveur des droits
      politiques intégraux. Le Sénat émet un rapport défavorable.

1944 "Les femmes sont électrices et éligibles dans les mêmes
      conditions que les hommes" (Général de Gaulle).

1945 Les femmes votent et sont élues pour la première fois
      aux élections municipales d'avril puis en octobre pour
      l'Assemblée constituante.

1947 Première femme ministre : Germaine Poiso-Chapuis.

1945 - Les femmes votent pour la première fois

---

1   Adapté du site www.chez.com/lisa67/infos/femme.htm

b. Part des femmes candidates et
    élues à l'Assemblée nationale

Années	Part des femmes parmi les candidats	Part des femmes parmi les élus (En %)
1958	2,3	1,3
1968	3,3	1,7
1978	16,3	4,0
1986	25,1	5,8
1993	19,5	5,9
1997	23,2	10,8
2002	39,3	12,1

Champ : France métropolitaine.
Source : ministère de l'Intérieur.

c. Les femmes au parlement européen
    (liste partielle) (législature 2004/2009)

	part des femmes (en %)
Pologne	13,0
Italie	19,2
Rép. tchèque	20,8
Royaume-Uni	24,4
Grèce	29,2
Allemagne	31,3
Estonie	33,3
Espagne	33,3
Hongrie	33,3
Irlande	38,5
Autriche	38,9
France	43,6
Pays-Bas	44,4
Suède	57,9

Source : Communautés européennes,
service Europarl.

Questions:

1. Qui est Hubertine Auclert?
2. Pourquoi les femmes n'ont-elles pas eu le droit de vote en 1919?
    Qui était pour? Qui était contre? En quelle année l'ont-elles eu?
3. Que remarquez-vous à l'Assemblée nationale?
4. Où la France se situe-t-elle au parlement européen?

Récapitulons!

1. Qu'est-ce que les femmes de *8 femmes* n'avaient pas encore obtenu?
2. Quel chemin reste à parcourir aujourd'hui pour qu'il y ait une
    véritable égalité entre les hommes et les femmes?

Cyrano de Bergerac

Présentation du film

Cyrano est passionné, généreux, héroïque et il a de l'esprit. Il a aussi un nez proéminent qui le complexe et le force à cacher ses sentiments pour sa cousine Roxane. Il prête alors son éloquence et sa plume à son rival Christian pour séduire la belle jeune fille. Le film a lieu en 1640, la fin en 1655.

Carte d'identité du réalisateur

Jean-Paul Rappeneau (né en 1932) a travaillé plusieurs années comme scénariste avant de tourner son premier film, *La vie de château*, en 1966. Il a ensuite réalisé des comédies (*Les mariés de l'an II*, 1971, *Le sauvage*, 1975, *Tout feu tout flamme*, 1981), avant de s'intéresser aux grandes productions en costumes (*Cyrano de Bergerac*, 1990, *Le hussard sur le toit*, 1995, et *Bon voyage*, 2003). Méticuleux, perfectionniste, Rappeneau prend son temps entre chaque film et aime tourner avec des stars.

Carte d'identité des acteurs

Gérard Depardieu (né en 1948) est l'un des plus grands acteurs français de tous les temps. Energique, travailleur, généreux, excessif, il est capable de tout jouer. Il s'est imposé en 1974 dans *Les valseuses*, puis nombre de ses films ont été de très grands succès: *Le dernier métro* (1980), *Le retour de Martin Guerre* (1982), *Danton* (1983), *Camille Claudel* (1988), *Cyrano de Bergerac* (1990), *Le Colonel Chabert* (1994), *Astérix et Obélix contre César* (1999), *Bon voyage* (2002), *Quand j'étais chanteur* (2006). Il a été nommé 14 fois aux César et a reçu la Palme d'Or à Cannes pour *Cyrano de Bergerac*.

Anne Brochet (née en 1965) a commencé sa carrière en triomphant dans deux grands films: *Cyrano de Bergerac* (qui l'a révélée au grand public) et *Tous les matins du monde* (1991). Depuis elle a joué au théâtre et au cinéma (*Consentement mutuel*, 1994, *La chambre des magiciennes*, 2000, *Marie et Julien*, 2003, *Le temps des porte-plumes*, 2006) mais elle n'a pas renoué avec le succès de ses débuts.

Vincent Perez (né en 1964) a un physique de charmeur romantique et semble prédisposé pour les rôles de séducteur dans de grandes productions en costumes d'époque: *Cyrano de Bergerac* (1990), *Indochine* (1992), *La Reine Margot* (1994), *Le bossu* (1997), *Fanfan la Tulipe* (2003). Il a aussi joué pour de nombreux réalisateurs étrangers et a réalisé deux films, *Peau d'ange*, en 2002 et *The Secret*, en 2006.

L'heure de gloire

Cyrano de Bergerac a eu un immense succès public et critique: prix d'interprétation masculine pour Gérard Depardieu et nomination pour la Palme d'Or pour Jean-Paul Rappeneau au Festival de Cannes, prix du meilleur film décerné par l'Académie Nationale du Cinéma, et de très belles récompenses aux César: meilleur film, meilleur réalisateur et meilleur acteur (Gérard Depardieu). Aux Etats-Unis, il a reçu le Golden Globe du meilleur film étranger et l'Oscar des meilleurs costumes.

PREPARATION

1 Vocabulaire

Vocabulaire utile avant de voir le film:

Les noms

une pièce: *a play*
une tirade: *a monologue*
un héros: *a hero**
le nez: *the nose*
un régiment: *a regiment*
une bataille: *a battle*
un siège: *a siege*
un duel: *a duel*
la bravoure: *bravery*
les préjugés: *prejudice*
la vengeance: *revenge*

une épée: *a sword*
un(e) ennemi(e): *an enemy*
un couvent: *a convent*
une duègne: *a chaperone*
une ruse: *a trick*
une écharpe: *a scarf*
l'honnêteté: *honesty*
le courage: *courage*
l'égoïsme: *selfishness*
la lâcheté: *cowardice*

> * **Attention!** <u>Le</u> héros, pas <s>l'héros</s>

Les verbes

se comporter: *to behave*
donner un conseil à qq'un: *to give s.o. advice*
espérer: *to hope*
avoir confiance en soi: *to be self-confident**
se bagarrer: *to fight*
provoquer qq'un en duel: *to challenge s.o. to a duel*
se venger de qq'un: *to have one's revenge against s.o.*
avouer qqch à qq'un: *to confess sth to s.o.*

mentir à qq'un: *to lie to s.o.*
être amoureux (-euse) de qq'un: *to be in love with*
faire la cour à qq'un: *to court s.o.*
faire de l'esprit: *to be witty*
se soumettre à qqch: *to submit oneself to sth*
être en première ligne: *to be on the front line*
humilier qq'un: *to humiliate s.o.*
assassiner qq'un: *to murder s.o.*

> * Ex: Cyrano n'a pas confiance en lui. Roxane a confiance en elle.

Les adjectifs

courageux (-euse): *courageous*
honnête: *honest*
sensible: *sensitive**
fidèle: *faithful*
franc (-che): *frank*
héroïque: *heroic*
spirituel(le): *witty*
éloquent(e): *eloquent*
laid(e): *ugly*
redouté(e): *feared*

timide: *shy*
naïf (-ve): *naïve*
égoïste: *selfish*
orgueilleux (-euse): *proud / arrogant*
fier (-ère): *proud / haughty*
arrogant(e): *arrogant*
lâche: *cowardly*
bagarreur (-euse): *quarrelsome*

> * **Souvenez-vous:** "sensible" en anglais se dit "sensé, raisonnable" en français.

Traduisez!

1. I like men who are courageous, faithful and witty.
2. Cyrano is in love with Roxane, but he prefers to be witty rather than to court her.
3. He challenged Valvert to a duel to have his revenge.
4. Our regiment was on the front line at the battle of Arras.

Souvenez-vous:
le 17ᵉ siècle dans les colonies américaines

| 1600 | 1610 | 1620 | 1630 | 1640 | 1650 | 1660 | 1670 | 1680 | 1690 | 1700 |

1603: 1ère colonie à Jamestown, VA
1613: Mariage Pocahontas-John Rolfe
1620: Les pèlerins à Plymouth, MA
1626: Fondation de Salem
1630: Fondation de Boston
1632: Fondation de la colonie du MD
1636: Création de Harvard College
1638: Fondation de la colonie du RI
1664: La ville et la région de NY sont prises
par les Anglais (aux Hollandais)
1682: Création de la PA
1692: Procès des
sorcières de
Salem

2 Repères culturels[1]

Histoire

Cardinal de Richelieu, par Philippe de Champaigne

1. Qui était roi de France en 1640, à l'époque du film? Et en 1655, à la fin du film? Que savez-vous sur eux? Faites quelques recherches sur ces deux rois (leurs dates, leur personnalité, leur famille, leurs grandes actions, par exemple)

2. Qui était Richelieu? Pour qui travaillait-il? Pour quoi est-il connu?

3. Qu'est-ce qu'un duel? Dans quelles circonstances un duel avait-il lieu? Etait-ce légal au moment du film?

4. Cyrano est un mousquetaire. Qu'est-ce que cela voulait dire au XVIIe siècle? Pour qui les mousquetaires travaillaient-ils?

5. Cyrano fait partie des cadets de Gascogne. Qu'est-ce que cela veut dire? Qu'est-ce qu'un cadet? Où la Gascogne se situe-t-elle? Quelle réputation les Gascons avaient-ils?

Mousquetaires du Roi

Le vrai Cyrano de Bergerac

6. Cyrano de Bergerac a véritablement existé. A quelle période a-t-il vécu? Que sait-on sur lui? Pour quoi est-il connu?

---

1   Il existe un excellent site internet sur Cyrano: www.cyranodebergerac.fr. Vous trouverez beaucoup d'information sur le vrai Cyrano, le XVIIe siècle et la pièce de Rostand.

Géographie / Histoire

7. Cherchez la ville d'Arras sur une carte de France. A-t-elle toujours été française? Que s'est-il passé en 1640?

Langue / Littérature

8. Que veut dire le mot "panache"? Connaissez-vous un héros qui a du panache? Qui? Dans quelles circonstances a-t-il du panache?

Littérature

9. Le film est basé sur une pièce de théâtre écrite par Edmond Rostand en 1897. Faites quelques recherches sur l'auteur et l'accueil reçu par la pièce à sa sortie.

10. Dans le film, Roxane est une "Précieuse". Qu'est-ce que cela veut dire? Qu'est-ce que la Préciosité?

11. Qui sont les grands écrivains du XVIIe siècle? Trouvez trois écrivains et notez au moins une œuvre pour chacun d'eux.

Art

12. Rappeneau, le réalisateur, et Pierre Lhomme, le chef opérateur, ont étudié la peinture de Vermeer et composé plusieurs scènes du film en s'inspirant de ses tableaux. Cherchez et observez bien les tableaux suivants: *La laitière, La jeune fille à la perle, La dentellière, Le géographe, La liseuse à la fenêtre.* Souvenez-vous des couleurs et de la lumière de ces tableaux quand vous regarderez le film.

Arras au XVIIe siècle

Rostand académicien

Les précieuses

3 Bande-annonce

1. Où et comment les personnages principaux sont-ils présentés?
2. Quels aspects de Cyrano sont dévoilés?
3. Quelle impression avez-vous de Roxane?
4. Quel objet traverse le titre à la fin de la bande-annonce? Pourquoi?

4 A savoir avant de visionner le film

✤ Durée: 2h15 (attendez-vous à ce que la fin vous semble longue!)
✤ Genre: Drame historique, héroïque et romantique
✤ Public: PG
✤ Tournage: Le film a été tourné en France et en Hongrie. Rappeneau a embauché 2000 acteurs et figurants!
✤ Personnages: Tous les personnages principaux (Cyrano, Roxane, Christian, Le Brêt, Ragueneau, De Guiche et même Montfleury) ont réellement existé. Rostand a pris quelques libertés mais dans l'ensemble ils sont conformes à l'histoire.

A savoir

Cyrano de Bergerac est l'une des 4 ou 5 pièces les plus jouées dans le monde, et la pièce française la plus jouée. Elle a du succès partout, quelle que soit la langue dans laquelle elle est traduite.

Image d'Epinal

❖ Note: Le film est très fidèle à la pièce de théâtre, et est donc en vers. Les dialogues étant difficiles à comprendre, ne vous inquiétez pas si vous éprouvez des difficultés. Observez le jeu des acteurs, les décors, les costumes, et laissez-vous bercer par la poésie de la langue.

PREMIERE APPROCHE

1 L'histoire

Les personnages:

Cyrano de Bergerac	Gérard Depardieu
Roxane	Anne Brochet
Christian de Neuvillette	Vincent Perez
le Comte de Guiche	Jacques Weber
Le Brêt	l'ami
Ragueneau	l'ami pâtissier

A savoir

Ce théâtre, l'Hôtel de Bourgogne, était célèbre au XVIIe siècle.

1. Quelle est la population qui va au théâtre? Les gens se comportent-ils de la même façon qu'aujourd'hui?

2. Décrivez l'ambiance générale.

3. Pourquoi Cyrano déteste-t-il Montfleury (l'acteur)?

4. Quel conseil Le Brêt donne-t-il à Cyrano? Celui-ci l'écoute-t-il? Pourquoi? Comment décrit-il Roxane?

5. Quels sont les espoirs de Cyrano quand la duègne de Roxane vient lui dire que la jeune femme veut le voir le lendemain?

6. Pourquoi Christian provoque-t-il Cyrano en interrompant le récit de la bataille avec des expressions utilisant le mot "nez"? Est-ce dans la nature de Cyrano de ne pas réagir? Pourquoi reste-t-il calme?

7. Christian se soumet-il facilement à la proposition de Cyrano? Pourquoi? Que pensez-vous de cette proposition?

8. Que veut faire de Guiche pour se débarrasser de Cyrano? Quelle est la ruse de Roxane pour garder Christian?

9. Comment Christian se débrouille-t-il en tête-à-tête avec Roxane? Que fait-il ensuite pour donner l'illusion qu'il sait parler?

10. Pourquoi le mariage de Roxane et Christian est-il célébré en toute hâte? Que fait Cyrano pour que la cérémonie ne soit pas interrompue par de Guiche?

11. Quelles sont les conditions de vie des soldats pendant le siège d'Arras?

12. Qu'est-ce que de Guiche essaie de prouver en racontant l'épisode où il a perdu son écharpe blanche? A l'avantage de qui cette scène se termine-t-elle?

Cyrano et Montfleury

13. Quelle est la vengeance de de Guiche pendant le siège?

14. Etiez-vous surpris que Roxane fasse le voyage à Arras pour rejoindre Christian? Cela va-t-il avec le comportement qu'elle a eu auparavant? De quelle façon l'ambiance change-t-elle quand elle arrive?

15. Pourquoi de Guiche se bat-il avec les cadets de Gascogne, alors qu'il avait prévu de les abandonner à leur triste sort? Qu'est-ce que cette décision indique sur de Guiche?

Image publicitaire: Rendez-vous de Christian et de Roxane

16. Que comprend Christian quand Roxane dit qu'elle est venue le rejoindre à cause des lettres qu'elle recevait, et qu'elle l'aimerait même s'il était laid?

17. Pourquoi veut-il que Cyrano avoue son amour à Roxane?

18. Comment Christian meurt-il? Est-ce un accident?

19. Que dit Cyrano à Christian quand il meurt? Pourquoi fait-il ce sacrifice?

20. Où Roxane vit-elle à la fin du film? Où vivait-elle 15 ans plus tôt?

21. Qu'est-ce que les religieuses et Le Brêt nous apprennent sur Cyrano?

22. Qu'est devenu de Guiche? Quels sont les regrets dont il parle à la fin?

23. Roxane est-elle consciente que Cyrano a eu un accident? Pourquoi?

24. Quel effet la lecture de la lettre a-t-elle sur Roxane? Pourquoi est-ce si important pour Cyrano de la lire ce jour-là, et tout haut?

25. A la fin, Cyrano dit: "J'aurai tout manqué, même ma mort". Etes-vous d'accord qu'il a tout manqué dans sa vie?

26. Roxane dit à Cyrano: "J'ai fait votre malheur!" Cyrano est-il d'accord? Pourquoi?

27. En quoi Roxane est-elle changée à la fin?

28. Quel est le dernier mot que Cyrano prononce avant de mourir?

29. Observez la dernière scène: qu'est-ce qui brille dans le ciel? Pourquoi? Que fait la caméra? Où va-t-elle?

Image publicitaire allemande: Dernière rencontre de Cyrano et de Roxane

2 Analyse d'une photo

1. Où et à quel moment cette scène se passe-t-elle?
2. Qu'est-ce que Christian vient de dire à Cyrano? Où va-t-il?
3. Qu'est-ce que les visages de Christian et de Roxane expriment?
4. Qu'est-ce qui rend cette photo très dynamique?

3 Analyse de citations

Analysez les citations suivantes en les replaçant dans leur contexte:

1. Cyrano (au théâtre):
   "Que tous ceux qui veulent mourir lèvent le doigt."

2. Cyrano à Le Brêt:
   "Regarde-moi, mon cher et dis quelle espérance
   Pourrait bien me laisser cette protubérance!"

3. Le Brêt à Cyrano:
   "Fais tout haut l'orgueilleux et l'amer, mais, tout bas,
   Dis-moi simplement qu'elle ne t'aime pas."

4. Cyrano:
   "Ne pas monter bien haut, peut-être, mais tout seul!"

5. Roxane à Christian:
   "Et la beauté par quoi tout d'abord tu me plus
   Maintenant j'y vois mieux… et je ne la vois plus!"

6. Christian à Cyrano:
   "Je suis las de porter en moi-même un rival!"

7. Cyrano à Roxane:
   "Non, non, mon cher amour, je ne vous aimais pas!"

8. Cyrano à Roxane:
   "Pendant que je restais en bas dans l'ombre noire
   D'autres montaient cueillir le baiser de la gloire."

9. Cyrano:
   "Ci-gît Hercule-Savinien
   De Cyrano de Bergerac
   Qui fut tout, et qui ne fut rien."

Mort de Cyrano (carte postale de 1911)

APPROFONDISSEMENT

1 Vocabulaire

Enrichissez votre vocabulaire !

L'amour

tomber amoureux(-euse) de: *to fall in love with*
un coup de foudre: *love at first sight*
séduire: *to seduce*
avoir du charme: *to be charming*
un amour platonique: *platonic love*
une histoire d'amour: *a love story*
une lettre d'amour: *a love letter*

un chagrin d'amour: *an unhappy love affair*
une chanson d'amour: *a love song*
un petit ami: *a boyfriend*
une petite amie: *a girlfriend*
le/la fiancée: *the fiancée*
le mari: *the husband*
la femme: *the wife*

Duels et combats*

un coup d'épée: *a swordthrust*
être blessé(e): *to be wounded*
une blessure: *a wound*
être atteint(e): *to be hit*
une feinte: *a feint*

parer: *to parry a blow*
toucher: *to hit*
en garde!: *en garde!*

* **Duel**: Ne vient pas du latin "duo" (deux) mais de "duellum", forme ancienne de "bellum" (la guerre).

Les qualités et les défauts

la générosité: *generosity*
   être généreux (-euse): *to be generous*
la sincérité: *sincerity*
   être sincère: *to be sincere*
la droiture: *honesty*
   être droit(e): *to be honest*
la gentillesse: *kindness*
   être gentil (-ille): *to be kind*
la franchise: *frankness*
   être franc (-che): *to be frank*
la tolérance: *tolerance*
   être tolérant(e): *to be tolerant*
l'intelligence: *intelligence*
   être intelligent(e): *to be intelligent*
l'avarice: *miserliness*
   être avare: *to be miserly*

la malhonnêteté: *dishonesty*
   être malhonnête: *to be dishonest*
la méchanceté: *maliciousness*
   être méchant(e): *to be malicious*
l'infidélité: *unfaithfulness*
   être infidèle: *to be unfaithful*
l'hypocrisie: *hypocrisy*
   être hypocrite: *to be hypocritical*
l'intolérance: *intolerance*
   être intolérant(e): *to be intolerant*
la bêtise: *stupidity*
   être bête: *to be stupid*
la paresse: *laziness*
   être paresseux (-euse): *to be lazy*

Jouez avec les mots!

A. **Reliez les défauts correspondants aux qualités suivantes:**

1. la gentillesse
2. la sincérité
3. le courage
4. l'intelligence
5. la générosité
6. la franchise

a. le mensonge
b. la bêtise
c. l'hypocrisie
d. la méchanceté
e. l'avarice
f. la lâcheté

Image d'Epinal

B. **Quels mots se cachent derrière les définitions suivantes?**

1. Faire mal:
2. Une unité militaire:
3. Qui a de l'esprit:
4. Une arme de duel:
5. Le handicap physique de Cyrano:
6. Ne pas dire la vérité:
7. Candide:
8. Aime la bataille:
9. Faire la cour:
10. Un blocus:
11. Une maison religieuse:

2 Réflexion - Essais

1. Analysez l'entrée en scène de Cyrano. Tous les personnages principaux apparaissent avant lui. Pourquoi se fait-il attendre? Quelle impression a-t-on de lui avant de le voir et de l'entendre?

2. Comment décririez-vous Cyrano? Roxane? Christian? Quelle est leur personnalité? Quelles sont leurs qualités, leurs défauts? Ecrivez un paragraphe sur chacun.

3. Quel personnage préférez-vous? Duquel vous sentez-vous le plus proche? Pourquoi?

4. Donnez des exemples qui montrent que Cyrano est différent des autres et tient à le rester. Parle-t-il, s'habille-t-il, se comporte-t-il comme tout le monde?

5. Que pensez-vous du stratagème mis en place par Cyrano pour aider Christian à séduire Roxane? Approuvez-vous ou le trouvez-vous condamnable?

6. Ragueneau et Le Brêt sont tous les deux amis de Cyrano. Qu'ont-ils en commun? En quoi sont-ils différents?

Le Brêt

7. Analysez le personnage de de Guiche. Quelle opinion aviez-vous de lui pendant le film? Est-ce un personnage fondamentalement mauvais? Votre opinion a-t-elle évolué au fil de l'histoire?

8. La scène du balcon vous rappelle-t-elle une autre scène de balcon célèbre?

9. Pourquoi la guerre est-elle importante dans cette histoire? Qu'est-ce qu'elle force les personnages à faire?

10. A votre avis, quel est l'acte le plus grandiose que Cyrano accomplisse?

11. Pensez aux espoirs que formulaient Roxane, Christian, Cyrano et de Guiche au début de l'histoire. Ont-ils obtenu ce qu'ils espéraient?

12. A votre avis, *Cyrano de Bergerac* est-il un conte *(a fairytale)*? Quels éléments d'un conte traditionnel retrouve-t-on dans le film?

Image publicitaire: Arrivée de Roxane au camp d'Arras

13. Edmond Rostand a fait bon usage d'ironie. Pouvez-vous en trouver des exemples dans la personnalité et l'attitude des personnages?

14. Les spectateurs s'identifient facilement aux personnages, mais cette histoire est-elle possible? Les personnages (leur caractère et leurs actes) sont-ils crédibles?

15. Ce film a rencontré un immense succès, aussi bien en France qu'à l'étranger. Comment peut-on expliquer que l'histoire plaise tant aux spectateurs?

3 Analyse d'une scène: le mariage (1:17:13 à 1:24:50)

> ### Vocabulaire spécifique à cette scène
>
> une porte *(a door)* • un roulement de tambour *(a drum roll)* • ralentir *(to slow down)* • un foulard *(a scarf)* • bien/mal éclairé(e) *(well/poorly lit)* • duper qq'un *(to fool s.o.)* • un moulin à vent *(a windmill)* • de la boue *(mud)*

Préparation

❖ Qu'est-ce qui vient de se passer ?

❖ Cette scène peut être découpée en trois parties. Comment ?

A. Ecoutez

1. Qui ne parle presque pas dans cette scène ? Pourquoi ?

2. On entend trois fois de la musique. A quels moments ? Pourquoi a-t-on de la musique dans ces moments-là ?

3. Combien de fois de Guiche et Cyrano sont-ils poussés contre la porte ? Qui l'avait fermée une fois auparavant? Qu'est-ce que ces bruits représentent au théâtre ?

4. Qu'est-ce qu'on entend au loin quand Christian quitte Roxane ? Quelle impression a-t-on en entendant ces bruits ?

B. Observez

1. Comment les personnages sont-ils habillés ? De quelles couleurs sont leurs vêtements ? Comment Roxane est-elle habillée au début ? La couleur est-elle symbolique ?

2. Que fait Cyrano pour ralentir la progression de de Guiche ? (observez ses gestes, ses déplacements).

3. Cette scène est très dynamique. Qui apporte de l'énergie ? Pourquoi les acteurs se déplacent-ils ? Pour aller où ? Pour faire quoi ?

4. Où la caméra est-elle placée? Voit-on toujours la scène sous le même angle? Que fait la caméra? Pourquoi est-ce important?

5. Les émotions des personnages se lisent facilement sur leurs visages. Observez notamment :

    • Le capucin (le religieux) : regardez bien ses yeux. Qu'est-ce qu'ils expriment ?

    • Christian : qu'est-ce que son visage indique sur son état d'esprit ?

    • De Guiche : quelle tête fait-il en entrant dans l'église ? Que ressent-il ?

De Guiche

6. Comment la scène est-elle éclairée ? Quelles sont les sources de lumière à l'intérieur et à l'extérieur ?

C. Cette scène dans l'histoire

1. Pourquoi est-elle importante?

2. Qu'est-ce qui change entre le début et la fin?

3. Qui gagne la partie? Roxane, Christian, Cyrano ou de Guiche?

4. Qui est le moins dupé?

5. Pourquoi, et pour qui, ce mariage est-il important?

D. Langue

1. Subjonctif ou indicatif?

Conjuguez les verbes au subjonctif ou au temps de l'indicatif qui convient.

a. Cyrano écrit des lettres tous les jours pour que Roxane _____ (croire) que Christian pense à elle.

b. Il vaudrait mieux que Cyrano _____ (dire) la vérité à Roxane.

c. De Guiche espère que Roxane l' _____ (aimer) un jour.

d. Cyrano ne veut pas avouer ses sentiments à Le Brêt bien qu'il _____ (être) son meilleur ami.

e. Il est regrettable que les soldats n'_____ (avoir) rien à manger au siège d'Arras.

f. Il est probable que Christian _____ (se suicider) car il avait compris que Roxane ne l'aimait pas.

g. La foule admire Cyrano quand il _____ (se battre) en duel avec Valvert.

h. Cyrano craint que Christian ne _____ (pouvoir) pas exprimer ses sentiments.

i. Cyrano a retenu de Guiche jusqu'à ce que le capucin _____ (célébrer) le mariage.

j. Roxane croit que les précieuses _____ (être) passionnantes.

k. Les soldats étaient étonnés que Roxane et Ragueneau _____ (faire) le voyage.

l. Christian monte au balcon de Roxane après que Cyrano _____ (la séduire).

2. Pronoms relatifs

Remplissez les blancs avec l'un des pronoms relatifs suivants:

qui	que	dont	ce qui	ce que	ce dont	où

a. _____ je préfère dans ce film, ce sont les costumes.

b. Christian est le jeune homme _____ Roxane est amoureuse.

c. Ragueneau est l'ami _____ est pâtissier.

d. Vous souvenez-vous du jour _____ Cyrano s'est battu contre cent hommes?

e. Le couvent _____ Roxane vit est calme et reposant.

f. Cyrano fera _____ Roxane lui demande.

g. C'est à la bataille d'Arras _____ Christian est mort.

h. Roxane et Ragueneau savent _____ les soldats ont besoin.

    i.   J'admire la façon _____ Depardieu joue ce rôle si difficile.

    j.   Cyrano ne sait pas _____ arrivera s'il parle à Roxane.

    k.   Rappeneau est un réalisateur _____ nous impressionne.

    l.   _____ plaît à Roxane c'est la beauté de Christian et l'intelligence de Cyrano.

3. Comparatifs et superlatifs

Mettez le mot entre parenthèses à la forme comparative ou superlative. Dans certains cas plusieurs réponses sont possibles.

    a.   Roxane ment (bien) les autres personnages.

    b.   Cyrano est l'homme (courageux) je connaisse.

    c.   Le Brêt est (fidèle) Ragueneau.

    d.   Pour Roxane, le départ de Christian pour Arras est la (mauvais) chose que de Guiche pouvait faire.

    e.   Valvert a gagné (duels) Cyrano.

    f.   Cyrano est le mousquetaire (redouté).

    g.   Quel est le personnage (héroïque) l'histoire?

    h.   Cyrano a (panache) Christian.

    i.   Roxane est (naïf) vous ne pensez.

    j.   *Cyrano de Bergerac* est la (bon) pièce de Rostand.

E.   Comparaison avec d'autres scènes

Comparez cette scène avec deux autres scènes de confrontations entre Cyrano et de Guiche:

1.   La salle d'armes (43:38 à 45:25)

    a.   Qu'est-ce que Cyrano refuse? Pourquoi?

    b.   Quels aspects de la personnalité de Cyrano et de de Guiche sont mis en relief dans cette scène?

    c.   Que veut dire de Guiche en parlant des moulins et de la boue?

    d.   Cyrano a-t-il peur? Que croit-il?

2.   L'écharpe blanche (1:32:16 à 1:34:45)

    a.   Sur quel ton de Guiche raconte-t-il sa bataille?

    b.   Pourquoi Cyrano le laisse-t-il raconter toute son histoire avant de lui rendre son écharpe?

    c.   Comment de Guiche réagit-il en voyant l'écharpe?

    d.   Qui sort de ces trois scènes la tête haute? Que doit faire de Guiche à chaque fois pour ne pas être complètement ridicule?

F.   Sketch

Imaginez que Cyrano n'ait pas réussi à retenir de Guiche assez longtemps. Celui-ci interrompt le mariage. Que se passe-t-il? Comment les différents personnages vont-ils réagir? Ecrivez le dialogue et jouez-le avec vos camarades.

> **A savoir**
>
> Don Quichotte se bat contre des moulins à vent, en croyant que ce sont ses ennemis.

LE COIN DU CINEPHILE

1 Première / dernière scène

Comparez la première et la dernière scène. Qui apparaît avant Cyrano dans la première scène? Quels personnages retrouve-t-on à la fin? Qu'est-ce qui a changé? Comparez l'attitude de Cyrano dans les deux scènes. Comparez le rythme des deux scènes.

2 Genre

A quel genre ce film appartient-il? Est-ce une comédie, une tragédie, une comédie dramatique, un mélodrame, un film d'aventures, un film de cape et d'épée? Est-ce un mélange des genres?

3 Interprétation

Que pensez-vous de Gérard Depardieu dans le rôle de Cyrano? Le trouvez-vous bien choisi? Pourquoi? Trouvez-vous ce Cyrano laid ou beau? Que pensez-vous de son nez?

4 Sous-titres

Comparez cet extrait de *Cyrano de Bergerac* (scène du balcon, acte III, scène X) et les sous-titres correspondants, puis répondez aux questions:

1. Un baiser, mais à tout prendre, qu'est-ce?	*How shall we define a kiss?*
2. Un serment fait d'un peu plus près, une promesse	*The seal set on a promise*
3. Plus précise, un aveu qui veut se confirmer,	*A promissory note on the bank of love*
4. Un point rose qu'on met sur l'i du verbe aimer;	*The "O" of love on waiting lips*
5. C'est un secret qui prend la bouche pour oreille,	*A secret with the mouth as its ear*
6. Un instant d'infini qui fait un bruit d'abeille,	*Eternity in the instant the bee sips*
7. Une communion ayant un goût de fleur,	*A flower-scented host*
8. Une façon d'un peu se respirer le cœur,	*A way to know the other's heart*
9. Et d'un peu se goûter, au bord des lèvres, l'âme!	*And touch the portals of his soul*

a. Est-il facile de sous-titrer un film comme *Cyrano de Bergerac*? Pourquoi?

b. Peut-on dire que les idées sont bien rendues?

c. Etait-il possible de faire rimer le texte anglais? Etait-ce important?

d. Qu'est-ce qui rend le texte anglais poétique?

e. Trouvez-vous les sous-titres de bonne qualité? Pourquoi?

AFFINEZ VOTRE ESPRIT CRITIQUE

1 Cyrano au féminin?

Cette histoire aurait-elle été possible si Cyrano avait été une femme? Peut-on transposer les personnages, leur caractère et leurs actes, ou est-ce impossible?

2 Modernité de Cyrano

Cyrano avait beaucoup d'ennemis, qui finissent par l'assassiner. Pouvait-on s'attendre à cette fin? Est-ce facile d'être, comme Cyrano, complètement indépendant et de dire tout ce que l'on pense, quitte à déplaire au pouvoir? La situation a-t-elle évolué entre le XVIIe siècle et aujourd'hui?

3 Comparaison d'affiches

Vous allez comparer l'affiche française de *Cyrano de Bergerac* et l'affiche américaine en allant sur www.cyranodebergerac.fr. Dans "Actualité" cliquez sur "Lire toutes les actualités". Trouvez le 19/10/2006. Cliquez sur "Cinema for French Conversation".

1. Qui est en évidence sur l'affiche française?
2. Pourquoi l'affiche américaine a-t-elle ajouté Roxane? Qu'est-ce que sa présence implique?
3. Où Cyrano se trouve-t-il sur l'affiche française? Que fait-il?
4. Que voit-on au premier plan de l'affiche américaine? Pourquoi?
5. Quelles sont les couleurs dominantes? Comment sont-elles utilisées?
6. Quelle affiche est la plus dynamique?
7. Laquelle préférez-vous? Pourquoi?

4 Les critiques

1. Frédéric Strauss, dans sa critique de *Cyrano de Bergerac* (*Les Cahiers du Cinéma*, avril 1990) écrit que Rappeneau ne voulait "surtout pas de théâtre filmé: il faut que le spectateur reconnaisse le cinéma". Si vous n'aviez pas su que le film est basé sur une pièce de théâtre, auriez-vous pu le deviner? Grâce à quoi? Aimeriez-vous voir cette pièce au théâtre? Qu'est-ce qui serait mieux? Moins bien?
2. Jean-Paul Rappeneau explique pourquoi *Cyrano de Bergerac* touche tant le cœur du spectateur en disant: "C'est le mythe de la Belle et la Bête" (*Télérama* du 24 décembre 1997). Pourquoi fait-il cette comparaison? La trouvez-vous justifiée?

POUR ALLER PLUS LOIN

1 Parallèle avec d'autres films

Le théâtre: *Cyrano de Bergerac*, *8 femmes* et *Le dîner de cons* étaient des pièces de théâtre avant d'être des films. Quels sont les éléments de théâtre que l'on retrouve dans chacun de ces films? A quelles difficultés particulières les réalisateurs ont-ils dû faire face?

2 Art

Allez sur le site de la Réunion des Musées Nationaux (www.photo.rmn.fr) et cherchez les peintures suivantes:

La famille heureuse ou le
retour du baptême

- ❧ Le Nain, Louis: *Intérieur paysan au vieux joueur de flageolet*
- ❧ Le Nain, Louis: *La famille heureuse ou le retour du baptême*
- ❧ La Tour, Georges de: *Les mangeurs de pois*
- ❧ Michelin, Jean: *Le marchand de pains et les porteuses d'eau*
- ❧ Michelin, Jean: *Soldats au repos dans une auberge*
- ❧ Dou, Gérard: *L'épicière de village, avec le portrait du peintre à l'arrière plan*

Choisissez-en une ou deux et analysez-la/les. Comment ces peintures, qui datent toutes du XVIIe siècle, décrivent-elles la vie quotidienne de l'époque? Certaines personnes ressemblent-elles à celles vues dans le film? Lesquelles sont différentes? Pourquoi? Comment vivent-elles?

3 Lectures

A. **Analyse de deux extraits de la pièce**

a. **Premier extrait:** Cyrano vient de répondre au vicomte de Valvert avec sa grande tirade[1] du nez. Le vicomte essaie péniblement de se défendre (acte I, scène 4)

> LE VICOMTE,
> *suffoqué.*[2]
> Ces grands airs arrogants!
> Un hobereau[3] qui... qui... n'a même pas de gants![4]
> Et qui sort sans rubans, sans bouffettes, sans ganses![5]
>
> CYRANO
> Moi, c'est moralement que j'ai mes élégances.
> Je ne m'attife[6] pas ainsi qu'un freluquet,[7]
> Mais je suis plus soigné[8] si je suis moins coquet;[9]
> Je ne sortirais pas avec, par négligence,
> Un affront[10] pas très bien lavé, la conscience
> jaune encor[11] de sommeil dans le coin de son œil,
> Un honneur chiffonné,[12] des scrupules en deuil.[13]
> Mais je marche sans rien sur moi qui ne reluise,[14]

1 monologue
2 astounded
3 (*pejorative*) a countryman
4 gloves
5 fine 17th century attire
6 I don't dress
7 a whippersnapper
8 better-groomed
9 stylish
10 *here*: my presentation
11 old spelling of "encore"
12 crumpled
13 in mourning
14 shine

Empanaché[15] d'indépendance et de franchise;
[…]

LE VICOMTE
Mais, monsieur…

CYRANO
Je n'ai pas de gants?… la belle affaire![16]
Il m'en restait[17] un seul… d'une très vieille paire!
– Lequel m'était d'ailleurs encor fort importun:[18]
Je l'ai laissé dans la figure[19] de quelqu'un.

LE VICOMTE
Maraud, faquin, butor de pied plat ridicule![20]

CYRANO,
ôtant[21] son chapeau et saluant[22] comme si le
vicomte venait de se présenter.
Ah?… Et moi, Cyrano Savinien-Hercule
De Bergerac.
    Rires

15 plumed
16 what a fuss!
17 I only had one left
18 very troublesome
19 in somebody's face
20 string of insults
21 removing
22 bowing

Image publicitaire allemande: Duel avec Valvert

1. Valvert est-il capable de répondre à Cyrano? A-t-il la même aisance verbale?
2. Sur quoi juge-t-il Cyrano?
3. Commentez la réponse de Cyrano ("Moi, c'est moralement que j'ai mes élégances.") Qu'est-ce que cela veut dire?
4. Le dernier vers de la tirade ("Empanaché d'indépendance et de franchise") décrit-il bien le caractère de Cyrano?
5. Comment Cyrano a-t-il utilisé son dernier gant? Valvert peut-il comprendre ce genre de geste?
6. Pourquoi la réponse de Cyrano aux insultes de Valvert est-elle très drôle?

b. **Deuxième extrait:** La scène se passe à l'aube,[1] dans la boutique de Ragueneau. Cyrano attend anxieusement son rendez-vous avec Roxane, et hésite entre lui parler et lui écrire (acte II, scène 3)

CYRANO
Ecrire, - plier,[2] —
à lui-même.
Lui donner, — me sauver...
Jetant la plume.[3]
Lâche!... Mais que je meure,
Si j'ose lui parler, lui dire un seul mot...
A Ragueneau.
L'heure?

1 dawn
2 to fold
3 the quill (pen)

RAGUENEAU

Six et quart!...

CYRANO,

frappant sa poitrine.[4]

...un seul mot de tous ceux que j'ai là!

Tandis qu'en écrivant...

Il reprend la plume.

Eh bien! écrivons-la,

Cette lettre d'amour qu'en moi-même j'ai faite

Et refaite cent fois, de sorte qu'elle est prête,

Et que mettant mon âme à côté du papier,

Je n'ai tout simplement qu'à[5] la recopier.

Il écrit.

4 chest
5 I just need to

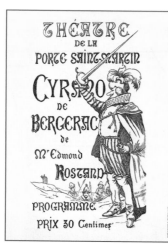

Image publicitaire allemande: Chez Ragueneau

Programme

1. Quel côté de Cyrano apparaît dans ce passage?
2. Pourquoi demande-t-il l'heure à Ragueneau?
3. Qu'envisage-t-il même de faire? Cette attitude est-elle conforme au Cyrano héroïque que l'on connaît?
4. Quels vers indiquent l'ancienneté de l'amour de Cyrano?
5. Que veut dire la métaphore suivante:

    "Et que mettant mon âme à côté du papier,
    Je n'ai tout simplement qu'à la recopier"?
6. Que peut-on imaginer pour la suite de l'histoire si Cyrano avait laissé une lettre à Roxane lui déclarant sa flamme?

B. Critique de la pièce en 1897

Le critique Henry Fouquier a assisté à la toute première représentation de la pièce le 28 décembre 1897 au Théâtre de la Porte-Saint-Martin. Il a ensuite écrit la critique suivante qui est parue dans *Le Figaro* le lendemain.

J'ai vraiment l'esprit épanoui[1] et l'âme réjouie au grand succès – un des plus grands et peut-être le plus grand de ceux auxquels nous avons eu le plaisir d'assister depuis longtemps – qui a accueilli Cyrano de Bergerac. Et ce n'est pas seulement mon goût d'artiste qui est satisfait à entendre parler au théâtre une langue de poésie exquise, de fantaisie franche, telle que celle qui éclata sur la scène avec *Ruy Blas*;[2] il y a quelque chose de plus et de supérieur, à mon gré. Et ce quelque chose, c'est le bonheur de voir un poète faire comprendre et acclamer par la foule les sentiments les plus délicats, les plus subtils raffinements du cœur. Ceci met M. E. Rostand hors de pair.[3]

La pièce est bien faite. C'est une comédie d'aventure et un drame de cape et d'épée,[4] fort intéressants en soi, mais qui se grandissent et s'ennoblissent par la peinture d'un amour souverain et exquis, véritable fleur du sentiment. Voici l'aventure. [Très longue description détaillée de la pièce].

1 radiant
2 1838 play by Victor Hugo
3 unparalleled
4 a swashbuckler

Je ne ferai pas, pour ainsi dire, de commentaire sur cette pièce. Elle n'en appelle pas. C'est le propre des belles oeuvres. L'action, comique et dramatique alternativement, est des plus ingénieuses et des plus heureuses. Mais ce qui m'a pris au coeur, c'est la délicatesse des sentiments. Ce personnage de Cyrano est une merveille. Au fond, il est né de Hugo. [...]

Mais on invente un caractère quand on le pousse à la perfection. Et remarquez que la souffrance de Cyrano reste discrète. Il ne la mène pas lui-même au tragique. C'est un résigné qui trouve une joie dans sa résignation. Il nous persuade qu'il a été heureux du sacrifice. Et qui sait? Peut-être! N'a-t-il pas eu de l'amour quelque chose que bien peu d'hommes y ont trouvé? Quant à la langue, elle peut aussi se réclamer du Hugo de don César de Bazan.[5] [...] Et, par-dessus tout, une langue qui est et qui reste toujours une langue de théâtre, sans lassitude[6] et sans que le poète apparaisse derrière l'acteur.

Cette très belle œuvre est bien jouée à la Porte-Saint-Martin, et d'une façon tout à fait supérieure, par M. Coquelin. Il y est tout à fait admirable, et j'arrête là aussi le commentaire. Son rôle est écrasant[7] et tous les autres s'effacent[8] devant lui. [Il termine l'article en citant tous les acteurs].

Coquelin

5 a character from *Ruy Blas*
6 weariness
7 gruelling
8 seem to disappear

La critique d'Henry Fouquier était suivie de l'article suivant, écrit par un spectateur:

La soirée

Qu'on aime ou non le drame en vers, il faut se faire un plaisir de reconnaître que la soirée d'hier est une victoire pour la poésie dramatique. Vous entendiez couramment dire, dans les couloirs:

- Voilà trente ans qu'on n'a pas entendu au théâtre une oeuvre pareille![1] [...]

M. Debruyère, directeur de la Gaîté,[2] qui connaît au moins le public moyen, disait à Coquelin:

- Vous jouerez cela un an!

Il fallait voir ce défilé[3] après chaque acte dans la loge[4] de Coquelin ! J'ai déjà vu quelques premières[5] à la Porte-Saint-Martin, jamais je n'ai assisté à pareille fête. [...]

On se serre,[6] on se tasse[7] autour du paravent[8] où Coquelin se change. [...] Ce soir, ce sont des dames, d'aimables et de moins aimables artistes qui forcent l'entrée du paravent, avec des exclamants et des adjectifs plein les mains:

- Exquis! adorable! délicieux! Quel rôle! Ecrasant, hein? Combien de vers?

- Quatorze cents!

Et Coquelin explique:

- C'est le plus long de tous les rôles possibles. Mascarille[9] en a 1,170, Ruy Blas 1,250, Hamlet à peu près autant. Et la pièce a 2,400 vers.

On raconte des histoires :

1 such a work
2 the name of a theater
3 stream of people
4 dressing room
5 first nights
6 crowd around
7 cram in around
8 screen
9 a character from Molière's *Les Précieuses ridicules*

Coquelin et Rostand

10 the actress who was supposed to play Roxanne
11 the day before
12 rehearsal
13 since she had let them know
14 empty-handed
15 goes on stage
16 a presence of mind
17 unaffectedly
18 the extras
19 boxes
20 who suddenly lost their cool
21 staged
22 skillfulness
23 cleverness
24 endless
25 burst of applause
26 sensibly
27 theater founded in 1680 by Louis XIV

Sarah Bernhardt jouant Roxane à New York

A savoir

Sarah Bernhardt (1844-1923) est une des plus grandes actrices françaises de tous les temps. Elle avait une voix et une puissance dramatique extraordinaires. Elle a joué les plus grands rôles (notamment *Phèdre*, *Hernani*, *Ruy Blas*, *Lorenzaccio*, *Hamlet*) et a créé *L'Aiglon*, de Rostand, dans son théâtre en 1900.

Mlle Legault[10] s'étant trouvée fatiguée la veille[11] de la répétition[12] générale, et n'ayant prévenu[13] qu'à la dernière minute, comment allait-on faire pour ne pas perdre une soirée, et pour que les quelques invités ne s'en retournent pas bredouilles?[14] [...]

- C'est bien simple! s'est écriée Mme Rostand. Je vais jouer le rôle!

Et, en effet, instantanément, la jolie poétesse - qui connaît par coeur non seulement les 2,400 vers de Cyrano, mais tous les vers de son mari - monte sur les planches,[15] et, avec une présence d'esprit,[16] un sans façon,[17] un naturel et un charme accomplis, la voilà jouant jusqu'au bout le rôle de Roxane Robin! [...]

Mais, le plus amusant, ç'a été avant-hier, à la répétition générale. Comme la veille, au 1er acte, les seigneurs n'avaient pas joué tout à fait dans le mouvement la scène de l' Hôtel de Bourgogne, l'auteur s'est fait donner un superbe costume de Don César de Bazan, et a dirigé la figuration[18] sur la scène ! On s'attendait si peu à cette fantaisie que personne dans la salle ne l'a reconnu, et que les figurants en ont été un instant troublés. Il allait et venait avec grâce, parmi les groupes, faisait visite aux dames figurantes des loges,[19] qui en perdaient soudain tout sang-froid.[20] C'était charmant!

- D'ailleurs, disait Coquelin, c'est lui qui a mis tout en scène,[21] avec une habileté,[22] une ingéniosité,[23] une sûreté de coup d'oeil extraordinaires. Je ne vois personne, parmi les auteurs dramatiques, capables à l'heure qu'il est, excepté Sardou, de faire aussi bien!

Une avalanche de lettres et de télégrammes est tombée sur le théâtre, à l'adresse de M. Rostand et de Coquelin. Celle de Sarah Bernhardt est à citer. [...] Voici ce qu'elle écrivait hier à Coquelin:

"Je ne puis te dire ma joie pour ton – notre – triomphe d'hier et de ce soir. Quel bonheur, mon Coq! Quel bonheur! C'est l'art, c'est la beauté qui triomphent; c'est ton immense talent, c'est le génie de notre poète! Je suis si heureuse, oh! Si! Je t'embrasse, le cœur battant de la plus pure des joies et de la plus sincère amitié. Sarah"

On vous a dit que la soirée a fini en triomphe. Quand le nom de l'auteur a été proclamé, ça a été une intarissable[24] salve[25] d'applaudissements et de bravos. On criait: "L'auteur! l'auteur!" Mais il avait sensément[26] quitté le théâtre.

En sortant j'ai entendu des artistes dire très sincèrement:

- Voilà la plus belle revanche que Coquelin pouvait attendre de sa malchance. C'est ce qu'il a fait de plus beau, de plus complet, de plus parfait depuis le commencement de sa carrière. Quelle rentrée pour lui, avec ce rôle, à la Comédie-Française![27]

A quoi Coquelin avait, par avance, répondu par ces mots:

- On se tue avec plaisir pour une œuvre comme celle-là!

1. Qu'est-ce qu'Henry Fouquier a aimé dans *Cyrano de Bergerac*?
2. Que faisaient les spectateurs entre les actes?
3. Qu'est-ce qui différencie le rôle de Cyrano des autres grands rôles?
4. Qu'a fait Mme Rostand pour la répétition générale?
5. Comment Rostand dirigeait-il ses acteurs?
6. Pourquoi Sarah Bernhardt s'associe-t-elle au triomphe de Coquelin?

C. Critique du film en 1990

La critique suivante a été écrite par René Bernard et est parue dans *L'Express* du 23 mars 1990. Lisez-la et répondez aux questions.

Cyrano, c'est lui!

Gérard Depardieu est le Gascon tonitruant[1] du film de Jean-Paul Rappeneau. Un rôle qu'il déclame comme on chante un lyrique, à l'énergie.

Cyrano. Derechef.[2] Jean-Paul Belmondo vient à peine de caser[3] son interminable nez sur les planches[4] du théâtre Marigny que, déjà, à l'écran, Gérard Depardieu, comme un chien truffier,[5] bouleverse avec l'aide du sien le drame d'Edmond Rostand et en tire des trésors enfouis.[6] D'emblée,[7] crions-le: "Cyrano de Bergerac", adapté par Jean-Claude Carrière et Jean-Paul Rappeneau, mis en scène par Jean-Paul Rappeneau, est la pièce, toute la pièce, de Rostand, telle qu'on ne l'a jamais vue, et un film, totalement un film, tel qu'il s'en tourne en France quand les meilleurs vents sont assurés. C'est-à-dire une fois sur cent, et encore, à condition qu'ils soufflent du même côté.

"Cyrano de Bergerac", on le connaît par cœur, sans l'avoir appris. Il a, pour sa popularité, la chance unique d'être un vainqueur[8] que le malheur d'être laid range[9] dans le parti des vaincus.[10] Au temps de Louis XIII, il rimaille[11] comme il se bat, avec délice. Et aime par procuration,[12] avec un goût de l'échec[13] qui le sauve du trivial. La caméra le rend d'autant plus dru[14] que le metteur en scène et son scénariste ont élagué[15] par-ci,[16] coupé par-là,[17] débarrassant Rostand de ses obscurités, répétitions, allusions pédantes ou mythologiques. [...] "Nous avons simplement toiletté[18] la pièce, explique Jean-Claude Carrière. Je pense que le cœur de l'œuvre[19] y gagne, et ce cœur est magnifique."

Certes. Et Rostand se révèle, là, scénariste avant la lettre, d'une générosité dans l'invention qui découragerait les plus doués.[20] L'admirable est que le vers, ce sacré vers qui dicte les attitudes, paraît, en fin de compte,[21] indispensable. Il sonne, tonne,[22] s'alanguit,[23] se désarticule,[24] rebondit, si propre[25] aux personnages que les mêmes, parlant en prose, sembleraient faux. Très vite, on oublie que le texte est en alexandrins, sans cesser d'en entendre la musique. Ce "Cyrano", dont Velazquez inspire les images, prend des allures d'opéra parlé. Avec prélude, grands airs, duos, trios et chœurs, jusqu'à l'adagio final Cyrano-Roxane.

Au pupitre,[26] Jean-Paul Rappeneau dirige ses divas et ses foules avec une ampleur et un dynamisme qui ne fléchissent[27] pas. Les moyens?[28] Enormes. Un budget de 100 millions de francs, 2000 comédiens et figurants,[29] 3000 costumes et accessoires, un millier d'armes, 40 décors,[30] une rivière élargie,[31] une forêt entière réaménagée[32] et des tournages[33] jusqu'en Hongrie. La corne d'abondance.[34] Folle. Nécessaire: en quelques coups de rapière,[35] Cyrano fait se lever un monde.

Ce sont les foules bigarrées[36] de l'hôtel de Bourgogne, les réunions littéraires et fardées[37] des précieuses, les ventrées de mangeaille[38] dans les auberges, l'entraînement[39] des cadets dans leur caserne,[40] les redoutes enlevées au canon, les chevauchées,[41] les duels, les batailles et, derrière une fenêtre, un enfant émerveillé[42] qui regarde passer les mousquetaires sous leurs étendards.[43] Du roman de cape et d'épée,[44] du western—Christian

1 thundering
2 once again
3 has just placed
4 the stage
5 a truffle hound
6 buried
7 right away
8 a winner
9 places
10 defeated
11 he versifies
12 by proxy
13 failure
14 dense
15 have pruned (the text)
16 here
17 there
18 tidied up
19 the work
20 gifted
21 all things considered
22 thunders
23 languishes
24 contorts itself
25 appropriate
26 at the rostrum
27 falter
28 the means
29 extras
30 sets
31 widened
32 relandscaped
33 shootings
34 cornucopia
35 rapier (type of sword)
36 colorful
37 made up
38 the mounds of food
39 training
40 barracks
41 cavalcades
42 filled with wonder
43 standards
44 cloak and dagger novel

45 coach
46 draws his sword faster than his shadow
47 this sentence is in reference to Lucky Luke, a French comicbook cowboy who shoots faster than his shadow
48 outshine
49 burst
50 slightest
51 let's not fear to use the right description
52 a big cat who mellows with age
53 washed out
54 even if it kills him

défend le carrosse[45] de Roxane comme une diligence, Cyrano dégaine[46] plus vite que son ombre.[47]

Le héros de Rostand a eu déjà tous les visages. Au cinéma, il commença sa carrière—paradoxe—dans deux films muets italiens. Il eut pour interprète Claude Dauphin, après la guerre, et José Ferrer, et on l'a revu récemment à la télévision sous les traits de Daniel Sorano. Gérard Depardieu les effacera[48] tous. Monstre fragile, ogre délicat, il fait éclater[49] le personnage dans ses moindres[50] nuances, de l'impétuosité au doute, de l'insolence à la douleur. Légendaire, étonnamment proche, ne redoutons[51] pas l'épithète: prodigieux.

En contrepoint, Jacques Weber, qui reste le plus accompli des Cyrano du théâtre, donne une force irrésistible à son de Guiche, grand fauve qui s'attendrit.[52] Et il faudrait citer encore Anne Brochet en Roxane, Roland Bertin—le Galilée de la Comédie-Française—en Ragueneau, Vincent Perez, Christian enfin moins délavé.[53]

"Cyrano? Un homme libre, même s'il en crève",[54] dit Rappeneau. C'est expliquer l'impact du personnage. Son nez, dans le film, ne paraît plus ridicule. Quant à son panache, on pourrait bien finir par y voir un drapeau.

1. Quel est le ton général de cette critique?
2. Pourquoi dit-on que l'on "connaît [*Cyrano de Bergerac*] par cœur, sans l'avoir appris". Est-ce vrai?
3. Qu'est-ce que le metteur en scène et le scénariste ont fait? Pourquoi?
4. Que pense l'auteur du fait que les acteurs parlent en vers?
5. Pourquoi était-il nécessaire d'avoir des moyens énormes?
6. Que pense-t-il de la performance de Gérard Depardieu?

L e hussard sur le toit

Présentation du film

En 1832, Angelo, un italien en exil, se cache en Provence. Lorsqu'il décide de rentrer en Italie, il doit faire face à une épidémie de choléra, des foules hystériques, et des soldats qui veulent l'envoyer en quarantaine. Il rencontre aussi Pauline de Théus, une jeune marquise belle et mystérieuse…

Carte d'identité du réalisateur

Jean-Paul Rappeneau (né en 1932) a travaillé plusieurs années comme scénariste avant de tourner son premier film, *La vie de château*, en 1966. Il a ensuite réalisé des comédies (*Les mariés de l'an II*, 1971, *Le sauvage*, 1975, *Tout feu tout flamme*, 1981), avant de s'intéresser aux grandes productions en costumes (*Cyrano de Bergerac*, 1990, et *Le hussard sur le toit*, 1995, *Bon voyage*, 2003). Méticuleux, perfectionniste, Rappeneau prend son temps entre chaque film et aime tourner avec des stars.

Carte d'identité des acteurs

Juliette Binoche (née en 1964) a débuté très jeune au théâtre, avant de se consacrer au cinéma. *Rendez-vous* l'a fait connaître en 1985. Ouverte, agréable, simple, Juliette a de la personnalité et son franc-parler. Parmi ses films les plus marquants on peut citer *Mauvais sang* (1986), *Les amants du Pont-Neuf* (1991), *Le hussard sur le toit* (1995), *Alice et Martin* (1998), *La veuve de Saint-Pierre* (2000), ainsi que des films pour des réalisateurs étrangers (*L'insoutenable légèreté de l'être*, 1988, *Bleu*, 1993, *Le patient anglais*, 1997, *Chocolat*, 2000, *Caché*, 2005). C'est une actrice très appréciée des spectateurs et constamment demandée par les réalisateurs.

Olivier Martinez (né en 1964), profitant d'un physique séduisant et romantique, a été révélé au public par *Le hussard sur le toit* (1995), son premier grand rôle. On l'a ensuite vu dans *Mon homme* (1995), *La femme de chambre du Titanic* (1997), *La taule* (2000) et dans des films américains (*Bullfighter*, 2000, *Unfaithful*, 2002, *S.W.A.T.*, 2003, et *Blood and Chocolate*, 2007).

Quand il a été question de faire ce film, de nombreux acteurs connus voulaient absolument le rôle d'Angelo et se sont proposés. Aucun n'a été retenu puisque Rappeneau voulait un (presque) inconnu.

L'heure de gloire

Le Hussard sur le toit a été nommé dans de nombreuses catégories aux César: meilleur film, meilleur réalisateur, meilleure actrice (Juliette Binoche), meilleure musique, meilleurs costumes. Il a remporté le César de la meilleure photographie et celui du meilleur son.

1 Vocabulaire

Vocabulaire utile avant de voir le film:

Les noms

un hussard: *a hussar**
une marquise: *a marchioness*
une maladie: *a disease*
le choléra: *cholera***
une épidémie: *an epidemic*
un cadavre: *a (dead) body*
un grade: *a rank (in the military)*
un bûcher: *a pyre*
un empoisonneur: *a poisoner*
un toit: *a roof*
une lucarne: *a dormer-window*

un grenier: *an attic*
un traître: *a traitor*
un cauchemar: *a nightmare*
un corbeau: *a crow*
un colporteur: *a huckster*
une quarantaine: *a quarantine†*

> * **Attention!** Pas de liaison avec "un hussard" (ne dites pas un-N-hussard mais un / hussard).
>
> ** Le "h" de choléra est muet. Prononcez [coléra].
>
> † **Le saviez vous?** Le mot "quarantaine" (et "quarantine" en anglais) vient de la durée de l'isolement, qui était de <u>40</u> jours.

Les verbes

arrêter qq'un: *to arrest s.o.*
fuir: *to flee*
se cacher: *to hide*
allumer (un feu): *to light (a fire)*
se battre contre qq'un: *to fight against s.o.*
mettre le feu à qqch: *to set fire to sth*
soupçonner qq'un de qqch: *to suspect s.o. of sth*
se moquer de qq'un: *to make fun of s.o.*

s'échapper: *to escape*
échapper à qq'un: *to escape from s.o.*
éblouir: *to dazzle*
tirer sur qq'un: *to shoot at s.o.*
réussir à (faire qqch): *to succeed in (doing sth)*
frictionner: *to rub*
sauver (qq'un): *to save (s.o.)*

Les adjectifs

italien(ne): *Italian*
autrichien(ne): *Austrian*
contagieux (-se): *contagious*
mort(e): *dead*
terrorisé(e): *terrorized*

susceptible: *touchy*
mal-à-l'aise: *ill at ease**
dévoué(e): *devoted*
épuisé(e): *exhausted*

> * Mal-à-l'aise est invariable. Ex: Ils sont mal-à-l'aise.

Traduisez !

1. People fled because of the epidemic of cholera.
2. After hiding on the roofs the hussar entered the marchioness' house through a dormer window.
3. The Italian traitor died of the disease.
4. To escape they set fire to the quarantine.

LE CHOLÉRA

2 Repères culturels

1. Qu'est-ce qu'un hussard?
2. Le film se passe en Provence. Où se trouve-t-elle? Sur une carte, situez les villes d'Aix-en-Provence, Manosque, Théus, et Gap, et les Alpes. Quelle distance y a-t-il entre Aix et Gap?
3. *Le hussard sur le toit* est basé sur un roman du même nom de Jean Giono. Que savez-vous sur lui? Où vivait-il? D'où venait son père? Qu'a-t-il écrit?
4. Le choléra:
   - Quel genre de maladie est-ce?
   - Comment l'attrape-t-on?
   - Comment la maladie se manifeste-t-elle?
   - Quelles sont les chances de survie si l'on n'est pas soigné?
   - Comment peut-on s'en protéger?
   - En 1832 les gens étaient-ils bien préparés pour lutter contre le choléra?

> A cette époque, contrairement à la peste ou la tuberculose, le choléra était une maladie nouvelle en France, ce qui aggravait le sentiment de panique de la population. Cette première épidémie fera 100 000 morts en France. D'autres suivront en 1848-1849, 1865 et 1883.

5. France, 1832:
   - Quelle était la situation politique en France?
   - Depuis quand Louis-Philippe était-il roi? Comment était-il arrivé sur le trône?
   - A quelles périodes fait-on allusion quand on parle de "Restauration" et de "Monarchie de Juillet"?
   - Qui étaient les légitimistes?
6. Italie, 1832:
   - Quelle était la situation politique en Italie en 1832?
   - Le pays était-il unifié?
   - Qui était considéré comme étant l'oppresseur de l'Italie?
   - Que faisaient les Carbonari?

Louis-Philippe

3 Bande-annonce

Allez sur www.imdb.com. Entrez "Le hussard sur le toit", puis cliquez sur "trailer" (dans la colonne de gauche). Regardez la bande-annonce plusieurs fois et répondez aux questions suivantes:

1. Qui sont les personnages principaux?
2. De quoi parlent les extraits de dialogues?
3. Quel genre de musique accompagne les images?
4. Quelle est l'ambiance générale?
5. De quoi le film semble-t-il parler? Que va-t-il se passer à votre avis?

4 A savoir avant de visionner le film

* Durée: 1h58
* Genre: Fresque historique et romantique
* Tournage: Le film a été tourné en Provence (Aix, Forcalquier, Manosque, Sisteron), dans les Alpes et à Lyon.
* Notes: La première partie du film (les 45 premières minutes environ) est un peu violente et certaines images sont difficiles. Vous allez notamment voir des cadavres de gens qui sont morts du choléra, ce qui n'a rien d'agréable. Si cela peut vous rassurer, ces cadavres sont des mannequins, pas des figurants! L'amour et l'aventure dominent la suite du film et valent bien que l'on s'accroche au début!

Sisteron

PREMIÈRE APPROCHE

1 L'histoire

Les personnages:

Pauline, marquise de Théus	Juliette Binoche
Angelo Pardi	Olivier Martinez
le docteur	François Cluzet
M. Peyrolle	Pierre Arditi
le colporteur	Jean Yanne

1. Pourquoi et par qui l'homme est-il arrêté et exécuté au début du film?
2. Quelle est la première rencontre d'Angelo avec la maladie?
3. Comment est-il devenu colonel?
4. A quoi servent les bûchers que les gens allument dans les villages?
5. Pourquoi Angelo est-il maltraité par les villageois quand il arrive à Manosque?
6. Comment rencontre-t-il la marquise de Théus?
7. Pourquoi Angelo veut-il quitter la maison de Pauline?
8. Qui est Maggionari? Qui tue-t-il? Pourquoi? Quel sera son sort?
9. Quel rôle le soleil joue-t-il dans l'échappée d'Angelo et de Pauline?
10. Quel cauchemar fait Pauline à propos du corbeau? Qu'est-ce que cela représente? A-t-elle été piquée?
11. Comment est-elle accueillie à Montjay? Pourquoi?
12. Pourquoi les gens changent-ils d'attitude à son égard? Qui est la seule personne loyale? Pourquoi?
13. Pourquoi Pauline veut-elle retourner à Manosque? Réussit-elle?

Manosque vue des toits

14. Comment est la vie en quarantaine?

15. Que fait Angelo pour ne pas perdre Pauline?

16. Comment s'échappent-ils?

17. Où vont-ils après la quarantaine?

18. Où trouvent-ils refuge quand il se met à pleuvoir? Que font-ils pour se reposer?

19. Pourquoi Angelo veut-il partir après l'orage?

20. Qu'est-ce qui arrive à Pauline ensuite? Comment l'a-t-elle attrapé?

21. Que fait alors Angelo? Avait-il déjà fait ça? Pourquoi n'avait-il pas sauvé le docteur alors qu'il sauve Pauline?

22. Qui Pauline retrouve-t-elle ensuite? Que fait alors Angelo?

23. Pauline a-t-elle oublié Angelo? Que fait-elle? Sa lettre reste-t-elle sans réponse?

24. Qu'est-ce que Monsieur de Théus est prêt à faire? Pourquoi?

2 Analyse d'une photo

1. A quel moment cette scène se passe-t-elle? Où sont Pauline et Angelo?

2. Comment Pauline est-elle habillée?

3. Que veut faire Angelo? Pauline est-elle d'accord?

4. Pourquoi Pauline ferme-t-elle les yeux?

5. Qui, sur la photo, attire l'attention? Pourquoi?

3 Analyse de citations

Analysez les citations suivantes en les replaçant dans leur contexte:

1. Angelo: "Ils ne craignent plus l'homme depuis qu'ils en mangent tant qu'ils veulent".

2. Angelo: "Le choléra me craint comme la peste".

APPROFONDISSEMENT

1 Vocabulaire

Enrichissez votre vocabulaire !

Maladies et épidémies

un symptôme: *a symptom*
attraper une maladie: *to catch a disease*
tomber malade: *to fall ill*
diagnostiquer: *to diagnose*
se déclarer: *to break out*
souffrir de: *to suffer from*
faible: *weak*
contagieux (-euse): *contagious*
la coqueluche: *whooping cough*
la varicelle: *chicken pox*
la rougeole: *the measles*
la lèpre: *leprosy*

la peste: *the plague*
être cloué(e) au lit: *to be bedridden*
la fièvre: *fever*
grave: *serious*
s'aggraver: *to worsen*
saigner: *to bleed*
traiter: *to treat*
un traitement: *a treatment*
s'améliorer: *to improve*
reprendre des forces: *to regain strength*
sauver: *to save*
guérir: *to cure*

La peur

avoir peur de qqch: *to be afraid of sth*
faire peur à qq'un: *to frighten s.o.*
craindre: *to fear*
redouter: *to dread*
se faire du souci: *to worry*
anxieux (-euse): *anxious*
effrayé(e): *frightened*
effrayant(e): *frightening*

angoissé(e): *distressed*
angoissant(e): *distressing*
terrifié(e): *terrified*
terrifiant(e): *terrifying*
épouvanté(e): *terror-stricken*
peureux (-euse): *fearful*
craintif (-ve): *timid*

Jouez avec les mots!

A. Complétez les phrases suivantes avec les mots de la liste:

(Attention! Les verbes doivent être conjugués)

grave	toits	traitement	empoisonneur	soupçonner	réussir
effrayée	tomber malade	traître	corbeau	se cacher	se faire du souci
arrêter	cauchemar	guérir	reprendre des forces		Autrichiens

1. Le _____ _____ : le malade _____ et
   sera bientôt _____ .

2. Pauline était_____ à cause du _____ qu'elle avait vu
   dans son _____.

3. Les villageois voulaient _____ Angelo car ils le _____
   d'être un _____ .

4. Je _____ depuis que Jacques _____ . Pourvu que cela ne
   soit pas _____!

5. Angelo était sur les _____ pour _____ des
   villageois, des _____ et du _____ italien.

B.   Reliez les mots qui vont ensemble:

1.	peureux	a.	une épidémie
2.	s'échapper	b.	faible
3.	une maladie	c.	la rougeole
4.	épuisé	d.	la quarantaine
5.	guérir	e.	craintif
6.	la varicelle	f.	épouvanté
7.	terrifié	g.	fuir
8.	contagieux	h.	s'améliorer

2 Réflexion - Essais

1. Le film est une suite d'aventures. Pouvez-vous remettre dans l'ordre les événements ci-dessous en vous aidant du tableau?

a. Nuit passée chez les tantes de Pauline
b. Pauline est arrêtée
c. Maggionari tue l'Autrichien
d. Pauline est frappée par un corbeau
e. Angelo ramène Pauline à Théus
f. Pauline et Angelo passent la journée en quarantaine
g. Mort du docteur
h. Angelo est à Aix. Il a failli être assassiné par les Autrichiens
i. Mort de Maggionari
j. Rencontre Angelo-Pauline
k. Ils s'échappent ensemble
l. Angelo passe la journée sur les toits

m. Angelo frictionne et sauve Pauline
n. Angelo retrouve Giuseppe
o. Ils se reposent dans une maison inhabitée
p. Angelo et Pauline se retrouvent
q. Soir: ils s'échappent de la quarantaine
r. Pauline est à Manosque
s. Rencontre avec M. Peyrolle
t. Il est à nouveau surpris par les Autrichiens
u. Pauline est terrassée par le choléra
v. Ils rencontrent le colporteur dans les collines

Où sont Angelo et Pauline? Que se passe-t-il?

Nuit 1	• Angelo : • Pauline:
Jour 1	• Angelo est à cheval dans la campagne • Il s'arrête dans une auberge et:
Nuit 2	• Angelo passe la nuit sur son cheval dans la campagne
Jour 2	• Angelo rencontre le docteur dans le village dévasté par le choléra • • Arrivée à Manosque. Angelo échappe aux villageois. • •
Nuit 3	•
Jour 3	• Pauline et Angelo quittent Manosque séparément • •
Nuit 4	• Angelo fait des projets avec Giuseppe
Jour 4	• Départ d'Angelo (matin) • •
Nuit 5	• Nuit passée dehors. Ils ne dorment pas

Jour 5	•
	•
	• Arrivée à Montjay
	•
	• Fuite de Montjay
Nuit 6	• Nuit passée dans une chapelle abandonnée
Jour 6	• Pauline décide de retourner à Manosque
	•
	•
	•
	• Soir:
Nuit 7	• Nuit passée à marcher
Jour 7	• Pauline et Angelo sont conduits en charrette
	• Ils marchent dans une forêt en direction de Théus
	•
	•
Nuit 8	•
Jour 8	•

2. Analysez l'amour entre Pauline et Angelo.

   a. Comment le décririez-vous? Quelles en sont les caractéristiques?
   b. Comparez l'attitude d'Angelo à celle de Pauline.
   c. Comment savons-nous qu'Angelo et Pauline s'aiment? Donnez quelques exemples.

3. Que sait-on sur Pauline? Décrivez-la.

4. Analysez le personnage d'Angelo.

   a. Décrivez les qualités morales d'Angelo.
   b. Que savons-nous sur les parents d'Angelo? Quel rôle sa mère joue-t-elle tout au long du film?
   c. Angelo et l'Italie: Qu'est-ce que l'Italie représente pour Angelo? Quelle est sa mission?
   d. Angelo et l'aventure: Pour qui part-il à l'aventure? Quelles sont les difficultés qu'il rencontre?
   e. Angelo fait trois rencontres (le médecin, Giuseppe, Pauline) qui sont déterminantes pour des raisons différentes. Pouvez-vous déterminer ces raisons?

5. La maladie et la mort:

   a. Que voit Angelo du choléra?
   b. Comment la maladie est-elle traitée? Que font les gens pour tenter de se préserver?
   c. Quel rôle le choléra joue-t-il dans l'histoire?

6. Décrivez l'attitude des villageois face au choléra.

7. Les animaux sont souvent présents dans le film. Quels rôles jouent le bétail (les moutons et les cochons), le chat, les chevaux et les corbeaux?

8. Les personnages sont en grande partie mystérieux et énigmatiques. Le film pose beaucoup de questions auxquelles il ne répond pas, où seulement à la fin. Pouvez-vous en citer quelques unes?

   Ex: D'où vient Angelo?

   Qui Pauline va-t-elle retrouver à Théus?

Manosque: place de l'église et fontaine

3 Analyse d'une scène: Pauline et Angelo rencontrent le colporteur (de 1:04:34 à 1:08:19)

Vocabulaire spécifique à cette scène

une colline (*a hill*) • un parapluie (*an umbrella*) • un remède (*a cure*) • efficace (*effective*) • le chemin (*the way*) • mener (*to lead*) • valoir (*to be worth*) • éviter (*to avoid*) • avoir confiance en qq'un (*to trust s.o.*) • se méfier de qq'un (*to be suspicious of s.o.*) • une mouche (*a fly*)

A. Ecoutez

1. Comment le colporteur réagit-il quand il rencontre Pauline et Angelo?

2. Comment sait-on très vite qu'il n'est pas honnête?

3. Qu'est-ce qui pousse Angelo à rester avec Pauline?

4. Qu'est-ce que le colporteur raconte sur la maladie?

5. La rencontre est encadrée par deux scènes avec de la musique. Qu'est-ce que cette musique évoque? Pourquoi n'a-t-on pas de musique pendant la scène de rencontre? Qu'entend-on comme bruits de fond?

B. Observez

1. Pourquoi le colporteur se promène-t-il avec un parapluie? De quoi cherche-t-il à se protéger? Comment l'utilise-t-il quand il rencontre Pauline et Angelo?

2. Observez Angelo quand Pauline annonce qu'elle veut aller à Montjay. Qu'est-ce que ses gestes révèlent?

3. Qu'est-ce que le visage de Pauline exprime quand Angelo accepte de payer les trois francs pour aller à Montjay?

4. Dans cette scène les plans larges alternent avec les gros plans. Quelle est la fonction de chacun?

5. Réfléchissez au point de vue. Adopte-t-on le point de vue d'un des personnages, ou sommes-nous à l'extérieur? Que fait la caméra pour nous le montrer?

C. Cette scène dans l'histoire

Qu'est-ce que cette rencontre change pour Pauline et Angelo? Qu'est-ce qui se serait passé s'ils n'avaient pas rencontré le colporteur? Pourquoi ce personnage est-il important? Qu'est-ce qu'il montre et apprend au spectateur?

D. Langue

1. Vocabulaire

Avec le vocabulaire suivant, tiré des dialogues, faites des phrases qui ont un lien avec la scène étudiée.

a. craindre
b. le chemin
c. conseiller
d. mener
e. le remède

f. valoir
g. passer par
h. éviter
i. tout à l'heure
j. les mouches

2. Pronoms

Les phrases ci-dessous sont extraites des dialogues de la scène. Remplacez les blancs par le pronom personnel qui convient.

a. "Ne craignez rien. Ecoutez-_____."
b. "Là-bas non plus je ne _____ _____ conseille pas."
c. "C'est mon élixir. Vous _____ voulez?"
d. "Ah, j'_____ ai sauvé des gens!"
e. "Vous _____ vendez?"
f. "J'_____ ai donné une ou deux fois."
g. "Je _____ _____ achète."
h. "Dites-_____ par où passer pour être tranquille."
i. "Vous prenez à droite, pas à gauche. Marquez-_____."
j. "En Italie vos amis _____ attendent."
k. "Et on _____ explique que c'est les mouches!"
l. "Ils _____ font rigoler avec leurs mouches."

3. L'interrogation

Remplacez chaque blanc par le mot interrogatif qui convient. Faites attention à l'ordre des mots dans la question!

a. _____ (who) Pauline et Angelo rencontrent-ils?
b. _____ (what) le colporteur a-t-il peur?
c. _____ (what) fait-il pour se protéger?
d. _____ (what) est important pour que sa potion soit efficace?
e. _____ (which one) des deux routes est la plus dangereuse?
f. _____ (which) est le meilleur chemin?
g. _____ (where) est-ce que Pauline veut aller?
h. _____ (to whom) Pauline veut parler à Montjay?
i. _____ (what) pousse Angelo à rester avec Pauline?
j. _____ (whom) n'a-t-il pas confiance?
k. _____ (what) histoire le colporteur raconte-t-il sur la maladie?

E. Comparaison avec une autre scène

Comparez cette scène avec celle où Angelo retrouve Pauline au campement, près de la rivière (49:28). Comment Angelo se comporte-t-il avec elle? Qu'est-ce qui est évident pour lui? Accepte-t-elle facilement son aide? Pourquoi? Quel rôle la troisième personne (Maggionari / le colporteur) a-t-elle? Comment les deux scènes se terminent-elles?

F. **Sketch**

Imaginez que le colporteur parle avec un ami de sa rencontre avec Pauline et Angelo. De quoi parlera-t-il? Quel sera son point de vue? Imaginez ce qu'il pensait, ressentait et espérait quand il était avec eux.

LE COIN DU CINEPHILE

1 Première / dernière scène

Comparez la première et la dernière scène. Où et quand se passent-elles? Comment est l'ambiance? Qu'est-ce qui a changé pour Pauline et Angelo entre les deux scènes? Sont-elles filmées en mouvement ou en plan fixe? Pourquoi?

2 Budget

Avec un budget de 176 millions de francs, ce film était le plus cher que la France ait jamais réalisé. Il a nécessité 6 mois de tournage, 100 techniciens, 100 décors installés dans 60 lieux différents dans le sud de la France, 1000 figurants (tous avec des costumes originaux), 15000 m2 de tuiles anciennes pour recouvrir les maisons de Manosque pour la scène sur les toits.

Certains critiques ont trouvé que l'investissement n'en valait pas la peine et que le film aurait profité d'un budget plus restreint. Pour d'autres au contraire il était capital que le film soit réalisé avec un gros budget. Qu'en pensez-vous? Fallait-il de gros moyens pour que le film soit réussi?

3 Jeu

La plupart des critiques ont trouvé Juliette Binoche parfaite mais n'ont pas compris le choix d'Olivier Martinez dans le rôle d'Angelo. Rappeneau s'est justifié en expliquant qu'Angelo est énigmatique et qu'on ne sait pas grand-chose sur son passé. Il n'était donc pas possible de prendre un acteur connu car les spectateurs auraient associé Angelo aux rôles précédents de cet acteur. Certains ont trouvé qu'Olivier Martinez avait le physique adéquat et qu'il jouait bien les scènes d'action, mais qu'il ne savait pas parler! Et vous? Pensez-vous qu'il était bien choisi pour ce rôle?

4 Sous-titres

Pauline est chez M. Peyrolle. Elle parle avec lui de ses hésitations et de ses angoisses. Elle vient de lui dire qu'elle veut partir. Comparez le dialogue original et les sous-titres en anglais, puis répondez aux questions.

1. Mais où allez-vous? En pleine nuit, qu'allez-vous faire? Vous rentrez à Théus?	*Where to? At night? Are you going back to Théus?*
2. Je ne sais pas. Oui, peut-être.	*I don't know.*
3. Alors écoutez-moi. Je vais vous emmener si vous voulez bien. Là-haut dans les montagnes, vous serez à l'abri. La maladie n'ira jamais jusque là.	*So, listen. I'll take you! You'll be safe in the mountains.*
4. Et si Laurent ne revient pas?	*If he doesn't return?*
5. Il reviendra! Les hommes comme lui ne meurent pas du choléra, vous le savez. Au moins lui il sait pourquoi il vit. On meurt quand on le veut bien.	*He'll be back! Men like him don't die of cholera. At least he knows for whom he lives.*

a. Comparez les deux colonnes. Laquelle a le plus de texte? Pourquoi?

b. 1ère réplique: Quelle question n'est pas traduite? Est-ce gênant pour la compréhension générale?

c. 2ème réplique: La réponse de Pauline est-elle identique dans les deux langues? Quelle indication n'a-t-on pas en anglais?

d. 3ème réplique: Qu'est-ce qui manque en anglais? Pourquoi l'auteur des sous-titres a-t-il décidé d'omettre ces passages?

e. 4ème réplique: Pourquoi ne pas avoir gardé "Laurent"? Le pronom personnel est-il clair?

f. 5ème réplique: Là encore, la dernière phrase n'est pas traduite. Pourquoi?

g. Les échanges de ce dialogue sont-ils lents ou rapides? Quel problème cela pose-t-il pour les sous-titres? Qu'a dû faire le sous-titreur?

AFFINEZ VOTRE ESPRIT CRITIQUE

1 Titre

Que pensez-vous du titre? Le trouvez-vous bien choisi?

2 Affiches

Vous allez comparer l'affiche française du *Hussard sur le toit* et l'affiche américaine. Pour les trouver, allez sur www.cinemovies.fr, tapez "Hussard sur le toit", puis "Affiches".

1. Les couleurs choisies pour chacune sont très différentes. Qu'est-ce qu'elles évoquent?

2. Qui est mentionné sur l'affiche française seulement? Pourquoi?

3. Quelles informations l'affiche américaine donne-t-elle aux spectateurs? Pourquoi ne les a-t-on pas sur l'affiche française?

4. Quelle impression générale chaque affiche donne-t-elle?

3 Aujourd'hui

Imaginez qu'une épidémie similaire ait lieu aujourd'hui. Comment les gens réagiraient-ils? Seraient-ils différents de ceux du film?

4 Les critiques

1. Pierre Murat décrit Angelo en disant que "les épreuves qu'il traverse ne le défont pas; au contraire, elle le font" (*Télérama*, 18 mars 1998). Qu'est-ce qu'il veut dire?

2. Sophie Chérer, dans le *Première* d'octobre 1995, décrit Pauline ainsi: "vigilante, inquiète, douce et téméraire". Pouvez-vous donner des exemples pour illustrer son propos?

POUR ALLER PLUS LOIN

Champ de lavande en Provence

1 Parallèles avec d'autres films

1. **La Provence**: Quatre films se passent en Provence (*Jean de Florette*, *Manon des sources*, *Le hussard sur le toit* et *Marius et Jeannette*). Est-elle filmée de la même façon? Quels aspects de la Provence voit-on?

2. **La condition des femmes**: Comparez la condition des femmes dans *Ridicule, Le hussard sur le toit* et *Madame Bovary*. Pourquoi se marient-elles? Comment sont leurs maris? Quelle importance l'argent a-t-il? Sont-elles libres?

3. **L'amour platonique**: Une relation amoureuse se développe dans *Le hussard sur le toit* et dans *La vie et rien d'autre*, mais dans les deux cas cet amour reste platonique. Qu'est-ce que Pauline de Théus et Irène de Courtil ont en commun? Pourquoi Angelo et Dellaplane ne répondent-ils pas aux avances des deux femmes?

4. **Littérature**: *Jean de Florette, Manon des sources, Madame Bovary* et *Le hussard sur le toit* sont des adaptations d'œuvres littéraires. A votre avis, les réalisateurs ont-ils rencontré les mêmes difficultés? Quels choix ont-ils dû faire?

5. **Juliette Binoche**: Comparez ses rôles dans *Le hussard sur le toit* et *La veuve de Saint-Pierre*. Pauline de Théus et Madame La vivent à des époques proches (1832 et 1850) dans deux mondes forts différents.

   a. Qu'est-ce que ces deux femmes ont en commun? (pensez à leur caractère)

   b. Qu'essaient-elles de faire?

c. Comparez le triangle Pauline – M. de Théus – Angelo à celui
que forment Madame La, le Capitaine et Neel. Les deux femmes
sont-elles amoureuses de leur mari? Quelle place Angelo et Neel
occupent-ils?

2 Art

Allez sur le site de la Réunion des Musées Nationaux
(www.photo.rmn.fr) et cherchez les peintures suivantes:

- Granet: *La peste à Aix en 1720*
- Monsiau: *Le dévouement de Monseigneur de Belzunce durant la peste de Marseille en 1720*
- Picot: *Episode de la peste de Florence*
- Richemont: *La Sœur Rosalie (1787-1856) reconnue et acclamée dans un quartier populeux de Paris, après l'épidémie cholérique de 1832*
- *Bonaparte touchant les pestiférés*
- Photo: *Une séance de vaccination publique à la Mairie*

1. Qu'est-ce que les quatre premières peintures nous montrent et nous apprennent sur les épidémies de peste et de choléra? Est-ce qu'elles ressemblent aux scènes du film?
2. Quel était le but de l'affiche de Bonaparte touchant un malade?
3. Qu'est-ce qui a changé en 1898?

3 Lecture

A. Extrait du roman

L'extrait qui suit relate la rencontre d'Angelo et de Pauline. Etudiez-le
et comparez-le au film en répondant aux questions.

A partir d'ici il y avait un tapis dans l'escalier. Quelque chose passa
entre les jambes d'Angelo. Ce devait être le chat. Il y avait vingt-trois
marches[1] entre les grenier et le troisième; vingt-trois entre le troisième et
le second. Angelo était sur la vingt et unième marche, entre le second et
le premier quand, en face de lui, une brusque raie d'or encadra[2] une porte
qui s'ouvrit. C'était une très jeune femme. Elle tenait un chandelier à trois
branches à la hauteur d'un petit visage en fer de lance[3] encadré de lourds
cheveux bruns.

"Je suis un gentilhomme", dit bêtement[4] Angelo.

Il y eut un tout petit instant de silence et elle dit:

"Je crois que c'est exactement ce qu'il fallait dire."

Elle tremblait si peu que les trois flammes de son chandelier étaient
raides comme des pointes de fourche.[5]

"C'est vrai, dit Angelo.

- Le plus curieux c'est qu'en effet cela semble vrai, dit-elle.

- Les brigands n'ont pas de chat, dit Angelo qui avait vu le chat
glisser[6] devant lui.

- Mais qui a des chats? dit-elle.

1 steps
2 framed
3 spearhead-shaped
4 *here*: simply
5 straight like the tines of a
   fork
6 glide

- Celui-ci n'est pas à moi, dit Angelo, mais il me suit parce qu'il a reconnu un homme paisible.[7]

- Et que fait un homme paisible à cette heure et là où vous êtes?

- Je suis arrivé dans cette ville il y a trois ou quatre jours, dit Angelo, j'ai failli être écharpé[8] comme empoisonneur de fontaine. Des gens qui avaient de la suite dans les idées[9] m'ont poursuivi[10] dans les rues. En me dissimulant dans une encoignure[11] une porte s'est ouverte et je me suis caché dans la maison. Mais il y avait des cadavres, ou plus exactement un cadavre. Alors j'ai gagné[12] les toits. C'est là-haut dessus que j'ai vécu depuis."

Elle l'avait écouté sans bouger d'une ligne. Cette fois le silence fut un tout petit peu plus long. Puis elle dit:

"Vous devez avoir faim alors?

- C'est pourquoi j'étais descendu chercher, dit Angelo, je croyais la maison déserte.

- Félicitez-vous[13] qu'elle ne le soit pas, dit la jeune femme avec un sourire. Les brisées[14] de mes tantes sont des déserts."

Elle s'effaça,[15] tout en continuant à éclairer le palier.[16]

"Entrez, dit-elle.

- J'ai scrupule à m'imposer, dit Angelo, je vais troubler votre réunion.

- Vous ne vous imposez pas, dit-elle, je vous invite. Et vous ne troublez aucune réunion: je suis seule. Ces dames sont parties depuis cinq jours. J'ai eu moi-même beaucoup de mal à me nourrir après leur départ. Je suis néanmoins plus riche que vous.

- Vous n'avez pas peur? dit Angelo en s'approchant.

- Pas le moins du monde.

- Sinon de moi, et je vous rends mille grâces,[17] dit Angelo, mais la contagion?

- Ne me rendez aucune grâce, monsieur, dit-elle. Entrez. Nos bagatelles[18] de la porte sont ridicules."

- Angelo pénétra[19] dans un beau salon. Il vit tout de suite son propre reflet dans une grande glace.[20] Il avait une barbe[21] de huit jours et de longues rayures de sueur noirâtre[22] sur tout le visage. Sa chemise en lambeaux[23] sur ses bras nus et sa poitrine couverte de poils[24] noirs, ses culottes poussiéreuses[25] et où restaient les traces de plâtre de son passage à travers la lucarne,[26] ses bas déchirés[27] d'où dépassaient des arpions[28] assez sauvages composaient un personnage fort regrettable. Il n'avait plus pour lui que ses yeux qui donnaient toujours cependant des feux aimables.[29]

- "Je suis navré,[30] dit-il.

- De quoi êtes-vous navré? dit la jeune femme qui était en train d'allumer la mèche[31] d'un petit réchaud à esprit-de-vin.[32]

- Je reconnais, dit Angelo, que vous avez toutes les raisons du monde de vous méfier[33] de moi.

- Où voyez-vous que je me méfie? Je vous fais du thé."

Elle se déplaçait[34] sans bruit sur les tapis.

"Je suppose que vous n'avez plus eu d'aliments chauds depuis longtemps?

- Je ne sais plus depuis quand!

- Je n'ai malheureusement pas de café. Je ne saurais d'ailleurs trouver de cafetière.[35] Hors de chez soi[36] on ne sait où mettre la main.[37] Je suis arrivée ici il y a huit jours. Mes tantes ont fait le vide[38] derrière elles;

7   peaceful
8   torn to pieces
9   people that I could not shake off
10 chased after me
11 in a corner
12 I reached
13 you should be thankful
14 *here*: my aunts' cupboards
15 she stepped aside
16 to light the landing
17 I am deeply grateful
18 *here*: our pleasantries
19 entered
20 a mirror
21 a beard
22 long streaks of blackish sweat marks
23 his tattered shirt
24 hairs
25 his dusty pants
26 the skylight
27 his torn stockings
28 from which his toes were sticking out
29 pleasant
30 I'm terribly sorry
31 the wick
32 a small alcohol/spirits stove
33 to be suspicious
34 she was moving around
35 a coffeepot
36 at somebody else's house
37 you can't put your hands on anything
38 left nothing behind them

le contraire m'aurait surprise. Ceci est du thé que j'avais heureusement pris la précaution d'emporter.

- Je m'excuse, dit Angelo d'une voix étranglée.[39]

- Les temps ne sont plus aux excuses, dit-elle. Que faites-vous debout? Si vous voulez vraiment me rassurer, comportez-vous[40] de façon rassurante. Assoyez-vous."

Docilement,[41] Angelo posa la pointe de ses fesses[42] au bord d'un fauteuil mirobolant.[43]

"Du fromage qui sent le bouc[44] (c'est d'ailleurs pourquoi elles l'ont laissé), un fond[45] de pot de miel, et naturellement du pain. Est-ce que ça vous va?

- Je ne me souviens plus du goût du pain.

- Celui-ci est dur. Il faut de bonnes dents. Quel âge avez-vous?

- Vingt-cinq ans, dit Angelo.

- Tant que ça?"[46] dit-elle.

Elle avait débarrassé[47] un coin de guéridon[48] et installé un gros bol à soupe sur une assiette.

"Vous êtes trop bonne, dit Angelo. Je vous remercie de tout mon cœur de ce que vous voudrez bien me donner car je meurs de faim. Mais je vais l'emporter, je ne saurais[49] me mettre à manger devant vous.

- Pourquoi? dit-elle. Suis-je écœurante?[50] Et dans quoi emporteriez-vous votre thé? Il n'est pas question de vous prêter bol ou casserole;[51] n'y comptez pas. Sucrez-vous[52] abondamment et émiettez[53] votre pain comme pour tremper[54] la soupe. J'ai fait le thé très fort et il est bouillant. Rien ne peut vous être plus salutaire.[55] Si je vous gêne,[56] je peux sortir.

- C'est ma saleté[57] qui me gêne", dit Angelo. Il avait parlé brusquement mais il ajouta: "Je suis timide." Et il sourit.

Elle avait les yeux verts et elle pouvait les ouvrir si grands qu'ils tenaient tout son visage.

"Je n'ose[58] pas vous donner de quoi vous laver, dit-elle doucement. Toutes les eaux de cette ville sont malsaines.[59] Il est actuellement[60] beaucoup plus sage[61] d'être sale mais sain.[62] Mangez paisiblement. La seule chose que je pourrai vous conseiller, ajouta-t-elle avec également un sourire, c'est de mettre si possible des souliers,[63] dorénavant.[64]

- Oh! dit Angelo, j'ai des bottes là-haut, même fort belles. Mais j'ai dû les tirer[65] pour pouvoir marcher sur les tuiles[66] qui sont glissantes[67] et aussi pour descendre dans les maisons sans faire de bruit."

Il se disait: "Je suis bête comme chou",[68] mais une sorte d'esprit critique ajoutait: "Au moins l'es-tu d'une façon naturelle?"

Le thé était excellent. A la troisième cuillerée[69] de pain trempé, il ne pensa plus qu'à manger avec voracité et à boire ce liquide bouillant. Pour la première fois depuis longtemps il se désaltérait.[70] Il ne pensait vraiment plus à la jeune femme. Elle marchait sur les tapis. En réalité, elle était en train de préparer une deuxième casserole de thé. Comme il finissait, elle lui remplit de nouveau son bol à ras bord.[71]

Il aurait voulu parler mais sa déglutition[72] s'était mise à fonctionner d'une façon folle. Il ne pouvait plus s'arrêter d'avaler[73] sa salive. Il avait l'impression de faire un bruit terrible. La jeune femme le regardait avec des yeux immenses mais elle n'avait pas l'air d'être étonnée.

"Ici, je ne vous céderai[74] plus", dit-il d'un ton ferme quand il eut fini son deuxième bol de thé.

39 choking up
40 behave
41 obediently
42 sat on the edge
43 fabulous
44 that stinks of goat
45 the bottom
46 that much?
47 cleared
48 a pedestal table
49 I could not
50 disgusting
51 a saucepan
52 sweeten
53 crumble
54 to soak
55 healthier
56 if I make you uncomfortable
57 filth
58 I don't dare
59 unhealthy
60 at the moment
61 much wiser
62 healthy
63 shoes
64 from now on
65 to pull them off
66 tiles
67 slippery
68 *here*: I must sound so dumb
69 spoonful
70 he was quenching his thirst
71 to the brim
72 swallowing
73 to swallow
74 I will no longer give in

"J'ai réussi à parler ferme mais gentiment", se dit-il.

"Vous ne m'avez pas cédé, dit-elle. Vous avez cédé à une fringale[75] encore plus grande que ce que je croyais et surtout à la soif. Ce thé est vraiment une bénédiction.

- Je vous en ai privée?[76]

- Personne ne me prive, dit-elle, soyez rassuré.

- J'accepterai un de vos fromages et un morceau de pain que j'emporterai, si vous voulez bien et je vous demanderai la permission de me retirer.

- Où? dit-elle.

- J'étais tout à l'heure[77] dans votre grenier, dit Angelo, il va sans dire que je vais en sortir tout de suite.

- Pourquoi, il va sans dire?

- Je ne sais pas, il me semble.

- Si vous ne savez pas, vous feriez aussi bien d'y rester cette nuit. Vous aviserez[78] demain, au jour."

Angelo s'inclina.[79]

"Puis-je vous faire une proposition? dit-il.

- Je vous en prie.

- J'ai deux pistolets dont[80] un vide. Voulez-vous accepter celui qui est chargé?[81] Ces temps exceptionnels ont libéré beaucoup de passions exceptionnelles.

- Je suis assez bien pourvue,[82] dit-elle, voyez vous-même."

Elle souleva[83] un châle[84] qui était resté de tout ce temps à côté du réchaud à esprit-de-vin. Il recouvrait[85] deux forts pistolets d'arçon.[86]

"Vous êtes mieux fournie[87] que moi, dit froidement Angelo, mais ce sont des armes lourdes.

- J'en ai l'habitude, dit-elle.

- J'aurais voulu vous remercier.

- Vous l'avez fait.

- Bonsoir, madame. Demain à la première heure j'aurai quitté le grenier.

75 ravenous hunger
76 did I deprive you?
77 just now
78 you will see
79 bowed
80 one of which is
81 loaded
82 I am well-equipped
83 lifted
84 a shawl
85 it was covering
86 horse pistols
87 better-supplied

1. Comment le roman décrit-il les moments qui précèdent la rencontre avec Pauline? Est-ce la même chose dans le film? Angelo descend-il l'escalier pour la même raison dans les deux cas?

2. A votre avis, pourquoi la conversation initiale a-t-elle été abrégée (et changée) par Rappeneau?

3. Etudiez les dialogues: Sont-ils représentatifs du caractère des deux personnages?

4. Comment Pauline retient-elle Angelo? Le fait-elle de la même façon dans le film?

5. Comment découvre-t-on dans le roman et dans le film qu'elle est armée?

6. Qu'est-ce que le film a ajouté à cette scène?

7. Remarquez le point de vue du narrateur: Sait-on ce que pensent et ressentent Angelo et Pauline? Pourquoi les deux personnages ne sont-ils pas traités de la même façon? Rappeneau a-t-il gardé ce procédé dans le film?

8. L'impression générale qui se dégage de cette scène est-elle bien restituée dans le film?

B. Entretien avec Juliette Binoche

Lisez l'entretien suivant, réalisé par Gilles Médioni pour *L'Express* du 14 septembre 1995 (six jours avant la sortie du film), et répondez aux questions.

Juliette au pays de Giono

Dans «Le Hussard sur le toit», Juliette Binoche est Pauline, chère au cœur d'Angelo. Pour elle, ce tournage[1] fut un nouveau «parcours initiatique».[2]

Longtemps, Luis Buñuel l'a rêvé. Angelo a effleuré[3] un instant les traits de Gérard Philipe, d'Alain Delon, de Marlon Brando. Et, quarante ans plus tard, le monument stendhalien[4] de Giono a enfin rencontré son maître d'œuvre,[5] Jean-Paul Rappeneau, l'homme de «Cyrano», le gage[6] de qualité et de fidélité aux classiques, de l'entrelacs[7] des images et des mots. Ce «Hussard», le sien, porté par une maîtrise formelle époustouflante[8] (les scènes sont des tableaux vivants) et une dramaturgie renforcée par des séquences d' «Angelo» et du «Bonheur fou»,[9] installe d'abord un héros de cape et d'épée[10] (Olivier Martinez, tout en panache). Mais, dès la scène mythique des toits de Manosque, Angelo, sensible à sa voix intérieure, ouvre son cœur et escorte Pauline de Théus, son Iseult, sa sœur (Juliette Binoche). L'amour et la mort, la beauté et la mort, la vertu et la mort suintent[11] de cette promenade hantée par un chant sombre, heurtée[12] d'images obsédantes, habitée d'émotion rentrée[13] et par Juliette Binoche, frémissante,[14] passionnante, qui oppose sa force et sa douceur à un monde de désolation. A Rome, où elle tourne «The English Patient», d'Anthony Minghella, *L'Express* a rencontré cette comédienne des silences et des non-dits.

L'EXPRESS: Qu'est-ce qui vous a frappée dans le livre de Jean Giono?

JULIETTE BINOCHE: La grandeur d'âme[15] de Pauline et d'Angelo. La nature. La lumière. Giono décrit des correspondances que je ressens et que je ne pourrais exprimer.

—Pourquoi choisit-on d'incarner Pauline de Théus?

—Il y a des rôles qui vous choisissent. Et, lorsqu'on a souhaité ce métier, s'y refuser serait se suicider. Pourtant, quand j'ai approché Pauline, je me suis demandé ce que j'allais jouer: Pauline est «la» femme. Une énigme. On la sent, on la vit. Peut-on l'interpréter?

—Elle a «ce petit visage en fer de lance[16] encadré de lourds cheveux noirs»?

—Ah! ce visage m'a intriguée avant le tournage [*silence*]. Enormément intriguée. Et puis, j'ai lu «Mort d'un personnage». Giono y décrit Pauline âgée. Soudain, son caractère, son sale[17] caractère, et ce visage en fer de lance m'ont sauté au cœur. «Mort d'un personnage» m'a bouleversée.

—Pour quelles raisons?

—En général, j'approche un rôle en imaginant son enfance, sa jeunesse. Mais là, tout d'un coup, défilaient[18] les dix dernières années de l'existence de Pauline. C'est une perception très troublante, car la fin d'une vie renvoie[19] à sa fin à soi. On dirait[20] que les personnages existent pour de vrai et qu'il faut retracer leur réalité. [...]

1 this shooting
2 journey of initiation
3 grazed
4 reminiscent of Stendhal, great 19th century novelist
5 *here*: the man of the hour
6 the guarantee
7 weaving together
8 amazing formal mastery
9 "Angelo" precedes "Le Hussard sur le toit". "Le Bonheur fou" is the sequel.
10 a cloak and dagger hero
11 ooze
12 jolting with
13 suppressed
14 quivering
15 the nobility of soul
16 spearhead-shaped
17 her foul temper
18 were passing through my mind
19 makes you think about
20 it is as if

—De quelle façon traverse-t-on un si long tournage?

—Un tournage ressemble à un parcours initiatique, mais j'ai résolu les éternelles interrogations: dois-je ou non dormir avec les bottes de Pauline? Le soir, je redeviens Juliette. Plus question de verser[21] dans l'ambiguïté malsaine. A force de m'immerger,[22] j'ai parfois failli me noyer.[23]

—De quoi vous aidez-vous pour apprivoiser[24] un rôle?

—De tout. Avant, j'évoluais[25] dans des loges[26] encombrées[27] de poèmes, de photos, d'objets. Longtemps, je n'ai même utilisé que ces marques. Maintenant, plus du tout. Il faut savoir se libérer. J'ai d'autres repères:[28] des bougies dans ma chambre. De la musique: Bach, Barbara, Camaron, Vissotsky.

—Rêviez-vous de cette vie?

—Non. J'avais soif de brûler les planches[29] ou d'évoluer dans un décor de théâtre. Franchement, je ne me projetais[30] pas dans le temps. Jamais je n'aurais imaginé voyager, recevoir des propositions de tous les horizons.

—Vous avez donné corps[31] à des femmes mythiques?

—Elles sont toutes sœurs, cousines, belles-sœurs.[32] Leur point commun reste d'abord moi, bien sûr. Ensuite, et ça me surprend vraiment, c'est la présence de la mort. Voilà des filles pleines de vie, poursuivies par la mort, même si celle-ci se traduit différemment dans «Rendez-vous», «Mauvais Sang», «Les Amants», «Fatale» ou «Bleu».

—Est-ce un hasard?[33]

—Je connais peu l'expérience de la mort, mais j'ai enduré celle de la séparation, une autre perte: mes parents ont divorcé lorsque j'avais 2 ans et demi. L'apprentissage[34] de la séparation m'a appris à vivre, à survivre et à trouver la joie de vivre. Je suis une optimiste. [...]

—Comment apprend-on à jouer les silences?

—Je crois que les regards[35] expriment surtout les pensées, les «ressentirs».[36] Les yeux figurent[37] les portes de l'âme. Ce sont des fils[38] par lesquels passe, ou non, l'électricité. Les miens ne sont pas extraordinaires. Faut pas commencer à virer[39] au mythe, sinon on finit vite miteux[40] [*rire*].

—Sait-on un jour pourquoi l'on devient comédienne?

—Sait-on un jour pourquoi l'on vit? [*Silence.*]

21 to lapse into
22 by immersing myself so much
23 I almost drowned
24 *here*: to get into
25 I used to dwell
26 dressing rooms
27 cluttered with
28 guides
29 *here*: to be successful in theater
30 I was not thinking ahead
31 *here*: you have embodied
32 sisters-in-law
33 a coincidence
34 dealing with
35 looks
36 *here*: feelings
37 represent
38 wires
39 to fall into
40 the word is not so much used for its meaning ("shabby") as for the pun with "mythe"

1. Aviez-vous l'impression, en regardant le film, que les scènes étaient des "tableaux vivants"?

2. Pourquoi Pauline est-elle l' "Iseult" d'Angelo? Qui est Iseult?

3. L'introduction décrit Juliette Binoche ainsi: Elle "oppose sa force et sa douceur à un monde de désolation". Citez des passages où Pauline fait preuve de force et de douceur.

4. Peut-on deviner, en voyant *Le hussard sur le toit*, que Pauline aura un caractère difficile en vieillissant?

5. Les yeux de Juliette Binoche étaient-ils expressifs dans le film? Son regard était-il éloquent?

6. Quelle impression générale Juliette Binoche vous donne-t-elle? Parle-t-elle comme une star?

C. Entretien avec Jean-Paul Rappeneau

L'entretien suivant a été réalisé par Anne Rapin pour *Label-France* (novembre 1995). Lisez-le et répondez aux questions.

Label-France : Qu'est-ce qui vous a amené à penser que vous parviendriez[1] à mettre en images ce roman réputé inadaptable?[2]

Jean-Paul Rappeneau : La forte émotion de lecteur que j'ai eue, il y a trente ans, quand j'ai lu, pour la première fois, *le Hussard sur le toit* de Giono. J'avais vingt ans et n'avais jamais rien lu d'aussi beau. Je continue à penser que ce livre est un des plus grands romans français du siècle, avec ceux de Proust et de Céline. Je ne pouvais pas imaginer que je n'arriverais pas à restituer[3] dans un film un peu de cette émotion ancienne.

Après la sortie de *Cyrano* en 1990, je me suis demandé s'il n'y avait pas d'autres grandes oeuvres réputées jusqu'alors inadaptables. *Le Hussard* s'est très vite retrouvé sur ma table. Je l'ai relu avec un oeil de cinéaste et les problèmes d'adaptation sont alors apparus. En effet, le livre est un peu un voyage intérieur, souvent méditatif, avec des images somptueuses, mais peu d'action. J'ai donc dû introduire, à ma façon, un rythme et une dramaturgie[4] dans cette histoire.

En fait, pour moi, écrire un scénario consiste, avant tout, à établir une stratégie de la tension. Dans le livre de Giono, rien n'a l'air de se passer vraiment entre Angelo et Pauline. C'est d'ailleurs une des beautés du livre. Avec Nina Companeez et Jean-Claude Carrière, nous avons construit entre eux une relation allant de l'intérêt à l'agacement,[5] de l'attirance[6] à la rupture,[7] et cherché à faire sentir que quelque chose montait[8] petit à petit entre eux. Mais, d'après les admirateurs de Giono et sa propre famille, son esprit est respecté.

A part ce "réservoir d'images" que constitue, à vos yeux, le livre de Giono, avez-vous eu d'autres sources d'inspiration?

Lorsque nous étions devant ces paysages, ces champs de blé[9] au milieu desquels arrivaient les personnages en costumes, et que je mettais mon oeil dans l'appareil,[10] je me disais : on dirait un tableau mais je ne sais pas de qui. C'était devenu un sujet de boutade[11] avec le cadreur.[12]

Quelle est la modernité de cette histoire d'amour chevaleresque[13] et romantique, qui parle du choléra il y a cent cinquante ans?

Etre intemporel[14] est le privilège des grands artistes, mais je crois que le livre est encore plus moderne aujourd'hui qu'en 1951. Giono voyait le choléra comme une métaphore sur la guerre et toute la "vacherie"[15] du monde. Aujourd'hui, on ne peut pas s'empêcher de penser aux épidémies qui nous menacent, au sida[16] notamment[17] qui angoisse tant les jeunes gens.

Ces scènes d'exode, ces gens qu'on rassemble[18] dans des quarantaines, ces cordons sanitaires[19] qui protègent le pays occupé par le choléra de la zone libre... Tout cela nous parle de choses à la fois actuelles[20] et éternelles. Le thème de la recherche du bouc émissaire[21] est, lui aussi, d'actualité. D'un mal[22] mystérieux, on dit toujours qu'il est apporté par l'étranger...

Cyrano et Angelo appartiennent à la même famille de héros, généreux et idéalistes. Comment les percevez-vous?

1 you would succeed in
2 impossible to adapt
3 to convey
4 dramatic tension
5 irritation
6 attraction
7 break-up
8 *here*: was building
9 wheat fields
10 *here*: the camera
11 joke
12 the cameraman
13 chivalrous
14 timeless
15 *slang*: meanness
16 AIDS
17 in particular
18 that are being rounded up
19 quarantine lines
20 current
21 a scapegoat
22 ill

Leur courage, leur intrépidité les rapproche[23] en même temps que leur timidité paralysante devant toutes les choses de l'amour. Ils ont une même peur de leurs émotions, peur que le barrage ne lâche[24]...

Pensez-vous que l'avenir du cinéma français, chez lui comme à l'étranger, passe par de grosses productions, à forte identité culturelle comme *le Hussard*?

Oui, entre autres. En fait, je fais les films que j'aimerais voir comme spectateur. Ce qui est merveilleux dans le cinéma français, c'est sa diversité. Mais, je regrette souvent que l'aspect visuel de la plupart des films ne soit pas à la hauteur[25] de leurs ambitions. Au cinéma, il doit y avoir des émotions, une pensée, mais aussi des images. Et je pense que cette dimension de spectacle[26] fait aussi partie de la tradition française. Il faut continuer à faire des films qui "donnent à voir".

Avez-vous déjà de nouveaux projets?

En France, un film ressemble à une pyramide renversée,[27] c'est-à-dire que l'ensemble de sa réalisation repose[28] sur un seul homme, le metteur en scène. La loi[29] française fait de lui l'auteur du film, lui reconnaît de nombreux droits mais aussi des responsabilités à tous les niveaux. Ce qui fait que lorsqu'on sort d'une telle entreprise - ce film a pris quatre ans de ma vie -, on ne peut pas enchaîner[30] tout de suite avec autre chose. Le cinéma en France n'est pas une industrie, c'est un métier d'art. Quand on arrive à le réussir, il y a une âme dans un film, celle de ceux qui l'ont fait avec le réalisateur. Un film se fait comme un stradivarius: à la main, sur l'établi.[31]

23 bring them together
24 afraid that the dam might break
25 is not up to the level
26 show
27 upside down
28 rests on
29 law
30 move on
31 on the work bench

1. Pourquoi Rappeneau a-t-il eu envie de réaliser *Le hussard sur le toit*?

2. Comment a-t-il contourné le fait qu'il y ait très peu d'action dans le roman?

3. Etes-vous d'accord que cette histoire est toujours d'actualité?

4. La comparaison avec Cyrano est-elle justifiée? Qu'est-ce que les deux personnages ont en commun? Qu'est-ce qui les différencie?

5. Quel genre de film Rappeneau aime-t-il voir et faire?

6. Comment décrit-il le cinéma?

Un dimanche à la campagne

Présentation du film

En 1912, Monsieur Ladmiral reçoit, comme chaque dimanche, la visite de son fils, sa belle-fille et ses petits-enfants. La journée se passe calmement, sans heurt et sans émotion, jusqu'à l'arrivée imprévue d'Irène, la fille bien-aimée de M. Ladmiral, dont les visites se font rares. Irène est gaie, vive, moderne et amusante. Elle vit seule à Paris, a des amants, fume et conduit une automobile...

Carte d'identité du réalisateur

Bertrand Tavernier (né en 1941) est un réalisateur précis, fin, consciencieux et surtout indépendant. Très intéressé par les rapports humains et la psychologie de ses personnages, il est aussi à l'aise dans les histoires de famille (*L'horloger de Saint Paul*, 1974, *Un dimanche à la campagne*, 1984) que dans les fresques historiques (*Que la fête commence*, 1975, *Coup de torchon*, 1981, *La passion Béatrice*, 1987). Pacifiste convaincu, il a réalisé deux films antimilitaristes sur la Première Guerre mondiale: *La vie et rien d'autre* (1989) et *Capitaine Conan* (1996). C'est aussi un militant engagé qui dénonce les dérives de notre société: la violence dans *L'appât* (1995) et le chômage et la misère dans *Ça commence aujourd'hui* (1999). Récemment il a aussi réalisé *Laissez-passer* (2002) et *Holy Lola* (2004).

Carte d'identité des acteurs

Louis Ducreux (1911-1992) était avant tout un homme de théâtre (metteur en scène et acteur). *Un dimanche à la campagne* était son premier grand rôle au cinéma. On l'a ensuite vu dans *Une affaire de femmes* (1988), *3615 Code Père Noël* (1989), *Daddy Nostalgie* (1990) et *La double vie de Véronique* (1991).

Sabine Azéma (née en 1952): Après avoir fait le Conservatoire, elle a rencontré Alain Resnais qui a lancé sa carrière. Pour lui, elle a joué dans *Mélo* (1986), *Smoking/No smoking* (1993), *On connaît la chanson* (1997), *Coeurs* (2006). C'est une actrice vive, drôle, pétillante qui affectionne les comédies (*Le bonheur est dans le pré*, 1995, *La bûche*, 1999, *Tanguy*, 2001, *Le mystère de la chambre jaune*, 2003, *Le parfum de la dame en noir*, 2005), mais qui sait aussi endosser des rôles plus graves (*La vie et rien d'autre*, 1989, *La chambre des officiers*, 2001).

L'heure de gloire

Un dimanche à la campagne a remporté le prix de la mise en scène au Festival de Cannes, ainsi que trois César: meilleure actrice (Sabine Azéma), meilleur scénario et meilleure photographie. Le film a aussi été nommé pour le Golden Globe du meilleur film étranger.

Souvenez-vous...

1912:

- Naufrage du Titanic
- NM et AZ: 47ᵉ et 48ᵉ états des Etats-Unis

PREPARATION

1 Vocabulaire

Vocabulaire utile avant de voir le film:

Les noms

La famille:

le fils: *the son**

la fille: *the daughter*

la bru = la belle-fille: *the daughter-in-law*

le grand-père: *the grandfather*

les petits-enfants: *the grandchildren***

le petit-fils: *the grandson*

la petite-fille: *the granddaughter*

la tante: *the aunt*

le neveu: *the nephew*

la nièce: *the niece*

l'automne: *the fall*

le prénom: *the first name*

l'avenir: *the future†*

la concurrence: *competition*

un amant: *a lover*

la peinture:

une peinture / un tableau: *a painting*

un peintre: *a painter*

un atelier: *a studio*

la couleur: *color*

un pinceau: *a brush*

la lumière: *light*

une gifle: *a slap in the face*

le grenier: *the attic*

une malle: *a trunk*

un châle: *a shawl*

un conseil: *a piece of advice*

la pitié: *pity*

> * Fils: prononcer [fis].
>
> ** **Attention!** En anglais on dit <u>grand</u>children, mais en français on dit <u>petits</u>-enfants.
>
> † **A savoir:** "Le futur" est seulement employé en grammaire. Utilisez "l'avenir" dans les autres cas.

Les verbes

attendre qq'un: *to wait for s.o.*

peindre: *to paint*

élever: *to raise (a child)*

rendre visite à qq'un: *to pay s.o. a visit**

mourir: *to die*

conduire: *to drive*

mener (une vie): *to lead (a life)*

gagner sa vie: *to earn one's living*

vieillir: *to grow old*

> * **Attention!** <u>Visiter</u> un lieu (un château, un musée) ≠ <u>rendre visite</u> à qq'un

Les adjectifs

veuf (-ve): *widowed*

pieux (-se): *pious*

fané(e): *faded*

libre: *free*

passionné(e): *passionate*

gâté(e): *spoiled (for a child)*

contrarié(e): *vexed*

jaloux (-se): *jealous*

fier (-ère): *proud*

ému(e): *moved*

pressé(e): *in a hurry*

surprenant(e): *surprising*

Traduisez!

1. I like to paint but it is difficult to earn a living because of the competition.
2. I don't agree with the way my niece is raised. She is much too spoiled!
3. The old painter wished his daughter visited him more often and that she wasn't always in such a hurry.
4. She had chosen to lead a passionate life with many lovers.

Manet, *Argenteuil*

2 Repères culturels

1. La film se passe à la Belle Epoque. Comment les gens vivaient-ils à cette période? Qui était célèbre? Qu'est-ce qui a été inventé et découvert? Qu'est-ce qui a été construit, notamment à Paris?

2. Dans le film, M. Ladmiral, qui est peintre, mentionne l'Impressionnisme. Que savez-vous sur l'Impressionnisme?

   a. Quand ce mouvement artistique a-t-il eu lieu?
   b. Qu'est-ce qui était nouveau dans les tableaux des Impressionnistes?
   c. Quelle était leur technique?
   d. Quelles ont été les réactions du public et des critiques à l'origine?
   e. Pouvez-vous citer quelques Impressionnistes, et des tableaux qu'ils ont peints?

3. M. Ladmiral et sa fille vont dans une guinguette. Savez-vous ce que c'est?

3 Le contexte

Dans le film deux femmes mènent des vies extrêmement différentes. Elles ont à peu près le même âge (autour de 35 ans) mais l'une est mariée, mère de trois enfants, et reste à la maison, tandis que l'autre est célibataire et travaille. Elles sont du même milieu social (la bourgeoisie). A votre avis, quels sont les espoirs, les attentes, les goûts, les ambitions de chacune? Comment chacune est-elle considérée par la société de l'époque? Comment se considèrent-elles l'une l'autre?

4 A savoir avant de visionner le film

* Durée: 1h34
* Genre: Chronique
* Classement: Tous publics
* Notes: Le film n'est pas long mais il est lent. Il ne se passe pas grand-chose, donc ne vous attendez pas à une révélation, une explosion, un grand événement! C'est juste l'histoire d'un dimanche en famille.

Renoir, *La Seine à Asnières*

PREMIERE APPROCHE

1 L'histoire

Les personnages:

Monsieur Ladmiral   Louis Ducreux
Gonzague (le fils)   Michel Aumont
Irène (la fille)   Sabine Azéma
Marie-Thérèse (la bru)
Mercedes (la bonne)
Lucien, Emile et Mireille (les petits-enfants)

1. A quelle époque se passe le film? Où?

2. A quel milieu social M. Ladmiral appartient-il? Comment le sait-on?

3. Comment Mercedes traite-t-elle M. Ladmiral au début du film? Pourquoi M. Ladmiral la garde-t-il? Comment traite-t-elle les autres membres de la famille?

4. M. Ladmiral est-il content que Mercedes parle de Gonzague en l'appelant Edouard? Quel est son vrai prénom?

5. Pourquoi Marie-Thérèse va-t-elle "reprendre un petit bout de messe" au début?

6. Quand ils marchent dans le parc, Gonzague a une vision de son père dans l'avenir. Quelle est-elle? Quel effet cette vision produit-elle sur lui?

7. Que pense M. Ladmiral de l'avenir de la peinture? Qu'est-ce qui va faire de la concurrence?

8. Que pensez-vous des deux petits-fils? Sont-ils bien élevés? Aiment-ils la campagne? Est-ce normal?

9. Mireille est-elle comme ses frères? Est-elle élevée de la même façon?

10. Quel effet produit l'arrivée d'Irène? Est-ce que tout le monde est content?

11. Quel est son métier?

12. Quelles sont les choses de la vie auxquelles elle croit?

13. Quel type de vie mène-t-elle à Paris? Qui essaie-t-elle d'appeler au téléphone? Sa vie est-elle comparable à celle de son frère?

14. Que voit Irène dans les mains de Mireille? Le reste de la famille en est-il conscient? Que pense Irène de l'éducation de Mireille?

15. Gonzague est-il un homme et un père moderne? sportif? Que pensez-vous de la scène de l'arbre? Pourquoi donne-t-il une gifle à son fils?

16. Irène aime-t-elle les tableaux de son père? Comment les décrit-elle? Quelle est l'exception? Pourquoi?

17. Qu'est-ce qu'Irène emporte de chez son père? Gonzague apprécie-t-il? Quelle est la réaction d'Irène aux remarques de Gonzague?

18. Qu'est-ce que M. Ladmiral explique à Irène sur sa peinture? A-t-il des regrets?

Renoir, *La petite fille à l'arrosoir*

19. Quand M. Ladmiral demande à Irène si elle pense qu'il a vieilli trop tôt, que répond-elle?

20. Quels sont les sentiments de M. Ladmiral et d'Irène quand ils dansent à votre avis?

21. Quel effet le départ d'Irène produit-il sur la famille?

22. A votre avis, quel va être le prochain tableau de M. Ladmiral?

23. Que représentent les deux petites filles que l'on voit au début et à la fin?

24. Quelle est la couleur des arbres à la fin? En quelle saison sommes-nous? Est-ce surprenant?

25. Que ressent-on à la fin du film?

2 Analyse d'une photo

1. Où et à quel moment cette scène se passe-t-elle?

2. Que reproche Irène à son père?

3. Quelles émotions lisez-vous sur leurs visages?

4. Pourquoi cette scène est-elle importante?

3 Analyse de citations

Analysez les citations suivantes en les replaçant dans leur contexte:

1. Madame Ladmiral: "Quand cesseras-tu d'en demander toujours plus à la vie, Irène?"

2. M. Ladmiral: "Réfléchir, c'est rester immobile. Irène, elle va de l'avant".

3. M. Ladmiral: "Peut-être que j'ai manqué de courage".

APPROFONDISSEMENT

1 Vocabulaire

Enrichissez votre vocabulaire !

La peinture

représenter: *to picture*
une peinture à l'huile: *an oil painting*
une aquarelle: *a water-color*
un paysage: *a landscape*
un portrait: *a portrait*
une nature morte: *a still life*
une esquisse: *a sketch*

un chevalet: *an easel*
une nuance: *a hue*
une teinte: *a tint*
le premier plan: *the foreground*
l'arrière-plan: *the background*
un cadre: *a frame*

Les couleurs

• blanc
  Variations: blanc cassé, beige, crème, ivoire
  une nuit blanche = une nuit sans dormir
  être blanc comme un cachet d'aspirine = être
    très pâle
• jaune
  Variations: jaune citron, doré, miel, orange,
  blond
  rire jaune = se forcer à rire
  jaune d'œuf: yolk
• rose
  Variations: saumon, fuschia
  la vie n'est pas rose = la vie n'est pas gaie
• violet
  Variations: lilas, mauve
  une violette: a violet
• rouge
  Variations: brique, bordeaux, roux (pour
  les cheveux)
  du rouge à lèvres: lipstick
  rougir comme une pivoine (a peony) = devenir
    très rouge

• vert
  Variations: vert pomme, vert bouteille,
  vert forêt, pistache, kaki
  les verts = les écologistes
• bleu
  Variations: bleu ciel, bleu lavande, bleu roi,
  bleu marine
  une viande bleue = une viande saignante
  une peur bleue = une très grande peur
  un cordon bleu = un bon cuisinier
• marron, brun
  Variations: caramel, café au lait
  des marrons grillés = des châtaignes
• gris
  Variations: argenté, poivre et sel (pour les
  cheveux seulement)
  grisonner = avoir les cheveux qui deviennent gris
• noir
  il fait noir = c'est la nuit
  l'humour noir = l'humour macabre
  voir tout en noir = être pessimiste
  un petit noir = un café

La famille et les rapports familiaux

le nom de famille: *last name*
la vie de famille: *family life*
avoir un air de famille: *to have a family resemblance*
le beau-père: *father-in-law / stepfather*
la belle-mère: *mother-in-law / stepmother*
le gendre: *the son-in-law*
des jumeaux: *twins*
le parrain: *the godfather*
la marraine: *the godmother*
le filleul: *the godson*
la filleule: *the goddaughter*

le cousin, la cousine: *the cousin*
une famille nombreuse: *a large family*
un(e) orphelin(e): *an orphan*
adopter: *to adopt*
les fiançailles: *engagement*
le mariage: *the wedding / marriage*
célibataire: *single*
marié(e): *married*
divorcé(e): *divorced*
tel père tel fils: *like father like son*

Caillebotte, Voiliers à Argenteuil

Jouez avec les mots!

A. Reliez les mots qui vont ensemble:

1. brique		a. peinture à l'huile
2. parrain		b. kaki
3. nuance		c. grisonner
4. pistache		d. bordeaux
5. bru		e. fiançailles
6. miel		f. teinte
7. aquarelle		g. gendre
8. mariage		h. tableau
9. poivre et sel		i. doré
10. peinture		j. marraine

B. Trouvez l'intrus:

1. oncle	nièce	cousin	tante
2. Cézanne	Delacroix	Monet	Renoir
3. pinceau	peindre	chevalet	bru
4. brique	doré	miel	blond
5. lumière	plein-air	exactitude	Impressionnisme
6. veuf	marié	célibataire	gendre

2 Réflexion - Essais

1. Etudiez les rapports entre les personnes suivantes:
   a. M. Ladmiral et Gonzague
   b. M. Ladmiral et Irène
   c. Gonzague et Irène (En quoi sont-ils différents? Similaires?)
   d. Gonzague et Marie-Thérèse (Quel genre de couple est-ce? S'entendent-ils bien? Qui prend les décisions?)

2. Que pensez-vous d'Irène? La trouvez-vous sympathique ou antipathique? Quels sont ses bons et ses mauvais côtés?

3. A la guinguette, on entend Irène dire: "Ma vie, j'ai décidé de la vivre comme je l'ai rêvée". Comment sait-on qu'elle réalise son rêve?

4. Analysez la place de l'argent dans le film. Est-ce un sujet dont on parle dans cette famille?

5. Nous avons deux portraits de femmes dans le film. En quoi Irène et Marie-Thérèse sont-elles différentes? (Pensez à leur vie de tous les jours, leurs idées, leurs aspirations).

6. Les sensations sont exprimées de façon précise. Qu'est-ce qui, dans le film, évoque la chaleur, la fraîcheur et les odeurs?

7. Comment sait-on que M. Ladmiral souffre de sa solitude ? Par quoi est-elle aggravée?

8. Peut-on dire que le film oppose l'art et la vie de famille? Etait-il possible pour M. Ladmiral de concilier la créativité, la prise de risque dans son art, et la vie de famille?

9. Il n'y a presque pas d'action dans le film. Pourtant l'histoire progresse, évolue. Comment?

Renoir, Bal à Bougival

3 Analyse d'une scène: La guinguette (de 1:09:37 à 1:16:41 après le début)

> ## Vocabulaire spécifique à cette scène
>
> être de bonne humeur *(to be in a good mood)* • le regard *(gaze)* • une voilette *(a veil)* • une émotion *(a feeling)* • un canot *(a (row)boat)* • une occasion *(an opportunity)*

A. Ecoutez

1. Décrivez la musique. Que ressentez-vous en l'écoutant?
2. Entend-on la musique de la même façon pendant toute la scène? A quel moment l'entend-on moins? Est-ce réaliste?
3. Comment comprenez-vous l'allusion à Moïse?
4. Quel est le ton de M. Ladmiral quand il parle à Irène? Que veut-il qu'elle comprenne?

B. Observez

1. Décrivez la guinguette. Où se trouve-t-elle? Qui la fréquente? Que font les clients? Comment est l'ambiance?
2. Irène parle peu mais observe son père. Pouvez-vous décrire son regard? Peut-on lire ses émotions sur son visage?
3. Qu'est-ce qui change entre le début de la danse et la fin? Qu'ont fait les autres danseurs?
4. Quelles sont les couleurs dominantes? Quelle impression donnent-elles?
5. Si vous deviez choisir deux ou trois moments de cette scène pour en faire des tableaux, lesquels choisiriez-vous? Pourquoi?

C. Cette scène dans l'histoire

Qu'est-ce que cette scène apporte à l'histoire? Qu'est-ce qu'elle permet aux deux personnages de faire?

D. Langue

1. Manquer / manquer à / manquer de

Remplacez les tirets par "manquer", "manquer à" ou "manquer de". N'oubliez pas de conjuguer les verbes!

a. M. Ladmiral se demande s'il _____ courage.
b. Irène _____ son père.
c. Il ne voulait pas _____ cette occasion de parler à sa fille.
d. Gonzague (ne pas) _____ talent, mais il a arrêté de peindre.
e. Les tableaux de M. Ladmiral _____ originalité.
f. Ils ont failli _____ le train.

2. La négation

Répondez aux questions suivantes avec la négation qui convient.

a. Gonzague et M. Ladmiral ont-ils souvent des discussions profondes?

b. M. Ladmiral marche-t-il toujours aussi vite?

c. Est-ce que M. Ladmiral était déjà allé quelque part dans l'automobile d'Irène?

d. M. Ladmiral a-t-il copié Monet ou Caillebotte?

e. Est-ce que quelque chose a changé dans sa peinture?

f. Est-ce qu'il a des regrets?

g. Irène a-t-elle déjà rencontré l'homme de sa vie?

h. Est-ce que quelqu'un vit avec elle?

i. Irène et Marie-Thérèse ont-elles des points communs?

Le Bal Champêtre à la
Fontaine Sainte-Marie

3. Discours indirect

Transposez ces phrases au discours indirect.

a. Irène a dit: "Je voudrais des cerises à l'eau-de-vie."

b. M. Ladmiral a expliqué: "J'ai peint comme on m'avait appris."

c. A propos de la peinture de Cézanne il se demandait: "Où est-ce que ça pourrait m'amener?"

d. Il pensait: "Je t'ennuie avec mes radotages!"

e. Il se demandait: "Peut-être que j'ai manqué de courage."

f. Il lui a demandé: "Tu me comprends Irène?"

g. Il lui a demandé: "Est-ce que tu trouves vraiment que j'ai vieilli trop tôt?"

h. Irène a proposé à son père: "Papa, danse avec moi!"

i. Elle a déclaré: "J'ai décidé de vivre ma vie comme je l'ai rêvée."

E. Comparaison avec une autre scène

Comparez cette scène avec celle où Gonzague, Marie-Thérèse et M. Ladmiral discutent dans l'atelier (20:06 à 21:28). De quoi parlent-ils? Quelle attitude a M. Ladmiral? Qu'est-ce qui vous frappe en comparant ces deux moments?

F. Sketch

Imaginez que toute la famille soit allée à la guinguette. Qu'auraient-ils fait? De quoi auraient-ils parlé? Quelle attitude chaque personne aurait-elle eue? Imaginez la scène et écrivez le dialogue. N'oubliez pas d'inclure tout le monde, même les enfants!

LE COIN DU CINEPHILE

1 Première / dernière scène

Comparez la première et la dernière scène. Comment les personnages sont-ils présentés? Qu'est-ce qui est similaire dans les deux scènes? Quel personnage est présent au début et à la fin? En quoi ces deux scènes sont-elles différentes?

2 Jeu des acteurs

Les acteurs jouent merveilleusement bien. A votre avis qui avait le rôle le plus difficile? Justifiez votre point de vue.

3 Couleurs

Quelles sont les couleurs dominantes dans ce film? Pourquoi le réalisateur les a-t-il choisies? Qu'est-ce qu'elles évoquent?

4 Musique

Tavernier a choisi de la musique de chambre de Fauré pour la bande sonore. Pouvez-vous la décrire? Qu'est-ce qu'elle évoque?

Morisot, *Eugène Manet à l'île de Wight*

A savoir

Herbert von Karajan (qui ne connaissait pas Tavernier) lui a écrit pour lui dire qu'*Un dimanche à la campagne* était le film le plus musical qu'il ait jamais vu!

5 Sous-titres

Le passage suivant est extrait de la scène du grenier. Irène fouille dans la malle et son père la regarde. Comparez le commentaire de la voix off et les sous-titres, puis répondez aux questions:

1. Irène avait-elle un amant?	*Did Irène have a lover?*
2. M. Ladmiral ne s'était jamais posé la question clairement, et il était bien décidé à ne jamais se la poser.	*He'd never asked himself openly and he didn't intend to.*
3. Tout permettait de le penser.	*It seemed apparent.*
4. Mais il y a pour chaque homme un certain nombre de vérités blessantes contre lesquelles il n'y a qu'une seule défense, mais souveraine: le refus.	*But against those truths that hurt, men have one sure defense: denial.*
5. Si M. Ladmiral avait su que sa fille avait un amant, il eût été très malheureux.	*Had he known she had a lover, he'd have been unhappy.*

a. 2ème réplique: Le passage de "M. Ladmiral" à "He" est-il gênant?

b. 2ème réplique: La deuxième partie de la phrase française ("et il était bien décidé…") est traduite de façon très succinte. Est-ce un bon sous-titre?

c. 4ème réplique: Cette phrase est très longue. Qu'a fait le sous-titreur pour rendre les idées sans trahir l'original? A-t-il réussi?

d. 5ème réplique: A quel temps "il eût été" est-il? Est-ce du langage courant ou littéraire? Les verbes peuvent-ils rendre ce niveau de langue en anglais? A-t-on cependant dans le sous-titre un élément appartenant au registre soutenu?

AFFINEZ VOTRE ESPRIT CRITIQUE

Pissarro, *Les châtaigniers à Osny*

1 Modernisme de l'histoire

Cette histoire pourrait-elle se passer aujourd'hui, ou est-elle très ancrée dans son époque? Les thèmes et les situations sont-ils typiques de 1912, ou sont-ils universels?

2 Académisme du film

Tavernier a souvent été accusé de faire des films académiques, c'est-à-dire des films bien faits mais qui n'innovent pas. Qu'en pensez-vous? Trouvez-vous *Un dimanche à la campagne* vieux jeu? Un film a-t-il besoin d'être innovant pour être réussi? Comprenez-vous les critiques?

3 Les critiques

1. Dans *Le Point* du 9 avril 1984, Marie-Françoise Leclère écrit que Tavernier est un "grand connaisseur des parfums provinciaux". Qu'est-ce qui est provincial dans le film?

2. A propos d'*Un dimanche à la campagne*, Michel Delain écrit que c'est "une œuvre limpide et rare qu'on visite comme un grenier" (*L'Express*, 13 avril 1984). Pourquoi fait-il cette analogie entre le film et un grenier?

POUR ALLER PLUS LOIN

1 Parallèle avec un autre film

Sabine Azéma: Comparez ses rôles dans *Un dimanche à la campagne* et dans *La vie et rien d'autre*.

1. Quel prénom Sabine Azéma a-t-elle dans les deux films?
2. A quelle époque et dans quel contexte se passent-ils?
3. Où les films ont-ils lieu? Comment la nature a-t-elle changé?
4. Quelle personnalité les deux femmes ont-elles?

2 Art

Cherchez les tableaux suivants sur Google Images:

- ❖ Monet: *Le déjeuner sur l'herbe* (1865-66)
- ❖ Manet: *Argenteuil* (1875)
- ❖ Renoir: *Bal du Moulin de la Galette* (1876)

✤   Renoir: *La balançoire* (1876)

✤   Renoir: *Bal à Bougival* (1882-83)

Choisissez-en un et imaginez ce qui se passe. Qui sont les personnages? Quels sont les liens entre eux? Pourquoi sont-ils là? Que font-ils? A quoi pensent-ils? Quelle est l'ambiance de la scène?

3 Lectures

A. Réaction d'un critique sur l'exposition des Intransigeants

Rappel historique: Ne parvenant pas à être exposés au Salon officiel, quelques peintres ont organisé des expositions d'œuvres impressionnistes de 1874 à 1886. Il s'agissait notamment de Manet, Renoir, Degas, Cézanne, Pissarro, Berthe Morisot et surtout Monet dont le tableau *Impression* a donné son nom au mouvement impressionniste. La première exposition des Intransigeants (c'est le nom qu'ils se donnaient) a été très mal reçue par la majorité de la critique. L'article suivant, écrit par Pierre Wolf, est paru dans *Le Figaro* de mai 1874.

Renoir, *La balançoire*

On vient d'ouvrir une exposition qu'on dit être de peinture. Le passant inoffensif[1] entre, et à ses yeux s'offre un spectacle cruel: Cinq ou six aliénés,[2] dont une femme, un groupe de malheureux[3] atteints[4] par la folie de l'ambition, s'y sont donné rendez-vous pour exposer leurs œuvres.

Il y a des gens qui rient devant ces choses. Moi, j'en ai le cœur serré.[5] Ces soi-disant[6] artistes s'intitulent les **Intransigeants**. Ils prennent des toiles,[7] de la couleur et des brosses,[8] jettent au hasard quelques tons,[9] et signent le tout. Il est inutile d'essayer d'expliquer à M. Renoir que le torse d'une femme n'est pas un amas[10] de chair[11] en décomposition! J'ai déjà dit qu'il y a une femme dans le groupe, comme dans toutes les bandes fameuses, d'ailleurs. Elle s'appelle Berthe Morisot et elle est curieuse à observer. Chez elle, la grâce féminine existe au milieu des débordements[12] d'un esprit en délire.

Et c'est cet amas de choses grossières[13] qu'on expose au public sans songer[14] aux conséquences fatales qu'elles peuvent entraîner:[15] Hier, on a arrêté un pauvre homme qui, en sortant de cette exposition, mordait[16] les passants.

1   the harmless passer-by
2   lunatics
3   poor souls
4   suffering from
5   my heart sinks
6   would-be
7   canvases
8   brushes
9   shades
10 a heap
11 flesh
12 excesses
13 crude
14 without thinking about
15 lead to
16 was biting

1. Quel est le ton général de cette critique?
2. Comment décrit-il les peintres?
3. Pourquoi a-t-il "le cœur serré"?
4. Comment décrit-il la peinture de Renoir?
5. Qu'est-ce qui est curieux chez Berthe Morisot?
6. Que pensez-vous de l'homme qui mordait les passants? Est-ce possible qu'une exposition donne envie aux gens de mordre?
7. Quand il a écrit cet article, Pierre Wolf était sincère. Avec le recul du temps, quelle impression ce critique vous donne-t-il?

Monet, *Impression, soleil levant*

B. Les guinguettes

Dans le film Irène emmène son père boire et danser dans une guinguette. Lisez l'article suivant sur l'histoire des guinguettes (article écrit par Valérie Pomarède pour le magazine *Ça m'intéresse* de juillet 2000) et répondez aux questions.

Et les guinguettes repartent en java[1]

Elles font partie de notre inconscient collectif. Comme la tour Eiffel ou la baguette, les guinguettes personnalisent la France... Elles ont vécu des hauts et des bas. Elles sont apparues et ont disparu au rythme des chansons populaires... Tout commence en 1577 lorsqu'un arrêt[2] du Parlement interdit aux cabaretiers[3] parisiens d'acheter leur vin dans les alentours[4] de la capitale. Celui dont ils s'approvisionnent,[5] appelé «guinguet» [...], provient des vignobles d'Ile-de-France. Aussi, pour éviter de payer la taxe qui frappe[6] la marchandise franchissant[7] l'enceinte[8] de la ville, les taverniers[9] émigrent au-delà des limites de la capitale. Les guinguettes sont nées.

Elles sont, dans les premiers temps, assez mal fréquentées. On y croise[10] volontiers des prostituées et des crapules.[11] De 1784 à 1790, la construction du mur des Fermiers généraux repousse plus loin les guinguettes. Le XIXe siècle sera l'âge d'or de ces lieux de fête et, parfois, de débauche. C'est là que les employés des manufactures viennent passer leurs quelques heures de liberté. On y mange, on y boit et on y danse, la valse, la mazurka ou le quadrille.

L'annexion, en 1860, d'un grand nombre de villages dans la nouvelle enceinte parisienne impose aux établissements de reculer[12] vers la Seine puis la Marne. Dès le milieu du XIXe siècle, les guinguettes se répandent[13] sur les bords[14] de l'eau. Le développement du canotage[15] dès 1840 ainsi que l'extension du chemin de fer, avec l'inauguration en particulier de la ligne Bastille–Joinville–La Varenne en 1859, puis l'apparition de l'automobile vont contribuer à ce mouvement. C'est la Belle Epoque. [...]

Une clientèle plus chic commence à affluer.[16] A Bougival, Chatou et Croissy à l'ouest, à Nogent-sur-Marne et Joinville-le-Pont à l'est, on déjeune au bord de l'eau, on danse, on nage, on se promène en barque.[17] Des passeurs[18] mènent la clientèle d'une rive[19] à l'autre...

A l'aube du XXe siècle, les guinguettes du bord de Seine déclinent tandis que celles de la Marne battent[20] leur plein. En 1906, les ouvriers, qui viennent d'obtenir leur repos[21] dominical, affluent. C'est le temps de l'accordéon et du bal musette.[22] Les deux grandes guerres donneront un coup d'arrêt,[23] mais le mouvement repartira de plus belle[24] jusqu'à la fin des années 50. Là, le rock, les yé-yé,[25] l'arrivée du disque et la pollution des eaux marqueront un nouveau déclin.

Toutefois, depuis quelques années, les établissements rouvrent, sous l'impulsion de passionnés. Et la foule revient. Notamment les jeunes, séduits par ces lieux que la peinture (Renoir, Monet), la littérature (Maupassant, Zola), le cinéma (*Casque d'or, la Belle Equipe*) et les chansons (*le Petit Vin blanc, Quand on s'promène au bord de l'eau*) ont contribué à inscrire[26] dans nos souvenirs d'en France...

1   a popular dance
2   a decision
3   innkeepers
4   in the towns just outside of
5   stock up with
6   hits
7   crossing
8   the surrounding wall
9   innkeepers
10 you might see there
11 scum
12 to move back
13 spread
14 on the banks
15 rowing
16 to flock
17 small boats
18 boatmen
19 from one bank to the other
20 are at their height
21 their Sunday off
22 popular dances
23 cause a break
24 all the more
25 pop music of the early 1960s
26 to write down

Intérieur du restaurant de l'Ile d'Amour

1. D'après Valérie Pomarède, les guinguettes, la tour Eiffel et la baguette font partie de l'inconscient collectif des Français. Pouvez-vous ajouter quelques éléments supplémentaires? Et qu'est-ce qui fait partie de l'inconscient collectif des Américains? Nommez quelques éléments.

2. Pourquoi et comment les guinguettes ont-elles vu le jour?

3. Comment la population fréquentant les guinguettes a-t-elle évolué?

4. Que faisaient les gens dans les guinguettes à la Belle Epoque? Voit-on la même chose dans le film?

5. Pourquoi les ouvriers pouvaient-ils se rendre dans les guinguettes au début du XXe siècle?

6. Pourquoi les jeunes sont-ils attirés par les guinguettes aujourd'hui?

C. Critique

Louis Ducreux n'ayant jamais eu de grand rôle au cinéma, il était très peu connu du grand public. Michel Delain l'a rencontré pour cet article paru dans *L'Express* du 13 avril 1984.

Le bon plaisir de Louis Ducreux

Il promène son talent dilué de dilettantisme[1] depuis plus de cinquante ans dans la tribu du spectacle.[2] Louis Ducreux redécouvre, avec Bertrand Tavernier, ce cinéma qu'il n'avait goûté que du bout des lèvres.[3]

Autant le dire tout net:[4] «Un dimanche à la campagne», le dernier film de Bertrand Tavernier, est un enchantement. [...] Le thème? M. Ladmiral, peintre vieillissant qui a raté le coche[5] de l'impressionnisme, attend, en province, l'arrivée de sa famille. Dès lors, la maison s'anime au rythme de l'événement et Tavernier en capte les nuances, les rumeurs, les murmures dans la moiteur[6] d'un été finissant. Maître des cérémonies, M. Ladmiral jauge[7] son petit monde, s'agace[8] d'un fils et d'une bru amidonnés[9] dans leurs principes, s'attendrit d'une fille à l'affection tapageuse,[10] constate,[11] l'âge venant et sa démarche[12] s'alourdissant, qu'il habite de moins en moins à dix minutes de la gare. Mais aussitôt, passant du coq à l'âne,[13] il rappelle ce que Degas, son maître, disait d'un des portraits peints par Eugène Carrière: «C'est bien, très bien, mais le modèle, il me semble, a un peu bougé.»

Pour interpréter un tel funambule,[14] dont la bohème du cœur atténue[15] d'un zeste d'ironie l'aquarelle[16] académique, Bertrand Tavernier, fouineur invétéré,[17] a découvert son acteur autour de la table ovale de la Société des auteurs, où tous deux ont siégé:[18] Louis Ducreux devait être Ladmiral.

Ducreux, à l'heure Depardieu, qui s'en souvient? Et pourtant, il est là, immense sur l'écran, promenant avec une négligence coquette[19] un talent dilué dans le dilettantisme à tous crins.[20] Monté de Marseille, pendant la guerre, avec Le Rideau gris, compagnie théâtrale dont André Roussin, Madeleine Robinson et Claude Dauphin furent les pensionnaires,[21] il devint à la fois auteur dramatique, metteur en scène,[22] acteur, puis directeur des Opéras de Marseille et de Monte-Carlo. Sans oublier quelques chansons dont il signa paroles[23] ou musiques; la plus connue demeurant cette «Rue s'allume», petit bijou du répertoire populaire. [...]

A 73 ans, dans son appartement, proche de la place de Clichy, entre ce bureau où il écrit jusqu'à 3 heures du matin et le phonographe de

1 amateurishness
2 show business
3 reluctantly
4 clearly
5 missed the boat
6 mugginess
7 sizes up
8 is irritated by
9 starched
10 showy
11 notices
12 his walk becoming heavy
13 jumping from one subject to another
14 *here*: such a whimsical character
15 lightens
16 watercolor
17 *here*: tireless searcher
18 used to sit
19 stylish
20 diehard
21 salaried actors having no share in the profits
22 director
23 the words

Degas, *Classe de danse*

24 plays
25 on the look-out
26 to leaf through
27 *here*: I was
28 competition
29 hissing
30 dazed
31 my scores
32 leading to
33 sentimental songs
34 keys
35 a flea
36 fond of
37 seriousness
38 dared
39 easy-going
40 as it comes to his mind
41 awesome
42 covered
43 distracted
44 tickle the ivories
45 whistle
46 he staged
47 famous director
48 polished
49 manicured
50 dismisses
51 slips away
52 daydreaming

collection sur lequel il passe[24] et repasse ses disques de Mayol, Louis Ducreux, aux aguets,[25] aime feuilleter[26] l'album d'une vie aux parfums d'illusions.

«La première fois, se souvient-il, où je parus sur scène, j'accusais[27] 18 ans. J'avais gagné un concours[28] organisé par le journal "Artistica", dans la catégorie chanteur au piano, et qui me donnait droit à un engagement au casino de La Ciotat. J'y donnai une chanson de Mireille. Eh bien! il n'y eut ni sifflet[29] ni applaudissement. Mais un silence d'où je sortis, hébété,[30] mes partitions[31] sous le bras.»

Et, une idée chassant[32] l'autre, le voici, en 1934, proposant à Charles Trenet deux bluettes,[33] l'une au titre très long: «J'avais bien vu la lumière entre les touches[34] du piano», l'autre où il est question d'«une puce[35] savante, friande[36] des graines d'un eucalyptus». Le surréalisme n'est pas loin. Pas plus que la gravité,[37] chez un homme qui se permit[38] d'écrire et faire jouer «La Part du feu», pièce ouvertement prosémite, pendant l'Occupation.

D'une pareille audace, toutefois, Ducreux ne tire pas avantage. Voyageur débonnaire[39] dans la tribu «spectacles», il préfère évoquer ombres et faits d'un soir, au fil[40] de la curiosité. Voici André Gide pleurant en lui lisant «Le Retour de l'enfant prodigue». Malraux, qui faillit le nommer administrateur de la Comédie-Française. Cocteau lui dessinant, tout en fumant l'opium à l'hôtel du Beaujolais d'Hyères, la couverture d'un programme: «C'était génial.[41] Ah! quel talent, s'il avait voulu faire carrière!» Montand, à ses débuts, au Bagdad, un restaurant de nuit, où il «dissimulait[42] un accent marseillais assez fort sous un anglais imaginaire».

De façon amusée, il parle aussi de Pagnol, le revoit qui affirme: «Loulou, je t'aime bien. Car tu es beau. Je le dis à qui veut bien m'entendre. Tu es splendide. D'ailleurs, tu me ressembles.»

Pour qui a vu le film de Tavernier, Louis Ducreux, dans son fauteuil, ressemble alors à M. Ladmiral du «Dimanche à la campagne». Même gentillesse, un peu distraite,[43] à vous répondre. Même nonchalance lorsqu'il s'en va pianoter[44]—et siffloter[45]—les airs de «Lulu», qu'il monta[46] bien avant Chéreau[47]… […]

Mais le cinéma, après tout? La main, ciselée,[48] soignée,[49] éloigne[50] le débat: «Je n'y ai goûté, avant Tavernier, que du bout des lèvres… […]»

Et Louis Ducreux s'esquive,[51] boulevardier lunaire, vers quelque rêverie[52]…

1. Pourquoi Ducreux est-il opposé à Depardieu?

2. Aviez-vous le sentiment, en regardant le film, qu'il était "immense sur l'écran"?

3. Comment a-t-il commencé sa carrière?

4. Qu'a-t-il fait pendant l'Occupation? Etait-ce courageux?

5. Connaissez-vous Trénet, Gide, Malraux, Cocteau, Montand et Pagnol? Faites quelques recherches pour savoir pourquoi ces personnes sont célèbres.

6. Quelle impression de Louis Ducreux avez-vous après la lecture de cet article? Correspond-elle à celle que vous aviez en regardant le film?

La vie et rien d'autre

Présentation du film

Irène de Courtil recherche son mari, porté disparu pendant la Première Guerre mondiale. Elle fait la connaissance d'Alice, à la recherche de son fiancé, et se heurte au commandant Dellaplane, responsable du bureau d'identification des tués et disparus. L'affrontement fait place petit à petit à la compassion et à la compréhension entre ces deux êtres marqués par la guerre.

Carte d'identité du réalisateur

Bertrand Tavernier (né en 1941) est un réalisateur précis, fin, consciencieux et surtout indépendant. Très intéressé par les rapports humains et la psychologie de ses personnages, il est aussi à l'aise dans les histoires de famille (*L'horloger de Saint Paul*, 1974, *Un dimanche à la campagne*, 1984) que dans les fresques historiques (*Que la fête commence*, 1975, *Coup de torchon*, 1981, *La passion Béatrice*, 1987). Pacifiste convaincu, il a réalisé deux films antimilitaristes sur la Première Guerre mondiale: *La vie et rien d'autre* (1989) et *Capitaine Conan* (1996). C'est aussi un militant engagé qui dénonce les dérives de notre société: la violence dans *L'appât* (1995) et le chômage et la misère dans *Ça commence aujourd'hui* (1999). Ses derniers films sont *Laissez-passer* (2002), qui a lieu pendant la Seconde Guerre mondiale, et *Holy Lola* (2004), où il aborde le délicat sujet de l'adoption.

Carte d'identité des acteurs

Philippe Noiret (1931-2006) a tourné plus de 100 films. Sa bonhommie, son talent et sa discrétion font de lui l'un des acteurs préférés des Français. Très demandé par les réalisateurs, il a le privilège de pouvoir choisir ses rôles et fait preuve de perspicacité. *Zazie dans le métro* l'a fait connaître en 1960, puis *Thérèse Desqueyroux* (1962) et *Alexandre le bienheureux* (1968). Il a tourné de nombreux films pour Tavernier, notamment *L'horloger de St-Paul* (1974), *Que la fête commence* (1975), *Coup de torchon* (1981) et *La vie et rien d'autre* (1989). Ce dernier était son 100e film et il a refusé plusieurs propositions pour pouvoir tourner avec Tavernier. Il a aussi fait des prestations remarquées dans *Le vieux fusil* (1975), *Chouans!* (1988), *Cinema Paradiso* (1989) et plus récemment dans *Les côtelettes (2003)* et *Les ripoux 3* (2005).

Sabine Azéma (née en 1952): après avoir fait le Conservatoire, elle a rencontré Alain Resnais qui a lancé sa carrière. Pour lui, elle a joué dans *Mélo* (1986), *Smoking/No smoking* (1993), *On connaît la chanson* (1997). C'est une actrice vive, drôle, pétillante (*Un dimanche à la campagne*, 1984) qui affectionne les comédies (*Le bonheur est dans le pré*, 1995, *La bûche*, 1999, *Tanguy*, 2001, *Pas sur la bouche*, 2003, *Le parfum de la dame en noir*, 2005), mais qui sait aussi endosser des rôles plus graves (*La vie et rien d'autre*, 1989, *La chambre des officiers*, 2001).

L'heure de gloire

La vie et rien d'autre a remporté le prix spécial du jury au Festival européen du film et deux César: celui du meilleur acteur (Philippe Noiret) et celui de la meilleure musique. Il a aussi été nommé pour le César du meilleur réalisateur, le César du meilleur film et celui de la meilleure actrice (Sabine Azéma).

> Noiret a activement participé à l'élaboration de son personnage, pour le costume en particulier. Les médailles que porte Dellaplane étaient celles du père de Noiret, qui était soldat pendant la Première Guerre mondiale.

PREPARATION

1 Vocabulaire

Vocabulaire utile avant de voir le film:

Les noms

un soldat: *a soldier**
un disparu: *a MIA*
un cadavre: *a corpse*
un chiffre: *a figure, a number*
un obus: *a shell*
une explosion: *an explosion*
un cercueil: *a coffin***
un hôpital militaire: *a military hospital*
un(e) instituteur(-trice) remplaçant(e):
    a substitute teacher
un dessin: *a drawing*
la taille: *the height (of a person)*
un monument aux morts: *a war memorial*
un honneur: *an honor*
un gisement: *a deposit*

un laissez-passer: *a pass*
une plaisanterie: *a joke*
une manivelle: *a crank*
la belle-famille: *the in-laws*
un traître: *a traitor*
un(e) Allemand(e): *a German*
une messe: *a mass*
un(e) veuf (veuve): *a widower (widow)*
la Croix-Rouge: *the Red Cross*
un médaillon: *a locket*
une maîtresse: *a mistress*
un aveu: *a confession*
l'amitié: *friendship*

> * **A savoir:** Pendant la Première Guerre mondiale les soldats français étaient surnommés les "poilus".
> ** **Attention** à l'orthographe de "cercueil"!

Les verbes

rechercher qq'un: *to search for s.o.*
identifier qq'un: *to identify s.o.*
déterrer qqch: *to unearth sth*
tuer qq'un: *to kill s.o.*
être à l'aise: *to feel comfortable*
être habitué à qqch: *to be used to sth*
se battre contre qq'un/qqch: *to fight against s.o./sth*
s'engager: *to enlist**

mourir pour la patrie: *to die for one's country*
prendre une décision: *to make a decision*
oser: *to dare*
être en retard: *to be late*
être en panne: *to have broken down***
enlever: *to remove*
avouer qqch à qq'un: *to confess sth to s.o.*

> * Ex: Il s'est engagé en 1917.
> ** Ex: La voiture est en panne.

Les adjectifs

inconnu(e): *unknown*
vivant(e): *alive*
terrorisé(e): *terrified*
détruit(e): *destroyed*
agressif (-ve): *aggressive*
malhonnête: *dishonest*

apaisé(e): *calm*
gauche: *awkward (person)*
douloureux (-euse): *painful*
impatient(e): *impatient*
exclu(e): *excluded*

Traduisez!

1. Dellaplane's job is to search for and identify the MIAs.
2. The soldier was killed when he unearthed a shell.
3. The Red Cross was used to the corpses in the deposit.
4. The widow does not feel comfortable with her in-laws now that she knows they were traitors during the war.

Choix du soldat inconnu -
reconstitution à Verdun

A savoir

- 8,41 millions de soldats français engagés
- 1,35 million de morts
- 3,5 millions d'invalides

2 Repères culturels

Le film se passe deux ans après la fin de la Première Guerre mondiale. Pouvez-vous répondre aux questions suivantes sur la guerre?

1. En quelle année a-t-elle été déclarée?
2. Par quoi a-t-elle été provoquée?
3. Qui se battait contre qui?
4. Que s'est-il passé à Verdun?
5. En quelle année les Etats-Unis sont-ils entrés en guerre?
6. Quand l'armistice a-t-il été signé?
7. A quoi le Traité de Versailles a-t-il servi?
8. Combien la guerre a-t-elle fait de morts en tout, et parmi les Français?
9. Qui est le soldat inconnu? Où est-il enterré?

3 Le contexte

La guerre était finie depuis deux ans, pourtant la vie était encore difficile, notamment dans les régions du nord-ouest de la France où les combats avaient eu lieu. A votre avis, à quelles difficultés les gens devaient-ils faire face au jour le jour?

4 Bande-annonce

Allez sur www.commeaucinema.com. Tapez le titre du film dans "Chercher", puis sur "La vie et rien d'autre", puis sur "1 bande-annonce". Regardez la bande-annonce plusieurs fois et répondez aux questions suivantes:

1. Qui voit-on en gros plan? Et dans les portraits de groupes?
2. Que voit-on dans les scènes d'extérieur?
3. Quel est le thème de la chanson?
4. Quelles couleurs dominent dans la bande-annonce? Pourquoi à votre avis?
5. Quelle est l'humeur générale?

Verdun, 1919

5 A savoir avant de visionner le film

❋ Durée: 2h15

❋ Genre: Mélodrame psychologique

❋ Tournage: Le film a été tourné en novembre et décembre 1988 (pour avoir le même climat et les mêmes paysages qu'en novembre 1920) à Thonnance-les-Moulins (Haute-Marne) et Verdun (Meuse), en Lorraine.

❋ Notes: Le film est long et lent, ne vous attendez pas à un film de guerre plein de péripéties! Observez bien les décors qui ont été très soigneusement reconstitués.

Département de la Meuse

PREMIERE APPROCHE

1 L'histoire

Les personnages:

Dellaplane	Philippe Noiret
Irène de Courtil	Sabine Azéma
Alice (l'institutrice)	

Tous les personnages sont fictifs sauf André Maginot et Auguste Thin.

1. Qui Irène cherche-t-elle? Que fait-elle pour le retrouver?

2. Quel est le travail de Dellaplane? Qu'est-ce qu'il refuse de faire? Pourquoi? Contre quoi se bat-il? Qu'est-ce que le paysan déterre? Que devine-t-on ensuite?

3. Comment se passent les premières rencontres entre Irène et Dellaplane?

4. A quel milieu social Irène appartient-elle? Comment le sait-on?

5. Qui est Alice? Qui recherche-t-elle?

6. Comment Delaplanne procède-t-il pour retrouver l'identité des disparus?

7. La sculpture se porte-t-elle bien?

8. A qui et quoi Dellaplane fait-il référence quand il parle de l'Afrique, des babouins et des antilopes? Comment décrit-il les antilopes?

9. Que fait-il pour Irène quand ils sont au gisement?

10. Irène se sent-elle à l'aise avec les soldats? Pourquoi?

11. Pourquoi Delaplanne interrompt-il la conversation téléphonique d'Irène?

12. Pourquoi quitte-t-elle la messe à votre avis?

13. Quel est l'incident que les deux femmes racontent à Dellaplane? Que pense-t-il alors?

14. Comment les sentiments d'Irène évoluent-ils vis-à-vis de son mari?

15. Pourquoi le mari d'Irène avait-il choisi de partir à la guerre? Quelle terrible nouvelle Dellaplane annonce-t-il à Alice? Prend-il des précautions pour le lui dire?

16. Pourquoi Dellaplane déteste-t-il la belle-famille d'Irène?

Exemple de monument aux morts dans un village (Le Vieil-Baugé, Maine-et-Loire)

Transport du corps du soldat inconnu en gare de Verdun pour être transféré à Paris. 11 novembre 1920.

17. Pourquoi le beau-père voudrait-il tant qu'une décision soit prise à propos du fils?

18. Pourquoi Irène voulait-elle quitter la fête?

19. Quelles excuses Dellaplane trouve-t-il pour les soldats?

20. Pourquoi Dellaplane ne dit-il pas les trois mots? Comment Irène le prend-elle?

21. Quand Dellaplane arrive au tirage au sort du soldat inconnu, il explique son retard en disant qu'il était "en panne de tout". Que veut-il dire?

22. Quels sont les sentiments des deux femmes quand elles se séparent? Qu'ont-elles en commun? Qu'est-ce qu'Irène donne à Alice? Qu'est-ce qu'elle enlève? Pourquoi est-ce important?

23. Pourquoi Dellaplane révèle-t-il quelque chose à Alice et rien à Irène? Pourquoi ne leur dit-il pas qu'elles recherchent le même homme?

24. Où est Irène à la fin du film?

25. De quand date la lettre de Dellaplane? Depuis combien de temps ne se sont-ils pas vus? Pourquoi Dellaplane écrit-il?

26. Quel aveu Dellaplane fait-il? Qu'offre-t-il à Irène? Reviendra-t-elle à votre avis?

2 Analyse d'une photo

1. Où sont Dellaplane et Irène?

2. Qui regardent-ils?

3. Se parlent-ils à ce moment-là? Pourquoi? Qu'échangent-ils?

3 Analyse de citations

Analysez les citations suivantes en les replaçant dans leur contexte:

1. Dellaplane: "Je refuse de désigner un corps dont je découvrirai peut-être l'identité dans huit jours!"

2. Dellaplane: "Qu'est-ce que tu crois retrouver? Un beau jeune homme bien propre? Un beau petit soldat en tenue militaire?"

3. Irène: "Je vous suivrai partout, avec mes robes, mes yeux noirs, mon violon et mes folies… Mais sans passé. Sans passé amoureux."

A savoir

D'après le *Quid*, il reste actuellement 248 000 disparus. 102 000 hommes ont donc été identifiés après 1920.

APPROFONDISSEMENT

1 Vocabulaire

Enrichissez votre vocabulaire !

L'armée

l'armée de terre: *the Army*
la marine: *the Navy*
l'armée de l'air: *the Air Force*
le quartier général: *the headquarters*
être militaire: *to be in the army*
un maréchal: *a marshal*
un général: *a general*
un colonel: *a colonel*
un commandant: *a major*
un capitaine: *a captain*
les troupes: *troops*
un parachutiste: *a paratrooper*
une caserne: *barracks*

un casque: *a helmet*
une médaille: *a medal*
un tank: *a tank*
les munitions: *ammunition*
une arme à feu: *a firearm*
un fusil: *a rifle*
un sous-marin: *a submarine*
un avion: *an aircraft*
un hélicoptère: *a helicopter*
un objecteur de conscience: *a conscientious objector*
déserter: *to desert*

La guerre

déclarer la guerre à: *the declare war on*
envahir: *to invade*
partir à la guerre: *to go to war*
une guerre atomique: *a nuclear war*
les Alliés: *the Allied*
rester neutre: *to remain neutral*
une bataille: *a battle*
un champ de bataille: *a battleground*
tirer: *to shoot*
une tranchée: *a trench*
du fil de fer barbelé: *barbed wire*
un sac de sable: *a sandbag*

un blockhaus: *a bunker*
un masque à gaz: *a gas mask*
une attaque aérienne: *an air strike*
bombarder: *to bomb*
débarquer: *to land*
cesser le feu: *to cease fire*
une défaite: *a defeat*
capituler: *to capitulate*
un armistice: *a truce*
la victoire: *victory*
la paix: *peace*

Jouez avec les mots!

A. Utilisez les mots suivants pour faire des phrases en lien avec le film:

1. médaille
2. plaisanterie
3. tranchée
4. cadavre
5. douloureux
6. un casque
7. partir à la guerre
8. paix

Cimetière à Verdun

B.   Complétez la phrase en choisissant l'expression qui convient.

1. Quand on se rend à l'ennemi, on:
   a. débarque
   b. tire
   c. capitule

2. Un cadavre est placé dans
   a. un gisement
   b. un cercueil
   c. une manivelle

3. Ma voiture ne démarre pas.
   a. Je suis à l'aise.
   b. Je reste neutre.
   c. Je suis en panne.

4. Ce soldat n'est pas identifié. Il est
   a. vivant
   b. inconnu
   c. apaisé

5. Joseph a décidé de partir à la guerre. Il
   a. s'est engagé
   b. a cessé le feu
   c. est en retard

6. Comment avez-vous trouvé ce casque? Nous l'avons
   a. déterré
   b. déserté
   c. enlevé

7. Qui a donné ces ordres?
   a. le veuf
   b. la caserne
   c. le commandant

8. Le mari d'Irène était d'une belle
   a. taille
   b. famille
   c. bataille

2 Réflexion - Essais

1. Décrivez les bureaux de Dellaplane.

2. Qu'est-ce qui montre que la guerre est récente ?

3. Il n'y a aucune image violente, et pourtant la violence et les risques sont bien présents. Comment Tavernier évoque-t-il la violence sans la montrer?

4. Quelle impression de l'Armée Tavernier donne-t-il? Pourquoi est-il si important de trouver un soldat inconnu à mettre sous l'Arc de Triomphe?

5. D'après ce que vous savez d'Irène et d'Alice, quel rôle les femmes jouent-elles dans la France de 1920?

6. Le contexte du film est tout à fait dramatique, mais il y a pourtant des moments tragi-comiques et humoristiques. Pouvez-vous en citer quelques-uns?

7. Analysez pourquoi Dellaplane est intimidé par Irène. (Pensez au caractère, à l'âge et au passé de Dellaplane, et à la personnalité d'Irène)

8. Ressentez-vous de la pitié pour Dellaplane, Irène et Alice ? Pourquoi?

9. Quel message Tavernier essaie-t-il de faire passer à propos de la guerre et de l'après-guerre?

10. Pensez-vous que *La vie et rien d'autre* est un film gai ou triste? Sur la vie ou sur la mort?

A savoir

En 1919, la Chambre des Députés s'est prononcée en faveur du vote des femmes. Le Sénat a refusé.

La tombe du soldat inconnu sous l'Arc de Triomphe

A savoir

Le 11 novembre 1920 le soldat inconnu a bien été inhumé à l'Arc de Triomphe, mais au deuxième étage de l'Arc. Les anciens combattants n'étaient pas satisfaits car ils avaient le sentiment que personne ne viendrait le voir. Le 21 janvier 1921 le cercueil a donc été descendu à son emplacement actuel.

3 Analyse d'une scène: Le tunnel (de 1:29:40 à 1:35:45)

> ## Vocabulaire spécifique à cette scène
>
> surprenant(e) *(surprising)* • une bague *(a ring)* • une chevalière *(a signet ring)* • l'haleine *(breathing)* • la gestuelle *(body movements)* • un travelling *(tracking)* • la lumière *(the light)* • la colline *(the hill)* • la fumée *(smoke)* • avoir honte de qqch *(to be ashamed of sth)* • le comportement *(the behavior)* • un mensonge *(a lie)* • se taire *(to be silent)* • être témoin de qqch *(to witness sth)* • une usine *(a factory)* • la veille *(the day before)*

A. Ecoutez

1. Quel aspect de Dellaplane a-t-on au début de la scène, quand il parle aux soldats?

2. Qu'est-ce qui révolte Dellaplane?

3. Pourquoi la question de Dellaplane ("Qui est Poney?") est-elle surprenante?

4. Qu'est-ce qu'Irène explique sur la chevalière de son mari?

5. Quel est le ton de cette scène? Est-il uniforme?

B. Observez

1. Dans quel état les soldats et Dellaplane sont-ils à la sortie du tunnel?

2. Comment sait-on qu'il fait très froid?

3. Qu'est-ce que les expressions et la gestuelle d'Irène et de Dellaplane indiquent sur ce qu'ils ressentent?

4. Pour la scène où Dellaplane s'emporte contre la guerre, les acteurs ont proposé de marcher en parlant. Le réalisateur a accepté alors que sa première idée était une scène statique où Dellaplane et Irène se feraient face. Que pensez-vous de cette idée de travelling? Qu'est-ce que cela change pour les deux personnages?

5. A quel moment Dellaplane comprend-il que François et Charles étaient le même homme? Comment voit-on qu'il a compris?

6. Comparez la lumière à la sortie du tunnel à celle du haut de la colline.

C. Cette scène dans l'histoire

Qu'est-ce que cette scène apporte à l'histoire? Qu'est-ce qu'on apprend? Qu'est-ce que chacun (Dellaplane, Irène, les spectateurs) découvre?

D. Langue

1. Vocabulaire

Remplissez les blancs avec le vocabulaire suivant, tiré de la scène. Attention aux verbes, certains doivent être conjugués.

avoir honte	bagues	blessé	cadavres	comportement	
déposer	manquer	mensonges	se taire	témoin	usine

a. Irène se demande si Dellaplane est _____.

b. Dellaplane explique que la guerre était bien pire que ce qu'elle voit: il y avait des _____ partout.

c. Irène est horrifiée, elle lui demande de _____.

d. Dellaplane est dégoûté par les journaux qui n'écrivent que des _____.

e. Le _____ de Dellaplane la nuit d'avant a choqué Irène. Elle pense qu'il devrait _____.

f. Il doit retourner au tunnel car il _____ deux hommes.

g. Delaplanne explique qu'ils ont retrouvé des milliers de _____.

h. François était à l'hôpital de Decize car son _____ était à côté.

i. Les familles _____ des bouteilles avec des messages avant de repartir dans leurs villages.

j. Irène n'a pas été _____ de l'accident de son mari.

2. Le passé

Conjuguez les verbes au temps du passé qui convient (passé composé, imparfait, plus-que-parfait).

a. Dellaplane explique à Irène que les soldats _____ (faire) tout ce qu'ils _____ (pouvoir).

b. Dellaplane a répété la question qu'il _____ (déjà poser).

c. Il se demande si le mari d'Irène _____ (être) jaloux.

d. La chevalière de François _____ (être) facile à reconnaître puisqu'il _____ (falloir) la scier.

e. Quand Irène _____ (mentionner) l'accident de son mari, Dellaplane _____ (d'abord penser) qu'elle lui _____ (raconter) la veille. Il _____ (se rendre compte ensuite) que c'_____ (être) Alice.

f. Irène se demande si elle _____ (perdre) la tête.

3. Comparatifs et superlatifs

Mettez le mot entre parenthèses à la forme comparative ou superlative.

a. Delaplanne a (conscience professionnelle) ses supérieurs.

b. Alice est (motivée) Irène pour retrouver Charles.

c. Le sculpteur Mercadot est ravi car il n'a jamais eu (commandes).

d. Perrin cherche le soldat inconnu (anonyme) possible.

e. La guerre est (mauvais) ce qu'Irène croit.

f. Irène sait faire le thé (bien) Alice.

g. Dellaplane n'est pas (bon) danseur.

h. Quel personnage est (plus) à plaindre?

Vestige de la première guerre mondiale

E. **Comparaison avec une autre scène**

Comparez cette scène avec la première confrontation de nos deux personnages dans le bureau de Dellaplane (33:30). Comment chacun se comportait-il alors? Comment leur relation a-t-elle évolué?

F. **Sketch**

Imaginez une fin différente à cette scène. Quand Dellaplane demande à Irène si elle était présente au moment de l'accident de son mari, elle semble confuse. Imaginons qu'elle ait compris à ce moment-là que l'histoire avait été racontée par une autre femme, ce qui indique que son mari avait une maîtresse. Comme réagit-elle? Quelles questions pose-t-elle? Dellaplane va-t-il lui dire la vérité? Irène va-t-elle refuser la vérité ou l'accepter? Dellaplane lui dira-t-il que l'autre femme était Alice? Les deux femmes en parleront-elles?

Utilisez votre imagination tout en respectant le caractère et les habitudes de chaque personnage.

LE COIN DU CINEPHILE

1 Première / dernière scène

Comparez la première et la dernière scène. Où se passent-elles? Comment Irène et Dellaplane sont-ils présentés? En quoi ont-ils changé dans la dernière scène?

2 Couleurs

Quelles couleurs prédominent dans le film?

3 Sous-titres

Cet extrait se situe vers la fin du film. Irène parle de son mari à Dellaplane. Comparez les dialogues français et leurs sous-titres en anglais, puis répondez aux questions:

> **A savoir**
>
> Les terres sur lesquelles Dellaplane se retire à la fin du film appartiennent à Philippe Noiret! L'acteur possède en effet une propriété près de Carcassonne, dans le sud de la France.

1. La dernière année a été assez vide.	*Our last year together was empty.*
2. Il se méprisait des avantages qu'il tirait de sa situation, de ses relations familiales.	*He scorned his advantages and social position.*
3. Alors il s'est jeté dans la guerre pour échapper à ses privilèges.	*The war was an escape from his privileges.*
4. Et moi je n'ai pas su le retenir.	*I couldn't hold him back.*
5. Je me demande même si j'en ai eu envie. […]	*Maybe I didn't want to. […]*
6. Si je l'aimais comme je croyais, je me connais, je me serais battue bec et ongles. J'aurais frappé, supplié, j'aurais assiégé l'état major, j'aurais…!	*Had I really loved him, I'd have fought tooth and nail to stop him.*
7. Je me serais couchée sur les rails devant la locomotive de son train, j'aurais fait n'importe quoi!	*I'd have laid down in front of his train.*

a. 1ᵉʳᵉ réplique: Pourquoi"la" est-il traduit par "our"?

b. 2ᵉᵐᵉ réplique: "se mépriser" et "to scorn" ont-ils le même sens? Cette différence est-elle importante pour comprendre François de Courtil?

c. 2ᵉᵐᵉ réplique: Que traduit "social position"? "sa situation" ou "ses relations familiales"?

d. 3ᵉᵐᵉ réplique: Qu'est-ce que le verbe "se jeter" évoque? Cette idée est-elle rendue en anglais?

e. 4ᵉᵐᵉ réplique: "je n'ai pas su" et "I couldn't" ont-ils le même sens? Quelle est la différence?

f. 6ᵉᵐᵉ et 7ᵉᵐᵉ répliques: Quelle est la différence frappante entre l'original et les sous-titres? Pourquoi cette différence? Les idées sont-elles bien rendues?

AFFINEZ VOTRE ESPRIT CRITIQUE

1 Titre

Comment expliquez-vous le titre? Que veut-il dire? Comparez *La vie et rien d'autre* et *Life and Nothing But*. Auriez-vous pensé à cette traduction en anglais? Est-elle bonne?

2 Les affiches

Vous allez comparer l'affiche française de *La vie et rien d'autre* et l'affiche américaine. Pour trouver l'affiche française, allez sur www.affichescinema.com, cliquez sur "Voir les affiches", puis sur "V", puis sur "Vie et rien d'autre". L'affiche américaine se trouve sur le site de Internet Movie Database (www.imdb.com) . Vous pouvez agrandir et imprimer les affiches pour faciliter votre travail.[1]

a. Comparez les personnages présentés sur les affiches.
b. Qu'est-ce qui est mis en valeur sur chaque affiche?
c. Comparez les caractères d'imprimerie choisis pour chaque affiche.
d. Qu'est-ce que chaque affiche évoque? A-t-on l'impression qu'il s'agit du même film?
e. Pourquoi les distributeurs américains n'ont-ils pas gardé l'affiche française?

3 Première guerre mondiale / Seconde guerre mondiale

Cette histoire aurait-elle pu avoir lieu après la Seconde guerre mondiale? Avait-on autant de disparus en 1945? Pourquoi y en a-t-il eu tant en 1914-18?

---

1   Vous remarquerez que les affiches ne sont pas de très bonne qualité, surtout si vous les agrandissez. C'est la seule solution qu'ont les sites internet qui hébergent des photos et des affiches de films. La loi les autorise à le faire si les photos sont de basse résolution.

4 Les critiques

1. Michel Boujut, dans *L'Evénement du Jeudi* du 7 septembre 1989, décrit le contexte du film ainsi: "Partout, la vie reprend ses droits, éclate comme une montée de sève trop longtemps contenue". Montrez, à l'aide d'exemples précis, que la vie redémarre dans *La vie et rien d'autre*.

2. Pour René Bernard, *La vie et rien d'autre* est "une de ces réussites romanesques si irrésistibles que les personnages, innombrables, laissent à chacun le regret de ne pas les avoir connus" (*L'Express* du 1er septembre 1989). Partagez-vous cette impression? Auriez-vous aimé connaître Dellaplane, Irène et Alice?

POUR ALLER PLUS LOIN

1 Imaginez!

Imaginez que François de Courtil ne soit pas mort. Que va-t-il raconter à Irène? Que lui est-il arrivé? Où était-il?

2 Parallèles avec d'autres films

1. **Sabine Azéma:** Comparez ses rôles dans *Un dimanche à la campagne* et dans *La vie et rien d'autre*.
   a. Quel prénom Sabine Azéma a-t-elle dans les deux films?
   b. A quelle époque et dans quel contexte se passent-ils?
   c. Où les films ont-ils lieu? Comment la nature a-t-elle changé?
   d. Quelle personnalité les deux femmes ont-elles?

2. **L'amour platonique:** Une relation amoureuse se développe dans *Le hussard sur le toit* et dans *La vie et rien d'autre*, mais dans les deux cas cet amour reste platonique. Qu'est-ce que Pauline de Théus et Irène de Courtil ont en commun? Pourquoi Angelo et Dellaplane ne répondent-ils pas aux avances des deux femmes?

3. **Femmes:** Plusieurs films font le portrait de femmes qui se battent: Zouina (*Inch' Allah Dimanche*), Jeannette (*Marius et Jeannette*), Mme La (*La veuve de Saint-Pierre*), Pauline de Théus (*Le hussard sur le toit*), et Irène de Courtil (*La vie et rien d'autre*). Contre qui et quoi se battent-elles? Qu'espèrent-elles? Réussissent-elles à obtenir ce qu'elles veulent?

3 Lectures

A. Extrait d'une pièce de Marcel Pagnol: *Les marchands de gloire*

L'extrait qui suit est tiré des *Marchands de gloire*, pièce satirique en cinq actes écrite en collaboration avec Paul Nivoix, et représentée pour la première fois le 15 avril 1925 au Théâtre de la Madeleine à Paris.

Résumé:

Edouard Bachelet, modeste[1] fonctionnaire[2] d'une préfecture de province, se sert de la gloire de son fils mort à la guerre, héros de Verdun, pour réaliser ses espoirs de jeunesse. Élu président de la Société des Parents de Héros, puis député, son ambition ne cesse de croître[3] jusqu'à ce que son fils réapparaisse. Celui-ci, amnésique dans un hôpital allemand, vient de recouvrer la mémoire. Il n'est pas le héros qu'on croit, il s'agit d'un malentendu.[4] Pour le député Bachelet en campagne pour un poste de ministre,[5] cette réapparition n'est pas aussi joyeuse qu'elle le devrait...

BACHELET (grave).

Ferdinand, il est inutile de monter encore si c'est pour tomber de plus haut. *(Il montre son fils).* Il veut ressusciter tout de suite![6]

BERLUREAU

Hé là! Pas de blague![7] Ce n'est pas le moment! Vous n'allez pas me dire que vous êtes mal à Boulouris? Une villa de douze pièces, vue imprenable![8] Un gardien qui joue à la pétanque[9] comme un dieu, je me demande ce qu'il vous faut!

HENRI

Je vous remercie de votre hospitalité, mais je ne puis pas rester à Boulouris toute ma vie, et j'en ai assez de me cacher comme un coupable. Et finalement , je ne vois pas pourquoi mon père serait forcé de démissionner.[10]

BERLUREAU

Mais mon pauvre ami, non seulement il s'écroulerait[11] sous les huées,[12] mais sa chute peut entraîner[13] celle de tout le ministère! *(A Bachelet.)* Bougrillot est capable de demander l'annulation de nos élections, en disant que toute notre campagne était fondée sur une imposture! Les journaux de gauche[14] vont se régaler! Et même si nous réussissons à nous accrocher,[15] nous perdrons tout crédit à la Chambre! Réfléchissez sérieusement avant de déclencher[16] un pareil scandale!

HENRI

Parce que c'est un scandale de revenir de la guerre, avec trois blessures, deux citations, la Croix de Guerre, la Médaille Militaire et la Légion d'Honneur?

BERLUREAU

Les deux dernières à titre posthume, ne l'oubliez pas!

YVONNE

Vous pensez qu'il n'y aurait plus droit?[17]

1 *here*: low-level
2 civil servant
3. to grow
4 a misunderstanding
5 Secretary (of State)
6 right away
7 Let's be serious!
8 unrestricted view
9 type of bowl game played in the South of France
10 to resign
11 he would collapse
12 to the boos of the crowd
13 bring about
14 left wing
15 to hang on
16 before triggering
17 he would not be entitled to them any longer

BERLUREAU

Je ne vois pas bien un vivant porter des décorations posthumes! *(A Henri)* Mon jeune ami, j'ai l'impression fâcheuse que vous croyez avoir une belle situation parce qu'on vous a fait des funérailles solennelles. Vous en avez vu des comptes rendus[18] dans les journaux, avec de superbes photographies du monument, et du grand médaillon de marbre qui représente votre profil. Mais si vous ressuscitez, je crains fort qu'on ne reprenne vos décorations pour les donner au pauvre Pernette, et en tout cas, on changera le médaillon. Et oui! Le sergent Bachelet a eu une réputation grandiose, une situation morale énorme. Mais s'il sort du cimetière, il est mort! Ressusciter aujourd'hui, c'est non seulement commettre un parricide, mais un suicide. Le suicide d'un mort glorieux! Oui Monsieur.

18 accounts

1. Pourquoi est-ce désastreux pour M. Bachelet que son fils soit revenu? Que risque-t-il de perdre?

2. Qui est Berlureau à votre avis? Pourquoi essaie-t-il tant d'influencer le fils Bachelet?

3. Qu'est-ce qu'Henri ne comprend pas?

4. Qu'est-ce qui est comique dans cette scène?

5. Qu'est-ce que Marcel Pagnol critique?

B. Nouvelle: *La Dame en vert*

La nouvelle suivante a été écrite par Georges Duhamel (1884-1966) et est parue en 1918 dans un recueil intitulé *Civilisation*. Duhamel y relate ses souvenirs de médecin militaire pendant la Première Guerre mondiale.

Je ne saurais dire pourquoi j'aimais Rabot. Chaque matin, allant et venant dans la salle pour les besoins du service, j'apercevais Rabot ou plutôt[1] la tête de Rabot, moins encore: l'œil de Rabot qui se dissimulait dans le pêle-mêle des draps.[2] Il avait un peu l'air d'un cochon d'Inde[3] qui se muche[4] sous la paille et vous guette[5] avec anxiété.

Chaque fois, en passant, je faisais à Rabot un signe familier qui consistait à fermer énergiquement l'œil gauche en serrant[6] les lèvres. Aussitôt l'œil de Rabot se fermait en creusant[7] mille petits plis[8] dans sa face flétrie[9] de malade; et c'était tout: nous avions échangé nos saluts et nos confidences.

Rabot ne riait jamais. C'était un ancien enfant de l'assistance publique[10] et l'on devinait qu'il n'avait pas dû téter à sa soif[11] quand il était petit. Ces repas ratés en nourrice,[12] ça ne se rattrape point.[13]

Rabot était rouquin,[14] avec un teint blême[15] éclaboussé de taches de son.[16] Il avait si peu de cervelle[17] qu'il ressemblait tout ensemble à un lapin et à un oiseau. Dès qu'une personne étrangère lui adressait la parole,[18] sa lèvre du bas se mettait à trembler et son menton se fripait[19] comme une noix.[20] Il fallait d'abord lui expliquer qu'on n'allait pas le battre.

Pauvre Rabot! Je ne sais ce que j'aurais donné pour le voir rire. Tout, au contraire, conspirait à le faire pleurer: il y avait les pansements,[21] affreux, interminables, qui se renouvelaient[22] chaque jour depuis des mois;

1 or rather
2 sheets
3 a guinea-pig
4 buries himself
5 watches out
6 tightening
7 folding
8 lines
9 wrinkled
10 he had been a ward of the state
11 he must not have been fed enough
12 with a (wet) nurse
13 you can't make them up
14 red-haired
15 pallid
16 covered with freckles
17 so little brains
18 talked to him
19 would crumple
20 like a walnut
21 bandages
22 that had to be changed

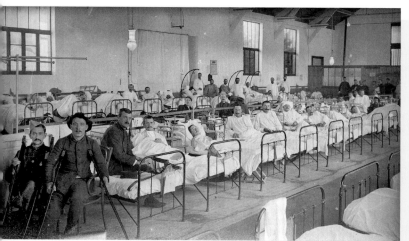

Blessés de guerre à l'hôpital. Le Perray-en Yvelines (Yvelines) Guerre 1914-18

il y avait l'immobilité forcée qui empêchait Rabot de jouer avec les camarades, il y avait surtout que Rabot ne savait jouer à rien et ne s'intéressait pas à grand'chose.

J'étais, je crois, le seul à pénétrer un peu dans son intimité;[23] et, je l'ai dit, cela consistait principalement à fermer l'œil gauche lorsque je passais à portée de[24] son lit.

Rabot ne fumait pas. Lorsqu'il y avait distribution de cigarettes, Rabot prenait sa part[25] et jouait un petit moment avec, en remuant[26] ses grands doigts maigres, déformés par le séjour au lit. Des doigts de laboureur[27] malade, ce n'est pas beau; dès que ça perd sa corne[28] et son aspect robuste, ça ne ressemble plus à rien du tout.

Je crois que Rabot aurait bien voulu offrir aux voisins ses bonnes cigarettes; mais c'est si difficile de parler, surtout pour donner quelque chose à quelqu'un. Les cigarettes se couvraient donc de poussière sur la planchette,[29] et Rabot demeurait allongé sur le dos, tout mince et tout droit, comme un petit brin de paille[30] emporté par le torrent de la guerre et qui ne comprend rien à ce qui se passe.

Un jour, un officier de l'État-Major[31] entra dans la salle et vint vers Rabot.

«C'est celui-là? dit-il! Eh bien, je lui apporte la médaille militaire et la croix de guerre.»

Il fit signer un petit papier à Rabot et le laissa en tête à tête avec les joujoux.[32] Rabot ne riait pas; il avait placé la boîte devant lui, sur le drap, et il la regarda depuis neuf heures du matin jusqu'à trois heures de l'après-midi.

A trois heures, l'officier revint et dit:

«Je me suis trompé, il y a erreur. Ce n'est pas pour Rabot, les décorations, c'est pour Raboux.»

Alors il reprit l'écrin,[33] déchira le reçu[34] et s'en alla.

Rabot pleura depuis trois heures de l'après-midi jusqu'à neuf heures du soir, heure à laquelle il s'endormit. Le lendemain, il se reprit[35] à pleurer dès le matin. M. Gossin, qui est un bon chef, partit pour l'État-Major et revint avec une médaille et une croix qui ressemblaient tout à fait aux autres; il fit même signer un nouveau papier à Rabot.

Rabot cessa[36] de pleurer. Une ombre demeura toutefois sur sa figure,[37] une ombre qui manquait de confiance, comme s'il eût craint[38] qu'un jour ou l'autre on vînt encore lui reprendre les bibelots.[39]

Quelques semaines passèrent. Je regardais souvent le visage de Rabot et je cherchais à m'imaginer ce que le rire pourrait en faire. J'y songeais en vain: il était visible que Rabot ne savait pas rire et qu'il n'avait pas une tête fabriquée pour ça.

C'est alors que survint la dame en vert.

Elle entra, un beau matin, par une des portes, comme tout le monde. Cependant, elle ne ressemblait pas à tout le monde: elle avait l'air d'un ange, d'une reine, d'une poupée. Elle n'était pas habillée comme les infirmières qui travaillent dans les salles, ni comme les mères et les femmes

23 privacy
24 close to
25 his share
26 wiggling
27 plowman
28 calluses
29 small shelf
30 like a little piece of straw
31 one of the commanding officers
32 toys (children might say "joujoux" for "jouets")
33 the case
34 the receipt
35 he started again
36 stopped
37 on his face
38 as if he feared
39 the trinkets

qui viennent visiter leur enfant ou leur mari quand ils sont blessés. Elle ne ressemblait même pas aux dames que l'on rencontre dans la rue. Elle était beaucoup plus belle, beaucoup plus majestueuse. Elle faisait plutôt penser à ces fées,[40] à ces images splendides que l'on voit sur les grands calendriers en couleur et au-dessous desquelles le peintre a écrit: «la Rêverie», ou «la Mélancolie», ou encore «la Poésie».

Elle était entourée[41] de beaux officiers bien vêtus[42] qui se montraient fort attentifs à ses moindres paroles et lui prodiguaient[43] les témoignages d'admiration les plus vifs.

«Entrez donc, Madame, dit l'un d'eux, puisque vous désirez voir quelques blessés.»

Elle fit deux pas dans la salle, s'arrêta net et dit d'une voix profonde:

«Les pauvres gens!»

Toute la salle dressa l'oreille[44] et ouvrit l'œil. Mery posa sa pipe; Tarrissant changea ses béquilles[45] de bras, ce qui, chez lui, est signe d'émotion; Domenge et Burnier s'arrêtèrent de jouer aux cartes et se collèrent leur jeu contre l'estomac, pour ne pas le laisser voir par distraction. Poupot ne bougea pas, puisqu'il est paralysé, mais on vit bien qu'il écoutait de toutes ses forces.

La dame en vert alla d'abord vers Sorri, le nègre.

«Tu t'appelles Sorri?» dit-elle en consultant la fiche.

Le noir remua la tête, la dame en vert poursuivit, avec des accents qui étaient doux et mélodieux comme ceux des dames qui jouent sur le théâtre:

«Tu es venu te battre en France, Sorri, et tu as quitté ton beau pays, l'oasis fraîche et parfumée dans l'océan de sable en feu. Ah! Sorri! qu'ils sont beaux les soirs d'Afrique, à l'heure où la jeune femme revient le long de l'allée des palmiers, en portant sur sa tête, telle une statue sombre, l'amphore aromatique pleine de miel et de lait de coco.»

Les officiers firent entendre un murmure charmé, et Sorri, qui comprend le français, articula en hochant la tête:[46]

«Coco…coco…»

Déjà, la dame en vert glissait sur les dalles.[47] Elle vint jusqu'à Rabot et se posa doucement au pied du lit, comme une hirondelle[48] sur un fil télégraphique.

«Rabot, dit-elle, tu es un brave!»

Rabot ne répondit rien. A son ordinaire, il gara[49] ses yeux, comme un enfant qui craint de recevoir une claque.[50]

«Ah! Rabot, dit la dame en vert, quelle reconnaissance[51] ne vous devons-nous pas, à vous autres qui nous gardez intacte notre douce France? Mais, Rabot, tu connais déjà la plus grande récompense:[52] la gloire! l'ardeur enthousiaste du combat! l'angoisse exquise de bondir en avant,[53] baïonnette luisante[54] au soleil; la volupté de plonger un fer vengeur dans le flanc[55] sanglant de l'ennemi, et puis la souffrance, divine d'être endurée pour tous; la blessure sainte qui, du héros, fait un dieu! Ah! les beaux souvenirs, Rabot!»

La dame en vert se tut et un silence religieux régna dans la salle.

C'est alors que se produisit un phénomène imprévu:[56] Rabot cessa de ressembler à lui-même. Tous ses traits se crispèrent,[57] se bouleversèrent[58]

40 fairies
41 surrounded
42 well-dressed
43 showed her
44 paid attention
45 crutches
46 nodding
47 was gliding away over the tiles
48 a swallow
49 *here*: lowered
50 a slap (in the face)
51 what gratefulness don't we owe you
52 reward
53 jumping forward
54 shining
55 the side
56 unforeseen
57 tightened
58 became agitated

d'une façon presque tragique. Un bruit enroué[59] sortit, par secousses,[60] de sa poitrine squelettique et tout le monde dut reconnaître que Rabot riait.

Il rit pendant plus de trois quarts d'heure. La dame en vert était depuis longtemps partie que Rabot riait encore, par quintes,[61] comme on tousse,[62] comme on râle.[63]

Par la suite, il y eut quelque chose de changé dans la vie de Rabot Quand il était sur le point de pleurer et de souffrir, on pouvait encore le tirer d'affaire[64] et lui extorquer un petit rire en disant à temps:

«Rabot! on va faire venir la dame en vert.»

59 raucous
60 spasmodically
61 in fits
62 as one would cough
63 as one would groan
64 take his mind off

1. Qui est le narrateur? Quel est son travail?

2. Décrivez Rabot:
   a. A quoi ressemble-t-il?
   b. Quel est son caractère?
   c. Que sait-on sur son passé?
   d. Comment vit-il?
   e. Qu'est-ce qui le différencie des autres patients?

3. Qu'est-ce que le narrateur aimerait voir?

4. Comment Rabot est-il traité par l'officier?

5. Comment sait-on que la médaille et la croix sont très importantes pour Rabot?

6. Que fait M. Gossin? Pourquoi?

7. Quelle impression générale aviez-vous de la dame en vert avant qu'elle ne parle? Connaît-on son nom? Pourquoi?

8. Cette visite est-elle importante pour les patients? Comment le sait-on? Est-ce la même chose quand Irène visite les hôpitaux militaires?

9. Comparez les conditions de vie de ces patients à celles que l'on voit dans le film.

10. Pourquoi la dame tutoie-t-elle Sorri et Rabot? Qu'est-ce que cela indique sur elle? Irène se comporte-t-elle de la même façon avec les patients qu'elle voit?

11. Comment parle-t-elle aux deux hommes? Est-ce naturel? D'où tient-elle sans doute ses informations? S'intéresse-t-elle vraiment à eux? Pourquoi est-elle venue? A-t-elle une raison précise comme Irène?

12. Pourquoi Rabot se met-il à rire? Rit-il gaiement?

13. Comparez la dame en vert et Irène. Ont-elles des points communs? En quoi sont-elles différentes?

14. Pensez-vous que Georges Duhamel et Bertrand Tavernier partagent le même point de vue sur la guerre? Quel message veulent-ils faire passer?

Le dernier métro

Présentation du film

Paris, 1942. Marion Steiner a repris la direction du théâtre Montmartre, car son mari a dû fuir. Lucas Steiner, qui est juif, est en fait caché dans la cave du théâtre, d'où il peut suivre les répétitions sur la scène. Marion doit composer avec les acteurs, les critiques pro-nazi, le couvre-feu, la milice et les fouilles…

Carte d'identité du réalisateur

François Truffaut (1932-1984): Passionné de lecture et de cinéma durant une enfance difficile, il est devenu critique de cinéma avant de remporter un immense succès public et critique avec son premier film, *Les quatre cents coups*, en 1959. Grande figure de la Nouvelle Vague, il a alterné les genres: le film policier (*La mariée était en noir*, 1967, *La sirène du Mississippi*, 1968, *Vivement dimanche*, 1983), la comédie dramatique (*La nuit américaine*, 1973 et *L'argent de poche*, 1976) et surtout le drame (*Jules et Jim*, 1962, *L'enfant sauvage*, 1969, *L'histoire d'Adèle H.*, 1975, *La chambre verte*, 1978, *Le dernier métro*, 1980 et *La femme d'à-côté*, 1981). Truffaut était un cinéaste personnel, passionné, chaleureux, sensible et très attachant.

Carte d'identité des acteurs

Catherine Deneuve (née en 1943) a remporté son premier succès en 1964 avec *Les parapluies de Cherbourg*. D'autres ont suivi (*Les demoiselles de Rochefort*, 1967, *Belle de jour*, 1967), dans lesquels les réalisateurs exploitaient surtout sa beauté. C'est dans les années 80 qu'elle a commencé à avoir de grands rôles, qui ont révélé l'intelligence et la profondeur de son jeu, notamment dans *Le dernier métro* en 1980. Les années 90 ont été un couronnement pour l'actrice qui a atteint les sommets grâce à *Indochine* (1992), *Place Vendôme* (1998) et *Le temps retrouvé* (1999). Plus récemment elle s'est ausi imposée dans *Dancer in the Dark* (2000), *8 femmes* (2002), *Rois et reine* (2004) et *Le héros de la famille* (2006). Catherine Deneuve est aujourd'hui une grande star, admirée, respectée, et qui étonne toujours grâce aux multiples facettes de son jeu.

Gérard Depardieu (né en 1948) est l'un des plus grands acteurs français de tous les temps. Energique, travailleur, généreux, excessif, il est capable de tout jouer. Il s'est imposé en 1974 dans *Les valseuses*, puis nombre de ses films ont été de très grands succès: *Le dernier métro* (1980), *Le retour de Martin Guerre* (1982), *Danton* (1983), *Camille Claudel* (1988), *Cyrano de Bergerac* (1990), *Tous les matins du monde* (1991), *Le Colonel Chabert* (1994), *Astérix et Obélix: mission Cléopâtre* (2002), *Bon voyage* (2002), *Quand j'étais chanteur* (2006). Il a été nommé 14 fois aux César et a reçu la Palme d'Or à Cannes pour *Cyrano de Bergerac*.

L'heure de gloire

Le dernier métro est l'un des plus grands succès du cinéma français. Il a été très largement récompensé aux César: meilleur film, meilleur réalisateur, meilleur acteur (Gérard Depardieu) et meilleure actrice (Catherine Deneuve). Aux Etats-Unis il a été nommé pour l'Oscar et le Golden Globe du meilleur film étranger.

A savoir

Truffaut avait de 8 à 12 ans pendant l'Occupation. Il en a donc gardé des souvenirs précis qu'il a utilisés pour son film.

PREPARATION

1 Vocabulaire

Vocabulaire utile avant de voir le film:

Les noms

le théâtre:

une pièce de théâtre: *a play*
le metteur en scène: *the director*
l'administrateur: *the theater manager*
le régisseur: *the stage manager*
le/la décorateur (-trice): *the set designer*
le/la costumier (-ière): *the wardrobe keeper*
la troupe: *the company*
la scène: *the stage*
la première: *the first night*
le trac: *stage fright*
une représentation: *a performance**
le public: *the audience*

un jambon: *a ham*
une cave: *a cellar*
un passeur: *a smuggler*
un trou: *a hole*
un tuyau: *a pipe*
une bombe: *a bomb*
un/des bijou(x): *jewel(s)*
un vestiaire: *a cloakroom*
un cercueil: *a coffin***
une corde: *a rope*
une menace: *a threat*

> *** A savoir:** Le mot "performance" existe en français mais il a le sens de "result / achievement".
> ****** Attention à l'orthographe du mot "cercueil"!

Les verbes

cacher qqch /qq'un: *to hide sth/s.o.*
fuir: *to flee*
arrêter qq'un: *to arrest s.o.*
envahir: *to invade*
dissuader qq'un de faire qqch: *to talk s.o. out of doing sth*

rassurer qq'un: *to reassure s.o.*
applaudir: *to applaud*
serrer la main de qq'un: *to shake hands with s.o.**
gifler: *to slap (s.o.'s face)*
fouiller: *to search (a place)*
réussir à (faire qqch): *to succeed in (doing sth)*

> *** Ex:** Marion a serré la main de Bernard. Elle lui a serré la main.

Les adjectifs

connu(e): *well-known**
antisémite: *antisemitic*
outré(e): *outraged*

blessé(e): *wounded*
risqué(e): *risky*
censuré(e): *censored*

> *** Attention!** On ne dit pas ~~bien connu~~. Ex: Bernard est un acteur connu.

Traduisez!

1. The director is hidden in the cellar under the stage.
2. Lucas succeeded in listening to the play thanks to a hole in a pipe.
3. Marion talked him out of fleeing because he could be arrested.
4. She had stage fright before the performance but she was reassured when the audience applauded.

Affiche de la Comédie-Française,
novembre 1943

2 Repères culturels

A. Le film se passe dans un théâtre. Pouvez-vous nommer quelques dramaturges (*playwrights*) français, ainsi que des pièces qu'ils ont écrites?

	Dramaturges	Pièces
XVIIe s.		
XVIIIe s.		
XIXe s.		
XXe s.		

Queue à l'entrée du Théâtre du Châtelet pour:
'Valses de Vienne', opérette en deux actes de
Johann Strauss père et fils. Paris, décembre 1941.

B. Le film se passe pendant la Deuxième Guerre mondiale. Pour mieux comprendre le contexte, faites des recherches et répondez aux questions suivantes:

a. L'Occupation: A quelle période et par qui la France a-t-elle été occupée?

b. Le régime de Vichy: Qui était à la tête du gouvernement? Pourquoi s'est-il installé à Vichy? Avec qui le régime de Vichy travaillait-il?

c. Les zones: Que voulait dire "zone occupée", "zone libre" et "ligne de démarcation"?

d. La milice: Quand et par qui a-t-elle été créée? A quoi servait-elle?

e. La Gestapo: Qu'est-ce que c'était? Quels étaient ses pouvoirs?

f. La collaboration /les collaborateurs: Qui étaient les collaborateurs? Qui aidaient-ils?

g. La Résistance: Quand et comment a-t-elle commencé? Que faisaient les résistants?

h. L'étoile jaune: Qui la portait? Où et quand?

i. Les passeurs: Quel était leur rôle pendant la guerre? Quel service proposaient-ils?

j. Le couvre-feu: Qu'est-ce que c'est?

k. Le marché noir: Qu'est-ce que c'est? Dans quelles situations se développe-t-il?

l. Libération: Quand la ville de Paris a-t-elle été libérée?

m. *Je suis partout* est le nom d'un journal important dans le film. Quel genre de journal était-ce? Quelles idées défendait-il?

Passage de la ligne de démarcation

A savoir

• 1943 est une année faste pour les théâtres parisiens: 318 millions de francs de recettes (pour l'ensemble des théâtres parisiens) contre 101 millions en 1938.

• *Le soulier de satin*, de Paul Claudel, a été créé le 27 novembre 1943. En décembre la police était parfois obligée de s'interposer car les gens prenaient d'assaut les bureaux de location. Le théâtre faisait salle comble à toutes les représentations.

C. **A savoir avant de visionner le film**

❧ Durée: 2h10

❧ Genre: Tragi-comédie

❧ Tournage: Le film a été tourné dans une ancienne chocolaterie! Truffaut a pu y recréer tous les décors du film (intérieurs et extérieurs).

❧ Notes: Truffaut a cherché à faire une reconstitution très précise de la vie sous l'Occupation. Vous pourrez remarquer beaucoup de détails de l'époque.
L'idée qu'une actrice dirigerait un théâtre est basée sur la réalité. En effet, plusieurs théâtres parisiens étaient dirigés par des actrices pendant l'Occupation.
Ne vous attendez pas à ce que la fin soit claire et nette. Vous serez sûrement surpris et vous aurez des questions auxquelles le film ne répondra pas.

> La période de l'Occupation a inspiré de nombreux réalisateurs. Parmi les films ayant eu du succès, on peut citer:
> - *Le silence de la mer* (1949)
> - *Jeux interdits* (1952)
> - *Nuit et brouillard* (1955)
> - *La grande vadrouille* (1966)
> - *Paris brûle-t-il?* (1967)
> - *L'armée des ombres* (1969)
> - *Lacombe Lucien* (1974)
> - *Le dernier métro* (1980)
> - *Lucie Aubrac* (1997)
> - *Laissez-passer* (2002)
> - *M. Batignole* (2002)
> - *Bon voyage* (2003)

PREMIERE APPROCHE

1 L'histoire

Les personnages:

Marion Steiner	Catherine Deneuve
Lucas Steiner	Heinz Bennent
Bernard Granger	Gérard Depardieu
Jean-Loup Cottins	Jean Poiret
Raymond (le régisseur)	
Arlette Guillaume (la décoratrice/costumière)	
Nadine (la jeune actrice)	
Daxiat (le critique antisémite)	

1. Pourquoi les Parisiens vont-ils aux spectacles?

2. Au début du film, pourquoi Marion ne veut-elle pas embaucher l'acteur juif Rosen?

3. Pourquoi Jean-Loup accepte-t-il de dîner avec Daxiat? Pourquoi Marion refuse-t-elle?

4. Comment Marion se procure-t-elle son jambon de 7kg? Pour qui est-il?

5. Pourquoi Lucas ne peut-il fuir?

6. Quelle installation Lucas fait-il dans la cave pour pouvoir diriger la pièce?

7. Comment sait-on que Bernard est un résistant? Que prépare-t-il quand il dit qu'il fait l'ingénieur?

8. Quel type de musique accompagne les scènes liées à la Résistance?

9. Quelle nouvelle Daxiat croit-il apprendre à Marion? Qu'essaie-t-il de faire à votre avis?

10. Pourquoi Marion veut-elle vendre ses bijoux? Le fait-elle?

11. La soirée au cabaret est-elle réussie? Pourquoi?

12. Comment est Lucas avant la première? et Marion?

13. Décrivez l'attitude de Daxiat pendant la première.

14. Que se passe-t-il entre Marion et Lucas après la pièce? Que fait la troupe?

15. Pourquoi Bernard veut-il que Daxiat fasse des excuses à Marion? Marion apprécie-t-elle la scène provoquée par Bernard? Quelles en seront les conséquences sur leurs relations?

16. Que sont le cercueil et la corde que le théâtre reçoit?

17. A quel nouveau rôle Lucas a-t-il pensé pour Marion?

18. Quelle proposition malhonnête Daxiat fait-il à Jean-Loup?

19. Que fait alors Marion pour tenter de sauver le théâtre? Voit-elle l'homme qu'elle voulait? Que se passe-t-il avec l'autre Allemand?

20. A quoi Bernard assiste-t-il dans l'église?

21. Pourquoi Bernard veut-il quitter le théâtre? Que croit Marion? Pourquoi le gifle-t-elle?

22. Que demande Marion à Bernard quand la milice est dans le théâtre?

23. Que se passe-t-il entre Lucas et Bernard dans la cave?

24. Nadine a-t-elle fini par réussir?

25. Décrivez la dernière scène du film.

> Cet incident a réellement eu lieu: Jean Marais, un grand acteur de l'époque, s'est battu avec Alain Laubreaux, un critique de *Je suis partout*.

2 Analyse d'une photo

1. Où cette scène se passe-t-elle? Que font les acteurs?

2. A quel moment de l'histoire a-t-elle lieu? Bernard fait-il partie du groupe depuis longtemps?

3. Qui est au centre? Pourquoi?

4. Que fait Marion?

3 Analyse de citations

Analysez les citations suivantes en les replaçant dans leur contexte:

1. Bernard: "Elle est pas nette cette femme… Il y a quelque chose de pas net".

2. Lucas: "Que tu me négliges, moi, tant pis, j'en ai pris mon parti". Marion: "Si je te répondais, je te dirais des choses trop dures".

APPROFONDISSEMENT

1 Vocabulaire

Enrichissez votre vocabulaire !

Le théâtre

une comédie: *a comedy*
une tragédie: *a tragedy*
un drame: *a drama*
une farce: *a farce*
un acte: *an act*
une scène: *a scene*
l'intrigue: *the plot*
monter une pièce: *to put on a play*
une répétition: *a rehearsal*
les coulisses: *backstage*

le rideau: *the curtain*
le décor: *the scenery*
l'éclairage: *lighting*
les projecteurs: *the spotlights*
un costume: *a costume*
le maquillage: *make-up*
la générale: *the dress rehearsal*
l'entracte: *the intermission**
faire salle comble: *to be packed to capacity*
siffler: *to boo*

* Formation du mot: entre-acte (entre les actes).

Le métro

une station de métro: *a subway station**
une bouche de métro: *a subway entrance*
une ligne: *a line*
un plan: *a map*
un trajet: *a trip*
un ticket: *a ticket***
valable: *valid*

composter: *to stamp (a ticket)*
attendre: *to wait*
le quai: *the platform*
monter: *to get on†*
descendre: *to get off †*
un(e) passager (-ère): *a passenger*

* **A savoir**: La première ligne du métro parisien a été inaugurée en 1900.
** **A savoir**: On dit "un <u>ticket</u> de métro", mais "un <u>billet</u> de train / d'avion".
† Ex: Je suis monté(e) à (la station) Concorde et je suis descendu(e) à (la station) Châtelet.

Jouez avec les mots!

A. Trouvez l'intrus:

1. coulisses   éclairage   corde   décor
2. passager   régisseur   décoratrice   metteur en scène
3. trajet   tuyau   quai   composter
4. saluer   gifler   applaudir   faire salle comble
5. Racine   Corneille   Molière   Musset
6. répétition   générale   vestiaire   première

B. Faites des phrases en utilisant le vocabulaire donné:

1. Comédie
2. Menace
3. Valable
4. Rassurer
5. Descendre
6. Entracte
7. Intrigue
8. Projecteur
9. Envahir
10. Scène

2 Réflexion - Essais

1. Analysez le personnage de Lucas:
   a. Comment vit-il au jour le jour? Comment occupe-t-il son temps? Supporte-t-il bien sa captivité?
   b. Montrez comment son stratagème pour suivre la pièce lui permet de continuer à vivre.
   c. Comment Lucas prend-il conscience des sentiments de sa femme pour Bernard? Fait-il une grande scène de jalousie à Marion? Pourquoi?
   d. Trouvez-vous que Lucas est une victime? De qui? De quoi? Est-il la seule victime?

2. Faites le portrait de Marion:
   a. Quelle impression Marion donne-t-elle au reste de la troupe de théâtre?
   b. Comment voit-on que Marion commence à s'éloigner de Lucas? Analysez l'évolution dans les rapports entre eux.
   c. Analysez l'évolution dans les rapports entre Marion et Bernard.
   d. Le triangle amoureux est-il résolu à la fin? Marion a-t-elle choisi entre les deux hommes?

3. Décrivez Bernard. En quoi croit-il? Quelle attitude a-t-il vis-à-vis de Daxiat? Quelle attitude at-il avec les femmes? Quelle impression a-t-il de Marion?

4. La guerre:
   a. Donnez des exemples qui montrent qu'elle est présente en permanence dans la vie quotidienne à Paris.
   b. Quelles difficultés provoquées par la guerre le théâtre éprouve-t-il?

5. Analysez les personnages secondaires (leur personnalité et leur importance dans l'histoire):
   a. Jean-Loup Cottins
   b. Raymond
   c. Arlette
   d. Nadine
   e. Daxiat

6. Que font les Allemands quand on les voit dans le film?

7. Comment le film présente-t-il les Français pendant la guerre?

8. Tout le monde semble avoir quelque chose à cacher dans le film. Quels secrets cachent Marion, Bernard, Arlette, Raymond et même Jacquot? Montrez comment le théâtre est un refuge.

9. Analysez le parallèle qui existe entre le théâtre et la réalité, et en particulier entre la pièce *(La disparue)* et la vie amoureuse du trio.

Théâtre de l'Odéon, Paris, 1936

3 Analyse d'une scène: la cave (de 1:53:05 à 1:59:14)

> ## Vocabulaire spécifique à cette scène
>
> se retourner *(to turn around)* • une loge *(a box)* • un gestapiste *(a member of the gestapo)* • faire patienter qq'un *(to ask s.o. to wait)* • perquisitionner *(to search)* • stupéfait(e) *(stunned)* • faire la connaissance de qq'un *(to meet s.o.)* • l'angoisse *(fear)* • un pas *(a step)* • faire peur à qq'un *(to scare s.o.)* • éviter de faire qqch *(to avoid doing sth)*

A. **Ecoutez**

1. Que dit Marion, dans son rôle d'Héléna, quand elle revient sur scène et que les hommes de la Gestapo sont dans la loge? Est-ce frappant?

2. Pourquoi est-ce important que Bernard dise à Marion que les deux hommes sont de la Gestapo? Qu'est-ce qui se serait passé s'il ne l'avait pas su?

3. Quel ton Raymond a-t-il quand il descend dans la cave? Semble-t-il inquiet? Pourquoi mentionne-t-il la possibilité de brûler l'escalier? Et comment Marion parle-t-elle aux gestapistes? Montre-t-elle son angoisse?

4. Il n'y a jamais de musique de fond dans cette scène. Pourquoi à votre avis?

B. **Observez**

1. Quel impact la présence de la Gestapo a-t-elle sur le jeu des acteurs?

2. Pourquoi la caméra fait-elle des aller et retour entre la scène, les coulisses et les spectateurs?

3. Comment l'expression de Lucas change-t-elle quand il entend des pas?

4. Comparez l'attitude de Marion et de Lucas et Bernard quand ils se rencontrent.

5. Arrêtez-vous sur la scène où Marion dit à Lucas et Bernard qu'ils ont cinq minutes pour tout cacher. Comment les acteurs sont-ils placés et habillés?

6. Juste avant d'ouvrir la porte de la cave, Marion jette un regard vers les hommes de la Gestapo. Les hommes et les spectateurs interprètent-ils ce regard de la même façon?

7. Quel rôle Raymond a-t-il dans cette scène?

8. Qu'est-ce que Bernard remarque à la fin de la scène quand il évite de répondre à Lucas?

C. **Cette scène dans l'histoire**

Pourquoi cette scène est-elle importante dans l'histoire? Qu'est-ce qui fait qu'elle est unique? Qu'est-ce qu'elle change pour les personnages? Les spectateurs n'apprennent rien qu'ils ne savaient déjà, et pourtant elle est importante pour eux aussi. Pourquoi?

D. Langue

1. Synonymes

Ecoutez attentivement les dialogues de l'extrait et trouvez les synonymes des expressions suivantes (entre parenthèses):

a. "J'ai la preuve que le Dr Sanders n'est pas revenu _____ (le jour d'après) mais _____ (le jour d'avant) de la mort de Charles-Henri."

b. "_____ (emmenez)-nous à la cave!"

c. "Mme Steiner _____ (veut) le faire elle-même."

d. "Tout le monde peut _____ (faire une erreur)."

e. "Je vous _____ (le dis à l'avance), ça doit être plein de rats."

f. "Ca ne me _____ (semble) pas assez profond pour faire un abri ici."

g. "Et _____ (s'il y a une) alerte?"

h. "Elle _____ (vous aime)."

2. Subjonctif ou indicatif?

Conjuguez les verbes au subjonctif ou au temps de l'indicatif qui convient.

a. Bien que Marion _____ (avoir) très peur, elle continue à jouer dans la pièce.

b. Elle va tout expliquer à Bernard à condition qu'il ne _____ (poser) pas de questions.

c. Lucas est stupéfait quand il _____ (voir) Lucas dans la cave.

d. Lucas et Bernard doivent tout cacher pour que les deux hommes ne _____ (deviner) rien.

e. Raymond ne peut pas emmener les deux hommes à la cave puisqu'il _____ (ne pas avoir) la clé.

f. Ils descendent à la cave après que Marion _____ (changer) de vêtements.

g. Marion espère que les hommes de la Gestapo ne _____ (découvrir) rien en bas.

h. Raymond ne pense pas qu'il _____ (être) possible de transformer la cave en abri.

i. Raymond demande s'il _____ (pouvoir) brûler l'escalier.

j. Lucas et Bernard restent cachés jusqu'à ce que les deux hommes _____ (partir).

3. Pronoms relatifs

Remplissez les blancs avec l'un des pronoms suivants:

qui	que	dont	ce qui	ce que	ce dont	où

a. Marion ne savait pas _____ les deux hommes étaient très dangereux.

b. Elle a peur quand elle apprend _____ ils sont vraiment.

c. Ils sont de la Gestapo, _____ Bernard est sûr.

d. Ils veulent inspecter la cave, _____ est impossible.

e. Bernard promet _____ il ne posera pas de questions.

f. C'est le moment _____ Marion comprend _____ elle peut compter sur lui.

    g. La pièce continue et les spectateurs ne devinent pas _____ se passe.

    h. Raymond doit faire patienter les deux hommes, _____ il fait très bien.

    i. _____ il faut, c'est transformer la cave le plus vite possible.

    j. Marion demande aux deux hommes d'attendre trois minutes. C'est le temps _____ ont besoin Lucas et Bernard pour tout cacher.

    k. Lucas pense que Bernard est l'homme _____ Marion est amoureuse.

E. Comparaison avec une autre scène

Comparez cette scène avec la dernière du film. Ce sont les seules scènes où les trois personnages sont ensemble. Qu'est-ce qui fait que ces deux scènes sont très différentes?

F. Sketch

Bernard et Lucas discutent après la libération, donc deux ans après la scène de la cave. Bernard évoque sa surprise en découvrant Lucas, ils parlent de la peur, et Lucas redemande à Bernard s'il aimait Marion. Écrivez leur dialogue et jouez-le avec vos camarades.

LE COIN DU CINEPHILE

1 Première / dernière scène

Comparez la première et la dernière scène. A quoi sert la voix off au début? Comment les personnages principaux sont-ils présentés? Que sait-on sur eux? Quelle impression donnent-ils? Qu'est-ce qui a changé à la fin? Qu'est-ce qui est filmé en gros plan? Pourquoi?

2 Archives

Quel rôle les images d'archives (prises pendant la guerre) du début du film ont-elles? Pour qui / pourquoi sont-elles importantes?

3 Les couleurs

Quelles couleurs dominent dans le film? Pourquoi?

4 La lumière

L'ombre et la lumière se succèdent dans le film. Comment sont-elles utilisées par Truffaut? Comment servent-elles l'intrigue? Qui passe de l'ombre à la lumière?

5 Sous-titres

Comparez ce dialogue entre Raymond et Daxiat et les sous-titres en anglais, puis répondez aux questions:

1. M. Daxiat, vous permettez que je vous pose une colle?	*Mr. Daxiat, is it okay to ask you a riddle?*
2. Une colle?	*A riddle?*
3. Ouais, une colle. Regardez, ça, comment vous appelez ça, vous?	*Yes, a riddle. What do you call this?*
4. Une canne à pêche.	*A fishing rod.*
5. C'est ça. Alors, on dit aussi une gaule, hein?	*But we also call it a gaulle, right?*
6. Et puis, si j'en mets une autre à côté, et voilà! Ça fait "De Gaulle"!	*Now, if we put a second one next to it, we get "Deux Gaulle!"*

a. 5ème réplique: Le mot "gaulle" existe-t-il en anglais? Pourquoi est-il utilisé dans le sous-titre?

b. 6ème réplique: Pourquoi "De Gaulle" est-il traduit par "Deux Gaulle"? Comment le mot "Gaulle" a-t-il changé entre la 5ème et la 6ème réplique? Cette approche est-elle adroite?

c. Les jeux de mots sont extrêmement difficiles à rendre dans un sous-titre. Pensez-vous que le sous-titreur a fait du bon travail? Le jeu de mots est-il clair pour les spectateurs non-francophones?

AFFINEZ VOTRE ESPRIT CRITIQUE

1 Titre

Comment expliquez-vous le titre?

2 Affiches

Vous allez comparer l'affiche française du *Dernier métro* et l'affiche américaine. Pour trouver l'affiche française, allez sur www.affichescinema.com, cliquez sur "Voir les affiches", puis sur "D", puis sur "Dernier métro". L'affiche américaine se trouve sur www.moviegoods.com. Vous pouvez agrandir et imprimer les affiches pour faciliter votre travail.[1]

1. Qu'est-ce que les affiches ont en commun?

2. Quelles informations sur le film a-t-on avec l'affiche française? Que peut-on deviner sur le film?

3. Qu'est-ce que l'affiche américaine privilégie?

---

1   Vous remarquerez que les affiches ne sont pas de très bonne qualité, surtout si vous les agrandissez. C'est la seule solution qu'ont les sites internet qui hébergent des photos et des affiches de films. La loi les autorise à le faire si les photos sont de basse résolution.

3 Vision de l'Occupation

L'Occupation était une période très dure et angoissante pour les Français, et en particulier pour les Parisiens (difficultés d'approvisionnement, présence des soldats allemands, bombardements). Certains critiques ont trouvé que le film était trop léger et ne montrait pas assez les problèmes quotidiens de la population et l'angoisse qu'elle ressentait. Qu'en pensez-vous? Comment peut-on expliquer que Truffaut ait fait un film aussi optimiste? Certaines scènes en particulier vous semblent-elles trop optimistes ou improbables?

Ouvriers français partant travailler en Allemagne. Paris, juillet 1942

4 Les critiques

1. Jacqueline Michel décrit la troupe ainsi: "Le théâtre est là, avec son petit monde fermé et complice" (*Télé 7 Jours*, 20 septembre 1980). Pouvez-vous donner des exemples pour montrer que le théâtre est un monde fermé, et aussi que les membres de la troupe sont complices?

2. Dans le magazine *Lire* de janvier 1981, Bernard Pivot commente le film en disant qu' "on passe du drame à la comédie, du rire aux larmes, de l'inquiétude au soulagement, du doute à la certitude". Pouvez-vous donner des exemples pour illustrer son propos?

POUR ALLER PLUS LOIN

1 Parallèles avec d'autres films

1. **La Deuxième Guerre mondiale:** *Au revoir les enfants* et *Le dernier métro* se passent pendant la Deuxième Guerre mondiale. Quel éclairage chaque film apporte-t-il sur la guerre? En quelle année les films se passent-ils? Où l'intrigue a-t-elle lieu? Qui se cache et pourquoi? La guerre est-elle au centre de l'histoire ou est-ce un accessoire?

2. **Le théâtre:** Quel rôle les pièces de théâtre jouent-elles dans *L'esquive* et dans *Le dernier métro*? Qu'apportent-elles à l'histoire? Que révèlent-elles sur les personnages?

2 Lectures

A. Extrait du scénario

Marion a rejoint Lucas dans la cave du théâtre juste après la première représentation de *La disparue*. Lisez les dialogues et répondez aux questions (certaines indications sur les mouvements de caméra ne sont pas notées pour privilégier le dialogue).

Cave théâtre - intérieur nuit

Marion. Mais enfin, Lucas, c'est gagné. Je ne te comprends pas: tu as bien entendu la salle? On a gagné…

Lucas. On a gagné… on a gagné… En tout cas, c'était loin d'être parfait, je t'assure… Je te prie de croire que d'ici, on sent beaucoup mieux tout ce qui ne va pas. *(Il met ses lunettes; Marion revient par la droite; Lucas prend ses notes sur la table.)* J'ai pris des notes, je vais te les lire. Viens, assieds-toi. *(Elle s'assied.)* Eh bien, alors, d'abord…

Marion *(voyant la pile de feuilles).* Non, mais enfin, écoute, tu es fou! Tu ne vas pas me lire tout ça? Les autres m'attendent, ils se demandent où je suis. Je peux pas rester si longtemps… *Elle se lève.*

Lucas. Alors, je veux que tu reviennes, après.

Marion. Mais après quoi? On est là-haut, tous ensemble! Ecoute, Lucas, tu sais comment c'est? Je peux pas les quitter comme ça…

Lucas enlève ses lunettes, se lève.

Lucas. Bon, alors reviens me voir cette nuit. *On[1] reste sur elle, debout, un verre à la main, devant la table sur laquelle se trouve la nappe[2] rose.*

Marion. Non, c'est impossible, écoute, sois raisonnable. Je viens te voir demain matin, avant l'arrivée de tout le monde…

Lucas. Mais au moins, emporte mes notes… Pour les étudier. *Elle boit, repose son verre derrière elle.*

Marion. D'accord. *(Elle prend les papiers.)* Non, mais écoute, regarde! Où veux-tu que je les mette? Non, garde-les, puis on les verra ensemble demain… *(Elle pose les papiers sur cette table; il la rejoint: ils sont face à face. Lui a toujours son écharpe grise autour du cou.)* Embrasse-moi… *(Il détourne le visage, boudeur;[3] elle l'embrasse sur la joue.[4] Il reprend ses notes, triste.)* A demain. *Lucas regarde ses notes.*

Germaine. J'ai bien cru que la robe de Marion allait se prendre[5] dans la porte.

Rires, bruits de voix. Lucas passe devant les colonnes cannelées,[6] reliefs[7] de décors, regarde ses notes.

Jean-Loup. Tout de même,[8] entre le deux et le trois,[9] on a gagné trente-cinq secondes dans le changement.

Lucas a l'air mélancolique.

Arlette. Bien sûr que Daxiat est une ordure,[10] après le coup qu'il a fait![11]

Nadine. Il est obligé de faire une bonne critique!

Jean-Loup. Oui, il fera une bonne critique parce qu'il a aimé, simplement. Je le connais, mais si, si, si, il aime ce genre de trucs![12]

On suit toujours Lucas qui se dirige vers son "bigophone".

Germaine. Je l'ai vu applaudir à tout rompre.[13]

Jean-Loup. Oui, oui, oui! Aaah! *(Lucas s'arrête devant le tuyau troué,[14] pose ses papiers sur la table. Off: cris, rires, exclamations saluant la réapparition de Marion; off:)* Ben Marion, *(Lucas enlève son écharpe, la roule en boule et la fourre[15] dans le trou du tuyau; faiblement:)* où étais-tu passée? Tiens, donnez du champagne, un petit peu pour Marion… *On n'entend plus rien. Lucas reste un instant devant la boule dans le trou…*

1 the camera
2 the tablecloth
3 looking sulky
4 on the cheek
5 to get stuck
6 fluted
7 left-overs
8 *here*: anyway
9 between the second and third acts
10 *slang*: a jerk
11 after the trick he played
12 that kind of stuff
13 I saw him bringing the house down
14 the pipe with a hole in it
15 shoves it

1. Lucas est-il enthousiasmé par la représentation? Pourquoi? Y a-t-il plusieurs raisons pour expliquer ses réserves?

2. Pourquoi Marion ne peut-elle (ou ne veut-elle) pas rester?

3. Pourquoi ne veut-elle pas revenir plus tard dans la nuit?

4. Les demandes de Lucas sont-elles compréhensibles, ou le trouvez-vous trop exigeant?

5. Pourquoi n'embrasse-t-il pas Marion?

6. De quoi les autres membres de la troupe parlent-ils?

7. Jean-Loup connaît-il bien Daxiat? Celui-ci fera-t-il une bonne critique de la pièce?

8. Pourquoi Lucas bouche-t-il le trou du tuyau? Comment se sent-il?

B. **Poème**

Louis Aragon (1897-1945) est un poète qui se battait contre le nazisme pendant la guerre. Il écrivait des poèmes qui chantaient la résistance à l'ennemi, le courage, le patriotisme, l'héroïsme et la grandeur de la France. Ses poèmes étaient évidemment interdits donc il les a publiés sous de nombreux noms de plume et ils étaient diffusés clandestinement. *La Diane française* est un recueil de ses poèmes, dont "Paris", écrits pendant l'occupation.

Paris

Où fait-il bon même au cœur de l'orage
Où fait-il clair même au cœur de la nuit
L'air est alcool et le malheur courage
Carreaux[1] cassés l'espoir encore y luit[2]
Et les chansons montent des murs détruits

Jamais éteint renaissant de sa braise[3]
Perpétuel brulôt[4] de la patrie
Du Point-du Jour jusqu'au Père Lachaise
Ce doux rosier[5] au mois d'Août refleuri
Gens de partout c'est le sang de Paris

Rien n'a l'éclat[6] de Paris dans la poudre
Rien n'est si pur que son front d'insurgé
Rien n'est si fort ni le feu ni la foudre[7]
Que mon Paris défiant les dangers
Rien n'est si beau que ce Paris que j'ai

Rien ne m'a fait jamais battre le cœur
Rien ne m'a fait ainsi rire et pleurer
Comme ce cri de mon peuple vainqueur
Rien n'est si grand qu'un linceul[8] déchiré
Paris Paris soi-même libéré

1 window panes
2 glimmers
3 embers
4 attack
5 rosebush
6 brilliance
7 thunder
8 shroud

1. Quel est le message général du poème?
2. Qu'est-ce qui est surprenant dans le deux premiers vers?
3. Relevez tout le vocabulaire relatif à la guerre.
4. Qu'est-ce qui montre que les Parisiens se battent?
5. Sachant que le Père Lachaise est le nom d'un cimetière, pourquoi Aragon a-t-il choisi ces deux lieux pour évoquer Paris?
6. Qu'est-ce que le rosier symbolise?
7. Quels sont les deux sens du mot "front" (v.12)?
8. Sept vers commencent par le mot "rien". Pourquoi?
9. Qu'est-ce qui rend la dernière strophe émouvante?
10. Pourquoi "Paris" est-il répété dans le dernier vers?
11. Aragon espère que Paris sera "soi-même libéré". Cela s'est-il passé ainsi? Les Parisiens ont-ils réussi à se libérer eux-mêmes, sans aide?

La libération de Paris

C. Allocution du général de Gaulle à l'Hôtel de Ville le soir du 25 août 1944

Rappel historique: La vie quotidienne des Français était très difficile pendant la guerre, notamment celle des Parisiens qui avaient de grandes difficultés à s'approvisionner. Le débarquement (le "Jour J") a eu lieu en Normandie le 6 juin 1944 et Paris a été libérée le 25 août. Le soir-même le général de Gaulle a improvisé un discours qu'il a prononcé au balcon de l'Hôtel de Ville de Paris. Lisez-le en pensant aux personnages du film.

Pourquoi voulez-vous que nous dissimulions l'émotion qui nous étreint[1] tous, hommes et femmes, qui sommes ici, chez nous, dans Paris debout pour se libérer et qui a su le faire de ses mains. Non! Nous ne dissimulerons pas cette émotion profonde et sacrée. Il y a là des minutes qui dépassent[2] chacune de nos pauvres vies.

Paris ! Paris outragé ! Paris brisé ![3] Paris martyrisé ! Mais Paris libéré ! Libéré par lui-même, libéré par son peuple avec le concours[4] des armées de la France, avec l'appui[5] et le concours de la France tout entière, de la France qui se bat, de la seule France, de la vraie France, de la France éternelle.

Je dis d'abord de ses devoirs,[6] et je les résumerai[7] tous en disant que, pour le moment, il s'agit de devoirs de guerre. L'ennemi chancelle[8] mais il n'est pas encore battu. Il reste sur notre sol.[9] Il ne suffira même pas[10] que nous l'ayons, avec le concours de nos chers et admirables alliés, chassé de chez nous pour que nous nous tenions pour satisfaits après ce qui s'est passé. Nous voulons entrer sur son territoire, comme il se doit,[11] en vainqueurs.[12] C'est pour cela que l'avant-garde[13] française est entrée à Paris à coups de canon. C'est pour cela que la grande armée française d'Italie a débarqué[14] dans le Midi[15] et remonte[16] rapidement la vallée du Rhône. C'est pour cela que nos braves et chères forces de l'intérieur vont s'armer d'armes modernes. C'est pour cette revanche, cette vengeance et cette justice, que nous continuerons de nous battre jusqu'au dernier jour, jusqu'au jour de la victoire totale et complète. Ce devoir de guerre, tous les hommes qui sont ici et tous ceux qui nous entendent en France savent qu'il exige[17] l'unité nationale. Nous autres, qui aurons vécu les plus grandes heures de notre

1   grips
2   that surpass
3   broken
4   with the assistance
5   with the support
6   her duties
7   sum them up
8   is faltering
9   on our soil
10 it will not be enough
11 as it should be
12 conquerors
13 the vanguard
14 has landed
15 in the South of France
16 is marching up
17 it demands

Histoire, nous n'avons pas à vouloir autre chose[18] que de nous montrer jusqu'à la fin, dignes[19] de la France.

Vive la France !

18 we should not want anything less
19 worthy of

1. Quelle est votre première impression de ce discours, sachant que De Gaulle n'était pas d'un tempérament extraverti? Quel est le ton dominant?

2. Que veut-il dire par "Il y a là des minutes qui dépassent chacune de nos pauvres vies"?

3. Quel effet la répétition de "Paris" a-t-elle dans "Paris ! Paris outragé ! Paris brisé ! Paris martyrisé ! Mais Paris libéré !" Est-ce habile dans un discours?

4. A votre avis, que veut-il dire par "la vraie France", "la France éternelle"?

5. La guerre est-elle finie maintenant que Paris est libérée? Que reste-t-il à faire?

6. A quoi fait-il allusion en parlant d'"unité nationale"? Fait-il référence au présent ou prépare-t-il l'après-guerre? Ou les deux?

7. Imaginez la réaction qu'auraient Marion, Lucas, Bernard et Daxiat s'ils entendaient ce discours à la radio. En quoi la libération de Paris changerait-elle leur vie?

Le dîner de cons

Présentation du film

Toutes les semaines, Pierre Brochant participe à un dîner de cons. Le principe: chaque convive amène le meilleur con possible. Ce soir, François Pignon est le "con de classe mondiale", mais il provoque aussi des catastrophes partout où il passe…

Carte d'identité du réalisateur

Francis Veber (né en 1937) a été journaliste, écrivain, dialoguiste et excellent scénariste avant de réaliser son premier film en 1976. Spécialiste des comédies, il a remporté de gros succès avec *La chèvre* (1981), *Les compères* (1983), *Les fugitifs* (1986), *Le dîner de cons* (1998), *Le placard* (2001) et *La doublure* (2006), pour lesquels il était aussi scénariste. Huit des nombreux scénarios qu'il a écrits ont fait l'objet de remakes aux Etats-Unis (il vit à Los Angeles), notamment *Mon père, ce héros*.

Francis Veber a créé deux personnages, François Pignon et François Perrin, qui reviennent dans tous ses films. Pignon apparaît dans six films. Il est toujours gentil et bien intentionné mais il est maladroit et naïf.

Carte d'identité des acteurs

Jacques Villeret (1951-2005) était un acteur attachant et sympathique qui, derrière ses talents de comédien, cachait une grande sensibilité. Au théâtre il a joué *Le dîner de cons* de 1993 à 1997 et au cinéma il a fait de belles prestations dans *Garçon!* (1983), *Les enfants du marais* (1999), *Les acteurs* (2000), *Effroyables jardins* (2003) et *Les âmes grises* (2005). *Le dîner de cons* est son plus grand succès.

Thierry Lhermitte (né en 1952) est principalement un acteur de comédie. Sa carrière a commencé au lycée, quand, avec ses amis, il écrivait et montait des pièces de café-théâtre. Ensemble, ils ont fondé la célèbre troupe du Splendid. La reconnaissance est venue en 1978 avec *Les bronzés* (grand succès public), puis en 1982 avec *Le père Noël est une ordure*. Il s'est aussi imposé dans *Les ripoux* (1984), *Un indien dans la ville* (1994) (qu'il a aussi produit), *Le dîner de cons* (1998), *Le placard* (2001) et *Les bronzés 3* (2006).

A la mort de Villeret Jacques Chirac lui a rendu hommage en disant que c'était *"l'une des figures familières de la scène et du cinéma français, ralliant toutes les générations autour de personnages attachants et émouvants. Par sa sincérité, sa simplicité, il savait toucher nos coeurs, dans les rires comme dans les larmes. C'était un comédien d'un incroyable talent."*

L'heure de gloire

Le dîner de cons a été largement récompensé aux César, fait inhabituel pour une comédie: meilleur acteur (Jacques Villeret), meilleur scénario, meilleur second rôle masculin (Daniel Prévost), nomination pour le César du meilleur réalisateur, celui du meilleur film et celui de la meilleure actrice dans un second rôle (Catherine Frot).

PREPARATION

1 Vocabulaire

Vocabulaire utile avant de voir le film:

Noms

un éditeur: *a publisher*
un tour de reins: *a backache*
un passe-temps: *a hobby*
une maquette: *a model*
une allumette: *a match*
un répondeur (téléphonique): *an answering machine*
une maîtresse: *a mistress**
un stratagème: *a stratagem*
un quiproquo: *a mistake / a misunderstanding*
une soirée: *an evening***
la bêtise: *stupidity*

une méprise: *a mistake*
un contrôleur fiscal: *a tax auditor*
les impôts: *taxes*
un tableau: *a painting*†
un coup de théâtre: *a dramatic turn of events*
une cabine téléphonique: *a phone booth*
le vainqueur: *the winner*
l'intrigue: *the plot*

> * **Souvenez-vous!** "Maîtresse" veut aussi dire "schoolteacher"!
> ** **Attention!** En anglais on utilise souvent le mot "night" pour dire "evening" mais pas en français: une soirée ≠ une nuit.
> † pl.: des tableau<u>x</u>

Verbes

rire: *to laugh**
rire de qq'un/qqch: *to laugh at s.o./sth*
amener qq'un: *to bring s.o.*
quitter qq'un: *to leave s.o.*
annuler: *to cancel*
faire une gaffe: *to blunder*
être sur le point de + V: *to be on the verge of (doing sth)*
rendre service à qq'un: *to do s.o. a favor*
tendre un piège à qq'un: *to set a trap for s.o.*

mentir (à qq'un): *to lie (to s.o.)*
demander à qq'un de faire qqch: *to ask s.o. to do sth*
avouer qqch: *to confess, to admit sth*
révéler qqch à qq'un: *to reveal sth to s.o.*
coucher avec qq'un: *to sleep with s.o.*
humilier qq'un: *to humiliate s.o.*
se sentir coupable: *to feel guilty*
avoir du cœur: *to have a good heart*

> * Comparez: Il rit de Pignon → Il rit de lui.
> Il rit de son erreur → Il en rit.

Adjectifs

hebdomadaire: *weekly**
méchant(e): *mean*
méprisant(e): *contemptuous*
dégoûté(e): *disgusted*
envahissant(e): *intrusive*

bienveillant(e): *benevolent*
hébété(e): *bewildered*
léger (-ère): *light*
divertissant(e): *entertaining*

> * Hebdomadaire vient du grec "hebdomas". On dit aussi "un hebdomadaire": a weekly (paper).

Expressions

par erreur: *by mistake*
à cause de: *because of*

à son insu: *without him/her knowing*

Traduisez!

1. It's a light and entertaining comedy, full of misunderstandings and dramatic turns of events.
2. Christine leaves Pierre because she is disgusted by his weekly hobby.
3. The publisher must cancel his dinner because of a backache.
4. He lies to the tax auditor about the paintings.

2 Repères culturels

1. Que veut dire "con"? A quel registre de langue ce mot appartient-il (littéraire/soutenu, courant, familier, vulgaire)? Pouvez-vous donner des synonymes de ce mot?

2. Le film est une comédie. Faites des recherches sur ce genre littéraire et répondez aux questions suivantes:

    a. Quel est le but de la comédie?
    b. Qu'est-ce qui différencie la comédie de la tragédie?
    c. Quel est le grand écrivain du XVIIe siècle qui a popularisé la comédie?
    d. Qu'est-ce qu'une comédie de caractères? Une comédie de mœurs? Une comédie-ballet? Une comédie musicale?
    e. Le film appartient au genre du vaudeville. Quelles sont les caractéristiques du vaudeville?

3 A savoir avant de visionner le film

* Durée: 1h20

* Genre: Comédie

* Notes: Le film est basé sur une pièce de théâtre du même nom créée en 1993. Villeret avait déjà le rôle de Pignon, et l'a tenu pendant 900 représentations!
  L'idée des dîners de cons, où chaque invité doit venir accompagné d'un imbécile (qui ne sait pas pourquoi il est invité), n'a pas été inventée par le réalisateur. Le film est basé sur un véritable jeu qui se pratiquait à Paris.
  Le film est drôle, mais l'humour est méchant, agressif, parfois même cruel.
  Vous remarquerez qu'il y a énormément de dialogue, ce qui n'est pas étonnant puisque c'était une pièce avant d'être un film.

PREMIERE APPROCHE

1 L'histoire

Les personnages:

Pierre Brochant	Thierry Lhermitte
François Pignon	Jacques Villeret
Just Leblanc	Francis Huster
Christine Brochant	Alexandra Vandernoot
Lucien Cheval	Daniel Prévost
Marlène	Catherine Frot

1. Quel est le symbolisme du boomerang dans la première scène?

2. Pourquoi Pignon donne-t-il l'impression d'avoir toutes les qualités du con?

3. Où Pignon travaille-t-il? Pourquoi est-ce important?

4. Que pense Christine des dîners de cons? Quelles sont les relations entre Pierre et Christine?

5. Quelle impression Pignon fait-il sur Pierre Brochant au début de la soirée?

6. Que dit Christine sur le répondeur? Pignon pense-t-il qu'elle reviendra un jour?

7. Qui Pignon appelle-t-il par erreur? Que raconte-t-il au téléphone? Comment Brochant réagit-il?

8. Pourquoi Brochant accepte-t-il de raconter à Pignon comment il a rencontré Christine?

9. Comment la conversation avec Just Leblanc se passe-t-elle? Quel était le stratagème? A-t-il fonctionné?

10. Quelle énorme bêtise Pignon fait-il quand il rencontre Christine?

11. Pourquoi Just Leblanc vient-il voir Brochant? Pourquoi sa présence est-elle importante?

12. Que comprend Brochant quand Pignon lui dit que son collègue Lucien Cheval est excellent? Que doit-il faire alors?

13. Pourquoi ajoute-t-il du vinaigre au vin?

14. Quelle grande nouvelle les quatre hommes apprennent-ils en téléphonant à Meneaux?

15. Qu'est-ce que Marlène révèle à Pignon?

16. Pourquoi Pignon téléphone-t-il à Christine?

17. Qu'est-ce que Brochant a compris à la fin du film?

2 Analyse d'une photo

1. A qui Cheval parle-t-il? Quelle nouvelle vient-il d'apprendre?

2. Pourquoi Pierre et Just rient-ils?

3. Quelle est l'expression sur le visage de Pignon?

3 Analyse de citations

Analysez les citations suivantes en les replaçant dans leur contexte:

1. Pignon: "Ca va très mal. Sa femme l'a quitté […], c'est un homme brisé, le cœur, les reins, tout!"

2. Pignon: "Tiens, vous le lâchez dans un appartement comme ça, croyez-moi, il fait du dégât!"

3. Pignon: "Il a fait le ménage dans sa vie."

APPROFONDISSEMENT

1 Vocabulaire

Enrichissez votre vocabulaire !

Le téléphone

allô?: *hello?*

téléphoner à qq'un = appeler qq'un: *to call s.o.*

décrocher: *to pick up*

raccrocher: *to hang up*

laisser un message: *to leave a message*

rappeler: *to call back*

un coup de fil = un coup de téléphone: *a phone call*

un numéro de téléphone: *a phone number*

composer: *to dial*

la ligne est occupée: *the line is busy*

un numéro vert: *a 1-800 number*

l'annuaire: *the phone book*

être sur la liste rouge: *to be unlisted*

les pages blanches/jaunes: *the white/yellow pages*

un sans fil: *a wireless phone*

un portable = un mobile: *a cell phone*

La langue

un dialecte: *a dialect*

l'argot: *slang*

un idiome: *an idiom*

une langue

    vivante/morte: *modern/dead language*

    nationale: *national language*

    officielle: *official language*

    maternelle: *mother tongue*

    étrangère: *foreign language*

    parlée/écrite: *spoken/written language*

les registres de langue: la langue peut être…

    littéraire: *literary*

    soutenue: *formal, elevated*

    courante: *standard, everyday*

    familière: *colloquial*

    vulgaire: *vulgar*

    grossière: *coarse*

    châtiée: *polished, refined*

Jouez avec les mots!

A. Complétez les phrases suivantes avec les mots de la liste, en faisant tous les changements nécessaires:

raccrocher	rappeler	la ligne est occupée	l'annuaire	décrocher
laisser un message	un numéro vert	portable	être sur la liste rouge	
composer	allô	le numéro de téléphone		

1. J'ai cherché _____ de Colette dans _____ , mais je ne l'ai pas trouvé. Elle _____.

2. Comme il n'était pas là, nous avons _____ sur son _____.

3. Si_____, il faudra que tu _____.

4. J'ai _____, j'ai dit _____, mais l'autre personne avait déjà _____.

5. Vous ne payerez pas quand vous _____ ce numéro: c'est _____.

B. **Retrouvez les mots du Vocabulaire qui correspondent aux définitions suivantes:**

1. La langue de tous les jours
2. La langue que l'on parle avec ses parents
3. Le latin en est une
4. Les langues que l'on apprend, qui ne sont pas celles de la famille
5. Le français, en France
6. La langue des écrivains
7. La langue à éviter absolument

2 Réflexion - Essais

1. Analysez les personnages: Que sait-on sur eux? Qquel est leur caractère? Quels sont les liens entre eux? Qui est sympathique/antipathique? Qu'ont-ils en commun? Qu'est-ce qui les oppose?
2. C'est essentiellement un film d'hommes. Quel rôle ont les femmes?
3. Imaginez la suite des événements:
   a. Christine va-t-elle revenir?
   b. Brochant et Pignon vont-ils rester en contact?
   c. Brochant et Just Leblanc vont-ils redevenir amis?
   d. Comment l'inspection de l'appartement de Brochant par Cheval va-t-elle se passer?
4. Quelle importance le téléphone a-t-il dans ce film? L'histoire pourrait-elle exister sans téléphone?
5. Pignon est plusieurs fois sur le point de partir. Pourquoi reste-t-il à chaque fois?
6. Dressez la liste des bêtises et des gaffes de Pignon.
7. Plusieurs personnages du *Dîner de cons* sont des victimes. De qui ou de quoi sont-ils les victimes?
8. Y a-t-il une morale dans cette histoire?

3 Analyse d'une scène: Coup de téléphone à Meneaux (1:00:25 à 1:04:49)

> ## Vocabulaire spécifique à cette scène
>
> la gestuelle *(body movements)* • avoir confiance en qq'un *(to trust s.o.)* • mépriser qq'un *(to look down on s.o.)* • voir qq'un de dos *(to see s.o. from behind)* • un haut-parleur *(a speaker phone)* • atterré(e) *(stunned / appalled)* • un rebondissement *(a sudden new development in the story)*

A. **Ecoutez**

1. Sur quel ton Leblanc parle-t-il à Pignon?
2. Comment Pierre traite-t-il Pignon?
3. Quelles informations Cheval apporte-t-il?
4. Quels commentaires Cheval fait-il sur Meneaux? Pourquoi est-ce drôle?

B. **Observez**

1. Observez la gestuelle de Brochant et Leblanc. Qu'est-ce qu'elle nous indique sur leur relation?

2. Où la caméra est-elle placée au moment où il est évident que Pignon est le seul à pouvoir téléphoner à Meneaux? Pourquoi?

3. Quelle est l'expression de Pignon quand il comprend qu'il est "choisi" pour téléphoner?

4. Comment peut-on décrire le visage de Cheval quand il apprend que sa femme est chez Meneaux?

C. **Cette scène dans l'histoire**

Qu'est-ce que cette scène apporte à l'histoire? Qu'est-ce qu'elle nous apprend? Qu'est-ce qu'elle change? Est-ce que tout est résolu? Quelles conséquences va-t-elle avoir?

D. **Langue**

1. **C'est / il est**

Remplacez les tirets par "c'est" ou "il est". Choisissez aussi la préposition qui convient.

a. Quelle est la profession de Brochant? _____ éditeur. _____ un éditeur à succès.

b. _____ une bonne idée (à /de) faire venir Cheval.

c. _____ important (à /d') avoir une bonne excuse pour appeler Meneaux.

d. Pignon est le seul à pouvoir appeler Meneaux. _____ évident.

e. Pignon a bien compris ce qu'il faut dire à Meneaux. Il trouve que _____ facile (à /de) comprendre.

f. Evidemment Brochant pense que _____ frustrant (à /d') expliquer tous les détails à Pignon.

g. Pour Brochant _____ rassurant (à /de) savoir que sa femme n'est pas chez Meneaux. _____ différent pour Cheval.

h. _____ amusant (à /de) voir la tête de Cheval quand il apprend que sa femme est chez Meneaux.

2. **Pronoms relatifs**

Combinez les deux phrases en utilisant **ce qui, ce que, ce dont** ou **ce à quoi**, et faites tous les changements nécessaires. Attention aux pronoms personnels!

Ex: Cheval a trouvé les tableaux cachés. Cela inquiète Brochant.
    Cheval a trouvé les tableaux cachés, <u>ce qui</u> inquiète Brochant.

a. Pignon est invité à un dîner de cons. Il ne le sait pas.

b. Brochant se moque de Pignon. Il n'en est pas conscient.

c. Pignon fait des maquettes. Cela l'intéresse.

d. Pignon a fait une erreur. Il en rit.

e. Pignon ne comprend pas vite. Brochant trouve cela très pénible.

f. Brochant a peur d'être humilié. Il n'est pas habitué à cela.

g. Leblanc aide Brochant. Cela prouve qu'ils sont redevenus amis.

h. Cheval pense que Pignon n'est pas idiot. Brochant n'en est pas si sûr.

      i. Mme Cheval est chez Meneaux. Son mari n'avait pas pensé à cela.

      j. Cheval va contrôler Brochant. Cela l'inquiète.

3. **Subjonctif**

Combinez les éléments proposés pour faire des phrases qui ont un lien avec le film. Vous pouvez ajouter des négations dans la deuxième partie. Faites attention à l'usage du subjonctif et aux conjugaisons!

  a. Christine / veut / Pierre annuler…

  b. Pignon aimerait / Brochant / prendre

  c. Pignon s'étonne / Brochant / téléphoner

  d. Brochant préférerait / Pignon / s'en aller.

  e. Brochant craint / sa femme / être

  f. Pignon espère / Christine / comprendre

  g. Il est douteux / Christine / pardonner

  h. Il est probable / Marlène / revenir

  i. Pignon pense / Cheval / être

  j. Il va falloir / Brochant / expliquer

E. Sketch

Pignon raconte sa soirée à Louisette, sa collègue de bureau. Imaginez le dialogue: Quelles questions Louisette pose-t-elle? Est-elle amusée? Choquée? Horrifiée? Mettez-vous bien à la place de Pignon pour raconter la soirée de son point de vue. Pensez à ce qui l'a marqué, surpris, déçu, amusé.

LE COIN DU CINEPHILE

1 Première / dernière scène

Comparez la première et la dernière scène. Comment les personnages principaux sont-ils présentés au début? Qu'est-ce qu'on apprend dans cette première scène (du début du film au début du générique)? Qui est présent à la fin? Qu'est-ce qui a changé entre le début et la fin?

2 Théâtre / film

Qu'est-ce qui, dans ce film, montre que c'était une pièce de théâtre à l'origine?

3 Classement France / Etats-Unis

En France *Le dîner de cons* est considéré "Tous publics", alors qu'il est classé PG-13 aux Etats-Unis. Pensez-vous que certains aspects du film peuvent choquer un jeune public? Comment peut-on expliquer la différence de classement entre les deux pays?

4 Sous-titres

Le dialogue suivant entre Brochant et Pignon précède le coup de téléphone du "producteur belge" à Leblanc. Comparez l'original en français et les sous-titres en anglais, puis répondez aux questions:

1. Il s'appelle Just Leblanc.	*His name is Just Leblanc.*
2 Ah bon, il n'a pas de prénom?	*He has no first name?*
3. Je viens de vous le dire: Just Leblanc.	*I told you: Just Leblanc.*
4. Leblanc, c'est son nom, et c'est Just son prénom.	*Leblanc's his name, Just his first name.*
5. M. Pignon, votre prénom à vous, c'est François, c'est juste? Eh bien lui c'est pareil, c'est Just.	*Mr Pignon, your first name's François. Just think. His is Just.*
6. Bon, on a assez perdu de temps comme ça.	*We're wasting time.*
7. Ma femme a signé le roman de son nom de jeune fille, Christine Le Guirrec.	*My wife wrote under her maiden name, Le Guirrec.*
8. Ah bon, elle est bretonne?	*She's from Brittany?*
9. Je vous en prie, restez concentré.	*Please concentrate!*

Le comique de cette scène vient d'un malentendu: Pignon ne comprend pas le prénom de Leblanc (Just est un prénom rare en France) et croit entendre "juste".

a. 4ème réplique: Qu'est-ce que Pignon croit comprendre quand Brochant dit "c'est Just son prénom"? L'idée est-elle bien rendue en anglais?

b. 5ème réplique: La répétition "c'est juste" / "c'est Just" est-elle traduite? Le sous-titre est-il adroit?

c. 6ème réplique: Cette réplique comporte neuf mots en français, et le sous-titre n'en a que quatre. Les trouvez-vous bien choisis? Est-ce donc un bon sous-titre?

d. 8ème réplique: Pourquoi l'adjectif "bretonne" est-il remplacé par le nom propre "Brittany"? N'était-ce pas possible de garder un adjectif en anglais?

AFFINEZ VOTRE ESPRIT CRITIQUE

1 Titre

Comparez le titre français (*Le dîner de cons*) au titre anglais (*The Dinner Game*). Trouvez-vous que le titre anglais évoque la même idée que l'original français?

2 Succès public / critique

Les films de Francis Veber sont de très gros succès publics, mais reçoivent peu de prix. Certains, comme *Le placard*, n'en reçoivent aucun, alors qu'ils ont été très appréciés par le public. *Le dîner de cons* a reçu trois César (meilleur acteur, meilleur acteur dans un second rôle et meilleur scénario), mais il n'a rien eu pour le film ou le réalisateur. Comment peut-on expliquer ce décalage? Comment est-il possible que les spectateurs et les membres de l'Académie des César (composée de 3000 artistes et professionnels du cinéma) aient des opinions aussi différentes?

3 La fin

Certains spectateurs ont trouvé la fin décevante. Et vous, qu'en pensez-vous? Est-ce trop consensuel, trop plat, pas assez méchant? Avez-vous des idées pour finir le film autrement?

4 Les critiques

1. Jean Vallier, dans le *France-Amérique* du 10 juillet 1999, écrit que "la tentative d'humiliation de moins malin que soi qui sert de moteur principal au film de Francis Veber provoque très vite un fort sentiment de malaise". Etes-vous d'accord? Etiez-vous mal-à-l'aise pendant le film?

2. "Il faut voir Jacques Villeret, grandiose, réinventer toutes les nuances du mot "hébétude". Il parvient même, dans un ou deux moments (et gros plans) d'anthologie, à exprimer le "rien", ce vide insondable de l'imbécilité satisfaite" (Aurélien Ferenczi, *Télérama*, 22 novembre 2000). Trouvez-vous Jacques Villeret grandiose? A quels "moments d'anthologie" fait-il allusion?

POUR ALLER PLUS LOIN

1 Parallèles avec d'autres films

1. **Le théâtre:** *Cyrano de Bergerac*, *8 femmes* et *Le dîner de cons* étaient des pièces de théâtre avant d'être des films. Quels sont les éléments de théâtre que l'on retrouve dans chacun de ces films? A quelles difficultés particulières les réalisateurs ont-ils dû faire face?

2. **La moquerie:** La moquerie joue un rôle-clé dans *Ridicule* et *Le dîner de cons*. Est-elle traitée de la même façon? Réfléchissez à ceux qui sont moqués:

   a. Pourquoi le sont-ils?
   b. En sont-ils conscients?
   c. Quelle(s) conséquence(s) les moqueries ont-elles sur eux?
   d. Qui remporte la bataille: les moqueurs ou les moqués?

2 Lectures

A. Interview de Francis Veber réalisée par Gilles Verdiani pour *Première* (octobre 1997, pendant le tournage)

Veber joue aux cons

Francis Veber invite Villeret, Lhermitte, Huster et Prévost à la version ciné de son "Dîner de cons", énorme succès au théâtre. […]

C'est un jeu auquel, dit-on, les surréalistes aimaient à jouer: au lieu d'apporter du vin ou le dessert, chacun arrive au dîner avec un con. L'idée a inspiré à Francis Veber une pièce où le con en question s'avère[1] plus catastrophique que prévu. Après l'énorme succès du spectacle (mis en scène[2] à sa création par Pierre Mondy), Francis Veber tourne lui-même l'adaptation ciné,[3] sous le parrainage cossu[4] de la Gaumont.[5] De la distribution[6] originale ne reste que Jacques Villeret, lesté de 900 représentations,[7] dans le rôle du con. Autour de lui, les convives[8] sont Thierry Lhermitte, Francis Huster et Daniel Prévost côté garçons; Catherine Frot et Alexandra Vandernoot chez les filles.

Si le décor d'appartement parisien construit au studio d'Épinay n'a rien de notable, de l'autre côté des murs de contreplaqué[9] s'étend une étonnante vue de Paris en miniature, avec immeubles haussmanniens[10] taille lilliput, demi-tour Eiffel en bois et métal, et immense toile[11] bleu nuit constellée de milliers de points lumineux en fibre optique. Un travail de Romain[12] qui ne sert qu'à remplir l'encadrement[13] des fenêtres et qui restera flou[14] la plupart du temps! On a voulu se donner les moyens de faire oublier l'origine théâtrale du scénario. Auteur et adaptateur, Francis Veber n'est pas novice dans l'exercice puisqu'il avait déjà écrit pour Édouard Molinaro le scénario de *La Cage aux folles* d'après Poiret et qu'il avait tiré son film *L'Emmerdeur* de sa propre pièce homonyme.

1 turns out to be
2 directed
3 short for "cinématographique"
4 generous sponsorship
5 major French production company
6 cast
7 with 900 performances under his belt
8 the guests
9 plywood
10 in the style of the 1850s and 1860s when Paris was redeveloped by Baron Haussmann
11 canvas backdrop
12 a Herculean task
13 the frame
14 blurred

PREMIERE: Quand vous écriviez *Le Dîner de cons*, vous pensiez à un film?

FRANCIS VEBER : Non. Mais alors que j'étais en train de l'écrire, j'ai appelé Alain Poiré, mon producteur, pour lui lire la première partie, la seconde n'étant pas encore commencée. Il a voulu acheter les droits cinématographiques immédiatement, sans même attendre que je termine la pièce.

—Avez-vous écrit l'adaptation en cherchant à vous éloigner de la pièce?

—L'adaptation d'une pièce est un travail particulier. J'ai découvert certaines règles grâce à mes deux expériences précédentes. Contrairement à ce que l'on pense, la théâtralité ne tient[15] pas au «vase clos» avec décor unique. Elle tient au souci de ramener tout le monde en un même endroit pour des raisons arbitraires. Prenez *Spéciale première*, le film de Billy Wilder: le fait que tout le monde se retrouve dans cette salle de presse, c'est du théâtre. C'est ce que j'ai tenté d'éviter dans l'adaptation du *Dîner de cons*. J'ai essayé de changer de logique.

—Qu'est-ce qui a changé par rapport[16] à la pièce?

—J'ai enlevé 30 ou 40 mn pour accentuer l'urgence des situations. Il s'agissait essentiellement de couper des plaisanteries gratuites et d'accélérer l'action. Au théâtre, on s'installe sur 2 h, 2 h 15. Au cinéma, une comédie doit faire entre 1 h 25 et 1 h 30. C'est Wilder qui disait qu' "à partir d'1 h 30, les minutes comptent double". Il faut toujours qu'il se passe quelque chose qui empêche le spectateur d'aller aux toilettes ou d'acheter du pop-corn. Le métier de scénariste, c'est d'empêcher les gens de sortir de la salle.

—Le personnage interprété par Jacques Villeret s'appelle François Pignon, comme Jacques Brel et Pierre Richard dans vos films précédents. Que représente ce personnage pour vous?

—Je suis très maladroit,[17] je me cogne[18] tout le temps. Pignon, c'est moi. C'est l'homme ridicule. Et l'autre, Campana, le costaud –Lino Ventura, Gérard Depardieu ou Jean Réno–, c'est celui que j'aurais voulu être.

—Ici, il n'y a pas de Campana?

—Non. Il y a Brochant [*l'inviteur*], un personnage que je n'aime pas beaucoup au départ, un *golden boy* qui fait des plaisanteries aussi cyniques que d'inviter des cons à dîner avec des copains qui sortent dans les clubs chic, qui sont habillés d'une certaine manière…Ça m'a fait plaisir de montrer comment il va être puni par le con pendant toute la durée du film.

—Si vous cherchez en vous le ridicule de Pignon, où croquez[19]-vous celui des autres?

—Je ne suis pas du tout le genre à me promener avec un calepin[20] et à écouter les chauffeurs de taxis, ce que faisaient les grands dialoguistes comme Audiard. Je ne saisis[21] pas la vie sur le vif. J'ai l'impression d'avoir tout emmagasiné[22] jusqu'à un certain âge, jeune d'ailleurs: au lycée, au service militaire, pendant mes trois ans de journalisme à RTL[23]…Mais à partir du moment où l'on écrit, on devient très solitaire. D'autant[24] que je vis maintenant aux États-Unis. Je suis en France pour une parenthèse courte de trois ou quatre mois, le temps de faire ce film, et je repars à Los Angeles aussitôt après, en septembre.

15 doesn't depend on limited
    space with a unique set
16 in comparison with
17 clumsy
18 I bump into everything
19 sketch
20 a notebook
21 I don't get my inspiration
    from what I see
22 accumulated
23 large French radio station
24 especially since

—**Vous avez écrit** *Le Dîner de cons* **à Los Angeles?**

—Oui, entièrement.

—**Mais la pièce n'a rien d'américain…**

—Non.

Pour les films américains, de quoi vous êtes-vous nourri?

—Je me suis insuffisamment nourri. J'ai eu besoin d'adaptateurs. Je suis arrivé trop tard dans le pays pour comprendre la sensibilité[25] américaine. Si vous arrivez avant 15 ans dans un pays, vous parlez couramment. Après, vous avez un accent. D'autant qu'on arrive aux États-Unis en pensant qu'on ressemble aux Américains parce qu'on porte leurs casquettes, qu'on écoute leur musique, qu'on mange dans leurs fast-foods et qu'on voit leurs films. C'est totalement faux.

[…]

—**Les Américains ont-ils été intéressés par** *Le Dîner de cons?*

—Oui. J'ai essayé de monter[26] la pièce à Broadway. Il y avait donc une version en anglais qui circulait. Mon agent a raconté le sujet à Spielberg, qui est entré en contact avec Gaumont pour acheter les droits du remake— en tant que[27] producteur, pas réalisateur—avant même que le film ne soit fait. Sa proposition était formidable, mais Gaumont n'a pas voulu. En fait, ils ont eu peur que les marchés étrangers, sachant qu'il allait y avoir un film américain, n'achètent pas le film français. Mais si mon film est bon et s'il marche, Spielberg voudra sûrement encore acheter les droits. S'il est mauvais et qu'il fait un bide,[28] sûrement pas.

25 sensitivity
26 to put on
27 as a
28 a flop

1. Les décors extérieurs ont demandé énormément de travail. Y avez-vous fait attention pendant le film?

2. Pourquoi ces décors étaient-ils si importants?

3. Comprenez-vous qu'Alain Poiré ait acheté les droits sans avoir lu la seconde partie du scénario?

4. Quelle est la différence entre une pièce de théâtre et un film d'après Francis Veber?

5. Pourquoi une comédie doit-elle être courte?

6. De quoi Veber s'inspire-t-il pour écrire?

7. Pourquoi faut-il arriver dans un pays étranger avant 15 ans d'après Veber?

B. Une comédie du XVIIe siècle: *Le bourgeois gentilhomme*

Dans *Le bourgeois gentilhomme*, Molière met en scène M. Jourdain, un bourgeois riche qui veut ressembler à un noble. Il a donc engagé un maître à danser, un maître d'armes et un maître de philosophie pour l'instruire. Dans l'extrait suivant, M. Jourdain explique à son maître de philosophie qu'il est amoureux de la marquise Dorimène, et il a besoin des conseils et de l'aide du maître pour lui écrire une lettre d'amour.

Une scène du *Bourgeois gentilhomme*: Le bourgeois et son maître de philosophie. Mise en scène Colette Roumanoff, Théâtre Fontaine, Paris 2006. Droits réservés. Avec Renaud de Manoël et Patrice Vion.

Acte II, scène 4
Maître de philosophie, Monsieur Jourdain

MONSIEUR JOURDAIN. - Il faut que je vous fasse une confidence. Je suis amoureux d'une personne de grande qualité,[1] et je souhaiterois[2] que vous m'aidassiez[3] à lui écrire quelque chose dans un petit billet[4] que je veux laisser tomber à ses pieds.

MAÎTRE DE PHILOSOPHIE. - Fort bien.

MONSIEUR JOURDAIN. - Cela sera galant, oui.

MAÎTRE DE PHILOSOPHIE. - Sans doute. Sont-ce des vers que vous lui voulez écrire ?

MONSIEUR JOURDAIN. - Non, non, point de[5] vers.

MAÎTRE DE PHILOSOPHIE. - Vous ne voulez que de la prose ?

MONSIEUR JOURDAIN. - Non, je ne veux ni prose ni vers.

MAÎTRE DE PHILOSOPHIE. - Il faut bien que ce soit l'un, ou l'autre.

MONSIEUR JOURDAIN. - Pourquoi ?

MAÎTRE DE PHILOSOPHIE. - Par la raison, monsieur, qu'il n'y a pour s'exprimer que la prose, ou les vers.

MONSIEUR JOURDAIN. - Il n'y a que la prose ou les vers ?

MAÎTRE DE PHILOSOPHIE. - Non, monsieur : tout ce qui n'est point prose est vers ; et tout ce qui n'est point vers est prose.

MONSIEUR JOURDAIN. - Et comme l'on parle qu'est-ce que c'est donc que cela ?

MAÎTRE DE PHILOSOPHIE. - De la prose.

MONSIEUR JOURDAIN. - Quoi ? Quand je dis : « Nicole,[6] apportez-moi mes pantoufles,[7] et me donnez[8] mon bonnet de nuit,[9] « c' est de la prose ?

MAÎTRE DE PHILOSOPHIE. - Oui, monsieur.

MONSIEUR JOURDAIN. - Par ma foi,[10] il y a plus de quarante ans que je dis de la prose sans que j'en susse[11] rien, et je vous suis le plus obligé du monde de m'avoir appris cela. Je voudrois[12] donc lui mettre dans un billet : *Belle Marquise, vos beaux yeux me font mourir d'amour* ; mais je voudrois que cela fût[13] mis d'une manière galante, que cela fût tourné gentiment.[14]

MAÎTRE DE PHILOSOPHIE. - Mettre que les feux de ses yeux réduisent votre cœur en cendres;[15] que vous souffrez nuit et jour pour elle les violences d'un...

MONSIEUR JOURDAIN. - Non, non, non, je ne veux point tout cela ; je ne veux que ce que je vous ai dit : *Belle Marquise, vos beaux yeux me font mourir d'amour.*

1 noble
2 old form of "souhaiterais"
3 This tense is the *imparfait du subjonctif*, very rarely used today. We would use the *présent du subjonctif*: "que vous m'aidiez".
4 a love letter
5 = *pas de*
6 M. Jourdain's maid
7 slippers
8 = *donnez-moi*
9 a nightcap
10 good Lord
11 *imparfait du subjonctif* of "savoir"
12 old form of "voudrais"
13 *Imparfait du subjonctif* of "être"
14 said pleasantly
15 ashes

MAÎTRE DE PHILOSOPHIE. - Il faut bien étendre[16] un peu la chose.

MONSIEUR JOURDAIN. - Non, vous dis-je, je ne veux que ces seules paroles-là dans le billet ; mais tournées à la mode ; bien arrangées comme il faut. Je vous prie de me dire un peu, pour voir, les diverses manières dont on les peut mettre.

MAÎTRE DE PHILOSOPHIE. - On les peut mettre premièrement comme vous avez dit : *Belle Marquise, vos beaux yeux me font mourir d'amour.* Ou bien : *D'amour mourir me font, Belle Marquise, vos beaux yeux.* Ou bien : *Vos yeux beaux d'amour me font, Belle Marquise, mourir.* Ou bien : *Mourir vos beaux yeux, Belle Marquise, d'amour me font.* Ou bien : *Me font vos yeux beaux mourir, Belle Marquise, d'amour.*

MONSIEUR JOURDAIN. - Mais de toutes ces façons-là, laquelle est la meilleure ?

MAÎTRE DE PHILOSOPHIE. - Celle que vous avez dite : *Belle Marquise, vos beaux yeux me font mourir d'amour.*

MONSIEUR JOURDAIN. - Cependant[17] je n'ai point étudié, et j'ai fait cela tout du premier coup. Je vous remercie de tout mon coeur, et vous prie de venir demain de bonne heure.[18]

MAÎTRE DE PHILOSOPHIE. - Je n'y manquerai pas.

16 stretch
17 Today we would use "bien que + subjonctif".
18 early

1. Qu'est-ce que l'échange sur la prose et les vers révèle sur M. Jourdain?

2. Pourquoi M. Jourdain n'aime-t-il pas les recommandations du maître pour le billet d'amour?

3. Pourquoi les suggestions du maître sont-elles comiques?

4. Pourquoi M. Jourdain aime-t-il son maître de philosophie?

5. Comment le maître traite-t-il M. Jourdain?

C. Une comédie du XVIIIe siècle: *Le mariage de Figaro*

Le mariage de Figaro est une comédie de Beaumarchais écrite en 1784. Il y met en scène quatre personnages principaux: le Comte, son page Figaro, la Comtesse et sa femme de chambre Suzanne. Dans l'extrait suivant le Comte, qui craint que sa femme soit infidèle, arrive chez elle.

Acte II, scène XII - Le Comte, la Comtesse

LE COMTE, *un peu sévère.* – Vous n'êtes pas dans l'usage de vous enfermer![1]

LA COMTESSE, *troublée.* – Je... Je chiffonnais[2]... oui, je chiffonnais avec Suzanne;[3] elle est passée un moment chez elle.

LE COMTE *l'examine.* – Vous avez l'air et le ton bien altérés![4]

LA COMTESSE. – Ceci n'est pas étonnant... pas étonnant du tout... je vous assure... nous parlions de vous... elle est passée, comme je vous dis...

LE COMTE. – Vous parliez de moi!... Je suis ramené par l'inquiétude ; en montant à cheval, un billet[5] qu'on m'a remis, mais auquel je n'ajoute aucune foi,[6] m'a... pourtant agité.

LA COMTESSE. – Comment, Monsieur?... quel billet?

1 It's not like you to lock your door!
2 I was sewing
3 her maid
4 changed
5 a note
6 which I don't believe

Le Comte. – Il faut vous avouer, Madame, que vous ou moi sommes entourés d'êtres[7]… bien méchants! On me donne avis[8] que, dans la journée, quelqu'un que je crois absent doit chercher à vous entretenir.[9]

La Comtesse. – Quel que soit cet audacieux,[10] il faudra qu'il pénètre ici ; car mon projet est de ne pas quitter ma chambre de tout le jour.

Le Comte. – Ce soir, pour la noce[11] de Suzanne?

La Comtesse. – Pour rien au monde ; je suis très incommodée.[12]

Le Comte. – Heureusement le Docteur est ici. *(Le page fait tomber une chaise dans le cabinet.*[13]*)* Quel bruit entends-je?

La Comtesse, plus troublée. – Du bruit?

Le Comte. – On[14] a fait tomber un meuble.

La Comtesse. – Je… je n'ai rien entendu, pour moi.

Le Comte. – Il faut que vous soyez furieusement préoccupée!

La Comtesse. – Préoccupée! de quoi?

Le Comte. – Il y a quelqu'un dans ce cabinet, Madame.

La Comtesse. – Hé… qui voulez-vous qu'il y ait, Monsieur?

Le Comte. – C'est moi qui vous le demande ; j'arrive.

La Comtesse. – Hé mais… Suzanne apparemment qui range.[15]

Le Comte. – Vous m'avez dit qu'elle était passée chez elle!

La Comtesse. – Passée… ou entrée là ; je ne sais lequel.

Le Comte. – Si c'est Suzanne, d'où vient le trouble où je vous vois?

La Comtesse. – Du trouble pour ma camariste?[16]

Le Comte. – Pour votre camariste, je ne sais ; mais pour du trouble, assurément.

La Comtesse. – Assurément, Monsieur, cette fille vous trouble, et vous occupe beaucoup plus que moi.

Le Comte, *en colère*. – Elle m'occupe à tel point,[17] Madame, que je veux la voir à l'instant.[18]

La Comtesse. – Je crois en effet que vous le voulez souvent ; mais voilà bien les souçons[19] les moins fondés.[20]

Une scène du *Mariage de Figaro*: le Comte et la Comtesse. Mise en scène Colette Roumanoff, Théâtre Fontaine, Paris 2006. Droits réservés. Avec Thomas Coux et Aurélie Bargème.

7 people
8 I am told
9 to see you
10 who ever this daring person may be
11 wedding
12 unwell
13 closet
14 someone
15 tidying
16 maid
17 so much
18 right away
19 suspicious
20 groundless

1. Cette scène peut être découpée en trois parties. Comment?
2. Pourquoi le Comte est-il inquiet?
3. Quel rôle la gaffe a-t-elle dans cette scène?
4. Comment la Comtesse se défend-elle?
5. A l'avantage de qui la scène se termine-t-elle?

ADRESSES UTILES

Vente de vidéos / DVD

En français, sous-titrées en anglais,
en format NTSC:

Amazon: www.amazon.com

Applause: www.applauselearning.com

Tél: (800) 277-5287

Blockbuster: www.blockbuster.com

Continental: www.continentalbook.com

Tél: (303) 289-1761 ou (718)326-0560

Facets: www.facets.org

Tél: (800) 532-2387

France Vision: www.francevision.com

Tél: (800) 835-7537

Pierre Books: www.pierrebooks.com

Tél: (888) 702-0766

Vedette Visuals: www.vedettevisuals.com

Tél: (253) 564-4960

World of Reading: www.wor.com

Tél: (800) 729-3703

En français, sans sous-titres (format NTSC):

Arc-en-plume: www.arcenplume.ca

Tél: (514) 341-5304

In French: www.infrench.com

Tél: (888) 751-8882

Renaud-Bray: www.renaud-bray.com

En français, sans sous-titres (format SECAM):

Alapage: www.alapage.com

Tél: (011-33) 892-35-07-08

César: www.cinestore.com

FNAC: www.fnac.com

Tél: (011-33) 1-53-56-28-00

Vente de photos et d'affiches

Jerry Ohlinger's Movie Material Store, Inc
242 West 14th St - New York, NY 10011
Tél: (212) 989-0869
Fax: (212) 989-1660

Librairie Ciné Reflet
14, rue Serpente - 75006 Paris
Tél: (011-33) 1-40-46-02-72
Fax: (011-33) 1-40-46-87-04

Sites Internet intéressants

Actualités du cinéma: www.cinefil.com (tous les films du moment)

Afrique: www.africultures.com (site des cultures africaines avec des pages sur le cinéma africain)

Art et essai: www.art-et-essai.org (site de l'Association Française des Cinémas d'Art et d'Essai qui défend le cinéma indépendant)

Bandes annonces: www.1001ba.com (possibilité de visionner la bande annonce de dizaines de films)

Bibliothèque: www.edu.bifi.fr (site de la Bibliothèque du Film: informations sur les films, les acteurs, les vidéos, les périodiques de cinéma)

Cannes (Festival de Cannes): www.festival-cannes.org (les films, les jurys, les Palmes d'or, le calendrier, les archives)

Cinémathèque: www.cinemathequefrancaise.com (site de la Cinémathèque française, qui collectionne les films, les archives et les appareils liés aux techniques du cinéma)

CNC: www.cnc.fr (site du Centre National de la Cinématographie: articles, dossiers, publications, statistiques)

Festivals: www.filmfestivals.com/fr/index.html (les grands festivals de cinéma en Europe et en Amérique du Nord)

Films:

www.edu.bifi.fr (pour chaque film: tournage, générique, résumé, palmarès, exploitation, vidéo, bibliographie)

www.ecrannoir.fr/films/filmsq.htm (pour chaque film: fiche technique, casting, résumé, critique, liens)

www.diplomatie.gouv.fr (pour chaque film: générique, résumé, photos)

http://us.imdb.com (site en anglais – pour chaque film: générique, résumé, palmarès, critiques, citations)

Paris: www.vdp.fr (site du Forum des Images, anciennement appelé Vidéothèque de Paris: collectionne tous les films qui ont Paris pour sujet ou pour décor – possibilité de consulter les fiches des films)

Personnalités:

www.ecrannoir.fr/stars/index.html (site d'Ecran Noir: excellentes pages sur les personnalités: leur portrait, leur filmographie, leurs récompenses et prix, leur adresse)

www.allocine.com (pour chaque personnalité: sa filmographie, son actualité très détaillée, son adresse, des pages sur ses films, des articles de journaux)

www.monsieurcinema.com (portrait, filmographie et articles de journaux)

http://us.imdb.com (site en anglais avec le portrait et la filmographie de nombreuses personnalités)

Presse:

Cahiers du Cinéma: www.cahiersducinema. com (mensuel sur le cinéma)

Le Film Français: www.lefilmfrancais. com (hebdomadaire des professionnels de l'audiovisuel)

Première: www.premiere.fr (mensuel sur le cinéma)

Télérama: www.telerama.fr (hebdomadaire culturel avec des articles sur les films qui sortent)

Promotion: www.unifrance.org (site d'Unifrance, dont le but est de promouvoir le cinéma français dans le monde: pages sur les films, les festivals, les acteurs, les réalisateurs, les distributeurs et la vie des films à l'étranger et en France)

INDEX CULTUREL

Histoire

XVIIe:

Arras (le siège d'): *Cyrano de Bergerac*
Duel (m): *Cyrano de Bergerac / Ridicule*
Louis XIII: *Cyrano de Bergerac*
Louis XIV: *Cyrano de Bergerac*
Mousquetaire (m): *Cyrano de Bergerac*
Richelieu: *Cyrano de Bergerac*

XVIIIe:

Déclaration des Droits de l'Homme et du Citoyen: *Ridicule*
Duel (m): *Cyrano de Bergerac / Ridicule*
Epée (l'Abbé de l'): *Ridicule*
Louis XVI: *Ridicule*
Marie-Antoinette: *Ridicule*
Révolution française (f): *Ridicule*

XIXe:

Carbonari (les): *Le hussard sur le toit*

XXe:

Belle Epoque (f): *Un dimanche à la campagne*
Collaborateur (m): *Au revoir les enfants / Le dernier métro*
Démarcation (la ligne de): *Le dernier métro*
Gaulle (général de): *Le dernier métro*
Gestapo (f): *Au revoir les enfants / Le dernier métro*
Marché noir: *Au revoir les enfants*
Milice (f): *Au revoir les enfants / Le dernier métro*
Occupation (f): *Au revoir les enfants / Le dernier métro*
Pétain (le maréchal): *Au revoir les enfants*
Première Guerre mondiale (f): *La vie et rien d'autre*
Résistance (f): *Au revoir les enfants / Le dernier métro*
Seconde Guerre mondiale (f): *Au revoir les enfants / Le dernier métro*
Soldat inconnu (m): *La vie et rien d'autre*
STO (Service du Travail Obligatoire) (m): *Au revoir les enfants*
Verdun (la bataille de): *La vie et rien d'autre*
Versailles (le traité de): *La vie et rien d'autre*
Vichy (le Gouvernement de): *Au revoir les enfants*
Zone occupée / libre (f): *Au revoir les enfants / Le dernier métro*

Langue et littérature

Aragon: *8 femmes / Le dernier métro*
Beaumarchais: *Le dîner de cons*
Comédie: *Le dîner de cons*
Coppée: *Le fabuleux destin d'Amélie Poulain*
Duhamel: *La vie et rien d'autre*
Flaubert: *Madame Bovary*
Fort: *Le fabuleux destin d'Amélie Poulain*
Giono: *Le hussard sur le toit*
Marivaux: *L'esquive*
Maupassant: *Madame Bovary*
Molière: *Le dîner de cons*
Pagnol: *Jean de Florette / Manon des sources*
Préciosité (f): *Cyrano de Bergerac*
Roman policier: *8 femmes*
Rostand: *Cyrano de Bergerac*
Rousseau: *Ridicule*
Vaudeville (m): *Le dîner de cons*
Verlan: *L'esquive*
Voltaire: *Ridicule*

Lieux

Aix-en-Provence: *Marius et Jeannette / Le hussard sur le toit*
Algérie: *Inch' Allah dimanche*
Alpes (les): *Le hussard sur le toit*
Dombes (f): *Ridicule*
Enghien: *Le fabuleux destin d'Amélie Poulain*
Gascogne (f): *Cyrano de Bergerac*
Marseille: *Marius et Jeannette*
Martinique (f): *La veuve de Saint-Pierre*
Métropole (f): *La veuve de Saint-Pierre*
Montmartre: *Le fabuleux destin d'Amélie Poulain*
Normandie (f): *Madame Bovary*
Provence (f): *Jean de Florette / Manon des sources / Le hussard sur le toit*
Rouen: *Madame Bovary*
Saint-Pierre-et-Miquelon: *La veuve de Saint-Pierre*
Saint-Quentin: *Inch' Allah dimanche*
Versailles (le château de): *Ridicule*

Art

Cézanne: *Marius et Jeannette*
Impressionnisme (m): *Un dimanche à la campagne*
Renoir: *Le fabuleux destin d'Amélie Poulain*
Vermeer: *Cyrano de Bergerac*

Société / politique

35 heures: *Ressources humaines*
Anticléricalisme (m): *Manon des sources*
Banlieues: *L'esquive*
Beurs: *L'esquive*
Chômage: *Ressources humaines*
Divorce: *Inch'Allah dimanche*
Education: *8 femmes*
Front National (m): *Marius et Jeannette*

Grandes écoles: *Ressources humaines*
Grève: *Ressources humaines*
Guillotine (f): *La veuve de Saint-Pierre*
Immigration: *Inch'Allah dimanche/ L'esquive*
Peine de mort (f): *La veuve de Saint-Pierre*
Regroupement familial: *Inch'Allah dimanche*
Syndicats: *Ressources humaines*
Vote des femmes: *8 femmes*

Autre

Bossus: *Jean de Florette*
Foire du Trône (f): *Le fabuleux destin d'Amélie Poulain*
Guinguette (f): *Un dimanche à la campagne*
Humanité (L'): *Marius et Jeannette*
Monde Diplomatique (Le): *Marius et Jeannette*
Pétanque (f): *Jean de Florette*

INDEX DES ACTEURS

Credits

Text

15   © *Le Monde* and Sylvia Zappi, 6/2/2002

17   © *L'Express* and Anne Vidalie, Boris Thiolay, 1/17/2005

34, 35, 59   © Edition Bernard de Fallois, marcel-pagnol.com

76   © *L'Express* and Anne Vidalie 10/10/2002

79   © *Le Figaro* and Sophie Huet 3/9/2004

114   © Avant-Scène Cinéma

116   © *L'Express* and Anne Vidalie 1/24/2005

132   Article extrait du *Journal Français* édité par France Press, LLC, janvier 2002

133   © Jean-Pierre Lavoignat and Michel Rebichon / *Studio Magazine*

152   © *Le Monde* and Cécile Blatrix, Christian Chardonnay, Ariane Desporte, Alain Gonzalez, El Mouhoub Mouhoud, Jean-Loup Salzmann and Daniel Verba, 11/8/2005

153   © *L'Express* and Delphine Saubaber, 9/29/2005

154   © *L'Express* and Elodie Bernard, 5/2/2005

171   © 1996, Les éditions Le Pré aux Clercs, un département de Place des éditeurs

190   With kind permission from Marc Cormier (www.st-pierre-et-miquelon.com)

212   With kind permission from Yves Guiet

232   *La Diane française*, Louis Aragon, © Seghers

236   bottom © *Label-France*, 1er trimestre 2006

256   © *Le Figaro* and Henry Fouquier, 12/29/1997

259   © *L'Express* and René Bernard, 3/23/1990

275   © Editions Gallimard

279   © *L'Express* and Gilles Médioni, 9/14/1995

281   © *Label-France* and Anne Rapin, novembre 1995

295   © *Le Figaro* and Pierre Wolf, mai 1874

296   © *Ça m'intéresse* and Valérie Pomarède, juillet 2000

297   © *L'Express* and Michel Delain, 4/13/1984

312   © Edition Bernard de Fallois, marcel-pagnol.com

313   © Mercure de France

330   © Avant-Scène Cinéma

331   *La Diane française*, Louis Aragon, © Seghers

346   © *Première* and Gilles Verdiani, octobre 1997

Photo

Cover   © Photofest

x   istockphoto.com / Eugene Ilchenko

1, 2   © Film Movement

4   © France-Voyage.com

7, 8, 10, 13, 14   © Film Movement

9   © Avner Richard

21, 27   Renn-Films / A2 / RAI2 / The Kobal Collection

24   © Jacques Boyer / Roger-Viollet

25 top   © France-Voyage.com

25 bottom   © Web Provence. Used with permission

26   © Pathé Renn Production / D.R.

29 top, 31   © Pathé Renn Production / D.R.

29 bottom   © Web Provence. Used with permission.

33   © Shutterstock / Vera Bogaerts

39, 40 top   © Pathé Renn Production / D.R.

40 bottom   © istockphoto.com / Annette Diekmann

42   © Jacques Boyer / Roger-Viollet

45, 46   © Roger-Viollet

48   © Web Provence. Used with permission

49, 52, 53, 54   © Pathé Renn Production / D.R.

50   © istockphoto.com / Alison Cornford-Matheson

56   © Web Provence. Used with permission.

60   © Web Provence. Used with permission.

63   © Haut et Court

66   © Laurent GUEDON

68, 69, 71, 72, 75   © Haut et Court

81, 86 bottom   Samuel Goldwyn Company / Photofest; © Samuel Goldwyn Company

83   © Shutterstock / Stephen Meese

84 top   © Shutterstock / Girard-Cheron

84 middle   © Shutterstock / Jakez

84 bottom   © Shutterstock / Bryan Busovicki

85 top   © TV Boy @ Flickr.com. www.flickr.com/photos/nightblue/226084796/. Used with permission

85 bottom   Courtesy of JB Guinot

86 top   Courtesy of JB Guinot

89   © Thomas Klausman / MK2 production

90   © CRT de Normandie

93   Musée d'Orsay, Paris

95   © Musée Flaubert

103   Courtesy of Agat Films and Diaphana

105   © Shutterstock / Mosista Pambudi

106 top   Musée d'Orsay, Paris

106 bottom   Courtesy of Agat Films and Diaphana

107 top   © Shutterstock / Dianne Maire

107 middle and bottom   Courtesy of Agat Films and Diaphana

109   Courtesy of Agat Films and Diaphana

113   © France-Voyage.com

114   © Erich Lessing / Art Resource, NY

117, 122   Miramax Films / Photofest; © Miramax Films

120 top   © istockphoto.com / Tom De Bruyne

120 bottom   The Phillips Memorial Gallery

121   © istockphoto.com / Kermarrec Aurélien

121 bottom   © Shutterstock / ErickN

124   © Anne-Christine Rice

125   photo courtesy of http://www.folp.free.fr

126   © Shutterstock / Niserin

130   Musée d'Orsay, Paris

132 top   © Anne-Christine Rice

132 bottom   © Patrick Clément, Ecole Nationale Supérieure des Télécommunications. Used with permission

133   Philadelphia Museum of Art, PA

134   © istockphoto.com / texasmary

137   © Rezo Films. Used with permission

141   www.banlieudeparis.org / i050306a © Denis MOREAU - 2005 Used with permission.

143, 146, 147, 148   © Rezo Films. Used with permission

152, 153   © Hervé de Brus

157   Courtesy of Epithète Films © Catherine Cabrol

160 top   Châteaux de Versailles et de Trianon, Versailles

161   From William R Shepherd's *Historical Atlas*

162, 163   Courtesy of Epithète Films © Catherine Cabrol

165   © Vladimir Korostyshevskiy

167   Courtesy of Epithète Films © Catherine Cabrol

169   © istockphoto.com / Ken Saigle

170   © Réunion des Musées Nationaux / Art Resource, NY

172   Musée Carnavalet, Paris

174   © Erich Lessing / Art Resource, NY

175 top   © The Art Archive / Musée Carnavalet Paris / Dagli Orti (A)

175 bottom   Musée Carnavalet, Paris

177   Courtesy of Epithète Films © Catherine Cabrol

180, 181   Photos André Lafargue - www.st-pierre-et-miquelon.com

182, 184   Courtesy of Epithète Films © Catherine Cabrol

190, 191 Photos André Lafargue - www.st-pierre-et-miquelon.com

197   Orion Classics / Photofest; © Orion Classics

199   © Roger-Viollet

203   Archives des Carmes d'Avon. Used with permission

205   Orion Classics / Photofest; © Orion Classics

207   Archives des Carmes d'Avon. Used with permission

210   Orion Classics / Photofest; © Orion Classics

213, 214, 216   With kind permission from Andrée Anglard

217   © Photofest

218, 219   © Canal +

224, 226   © Photofest

229   USA Films / Photofest; © USA Films

231   © Photofest

235   Centre de documentation du Planning Familial, Paris. Used with permission

236   © Roger-Viollet

237   © Albert Harlingue / Roger-Viollet

238 top   © TAOLMOR

238 bottom   © istockphoto.com / Nikolay Staykov

239, 246 top   Orion Classics / Photofest; © Orion Classics

242 top and bottom left, 243, 244, 245   © collection Kathia David & Thomas Sertillanges

242 bottom right   © collection Kathia David & Thomas Sertillanges; Image BNF

246 bottom, 248, 250   © collection Kathia David & Thomas Sertillanges

254   Musée du Louvre, Paris

255, 256, 257, 258   © collection Kathia David & Thomas Sertillanges

261, 266   Photo Mario Tursi

264 top   © Snark / Art Resource, NY

264 bottom   Châteaux de Versailles et de Trianon, Versailles

265 top   © istockphoto.com / Annette Diekmann

265 bottom   © 2001 Photo Laurent Gayte – Ville de Manosque

269   © Web Provence. Used with permission.

274   © Shutterstock / Randi Markowitz

283, 288   Courtesy of Kino International

286 top   Musée des Beaux-Arts, Tournai, Belgique

286 bottom   National Gallery, London

287   National Gallery of Art, Washington, DC

290 top   Musée d'Orsay, Paris

290 bottom   Museum of Fine Arts, Boston

291, 304   bottom Photo Etienne George

292   © DR - Coll. Sophie ORIVEL - Francis BAUBY

293   Private collection, Paris

294   Private collection, New Jersey

295 top   Musée d'Orsay, Paris

295 bottom   Musée Marmottan, Paris

296   © DR - Coll. Sophie ORIVEL - Francis BAUBY

298   Musée d'Orsay, Paris

299   Photo Etienne George

302 top   Photo by Elizabeth Oliver (Glenlivet, Scotland). All rights reserved. Used with permission

302 bottom   Library of Congress Prints and Photographs Division, Washington, D.C.

303 top   Photo Etienne George

303 bottom   © Anne-Christine Rice

304 top   © ND / Roger-Viollet

305   © Shutterstock / Allan Grosskrueger

306   © Shutterstock / Stuart Blyth

308   © France-Voyage.com

311   Photo Etienne George

314   © CAP / Roger-Viollet

317   © Photofest

318   With kind permission from MK2

320 top   Collections de la Comédie-Française

320 middle, bottom   © LAPI / Roger-Viollet

322   © Photofest

324   Collection Théâtre de l'Odéon

329   © LAPI / Roger-Viollet

335   Lions Gate / Photofest; © Lions Gate Films

339 top   Production Gaumont, 1998 – Collection Musée Gaumont

339 bottom   Lions Gate / Photofest; © Lions Gate Films

340, 341, 345   Production Gaumont, 1998 – Collection Musée Gaumont

349   Catherine Vidal, Renaud de Manoël, Patrice Vion, Renaud Heine et Valérie Roumanoff - Mise en scène Colette Roumanoff, Théâtre Fontaine, Paris 2006, Droits réservés

351   Catherine Vidal et Renaud de Manoël - Mise en scène Colette Roumanoff, Théâtre Fontaine, Paris 2006, Droits réservés